Eduard Schweizer · Der Brief an die Kolosser

EKK
Evangelisch-Katholischer Kommentar
zum Neuen Testament

Herausgegeben von
Josef Blank, Rudolf Schnackenburg,
Eduard Schweizer und Ulrich Wilckens

in Verbindung mit
Otto Böcher, François Bovon, Norbert Brox, Gerhard Dautzenberg,
Joachim Gnilka, Erich Gräßer, Ferdinand Hahn, Martin Hengel,
Paul Hoffmann, Traugott Holtz, Günter Klein, Gerhard Lohfink,
Ulrich Luck, Ulrich Luz, Rudolf Pesch, Wilhelm Pesch, Wolfgang Schrage,
Peter Stuhlmacher, Wolfgang Trilling und Anton Vögtle

Band 12
Der Brief an die Kolosser

Benziger Verlag
Neukirchener Verlag

Eduard Schweizer

Der Brief an die Kolosser

Benziger Verlag
Neukirchener Verlag

2. (durchgesehene) Auflage 1980 (8. Tausend)

Alle Rechte vorbehalten
© Copyright 1976 by Benziger Verlag Zürich, Einsiedeln, Köln und
Neukirchener Verlag des Erziehungsvereins GmbH, Neukirchen-Vluyn
Umschlaggestaltung: Atelier Blumenstein + Plancherel, Zürich
ISBN 3-545-23102-X (Benziger Verlag)
ISBN 3-7887-0499-3 (Neukirchener Verlag)

Den guten Freunden evangelischer und katholischer Konfession
an der Vereinigten Theologischen Fakultät in Melbourne
(Australien)
und dem gesamten Sacrae Theologiae Collegium

als kleines Zeichen der Dankbarkeit
für die ehrenvolle Verleihung von Titel und Rechten
eines Doktors der Theologie am 3. Oktober 1975.

Inhalt

Vorwort

»Mit dem Aufatmen einer von drückender Last befreiten Brust lege ich ihre Werke von mir«, seufzt de Wette (S. 5) nach der Pflichtlektüre der Kommentare zum Kolosserbrief. Ich kann nur wünschen, es gehe nicht allzu vielen Lesern ähnlich mit dieser Auslegung. Sie versucht, *ökumenisch* zu sein. Sie ist es nicht in dem Sinn, daß vor allem konfessionelle Streitfragen durchdiskutiert werden. Es hat sich in den Jahren gemeinsamer Arbeit im Team des EKK, für die den beiden Verlagen vor allem andern herzlich gedankt sein soll, gezeigt, daß mindestens bei den Exegeten heute die Grenzen quer durch die Konfessionen hindurchgehen und äußerst selten konfessionell bestimmte Differenzen in der Auslegung sichtbar werden. Sie ist es aber in dem Sinn, daß ich sehr vieles in diesem Kommentar dem verdanke, was an den gemeinsamen Tagungen erarbeitet worden ist. Insbesondere im Urteil über den Hymnus (1,15–20) habe ich im Gespräch gerade auch mit katholischen Kollegen Neues sehen gelernt; vor allem hat Rudolf Schnackenburg als Freund die Arbeit begleitet und den Erstentwurf durchgelesen und kommentiert. Die Auslegung versucht, *theologisch* zu sein. Sie ist es nicht in dem Sinn, daß dogmatische Fragen in extenso abgehandelt werden. Ich weiß nur zu gut um die dem Exegeten auferlegten Grenzen. Sie ist es aber in dem Sinn, daß kein Abschnitt geschrieben worden ist, ohne vorher gepredigt zu werden. Ich habe bewußt auch manche gewagte Bilder, die in der Predigt dann zurechtgerückt werden können, in die Zusammenfassungen aufgenommen, weil ich meine, daß pointierte Formulierungen gerade in den auf die Praxis der Verkündigung zielenden Abschnitten zeigen, wo sich der Verfasser vom Text bewegen ließ. So waren für mich selbst zum Beispiel Schleiermachers Predigten mit all ihren heute fraglichen Formulierungen neben den vielen, meistens »richtigen« wissenschaftlichen Kommentaren eine erquickende Abwechslung. Die Auslegung versucht bewußt, *historisch* zu sein. Sie ist es wieder nicht in dem Sinn, daß über vergangene Zeiten ein musealer Überblick gegeben werden soll. Sie ist es aber in dem Sinn, daß ich besonders viel Kraft und Zeit auch auf die Erforschung geschichtlicher Hintergründe verwendet habe, weil das den Ausleger zum mindesten hie und da zurückhalten kann, all seine schon vorgefaßten Ansichten in den Text hineinzulesen. Es ist mir gerade in der zehnjährigen Arbeit für den EKK, den ich 1966 dem Neukirchener Verlag vorschlug, freilich klar geworden, wie schwierig historisch-kritische Arbeit heute geworden ist, wenn sie zugleich theologisch bewußt getrieben werden und in den Bereich evangelischer und katholischer

Gemeinden hineinreichen will. Es gilt von ihr vielleicht, was in H. Hesses Glasperlenspiel*) Pater Jacobus dem jungen Josef Knecht auch in einer Art ökumenischen Dialoges sagt: »Geschichte treiben heißt sich dem Chaos überlassen und dennoch den Glauben an die Ordnung und den Sinn bewahren. Es ist eine sehr ernsthafte Aufgabe, junger Mann, und vielleicht eine tragische.« Zu solchem, nicht leicht zu lebenden, aber wirkliches Leben schenkenden Glauben möchten die folgenden Seiten einladen. Anders kann das nicht geschehen, als so, daß Verfasser wie Leser die »sehr ernsthafte und vielleicht tragische Aufgabe« übernehmen.

Ohne den Einsatz meines Assistenten, Hans Weder, der viele Belege nachgeprüft und Korrekturen gelesen hat, wäre es unmöglich gewesen, das Buch jetzt schon vorzulegen. Auch die treue Schreibarbeit von Frau Anneliese Blum hat sehr dazu geholfen. Ihnen beiden wie allen Freunden des Arbeitsteams des EKK habe ich sehr zu danken. Daß meine Frau, aber auch meine Kinder und Enkelkinder mich immer wieder zu anderen Dimensionen des Lebens zurückrufen, hat auch diese Arbeit befruchtet. Besonders was die Ausrichtung auf die Verkündigung in die heutige Welt hinein betrifft, kann ich mir ohne die Gespräche mit meiner Frau auf vielen Waldspaziergängen nicht mehr denken. Der Dank an Gott für all die Menschen, die mich bei der Arbeit begleitet haben, soll daher über allem Folgenden stehen.

Zürich, Ostersonntag, 18. April 1976   Eduard Schweizer

---

*) Zürich 1963, 183

Abkürzungen und Literatur

1. *Abkürzungen* folgen für die biblischen Bücher den Loccumer Richtlinien, bes. für antike Literatur dem ThWNT, für Zeitschriften, Sammelwerke usw. dem Internationalen Abkürzungsverzeichnis für Theologie und Grenzgebiete (IATG) von S. Schwertner, Berlin 1974. Kommentare, die im folgenden Verzeichnis aufgenommen sind, werden nur mit Verfasser und Seitenzahl zitiert; wenn das Zitierte zu einer andern als der gerade besprochenen Stelle des Kolosserbriefs gesagt ist, wird dies in der Regel noch zugefügt; alle andere im folgenden genannte Literatur wird mit Verfasser, einem Stichwort des Titels und der Seitenzahl (bei antiken und kirchengeschichtlichen Werken auch nach Buch, Kapitel und Abschnitt bzw. ursprünglicher Paginierung) aufgeführt.

2. *Kommentare*
einschließlich wichtigste, unter C zitierte homiletische und systematische Werke des 2. bis 19. Jahrhunderts*

Abbott, T. K., The Epistles to the Ephesians and to the Colossians, Edinburgh (1897) ⁶1953 (ICC)
Alting, J. (1618–79, Groningen), Opera theologica IV, Amsterdam 1686, 389–400
Ambrosiaster (ca. 380, Rom), Ambrosiastri qui dicitur commentarius in epistulas Paulinas (CSEL 81/3)
Athanasius (ca. 295–373, Alexandrien), Contra Arianos (PG 26)
– Expositio fidei (PG 25)
Augustin (354–430, Mailand und Nordafrika), De civitate Dei (CChr. SL 47/48)
– Confessiones, hrsg. P. de. Labriolle, Paris 1961
– De diversis quaestionibus (CChr. SL 44A)
– Enchiridion (CChr.SL 46)
– Epistulae (CSEL 44)
– Expositio ad Romanos (PL 35)
– Contra Faustum (CSEL 25)
– De genesi ad litteram (CSEL 28/1)
– Ad Orosium contra Priscillianistes et Origenistes (PL 42)
– De trinitate (CChr.SL 50A).
Basilius (329-79, Cäsarea, Kappadozien), Epistulae (PG 32)
– Contra Eunomium (PG 29)
Bengel, J. A. (1687–1752, Württemberg), Gnomon Novi Testamenti, Tübingen 1742
Berlenburger Bibel: Die Heilige Schrift Neuen Testamentes nebst der buchstäblichen und geheimen Erklärung, (Berlenburg 1735–1737) Stuttgart 1859–1861
Beza, Th. (1519–1605, Genf), Annotationes maiores in Novum Testamentum, o. Ort 1594, 402–421

Bieder, W., Der Kolosserbrief, 1943 (Proph)

Blumhardt, Chr. (1842-1919 Bad Boll/Wttbg.), Eine Auswahl aus seinen Predigten, Andachten und Schriften, hrsg. R. Lejeune, Erlenbach-Zürich 1925–1937

Boor, W. de, Die Briefe des Paulus an die Philipper und an die Kolosser, ²1962 (Wuppertaler Studienbibel)

Bradford, J. (ca 1510–55, Cambridge/England), The Writings of J. B., Sermons etc., hrsg. A. Townsend, Cambridge 1848

Bucer, M. (1491–1551, Straßburg), Metaphrases et enarrationes in epistulam ad Romanos (VIII), Straßburg 1536

Bullinger, H. (1504–75, Zürich), In Divi apostoli Pauli ad Galatos, Ephesios, Philippenses et Colossenses epistulas commentarii, Zürich 1535, 230–271

Caird, G. B., Paul's Letters from Prison, 1976 (NCB)

Calov, A. (1612–86, Königsberg), Biblia Novi Testamenti illustrata II, Frankfurt 1676, 796–850

Calvin, J. (1509–64, Genf), In Novi Testamenti epistulas commentarii II, hrsg. A. Tholuck VI/2, Berlin o. Jahr (1831)

Chrysostomus, Johannes (354–407, Antiochia und Konstantinopel), Homilien zum Kolosserbrief (PG 62, 299–392)

Clemens Alexandrinus (gest. gegen 215, Alexandria), Eclogae ex scripturis propheticis (GCS ²17/2)

– Excerpta e Theodoto (GCS ²17/2)

– Paedagogus (GCS ²12)

– Stromata (GCS 52 und ²17/2)

Conzelmann, H., Der Brief an die Kolosser, in: J. Becker / H. Conzelmann / G. Friedrich, Die Briefe an die Galater, Epheser, Philipper, Kolosser, Thessalonicher und Philemon, ¹⁴1976 (NTD 8)

Cramer, J. A., Catenae in Novum Testamentum VI, Oxford 1842, 294–340

Crell, J. (1590–1631, Holland), Opera omnia exegetica I, Amsterdam 1656, 539–543

Dibelius, M. – Greeven, H., An die Kolosser, Epheser, an Philemon, 1953 (HNT 12)

Dionysius Carthusianus (1402–71, Roermond), In omnes beati Pauli epistulas commentaria, Köln 1545

Erasmus (1469–1536, Basel), Opera omnia VI, (Leiden 1705) London 1962, 881-898

Ernst, J., Die Briefe an die Philipper, an Philemon, an die Kolosser, an die Epheser, 1974 (RNT)

Ewald, P., Die Briefe des Paulus an die Epheser, Kolosser und Philemon, 1910 (KNT)

Flatt, J. F. von, Vorlesungen über die Briefe Pauli an die Philipper, Kolosser, Thessalonicher und an Philemon, hrsg. C. F. Kling, Tübingen 1829

– Observationum ad epistulam ad Colossenses pertinentium particula prima/secunda, Tübingen 1814/1815

Gomarus, F. (1563–1641, Leiden), Opera theologica omnia, Amsterdam 1664, 547–576

Gregor v. Nazianz (329–90, Konstantinopel und Nazianz), Orationes (PG 36)

Gregor v. Nyssa (330–95, Nyssa), De tridui spatio, in: Opera, hrsg. W. Jaeger und H. Langerbeck, IX, Leiden 1967

Grotius, H. (1583–1645, Rotterdam, Paris), Annotationes in Novum Testamentum II, Erlangen 1756, 669–692

Hahn, Ph. M., Erbauungsreden über den Brief an die Kolosser, Stuttgart 1845

Handbuch der Bibelerklärung, hrsg. Calwer Verlagsverein III, Calw 1900

Hilarius v. Poitiers (315–367, Gallien und Kleinasien), De trinitate (PL 10)

Hippolyt (Anf. 3. Jh., Rom), In Danielem (GCS 1/1)

Houlden, J. L., Paul's Letters from Prison, Hammondsworth, Middlesex 1970 (PGC)

Hrabanus Maurus (780–856, Fulda und Mainz), (PL 112, 507–540)

Huby, J., Saint Paul. Les Epîtres de la captivité, Paris ²1947 (VSal 8)

Hugedé, N., Commentaire de l'Epître aux Colossiens, Genf 1968

Jerusalemer Bibel, Freiburg 1968

Johannes Damascenus (670–750, Jerusalem), (PG 95, 883–904)

Johannes (Duns) Scotus Eriugena (gest. ca. 870, Frankreich), De divisione naturae (PL 122)

Irenaeus (Ende 2. Jh., Lyon), Demonstratio (= Epid, ThWNT)

– Adversus haereses, hrsg. W. Harvey, Cambridge 1857 (andere Zählung in Klammern)

Isidor v. Pelusium (ca. 360–435, Ägypten), Epistulae (PG 78)

Kyrill (gest. 444, Alexandria), Contra Nestorium (PG 76)

Lanfranc (1005–89, Le Bec, Canterbury), (PL 150, 319–332)

Lightfoot, J. B., St. Paul's Epistles to the Colossians and to Philemon, London ³1879

Loane, M. L., Three Letters from Prison, Waco/Texas 1972

Lohmeyer, E., Die Briefe an die Philipper, an die Kolosser und an Philemon, ⁸1930 (KEK 9)

Lohse, E., Die Briefe an die Kolosser und an Philemon, ¹⁴1968 (KEK 9/2)

Lueken, W., Die Briefe an Philemon, an die Kolosser und an die Epheser, ³1917 (SNT)

Luther, M., (1483–1546, Wittenberg), Vorreden zur Heiligen Schrift, München 1934

Martin, R. P., Colossians and Philemon, 1974 (NCeB)

– Colossians, The Church's Lord and the Christian's Liberty, Exeter 1972

Masson, Ch., L'épître de S. Paul aux Colossiens, 1950 (CNT [N]10)

Melanchthon, Ph. (1497–1560, Wittenberg), Enarratio = Opera IV, Wittenberg 1577, 326–365

– Scholien = Werke in Auswahl IV, hrsg. P. F. Barton, Gütersloh 1963, 209–303 (Scholia 1527)

Meinertz, H./Tillmann, F., Die Gefangenschaftsbriefe des Heiligen Paulus, 1917 (HSNT)

Meyer, H. A. W., Kritisch-exegetisches Handbuch über die Briefe an die Philipper, Kolosser und an Philemon, ²1859 (KEK 9)

Moule, C. F. D., The Epistles of Paul the Apostle to the Colossians and to Philemon, 1957 (CGTC)

Mussner, F., Der Brief an die Kolosser, Düsseldorf 1965 (Geistliche Schriftlesung XII/1)

Oecumenius (Sammlung um 900), (PG 119, 9–56 und *Staab*, Pauluskommentare, 453–455)

Origenes (185–254, Alexandria und Caesarea), Contra Celsum (GCS 2)

– In Joannem commentarius (GCS 10)

– De principiis (GCS 22)

Petrus Lombardus (ca. 1100–60, Paris), (PL 192, 257–288)

Photius von Konstantinopel (9. Jh., Konstantinopel), = Staab, Pauluskommentare, 631–633

Rupert von Deutz (1070–1129, Deutz), De divinis officiis (CChr.CM 24)

Sasbout, A. (1516–1553, Löwen), Opus homiliarum, hrsg. M. Vosmerus, Köln 1613

Schleiermacher, F., (1768–1834, Halle und Berlin), Predigten über das Evangelium Marci und den Brief Pauli an die Kolosser, hrsg. F. Zabel, Berlin 1835 (2. Teil)

Scott, E. F., The Epistles of Paul to the Colossians, to Philemon and to the Ephesians 1930 (MNTC)

Severian von Gabala (um 400, Syrien), – Staab, Pauluskommentare, 314–328

Soden, H. von, Die Briefe an die Kolosser, Epheser, Philemon; die Pastoralbriefe, 1891 (HC III/1)

Staab, K., Die Thessalonicherbriefe. Die Gefangenschaftsbriefe, ⁵1969 (RNT 7,1)

– Pauluskommentare aus der griechischen Kirche, aus Katenenhandschriften gesammelt und hrsg. von K. St., 1933 (NTA 15)

Synge, F. C., Philippians and Colossians, 1951 (TBC)

Tertullian, (ca. 160–225, Karthago), De anima, Apologeticum, Contra Marcionem, De praescriptionibus, De pudicitia, De resurrectione mortuorum, Ad uxorem, Contra Valentinianos (CChr.SL 1–2)

Theodor v. Mopsuestia (gest. 428, Kilikien), Theodori episcopi Mopsuesteni in epistolas B. Pauli commentarii. The Latin Version with the Greek Fragments, hrsg. H. B. Swete, I Cambridge 1880, 253–312

Theodoret (ca. 395–460, Syrien), (PG 82, 591–628)

Theophylakt (ca. 1050–1108, Konstantinopel und Bulgarien), (PG 124, 1205–1278)

Thomas von Aquin (1225–74, Paris und Italien), Opera omnia XIII, Parma 1862, 530–555

Thomas, W. H. G., Studies in Colossians and Philemon, Grand Rapids 1973

Thompson, G. H. P., The Letters of Paul to the Ephesians, to the Colossians and to Philemon 1967 (CNEB)

Wette, W. M. L. de, Kurze Erklärung der Briefe an die Colosser, an Philemon, an die Epheser und Philipper, Leipzig ²1847 (Kurzgefaßtes exegetisches Handbuch zum NT II)

Zanchi, Hieronymus (1516–90, Straßburg, Heidelberg), Opera theologica VI, Genf 1617, 241–360

Zwingli, H. (1484–1531, Zürich), Huldrici Zwingli opera completa, editio prima, hrsg. M. Schuler und J. Schulthess VI/2, Zürich 1838, 220–228

3. Übrige Literatur

Ahrens, Th., Die ökumenische Diskussion kosmischer Christologie seit 1961. Darstellung und Kritik, Lübeck 1969 (vervielfältigt, Diss. Hamburg)

Allmen, D. von, Réconciliation du monde et christologie cosmique, RHPhR 48 (1968) 32–45

Apocryphon Johannis = W. C. Till, Die gnostischen Schriften des koptischen Papyrus Berolensis 8502, 1955 (TU 60)

Barclay, W., The All-Sufficient Christ, Studies in Paul's Letter to the Colossians, London 1963

Barth, K., Kirchliche Dogmatik I/1–IV/4, Zollikon und Zürich 1938–1970

Benoit, P., Corps, tête et plérôme dans les épîtres de la captivité, RB 63 (1965) 5–44

– L'hymne christologique de Col.1,15–20, in: Christianity, Judaism and Other Greco-Roman Cults, Fschr. M. Smith, hrsg. J. Neusner, I, Leiden 1975 (Studies in Judaism in Late Antiquity 12), 226–263

Blinzler, J., Lexikalisches zu dem Terminus τὰ στοιχεῖα τοῦ κόσμου bei Paulus, AnBib 17–18 (1963) 439–441

Bornkamm, G., Die Häresie des Kolosserbriefes, in: ders., Das Ende des Gesetzes, 1952 (BEvTh 16), 139–156

– Die Hoffnung im Kolosserbrief. Zugleich ein Beitrag zur Frage der Echtheit des Briefes, in: Studien zum NT und zur Patristik (Fschr E. Klostermann) 1961 (TU 77), 56–64

O'Brien, P. T., Col. 1:20 and the Reconciliation of All Things, RTR 33 (1974) 45–53

Brunner, E., Dogmatik I–III, Zürich 1946–1960

Bujard, W., Stilanalytische Untersuchungen zum Kolosserbrief als Beitrag zur Methodik von Sprachvergleichen, 1973 (StUNT 11)

Bultmann, R., Exegetica. Aufsätze zur Erforschung des NT, hrsg. E. Dinkler, Tübingen 1967

– Theologie des NT, Tübingen ⁵1958

Burger, Ch., Schöpfung und Versöhnung. Studien zum liturgischen Gut im Kolosser- und Epheserbrief, 1975 (WMANT 46)

Burney, C. F., Christ as the ᾺΡΧΗ of Creation, JThS 27 (1926) 160–177

Carr, W., Two Notes on Colossians, JThS 24 (1973) 492–500

Crouch, J. E., The Origin and Intention of the Colossian Haustafel, 1972 (FRLANT 109)

Cullmann, O., Christus und die Zeit, Zürich ³1962

– Heil als Geschichte, Tübingen 1965

Deichgräber, R., Gotteshymnus und Christushymnus in der frühen Christenheit, 1967 (StUNT 5)

Ebeling, G., Wort und Glaube I–III, Tübingen 1960–1975

Eckart, K.-G., Exegetische Beobachtungen zu Kol 1,9–20, ThViat 7 (1959/60) 87-106

– Ursprüngliche Tauf- und Ordinationsliturgie, ThViat 8 (1961/62) 23–37

Ernst, J., Pleroma und Pleroma Christi, 1970 (BU 5)

Eudokimov, P., Die Natur, KuD 11 (1965) 1–20

Evangelium Veritatis,hrsg. M. Malinine, H.-Ch. Puech, G. Quispel, W. C. Till, Zürich 1956

Feuillet, A., Le Christ, sagesse de Dieu d'après les épîtres pauliniennes, 1966 (EtB)

Fischer, K. M., Tendenz und Absicht des Epheserbriefes, 1973 (FRLANT 111)

Foerster, W., Die Irrlehrer des Kolosserbriefes, in: Studia biblica et semitica (Fschr Th. Chr. Vriezen), Wageningen 1966, 71–80

Francis, F. O., Humility and Angelic Worship in Col 2:18, StTh 16 (1962) 109–134

Francis, F. O. / Meeks, W. A., Conflict at Colossae, Cambridge/Mass. 1973 (Sources for Biblical Study 4)

Fukuchi, M. S., The Letter of Paul to the Colossians, BiTod 60 (1972) 762–776

Gabathuler, H. J., Jesus Christus. Haupt der Kirche – Haupt der Welt, 1965 (AThANT 45)

Gibbs, J. G., Creation and Redemption. A Study in Pauline Theology, 1971 (NT.S 26)

Glasson, T. F., Colossians I 18.15 and Sirach XXIV, NT 11 (1969) 154–156

Grässer, E., Kol 3,1–4 als Beispiel einer Interpretation secundum homines recipientes, ZThK 64 (1967) 139–168

Hegermann, H., Die Vorstellung vom Schöpfungsmittler im hellenistischen Judentum und Urchristentum, 1961 (TU 82)

Hendricks, W. L., All in All. Theological Themes in Colossians, South Western Journal of Theology 16 (1975) 23–35

Holtzmann, H. J., Kritik der Epheser- und Kolosserbriefe, Leipzig 1872

Hooker, M. D., Were there False Teachers in Colossae?, in: Christ and Spirit in the New Testament (Fschr C. F. D. Moule), hrsg. B. Lindars und S. S. Smalley, Cambridge 1973, 315–331

Kamlah, E., Die Form der katalogischen Paränese im Neuen Testament, 1964 (WUNT 7)

Käsemann, E., Eine urchristliche Taufliturgie, in: Fschr R. Bultmann, Stuttgart 1949, 133–148 = ders., Exegetische Versuche und Besinnungen I, Göttingen 1964, 34–51

Kasper, W., Jesus der Christus, Mainz 1974

Kehl, N., Der Christushymnus im Kolosserbrief. Eine motivgeschichtliche Untersuchung zu Kol 1,12–20, 1967 (SBM 1)

– Erniedrigung und Erhöhung in Qumran und Kolossä, ZKTh 91 (1969) 364–394

Kremer, J., Was an den Leiden Christi noch mangelt. Eine interpretationsgeschichtliche und exegetische Untersuchung zu Kol 1,24b, 1956 (BBB 12)

Küng, H., Christ sein, München 1974

Lähnemann, J., Der Kolosserbrief. Komposition, Situation und Argumentation, 1971 (StNT3)

Lamarche, P., Structure de l'épître aux Colossiens, Bib. 56 (1975) 453–463

Lohse, E., Christusherrschaft und Kirche im Kolosserbrief, NTS 11 (1964/65) 203–216

Ludwig, H., Der Verfasser des Kolosserbriefs – ein Schüler des Paulus, Diss. Göttingen 1974

Lyonnet, S., L'hymne christologique de l'Epître aux Colossiens et la fête juive de Nouvel An (S. Paul, Col. 1,20 et Philon, De spec. leg. 192), RSR 48 (1960) 93–100

Martin, R. P., Reconciliation and Forgiveness in the Letter to the Colossians, in: Reconciliation and Hope (Fschr L. L. Morris), hrsg. R. J. Banks, Exeter 1974, 104–124

Michaelis, W., Versöhnung des Alls. Die frohe Botschaft von der Gnade Gottes, Gümligen/Bern 1950

Moule, C. F. D., »The New Life« in Colossians 3,1–17, RExp 70 (1973) 481–493

Münderlein, G., Die Erwählung durch das Pleroma, NTS 8 (1961/62) 264–276

Munn, G. L., Introduction to Colossians, South Western Journal of Theology 16 (1973) 9–21

Munro, W., Col III.18–IV.2 and Eph V.21–VI.9 Evidences of a Late Stratum?, NTS 18 (1972) 434–447

Olbricht, T. H., Colossians and Gnostic Theology, Restoration Quarterly, Abilene/Texas 14 (1971) 65–79

Percy, E., Die Probleme der Kolosser- und Epheserbriefe, 1946 (SHVL 39)

Pöhlmann, W., Die hymnischen All-Prädikationen in Kol 1,15–20, ZNW 64 (1973) 53–74

Prat, P., La théologie de Saint Paul, Paris 1961

Reicke, B., The Historical Setting of Colossians, RExp 70 (1973) 429–438

Reumann, J., Die Reichweite der Herrschaft Christi, in: Humanität und Herrschaft Christi, hrsg. I. Asheim, Göttingen 1974, 120–189

Sanders, E. P., Literary Dependence in Colossians, JBL 85 (1966) 28–45

Sanders, J. T., The New Testament Christological Hymns. Their Historical Religious Background, 1971 (MSSNTS 15)

Schenke, H. M., Die neutestamentliche Christologie und der gnostische Erlöser, in: Gnosis und NT, hrsg. K.-W. Tröger, Berlin 1973, 205–229

– Der Widerstreit gnostischer und kirchlicher Christologie im Spiegel des Kolosserbriefes, ZThK 61 (1964) 391–403

Schillebeeckx, E., Jesus. Die Geschichte eines Lebenden, Freiburg 1975

Schleiermacher, F., Über Koloss.1,15–20, ThStKr V/1 (1832) 497–537

Schnackenburg, R., Die Aufnahme des Christushymnus durch den Verfasser des Kolosserbriefes, in: EKK Vorarbeiten 1, Zürich/Neukirchen 1969, 33–50

– Gottes Herrschaft und Reich, Freiburg 1959

Schrage, W., Zur Ethik der neutestamentlichen Haustafeln, NTS 21 (1975) 1–22

Schroeder, D., Die Haustafeln des Neuen Testamentes, Diss. Hamburg 1959 (maschinengeschrieben)

Schubert, P., Form and Function of the Pauline Thanksgiving, 1939 (BZNW 20)

Schweizer, E., Christianity of the Circumcised and Judaism of the Uncircumcised – The Background of Matthew and Colossians, in: Jews, Greeks and Christians: Religious Cultures in Late Antiquity (Fschr W. D. Davies), hrsg. R. Hamerton-Kelly und R. Scroggs, Leiden 1976

– Christus und Geist im Kolosserbrief, in: Christ and Spirit in the New Testament (Fschr C. F. D. Moule), hrsg. B. Lindars und S. S. Smalley, Cambridge 1973

– Die »Elemente der Welt« Gal 4,3.9; Kol. 2, 8.20, in: Verborum Veritas (Fschr G. Stählin), hrsg. O. Böcher und K. Haacker, Wuppertal 1970, 245–259 = ders., Beiträge zur Theologie des Neuen Testamentes, Zürich 1970, 147–163

– Zur neueren Forschung am Kolosserbrief (seit 1970), in: Theologische Berichte 5, hrsg. J. Pfammatter und F. Furger, Zürich 1976, 163–191

– Gottesgerechtigkeit und Lasterkataloge bei Paulus (inkl. Kol und Eph), in: Rechtfertigung (Fschr E. Käsemann), hrsg. J. Friedrich, W. Pöhlmann und P. Stuhlmacher, Tübingen/Göttingen 1976, 453–477

– Die Weltlichkeit des Neuen Testamentes: die Haustafeln, in: Beiträge zur alttestamentlichen Theologie (Fschr W. Zimmerli), hrsg. R. Smend (Göttingen 1977), 397–413

– Die Kirche als Leib Christi in den paulinischen Antilegomena, ThLZ 86 (1961) 241–256 = ders., Neotestamentica, Zürich 1963, 293–316

– Kolosser 1,15–20, in: EKK Vorarbeiten 1, Zürich/Neukirchen 1969, 7–31 = ders., Beiträge zur Theologie des Neuen Testamentes, Zürich 1970, 113–145 (mit Nachtrag)

– The Letter to the Colossians – Neither Pauline nor Post-Pauline?, in: Pluralisme et Oecuménisme en Recherches Théologiques (Fschr S. Dockx), Gembloux 1976, 3–16

– Versöhnung des Alls. Kol. 1,20, in: Jesus Christus in Historie und Theologie (Fschr H. Conzelmann), hrsg. G. Strecker, Tübingen 1975, 487–501

Staehelin, E., Die Verkündigung des Reiches Gottes in der Kirche Jesu Christi I–VII, Basel 1951–1965

Stauffer, E., Die Theologie des Neuen Testamentes, Oekumene Genf 1945

Strugnell, J., The Angelic Liturgy at Qumrân, in: Congress Volume Oxford 1959, 1960 (VT.S 7), 318–345

Stuhlmacher, P., Der Brief an Philemon, Zürich/Neukirchen 1975 (EKK)

Trudinger, L. P., A Further Brief Note on Col 1:24, EvQ 45 (1973) 36–38

Urban, A., Kosmische Christologie, EuA 47 (1971) 472–486

Vawter, F. B., The Colossians Hymn and the Principle of Redaction, CBQ 33 (1971) 62–81

Vögtle, A., Die Tugend- und Lasterkataloge im NT, 1936 (NTA 16,4/5)

Wagenführer, M.-A., Die Bedeutung Christi für Welt und Kirche. Studien zum Kolosser- und Epheserbrief, Leipzig 1941

Weidinger, K., Die Haustafeln, 1928 (UNT 14)

Weiss, H., The Law in the Epistle to the Colossians, CBQ 34 (1972) 294–314

Weiss, H. F., Untersuchungen zur Kosmologie des hellenistischen und palästinensischen Judentums, 1966 (TU 97)

Wendland, H.-D., Zur sozialethischen Bedeutung der neutestamentlichen Haustafeln, in: ders., Botschaft an die soziale Welt, Hamburg 1959, 104–114

Wengst, K., Christologische Formeln und Lieder des Urchristentums, ²1972 (StNT 7)

– Versöhnung und Befreiung. Ein Aspekt des Themas »Schuld und Vergebung« im Lichte des Kolosserbriefes, EvTh 36 (1976) 14–26

Zeilinger, F., Der Erstgeborene der Schöpfung. Untersuchungen zur Formalstruktur und Theologie des Kolosserbriefes, Wien 1974

* Eine chronologisch geordnete, fast vollständige Liste der Kommentare findet sich bei Lohse 9–13 (Untersuchungen, 14–18). Die Stellenangaben bei Thomas von Aquin und Melanchthon, die ich in Australien bearbeitete, konnte ich nicht nochmals nachprüfen, da die betreffenden Ausgaben hier fehlen.

A Einleitung

1. Die Gemeinde in Kolossä

Kolossä liegt etwa 200 km vom Meer entfernt an der grossen Handelsstrasse von Ephesus und Milet in den Osten, im Tal des Lykos, eines Nebenflußes des Mäander, flußaufwärts etwa 16 km von Laodizea, 20 km von Hierapolis, am Ende einer Schlucht. Ursprünglich ein wichtiges Zentrum (Xenoph An I 2,6) der Wollindustrie, die auch Färben und Weben einschloß (Strabo XII 8,16; Plin, Hist Nat XXI 51), ist das spätere Schicksal der Stadt ungewiß. Ob Strabo XII 8,13 sie als »Städtchen« bezeichnet, ist wegen einer Textlücke unsicher. Während Laodizea durch Offb 1,11; 3,14 und Hierapolis durch Papias (Eus Hist Eccl III 36,2) auch in christlichen Quellen bezeugt sind, verschwindet Kolossä nach 61 n.Chr. aus der Literatur. In diesem Jahr ist Laodizea durch ein Erdbeben zerstört worden (Tac Ann 14,27). Euseb berichtet im 4. Jh., Kolossä sei mit Laodizea und Hierapolis zusammen durch ein Erdbeben vernichtet worden, und scheint ebenfalls an die Zeit unter Nero zu denken[1]. Doch wissen wir nicht, ob diese Nachricht stimmt. Sicher ist nur, daß Laodizea wieder aufgebaut wurde und weiterhin prosperierte, während wir von Kolossä nichts mehr hören; doch ist es durch Münzen im 2./3.Jh.n.Chr. belegt[2]. Hierapolis, auf der Nordseite des Flußes gelegen, war berühmt wegen seiner Heilquellen und als Zentrum phrygischer Mysterienkulte (Strabo XIII 4,14), obwohl zur Zeit des Kolosserbriefs ein Apollo-Archegetes-Kult den der Mutter-

[1] Chronicon, hrsg. R. Helm, Berlin 1956, 183, 1,21f. Die Stelle, um 380 von Hieronymus übersetzt, scheint (nach den Lemmata) auf einen griechischen Text zurückzugehen und schon dort im Zusammenhang mit der Schilderung Neros gestanden zu haben. Orosius, Historia adversus paganos VII 7,12 (PL 31: 7,11) wiederholt die Angabe und wird auch bei Calvin (122, argumentum) zitiert. Euseb und Orosius sind bei Gomarus (547a) genannt.

[2] D. Magie, Roman Rule in Asia Minor, Princeton 1950, 986, vgl. 126f, 985. Nach British Museum Catalogue of the Greek Coins (and Medals), vol. Phrygia, London 1906, 154-157 ist Kolossä unter Antoninus Pius (138-161 n.Chr.) und bis ca. 217 n.Chr. auf Münzen ausdrücklich genannt; doch sind es wenige und nur die Ämter des γραμματεύς (unter Antoninus Pius) und ἄρχων (unter M. Aurelius) erscheinen. Eine Inschrift, die viele Ämter nennt, ist leider undatierbar (W. M. Ramsay, The Cities and Bishoprics of Phrygia, Oxford 1895, 212). Plin Hist Nat 5,105 nennt Kolossä nicht mehr neben Laodizea und Hierapolis; in 5,145 ist es erwähnt, aber der Gebrauch des alten Namens Celaenae für Apameia zeigt, daß er von der Vergangenheit berichtet; 31,29 spricht nur von dort gefundenen Versteinerungen. Vgl. Houlden 119; Reicke, RExp 70,430-432. Melanchthon (Enarratio 365) zitiert Eutropius: Laodizea und Kolossä seien ein Jahr nach dem Tod des Paulus durch Erdbeben zerstört worden.

göttin ersetzt haben mag[3]. Alle drei Städte beherbergten seit einer Ansiedlung durch Antiochus III (Jos Ant 12,147-153) einen beträchtlichen Prozentsatz jüdischer Bürger; es mögen nach Cicero über 10 000 gewesen sein[4].
Die Kolosser, vor ihrer Taufe (2,11f) Heiden (1,21.27; 2,13; 3,5.7)[5], haben das von Paulus verkündete Evangelium (1,23.28), das sie aus der Macht der Finsternis ins Licht versetzte (1,13), durch den Heidenchristen (4,11) Epaphras (1,7; 4,12) gehört, der auch für die Gemeinden in Laodizea und Hierapolis besorgt war (4,13). Das Gehörte trägt bei ihnen Frucht (1,5); das Wort lebt unter ihnen in geistlichem Singen, aber auch in bewußter Verantwortung gegenüber der nichtchristlichen Umwelt (3,16; 4,5). Doch sind die Kolosser durch eine um sie werbende Philosophie gefährdet (2,4.8; vgl. den Exkurs zu 2,8). Weder sie noch die Laodizener kennen Paulus persönlich (2,1). Er leidet zur Zeit (1,24) als Gefangener (4,3.18), von judenchristlichen Mitarbeitern weithin verlassen (4,11). Umso dringlicher ist für ihn die Verbindung mit den Kolossern, bei denen er im Geiste weilt (2,5) und auf deren Fürbitte er hofft (4,3). Epaphras ist von Kolossä her zu ihm gestoßen (1,8), Tychikus wird umgekehrt mit Onesimus zusammen als Überbringer des Briefes zu ihnen kommen (4,7f); Markus, über den sie schon unterrichtet worden sind, wird sie später besuchen (4,10). Außerdem wird Briefaustausch mit den Laodizenern empfohlen und werden Grüße an diese mitgegeben (4,15f).

2. Der Verfasser

Ein besonderes Problem ist die sofort sichtbare nahe Verwandtschaft mit dem Epheserbrief; doch ist dieser von unserem Brief abhängig, so daß die Frage in der Einleitung dazu abgehandelt werden muß, obgleich vereinzelt auch das umgekehrte Verhältnis noch vertreten wird[6]. Zunächst sieht der Kolosserbrief durchaus *wie ein echter Paulusbrief* aus. Wie in 2Kor 1,1 und Phil 1,1 (vgl. 1Thess 1,1) werden Paulus und Timotheus als Absender genannt. 1,23 weist wie 2Kor 10,1 auf Paulus als den eigentlichen Verfasser; 4,18 enthält seine eigenhändige Unterschrift wie 1Kor 16,21; Gal 6,11; Phlm 19. Das Schreiben setzt auch, wie üblich bei Paulus, mit den Erfahrungen der Gemeinde ein und sucht von dorther weiterzuführen, ohne auf schon verfestigte Lehrformeln zurückzugreifen. Der Imperativ der ethischen Mahnung ist wie bei Paulus im Indikativ der Heilszusage gegründet (2,6; 3,1-4). Der Briefaufbau entspricht in

---

[3] Magie, (Anm. 2) 987f.
[4] Pro Flacco 28 =Or VI/2, 224f; Lightfoot 20; Lohse 37.
[5] Freilich ist »Götzendienst« (3,5) im übertragenen Sinn verwendet; doch sind typisch heidnische Laster genannt, und 1,21 wäre kaum von ehemaligen Juden ausgesagt. »Vorhaut« in 2,13 könnte spiritualistisch verstanden werden (aber s. dort); doch wird der Ausdruck »Heiden« in 1,27 durch »ihr« aufgenommen.
[6] Z. B. Synge 56; vgl. R. Schnackenburg in EKK; Überblick über die verschiedenen Hypothesen zuletzt bei J. B. Polhill, The Relationship between Ephesians and Colossians, RExp 70 (1975) 439-450. Zu diesem ganzen Abschnitt vgl. ausführlicher: Schweizer, Letter.

groben Zügen etwa dem des Römerbriefs; auf einen grundlegenden »dogmatischen« Teil, der mit der Diskussion eines aktuellen Spezialproblems (der Sonderrolle Israels bzw. der kolossischen Philosophie) endet (1,9-2,23), folgt der »ethische« (3,1-4,6), in Kol 3,1-4 wie in Röm 12,1f eingeführt durch den Rückgriff auf den ersten Teil; beide sind eingerahmt durch die Einleitung (Proömium, Dank und Fürbitte mit Hinweis auf das Leben der Gemeinde, 1,1-8) und den Schlußabschnitt mit persönlichen Notizen und Grüßen (4,7-18)[7]. Der Brief enthält auch typisch paulinische Ausdrücke und Wendungen; daß andere fehlen, gilt ebenso für echte Paulusbriefe. Viele der innerhalb des Neuen Testamentes nur in diesem Brief vorkommenden Wörter stammen aus dem zitierten Hymnus oder hängen mit der bekämpften Philosophie zusammen, können also nichts beweisen[8]. Dies könnte auch theologische Unterschiede erklären. Daß die Gemeinde schon auferstanden ist, ihre Hoffnung schon im Himmel bereitliegt, ihr Herr schon alle Mächte und Gewalten entwaffnet hat, während das Noch-nicht einzig in 3,2f ausgesprochen ist, kann Antwort auf die Furcht der Gemeinde sein, nach dem Tode nicht bis zum erhöhten Christus durchzudringen (vgl.S. 104). Die Gefahr eines libertinistisch-enthusiastischen Mißverständnisses droht bei den kolossischen Rigoristen nicht wie bei den Korinthern[9]. Auch die Entstehung der Vorstellung von Christus als dem Haupt der Kirche läßt sich bei Paulus ebenso gut wie bei einem Späteren erklären (vgl.S. 69f). Daß noch keinerlei hierarchische Ordnung sichtbar[10], im Kampfe gegen die eindringende Philosophie nicht auf Gemeindeleiter abgestellt und in der Gesamtgemeinde ein reiches Leben des »Wortes Christi« und des geistlichen Lobgesangs vorausgesetzt wird (3,16), beweist zwar nichts, ist aber in einer Zeit, die nicht zu weit von der des Paulus entfernt ist, leichter verständlich.

Schwerer zu erklären sind in einem Paulusbrief die zugunsten der Kirche erlittenen *Leiden*, die erfüllen, was an Christusleiden noch mangelt (1,24). Das geht doch weit über das hinaus, was Röm 15,15-21 steht. Dort werden prophetische Stellen neu interpretiert und wird vor allem alles Gewicht auf Christi Handeln gelegt (Röm 15,18; vgl. 1Kor 15,9f). Hier wird der Dienst des Apostels am Evangelium schon in 1,23 mit »ich, Paulus« und in 1,26f nochmals durch das Revelationsschema (s. S. 87) hervorgehoben[11]. Daß jetzt den Heiden

---

[7] So etwa Lohse 29f, der aber zwischen 1,11 und 12 absetzt. Man kann natürlich 3,1-4 als Übergangsabschnitt bezeichnen (Ludwig, Verfasser 57) und sich fragen, ob man nicht die Polemik in 2,6-23 als besonderen Mittelteil abgrenzen sollte (Lähnemann, Kolosserbrief 61f; ähnlich Zeilinger, Der Erstgeborene 72-75); aber einerseits spielt diese schon vorher eine Rolle, andererseits bringt 2,10-15 die »dogmatische« Grundlegung für den »ethischen« Aufruf in 3,1-4.9-15.

[8] Zusammengestellt bei Lohse 133-135.

[9] Freilich ist Moules Warnung nicht zu über-

hören, daß 3,5.8 auch entgegengesetzte Gefahren visiert (RExp 70,483-486).

[10] Lohse 251f; S. Schulz, Die Mitte der Schrift, Stuttgart 1976, 89; Lähnemann, Kolosserbrief 58. Auch wird in der Polemik 2,8-23 nicht auf den Apostolat zurückgegriffen (ebd. 53, Anm. 102).

[11] »Ich Paulus« steht Phlm 19 in einer Schuldverpflichtung, wo dies notwendig ist; sonst 2Kor 10,1; Gal 5,2 stilgemäß zur Einführung einer ethischen Mahnung (U. B. Müller, Prophetie und Predigt im Neuen Testament, 1975 [StNT 10] 132f) und 1 Thess 2,18 als not-

durch den Apostel offenbart ist, was seit Aeonen verborgen blieb, übertrifft
wiederum das 1Kor 2,6-16 Ausgeführte wesentlich. All dies ist nicht unmöglich bei Paulus, aber jedenfalls auffällig.

Wirklich schwierig ist 2,17. Die Erklärung des *Gesetzes* als eines Schattens der
künftigen Vollendung ist die von Hebr 8,5; 10,1, nicht aber die des Paulus.
Nun kann Paulus gewiß auch positiv vom Gesetz reden (Röm 7,12; Gal 3,24);
doch werden solche Sätze sofort durch die Feststellung korrigiert, daß das gute
Gesetz faktisch den Menschen in Gefangenschaft und Versklavung führt (Röm
7,22-24; 8,2; Gal 4,1-3). Freilich ist im ganzen Kolosserbrief weder von »Gesetz« noch von »Gebot« noch von »Gerechtigkeit« oder »Rechtfertigung« die
Rede. Das wäre bei Paulus an sich nicht unmöglich[12], aber doch fast undenkbar in einem Brief, der gegen Rigoristen streitet, und daß der Apostel gegen
eventuell rein heidnische »Vorschriften« (2,14) anders reagierte als gegen jüdische »Gebote«, ist angesichts von Gal 4,8-11, wo das Halten von Festzeiten
wie in Kol 2,16f zur Diskussion steht, höchst unwahrscheinlich, besonders da
Kol 2,16 sogar den »Sabbat« nennt.

Noch merkwürdiger wäre in einem Paulusbrief das fast völlige Fehlen von
Hinweisen auf den *Geist* (vgl. S. 38f). Das wäre einem überbordenden Enthusiasmus gegenüber noch begreiflich, weil die christologischen Aussagen besser
formulier- und kontrollierbar sind, wenn die Berufung auf den Geist problematisch wird; aber ein solcher Enthusiasmus existiert ja nicht in der kolossischen Gemeinde; ihr muß der Apostel im Gegenteil versichern, daß sie schon
auferstanden ist, schon »oben« lebt.

Stilunterschiede lassen sich vielleicht im einzelnen erklären. Wiederum häufen sich aber im Kolosserbrief, und zwar auch bei ganz unbetonten Wörtern,
die Differenzen zu Paulus, vor allem auch in der Art, in der synonyme Ausdrücke zusammengestellt, Genitive aneinander gereiht, Erklärungen angehängt (»was . . .ist«) und statt einem mit dem Leser argumentierenden, dialogischen Stil lange, unübersichtliche Satzperioden gebildet werden[13]. Die
Entscheidung bringt eine ganzheitliche Stiluntersuchung, weil sie zeigt, daß
alle Beobachtungen zu einem einheitlichen Resultat führen[14]. Bei der Satzfü-

---

wendige Subjektbezeichnung. Im übrigen erscheint der Name Paulus nur in Aufnahme der
korinthischen Schlagworte (1 Kor 1,12f;
3,4f.22) im Innern der Briefe. Das betonte Ich
von Röm 15,14 hebt gerade die Gemeinschaft
des Apostels mit den Adressaten hervor, nicht
seine besondere Stellung. Das Revelationsschema findet sich sonst nur nachpaulinisch
(Röm 16,25-27; Eph 3,4-12; vgl. 1Tim 3,16).
[12] Νόμος fehlt in 2Kor.
[13] Lohse 135-138. Zu ὅ ἐστιν vgl. Anm. 331.
[14] Bujard, Untersuchungen. Bemerkenswert
sind über das schon bei Lohse Angeführte hinaus u.a.: Infinitivkonstruktionen erscheinen
bei Paulus 2-4mal häufiger; dafür fehlen determinierte Infinitive, auch die mit dem ty-

pisch paulinischen εἰς τό formulierten, nur in
Phlm und Kol (ebd. 53-56); fortführende Partizipien finden sich bei vorsichtiger Zählung
31mal in den Paulusbriefen insgesamt, 25mal
in Kol (ebd. 61); locker angeschlossene Relativsätze, oft mit καί nach dem Pronomen, sind
weit häufiger als bei Paulus (ebd. 68-70); modale Umstandsbestimmungen mit ἐν und Substantiv sind überaus beliebt; ja, Kol könnte die
relativ zu seiner Länge ἐν-reichste Schrift der
Antike sein (ebd. 127f). Ludwig (Verfasser) bestätigt dieses Resultat: eine Umstandsbestimmung mit ἐν dient im Kol 11mal zum Abschluß
eines Gedankens, in allen Paulusbriefen 6mal
(ebd. 39). Sanders, JBL 85, 28-45 beobachtet
die gegenüber den echten Paulinen weit grö-

gung erweist sich, wie wenig der Brief strukturiert ist, wie Über- und Unterordnung, ja logische Verknüpfung überhaupt weithin fehlen (22-76). Die Gedankenführung ist assoziativ, kaum gegliedert und jedenfalls nicht so, daß der Leser als Partner in einem Dialog zu einem gedanklichen Weg genötigt wird (77-129). Rhetorische Mittel sind plerophorischer Stil (»alles« ist besonders beliebt), angehängte Deutungen, Umstandsbestimmungen mit »in« und einem Substantiv, gehäufte Genitive (130-219). So ist der Schluß (220-235) eindeutig: Eine Menge zahlenmäßig nachweisbarer und vorsichtig bewerteter Beobachtungen ergeben ein einheitliches Bild und weisen auf einen Verfasser, der bei aller Anlehnung an Paulus im Vokabular und theologischen Gedankengut doch völlig anders argumentiert als er. Der Brief kann nicht von Paulus geschrieben oder diktiert worden sein.

Kann er *nachpaulinisch* sein, wie man heute meist annimmt? Bewußte Fälschungen sind aus guten und weniger guten Motiven seit dem 6. Jh. v. Chr. begangen worden, auch im Judentum, das günstige Urteile über den alttestamentlichen Monotheismus usw. in klassisch-griechische Schriften eingeschmuggelt hat; Christen haben später jüdische Werke entsprechend behandelt[15]. Stilimitation war verbreitet und wurde in Rhetorenschulen geübt; Nennung des Namens mitten im Brief und Hinweise auf eigenhändige Abfassung waren gängige Mittel der Fälschung[16]. Doch kann das Erste auch auf Vertrautheit mit Paulus beruhen, das Zweite nur den Apostel deutlich von dem im Proömium mitgenannten Timotheus unterscheiden wollen und das Dritte unbewußte Wiederholung des gleichen Satzes 1Kor 16,21 sein (vgl. auch Phlm 19).

Gegen nachpaulinische Abfassung spricht zunächst die Tatsache, daß Kolossä nach 61 n.Chr. zerstört und nur in unbedeutendem Maße wieder besiedelt worden zu sein erscheint (s. S. 19) – wenn der Schein nicht trügt! Wirkliche Schwierigkeiten bieten aber die persönlichen Notizen und Grüße in 4,7-18. Daß Epaphras der Gemeinde angelegentlich empfohlen wird (1,7; 4,12f), wäre als Legitimation eines Nachfolgers verständlich. Die kurzen Andeutungen über die Gefangenschaft des Paulus (4,3.18) und die wenigen bei ihm ausharrenden judenchristlichen Mitarbeiter (4,11) könnten zum Bild des leidenden Apostels gehören und die betonte Hervorhebung seines der Kirche zugute kommenden Leidens in 1,24 geradezu Erinnerung an seinen Märtyrertod

---

ßere Anzahl von Verbindungen zweier oder mehrerer Wendungen, die sonst bei Paulus getrennt zu finden sind.

[15] W. Speyer, Die literarische Fälschung im Altertum, 1971 (HKAW I/2), 105f, 131-149, 155-160, 232-238. Gefälschte Briefe waren besonders beliebt (ebd. 57f, 83, 140 usw.).

[16] Ebd. 82, 84f; 46, 56f. Ähnlich wie 2Thess 3,17 (vgl. 2,2; 2Petr 1,16-18; 3,1) erklärt der 13. (pseudo-)platonische Brief (360A): »Der Eingang dieses Schreibens soll dir Beweis sein,

daß dieser Brief von mir stammt« (ebd. 58, cf 50). Zum Ganzen vgl. N. Brox, Zu den persönlichen Notizen der Pastoralbriefe, BZ 13 (1969) 76-94; ders., Zum Problemstand in der Erforschung der altchristlichen Pseudepigraphie, Kairos 15 (1973) 10-23; ders., Zur pseudepigraphischen Rahmung des ersten Petrusbriefes, BZ 19 (1975) 78-96; ders., Falsche Verfasserangaben. Zur Erklärung der frühchristlichen Pseudepigraphie, 1975 (SBS 79).

sein[17]. Freilich sind immerhin drei oder vier Juden- und eine ganze Anzahl von
Heidenchristen genannt; vereinsamt ist der Apostel also gewiß nicht. Un-
glaubhaft wird die These nachpaulinischer Entstehung des Briefes aber bei den
übrigen Notizen und Grüßen. Sie müßten in außerordentlich kunstvoller
Weise aus dem Material des Philemonbriefes zusammengestellt sein, um dem
Brief einen Anschein von Echtheit zu geben. Die drei Judenchristen erscheinen
auch Phlm 23f nach dem besonders hervorgehobenen Heidenchristen Epaphras als die ersten drei, falls man nämlich statt »Epaphras, mein Mitkämpfer in
Christus Jesus, Markus, Aristarch« liest: »Epaphras, mein Mitkämpfer in
Christus, Jesus, Markus, Aristarch«; aber dort stehen sie in anderer Reihenfolge, ohne nähere Angaben und ohne den Zunamen Justus (»der Gerechte«).
Ebenso finden sich Lukas und Demas Phlm 24 bei einander, wiederum in umgekehrter Reihenfolge und ohne die Auskünfte von Kol 4,14. Archippus (Kol
4,17) hingegen ist Phlm 2 am Anfang genannt, und Onesimus (Kol 4,9) spielt
Phlm 10ff die wichtigste Rolle. Das heißt also, daß außer den Adressaten Philemon und Apphia (Phlm 1f) alle dort Genannten wieder erscheinen, zum Teil
in ganz anderer Reihenfolge, und unter den Grüßenden keiner, der nicht auch
dort stünde. Tychikus (Kol 4,7), der (im Falle der Echtheit als Überbringer beider Briefe oder als zur Zeit des Philemonbriefes gerade Abwesender) Phlm 23f
nicht unter den Grüßenden aufgezählt wird, und Nympha(s) samt der dort
(wahrscheinlich in Laodizea) versammelten Hauskirche, müßten dazu erfun-
den oder aus anderer Tradition (Apg 20,4) übernommen worden sein. Außerdem wäre ein nach dem Tode des Paulus schwerlich noch bekannter »Brief aus
Laodizea« erwähnt. Eine besondere Absicht kann auch nicht hinter diesen
Namen und Notizen stecken. Sollten etwa paulustreue Schüler der nachpaulinischen Kirche empfohlen werden? Aber es ist doch undenkbar, daß alle im
Philemonbrief Genannten dazu gehörten und vor allem praktisch nur sie. Weder werden also die Person des Apostels noch der Ort und die Art seiner Gefangenschaft »historisch treu« beschrieben noch sind die, wie in den echten Paulinen eher nebenbei zugefügten, Charakterisierungen der Gegrüßten und Grüßenden als Empfehlungen von Paulusschülern verständlich. Ich gestehe, daß
mir eine derart raffinierte Fälschung ausgerechnet bei einem Brief, der noch in
nächster Nähe zu Paulus, also doch wohl als erster unechter anzusetzen wäre,
unbegreiflich bleibt. Es scheint dazu auch in der Antike keine wirklichen Parallelen zu geben[18].

---

[17] H. M. Schenke, Das Weiterwirken des
Paulus und die Pflege seines Erbes durch die
Paulusschule, NTS 21 (1975) 512.
[18] Speyer, Fälschung (Anm. 15), 82 erklärt
zwar, auch bei Nebenumständen seien historisch richtige Angaben gemacht worden, um
die Echtheit vorzuspiegeln: »je genauer die
Angaben, desto falscher sind sie«. Aber Belege
werden nur für genaue Personenbeschreibun-
gen z. B. in den unechten Apostelakten und

ähnliches gegeben, die auf einer ganz anderen
Ebene liegen. Das gilt auch für die genauen
Zeit- oder Ortsangaben, die G. Jachmann, Gefälschte Daten, Klio 35 (1942) 60-88; W. Hart-
ke, Römische Kinderkaiser, Berlin 1951, 27,
32f; W. Speyer, Bücherfunde in der Glau-
benswerbung der Antike, Hyp 24 (1970) 56-62
beibringen. Schenke, Paulusschule (Anm. 17),
506f zeigt gerade, daß die Pauluslegende in einem ganz anderen Traditionsstrom zuhause

Ist der Brief demnach *weder paulinisch noch nachpaulinisch*, was ist er dann? Die Grenzen zwischen Echt und Unecht können nicht mehr mit gleicher Strenge gezogen werden, wie noch vor einigen Jahrzehnten. Einerseits ist bei Paulusbriefen immer mit interpretierenden Glossen der Herausgeber zu rechnen; ja, es kann erklärt werden, daß, vielleicht mit Ausnahme des Galaterbriefs, kaum ein Paulusbrief in seiner ursprünglichen Gestalt erhalten sei, sondern fast alle schon Kompositionen verschiedener Briefteile seien[19]. Andererseits stellt sich das Problem der Fälschung dort anders, wo ein autoritativer heiliger Text vorliegt, der in eine neue Situation hinein »ausgelegt« werden muß. Vom Targum, das einen kanonischen Text in eine andere Sprache übersetzt, aber zugleich interpretiert, bis zum Paulusschüler, der das, was der Apostel in früheren Briefen geschrieben hat, auf eine neue Lage hin auslegt, indem er einen neuen Brief schreibt, gibt es eine ganze Anzahl von Zwischenstufen[20]. Tatsächlich handeln wir ähnlich, wenn wir predigen. Wir könnten durchaus sagen: »So sagt uns Jesus: Liebe deinen Nächsten, selbst deinen unausstehlichen Chef, deine nörgelnde Kollegin . . .«, oder : »Was sagt uns Paulus? Christus ist des Gesetzes Ende, das Ende aller selbstgerechten Urteile, die wir doch Tag für Tag fällen . . .«, und niemand, der den Text nicht kennte, könnte das Jesus-oder Apostelwort von der Interpretation scheiden. Wo freilich – in einer Zeit, die die Fragwürdigkeit der Fälschung durchaus erkannt hat – die Echtheit aufdringlich behauptet wird (2Thess 3,17), ändert sich der Charakter der Neuinterpretation.

Könnte der Kolosserbrief ein, vielleicht unter dem Einfluss des seither entstandenen Epheserbriefes *stark redigierter echter Paulusbrief* sein? Das ist oft vorgeschlagen worden. Goodspeed und Knox denken, daß Onesimus, vielleicht identisch mit dem späteren Bischof von Ephesus gleichen Namens, das Corpus Paulinum herausgegeben und den Epheserbrief als Einleitung dazu geschrieben hätte. Nach Knox wäre der Philemonbrief über den Paulus bekannten Philemon in Kolossä eigentlich an Archippus in Laodizea als den Herrn des Onesimus gerichtet und daher mit »dem Brief aus Laodizea« identisch gewesen[21].

war als die von den Apostelbriefen bestimmte Schule. Auch N. Brox, Lukas als Verfasser der Pastoralbriefe?, JAC 13 (1970) 73, Anm. 51 verweist zwar auf Sekundärliteratur; wirklich vergleichbare Texte scheinen aber zu fehlen; vgl ders. Verfasserangaben (Anm. 16), 60f und Notizen (Anm. 16), 84f, wo der Widerspruch zwischen der langen Liste der Grüßenden und dem Bild des einsam sterbenden Apostels in 2Tim 4,10f.16 betont ist. Die Stelle bildet in der Tat ein Problem; aber es fragt sich, ob nicht noch echte Fragmente dem Verfasser zur Verfügung standen. Außerdem wäre dort die Absicht der Empfehlung paulustreuer Schüler eher möglich, und selbst der berühmte Mantel und die Pergamente könnten zum Bild des selbstgenügsamen Apostels, der nur eine

Decke braucht (1 Tim 6,8), aber zugleich nach der heiligen Schrift verlangt (2Tim 3,15), beitragen (P. Trummer, Mantel und Schriften [2Tim 4,13], BZ 18 [1974] 193-207, besonders 199,204).

[19] So Schenke, Paulusschule (Anm. 17), 509-514 (zu Gal: 516). Ich gestehe freilich, daß ich, vielleicht mit Ausnahme von 2Kor, nirgends von den Trennungshypothesen wirklich überzeugt worden bin. Zu Phil vgl. neuerdings Müller, Prophetie (Anm. 11) 207-210.

[20] Vgl. Brox, Verfasserangaben (Anm. 16) 117-119.

[21] E. J. Goodspeed, New Solutions to New Testament Problems, Chicago 1927 ; ders., The Meaning of Ephesians, Chicago 1933 ; ders; The Key to Ephesians, Chicago 1956 ; J. Knox,

Das könnte zwar die Verwandtschaft zwischen Epheser- und Kolosserbrief erklären, nicht jedoch die Besonderheiten des Kolosserbriefes, außer man nähme an, daß Onesimus diesen stärker redigiert hätte als andere Teile der Sammlung. Neuerdings schlägt Benoit[22] vor, den Kolosserbrief als echtes Paulusschreiben zu verstehen, das von einem Mitarbeiter aufgrund des gleichzeitig von einem andern Paulusschüler verfaßten Epheserbriefs nochmals überarbeitet worden wäre. Die Schwierigkeit aller Lösungen, die an eine Bearbeitung denken, liegt darin, daß der Stil und weithin auch die theologischen Differenzen den ganzen Brief prägen, so daß man höchstens den Schluß 4,2-18, wo naturgemäß keine theologischen Argumente und wenig Gelegenheiten für stilistische Abwechslung vorkommen, eventuell noch die sowieso traditionelle Haustafel 3,18-4,1 für Paulus reklamieren könnte[23]; tatsächlich finden sich aber typische Merkmale des Stils des Kolosserbriefs auch in diesen Abschnitten[24].

Nun ist der Kolosserbrief wie der an Philemon, die Philipper und der zweite Korintherbrief von »Paulus und Timotheus« geschrieben (vgl. 1Thess 1,1; anders 1Kor 1,1 neben 4,17; 16,10). Gewiß zeigt Phil 2,19 (vgl. 1Thess 3,2.6), daß Paulus der eigentliche Verfasser ist. Immerhin ist aber die gemeinsame Verfasserschaft soweit ernstgenommen, daß alle neben Paulus Genannten nur entweder im Proömium oder in der Grußliste (Röm 16,21, nicht 1,1!) erscheinen, aber nie in beiden. Die Gemeinschaft mit Timotheus und Silvanus in der Verkündigung hat Paulus 2Kor 1,19 ausdrücklich bezeugt. War normalerweise Paulus der eigentliche Schreiber und Prediger, hätte nicht *Timotheus*, »gleichen Geistes« mit Paulus »wie kein anderer« (Phil 2,20), diese Aufgabe übernommen, sobald z. B. die Haftbedingungen das verhinderten? Hätte er dann nicht auch einen Brief, den Paulus nicht selbst schreiben oder diktieren konnte, in beider Namen verfaßt und den Apostel womöglich wenigstens den Schlußgruß schreiben lassen? Hätte er darin nicht die Bedeutung des Dienstes und der Leiden des Apostels weit ungehemmter herausgestrichen als dieser selbst und mit der Wendung »ich, Paulus« (1,23) noch klargestellt, daß dies nur den Apostel, nicht etwa seinen eigenen Anteil daran betrifft? Hätte er nicht weithin in den theologischen Gedankengängen und im Stil des Paulus gelebt, aber gerne auch traditionelle Elemente wie den Hymnus und dessen litur-

---

Philemon among the Letters of Paul, Chicago 1935, zusammengefaßt (und kritisiert) bei Moule 14-18. Zur Kritik vgl. Lohse 261f; Ernst 125f; Houlden 126 (kann Eph von einem Heidenchristen geschrieben sein?); Stuhlmacher, Phlm 20; zur Identifikation mit dem Bischof ebd. 57. Gegen die These von Knox ist zu bedenken: 1. Nichts in Phlm weist auf eine solche Möglichkeit hin; 2. der persönlich warme Stil wäre schwerlich zu erwarten, wenn Philemon nur Mittelperson wäre; 3. Philemon ist der »Geliebte«, daher doch wohl auch der zum »Lieben« Aufgerufene (V 2.5.7.9); 4. Der Kol

4,17 erwähnte »Dienst« ist »im Herrn« übernommen, meint also schwerlich nur die Freilassung des Onesimus.
[22] Hymne 254.
[23] Sanders, JBL 85,45 zieht auch 3,12-17 dazu, muß aber zugeben, daß dann 3,15 eine Ausnahme darstellt.
[24] Vgl. Anm. 633. An Timotheus als Verfasser denkt, wie ich nachträglich erfahre, auch W.-H. Ollrog, Paulus und seine Mitarbeiter § 7.2 (soll in WMANT erscheinen), wo sich eine ausführliche Begründung findet (speziell zur Person des Timotheus in Anm. 70).

gische Einführung oder die Haustafel aufgenommen? Sicher kann weder dies noch das Gegenteil bewiesen werden; doch könnten damit Verwandtschaft mit und Differenzen zu den Paulusbriefen ebenso erklärt werden wie die vielen persönlichen Notizen und Grüße. Pseudonym bleibt der Brief (schon wegen 1,23) auch so; immerhin würde er einen Übergang darstellen, der die weitere Entwicklung, etwa zu den Pastoralbriefen hin, verständlicher machte.

3. Die Zeit und der Ort

Könnte in diesem Fall der Brief zur selben *Zeit* geschrieben sein *wie der Philemonbrief?* Tychikus wäre dann als Überbringer in diesem, Philemon und Apphia als Empfänger des Privatbriefes in jenem nicht erwähnt. Ein Hinweis auf die kolossische Philosophie wäre in einem Privatschreiben kaum zu erwarten. Doch hofft Paulus nach Phlm 22, bald frei zu werden und noch vorher die Dienste des Onesimus in Anspruch zu nehmen, wie er es offenbar zur Zeit der Niederschrift schon tut (V 13). Das setzt relativ großzügige Haftbedingungen voraus. Leichter vorstellbar ist also, daß Philemon dem Wunsch des Apostels entsprechend seinen Sklaven zurückgesandt hat und der Brief kurz nachher geschrieben wurde. In beiden Fällen könnte der Philemonbrief eventuell der »Brief aus Laodizea« (nicht der »an die Laodizener«!) sein. Philemon und Apphia müßten dann dort gewohnt haben; doch lebt Onesimus nach Kol 4,9 in Kolossä, falls der Ausdruck nicht im weiteren Sinn die Gegend im Lykostal oder die ursprüngliche Herkunft des Onesimus bezeichnen will. Archippus, der in beiden Gemeinden tätig ist (Kol 4,13), scheint nach Kol 4,17 Laodizener gewesen zu sein. Daß Philemon und Apphia im Kolosserbrief nicht genannt werden, ist selbstverständlich, falls sie in Laodizea lebten. Daß dagegen Grüße an diese Gemeinde aufgetragen werden, macht keinerlei Schwierigkeiten, falls der Kolosserbrief einige Wochen später geschrieben wurde. Wesentlich schwieriger wäre das zu verstehen, falls beide Briefe gleichzeitig verfaßt worden wären. Man müßte dann annehmen, die Phlm 2 genannte Hausgemeinde sei nicht identisch mit der Gesamtgemeinde und Paulus habe keine Grüße an alle angefügt, um Philemon nicht zu nötigen, das private Schreiben allen vorzulesen, falls er etwa dem Wunsch des Paulus nicht hätte entsprechen können. Man müßte weiter annehmen, daß der Mitarbeiter, der den Kolosserbrief schrieb, keine solchen Hemmungen gehabt hätte, weil er sich nicht hätte vorstellen können, daß Philemon nicht in allem der Weisung des Apostels folge. Wiederum ist also die Situation leichter zu erklären, wenn der Kolosserbrief kurze Zeit nachher geschrieben wurde. Nachdem der Fall Onesimus zufriedenstellend gelöst, der frühere Sklave zu Paulus zurückgeschickt worden war, konnten der Briefaustausch ohne Schwierigkeiten vorgeschlagen und Grüße an die Gesamtgemeinde mitgeschickt werden. Ist freilich schon die Verfasserschaft des Timotheus nicht zu beweisen, sondern höchstens wahrscheinlich zu machen, so die Gleichsetzung des Philemonbriefes mit dem »aus Laodizea«

noch weniger. Immerhin wäre damit erklärt, wieso der für eine Briefsammlung nicht gerade geeignete Philemonbrief erhalten blieb, ohne daß eine Spur des anderen Briefes, der »aus Laodizea« nach Kolossä hätte kommen sollen, zu finden ist.

Falls der Kolosserbrief ungefähr gleichzeitig mit dem Philemonbrief geschrieben wurde, bleibt die *ephesinische* Gefangenschaft die wahrscheinlichste Situation dafür[25]; umso mehr als Rücksendung des Onesimus zu Paulus und erneute Sendung nach Kolossä wie auch das Hin und Her von Epaphras, Tychikus und Markus noch zusätzlich eine relativ kleine Distanz zwischen dem Ort der Gefangenschaft und den beiden Gemeinden im Lykostal voraussetzen lassen. Gedankliche Unterschiede zu den paulinischen Hauptbriefen sprechen bei Abfassung durch einen Mitarbeiter nicht mehr gegen eine Datierung in etwa derselben Periode[26]; die Ähnlichkeit mit der Situation in Galatien könnte sogar für eine gewisse geschichtliche Nähe sprechen, obwohl die Unterschiede nicht zu übersehen sind (s. S. 101). Die Anwesenheit des Lukas spricht nicht dagegen, wenn man nicht annimmt, daß er die Apostelgeschichte (oder doch den Ephesus betreffenden Teil) geschrieben habe und dann diese Gefangenschaft wie manches andere hätte erwähnen müssen.

Bezeugt ist unser Brief vielleicht schon 1Cl 49,2 und wahrscheinlich bei Justin (vgl. S. 184); doch ist dort die Textüberlieferung nicht immer zuverlässig, so daß der Anklang an Kolossertexte auch auf Abschreiber oder dann auf eine gemeinsam benützte Formel zurückgehen könnte. Sicher ist der Brief um 150 herum in Markions Kanon aufgenommen[27].

---

[25] Vgl. Stuhlmacher, Phlm 21f; ebs. Houlden 139 und schon Petrus Lombardus (259A); ausführlich begründet bei *G. S. Duncan*, St. Paul's Ephesian Ministry, London 1929, bes. 66-94, 111-115, 145-161, 270f, 298f. Das besagen auch die markionitischen Prologe (Text: W. G. Kümmel, Das Neue Testament, ²1970 [OA I/3], 4; nach 523, Anm. 1 echt, freilich nur im Sinn der markionitischen Kirche kurz nach dem Tod ihres Hauptes [ders., Einleitung in das NT, Heidelberg ¹⁷1973, 430]; nach Haench Ag 8, Anm. 3; NTApo, ³II, 82 unecht). Daß die Kollekte nicht erwähnt ist (oder ist sie es in 1,4, Ernst 156?), ist kein entscheidender Gegengrund. Schwieriger ist, daß weder Mar-

kus (Kol 4,10) noch Lukas (Kol 4,14; Phlm 24) in etwa gleichzeitigen Paulusbriefen vorkommen. Das wäre bei Datierung in eine cäsareanische (oder römische) Gefangenschaft leichter vorstellbar (vgl. Apg 12,12.25). Andererseits stammt Tychikus aus Kleinasien (Apg 20,4) und ist 2Tim 4,12 mit Ephesus verbunden.

[26] Gegen Ernst 151.

[27] A. v. Harnack, Markion: Das Evangelium vom fremden Gott, Leipzig ²1924, 51. Kol ist bei allen drei Zeugen (Tertullian, Adamantius, Epiphanius) belegt, ebd. 43*, 45*, 50f*, 54*, 56f*, 64*. Formulierungen unseres Briefes wirken vielleicht auch 1Cl 49,2; Ign Trall 5,2; Pol 12,2 nach (vgl. noch Od Sal 16,18).

B. Kommentar

I. Briefeingang (1,1-8)

1. Gnadenzuspruch (1,1-2)

Literatur: Berger,K., Apostelbrief und apostolische Rede/Zum Formular frühchristlicher Briefe, ZNW 65 (1974) 190-231.

1 Paulus, durch Gottes Willen Apostel Christi Jesu, und Timotheus, der Bruder, 2 den Heiligen in Kolossä und glaubenden Brüdern in Christus: Gnade euch und Friede von Gott, unserem Vater.

Der Briefeingang entspricht ganz dem der Paulusbriefe[28]. Der Brief wird im Gottesdienst vorgelesen (4,16); deswegen sind VV1f nicht einfach »Adresse«, sondern wirklicher Zuspruch der Gegenwart Gottes. Tatsächlich unterscheiden sie sich darin von den jüdischen wie hellenistischen Briefformularen und rücken in die Nähe alttestamentlicher und jüdischer Segensworte. Die Verbindung von (Licht,) Gnade und Friede findet sich so äth Hen 5,7 (griechischer Text), die von Barmherzigkeit und Friede oft (ebd. 5,5f; vgl. 1,8)[29]. Gnade und Erbarmen werden Weish 3,9; 4,15 den »Erwählten« (oder »Heiligen«) zugesprochen[30], Erbarmen und Friede sBar 78,2 in einem Briefeingang den »Brüdern«. »Gnade« findet der Glaubende vor Gott besonders in seiner Offenbarung. Für Paulus bezeichnet der Ausdruck zusammenfassend das Heil der durch Christus gebrachten Zeit. So ist er neben den gewohnten Friedenswunsch getreten und läßt aus einem üblichen Gruß einen eigentlichen Segenszuspruch werden.

Analyse

Wie in den meisten Paulus-Briefen (nicht 1Thess 1,1; Phil 1,1) wird Paulus als *Apostel* bezeichnet. Apostel können, wie der zugefügte Genitiv »euer« oder »der Gemeinden« zeigt, Beauftragte einer oder mehrerer Gemeinden genannt werden (Phil 2,25; 2Kor 8,23). Wenn Paulus aber 1Kor 15,7 ohne solchen Zusatz von »allen Aposteln« spricht, dann weist er auf einen festen Kreis von Osterzeugen hin, der offensichtlich nicht mit den »Zwölfen« (1Kor 15,5) identisch ist, diese aber vermutlich einschließt[31]. In diesem Sinne ist Paulus »Apostel Christi Jesu« und verteidigt seine Berufung erbittert gegen andere. Das zeigt, daß der feste, titulare Gebrauch schon vorpaulinisch sein muß[32]. Außerdem kann Paulus von den »Superaposteln« reden (2Kor 11,5; 12,11), womit schwerlich die Urapostel, sondern charismatische, vom Geist gesandte gemeint sind[33].

Erklärung 1

---

[28] Vgl. Stuhlmacher, Phlm 29.
[29] Tob 7,12 (S); Sir 50,23f; 3Makk 2,19f; Jub 12,29; 22,8-10; 1QS 2,1-4; vgl. Num 6,25f; Jes 54,10; 1QM 12,3; sBar 78,2. Zum Ganzen vgl. Berger, Apostelbrief (S. 31) 191f mit Anm. 10.
[30]Χάρις und ἔλεος (ὁσίοις 3,9 v.l.).
[31] Sonst wären sie Gal 1,18f wahrscheinlich

genannt. Außerdem läßt sich so die spätere Vorstellung von den »zwölf Aposteln« leichter verstehen. Petrus gehört sicher dazu (Gal 1,19a; 2,8).
[32] M. Hengel, Die Ursprünge der christlichen Mission, NTS 18 (1971/72) 32.
[33] Vgl. auch Offb 2,2. Erst Did 11 spricht positiv von solchen Wanderaposteln.

Die Schwierigkeit der Ableitung des Titels besteht darin, daß das griechische Wort zwar als Fachausdruck der Marine bekannt ist, kaum je aber so etwas wie einen Gesandten, umgekehrt aber der jüdische Begriff nicht einen Missionar, sondern einen für einen befristeten Auftrag Bevollmächtigten bezeichnet (1Kön 14,6)[34]. Das kann zwar die Bezeichnung eines von der Gemeinde Beauftragten erklären, nicht aber die eines Apostels im typisch paulinischen Sinn. Doch sind Bevollmächtigung und Sendung zur Verkündigung bei den alttestamentlichen Propheten verbunden, auch wenn die titulare Bezeichnung fehlt. Besonders auffällig ist die Verbindung von Gotteserscheinung, Sendung und Verkündigung bei Mose[35]. Daß der, dem eine solche Erscheinung zuteil geworden ist, sie nicht für sich behalten kann, ist ja auch schon durch die Tatsache der Erscheinung gegeben[36]. Gal 1,15 ist die Sendung des Paulus parallel der des Propheten gesehen (vgl. Jer 1,5; Jes 49,1), wobei der Gotteserscheinung im Alten Testament die Christuserscheinung im Neuen entspricht. Vielleicht hat der sich anbahnende jüdische Wortgebrauch vom »Bevollmächtigten«, auch wenn die zeitliche Ausbildung eines eigentlichen Instituts erst nach 70 n.Chr. entstanden ist und immer nur befristete und nicht typisch religiöse Aufträge einschloß, den Übergang vom Verbum »senden« zum Substantiv »Gesandter = Apostel« erleichtert, weil die Zwölf in den ersten Jahren der Jerusalemer Gemeinde als die Bevollmächtigten Jesu galten. Jedenfalls war die Verbindung von »senden« und »Evangelium verkünden« schon vorgegeben (Jes 61,1) und in Jesusgeschichten wie bei Paulus aufgenommen (vgl. Lk 4,16-21; 1,19; 1Kor 1,17; auch Röm 10,14f). Ist demnach für die nachösterliche Gemeinde Jesus selbst der Ur-Apostel, der in Erfüllung aller prophetischen Sendung ausgeschickt ist, Evangelium zu verkünden, so wissen sich nach Ostern auch Jünger Jesu vom Auferstandenen gerufen und ausgesandt, wie es den alttestamentlichen Propheten durch eine Gotteserscheinung zuteil geworden war[37]. Darum ist auch 1/2Kor 1,1 (vgl. Gal 1,1.15); Kol 1,1 der »Wille Gottes« noch besonders genannt.

Timotheus tritt neben Paulus wie 2Kor 1,1; Phil 1,1; 1Thess 1,1; Phlm 1. Gerade für den Apostel ist wesentlich, daß er in der Gemeinschaft mit Brüdern steht, also nicht einfach als Autoritätsperson besonderer Würde spricht. Timotheus ist von Paulus in (Derbe oder) Lystra auf der ersten Missionsreise gewonnen worden und hat ihn seither begleitet (Apg 16,1). Jedenfalls reist er nach 1Thess 3,2.6 von Athen nach Thessalonich und zurück, verkündet mit Paulus das Evangelium in Korinth (2Kor 1,19), fährt mehrmals zwischen Kleinasien und Korinth hin und her (1Kor 4,17; 16,10) und wird vom gefangenen Apostel nach Philippi geschickt (Phil 2,19). Nach Apg 20,4 gehörte er zu den Kollekte-Begleitern des Paulus auf der Reise von Griechenland nach Palästina. Abgesehen vom Philemonbrief ist überall der Grund für seine Nennung offensichtlich; er ist nämlich den Gemeinden schon bekannt[38]. Sollte das auch für die Empfänger des Philemonbriefes gelten? Als »Bruder« ist er den Emp-

---

[34] שָׁלִיַח = ἀπόστολος 3(1)Kön 14,6 (A) LXX.
[35] Ex 3,14-16: ὤπται (vgl. ὤφθη), ἀπέσταλκεν. Er heißt ExR 3,14; 5,12; bBabMez 86b שָׁלִיַח Gottes (B. Gerhardsson, Die Boten Gottes und die Apostel Christi, 1962 [SEA 27], 112). Säkularer Gebrauch (Joh 13,16) ist auf griechischen Papyri (5.–8.Jh.n.Chr.) bezeugt

(F. Agnew, On the Origin of the Term Apostolos, CBQ 38 [1976] 49–53).
[36] Vgl. H. Conzelmann, Geschichte des Urchristentums, 1969 (NTD, Erg. V), 27.
[37] F. Hahn, Der Apostolat im Urchristentum, KuD 20 (1974) 54-77.
[38] Ludwig, Verfasser 62, Vgl. oben S. 26.

fängern gleichgestellt[39]; nur aus der Gemeinschaft mit dem Apostel, von dem
er seine Legitimation empfängt, folgt seine Autorität, ihnen zu schreiben.
Die Angabe der Empfänger entspricht in der Formulierung zunächst Phil 1,1 2
(»den Heiligen in Christus Jesus«)[40]. Neu ist die Zufügung: »den gläubigen
Brüdern«; doch läßt sich im Kolosserbrief öfters feststellen, daß gewohnte
Wendungen durch Synonyme ergänzt werden[41], und die Nennung des Timotheus als »im Herrn geliebtes und gläubiges Kind« des Apostels (1Kor 4,17)
bietet wenigstens einen Ansatz dazu. Da der Artikel nicht wiederholt wird,
müßte man eigentlich »heilig« als Adjektiv auffassen; da aber Paulus immer
substantivisch von den Glaubenden als den »Heiligen« spricht, ist eher nach-
lässiger Sprachgebrauch anzunehmen. »Heilige« ist dann gewissermaßen ihr
Ehrenname, während »Brüder« sie mit dem Apostel zusammenschließt[42]. Zur
Verbindung von »Gnade« und »Friede« s. S. 31. Bezeichnet »Gnade« den Akt
göttlicher Liebe, der die Trennung zwischen Gott und Menschen überspringt,
so »Friede« das dadurch hergestellte neue Verhältnis. Durch »von« wird im
hellenistischen Brief immer der Absender eingeführt[43]; hinter der stilistischen
Abwandlung steckt also vielleicht der Gedanke, daß Gott selbst der eigentliche
Autor ist. Daß nur er, nicht auch Christus genannt wird, ist ebenso parallelen-
los in den Paulusbriefen wie die Ortsangabe ohne Partizip[44].

Die ersten beiden Verse sind nicht einfach Adresse. Sie sind Segenszuspruch,   Zusammen-
der eine neue Situation schafft. Eben darum wird die Legitimation des Absen-   fassung
ders und zugleich das glaubende Hören der zu »Heiligen« Berufenen, als
»Brüder« zu ihm Gehörenden betont. Nur im Auftrag Gottes kann ein solcher
Brief recht geschrieben und nur im Hören des Glaubens recht gelesen und gehört werden. Im Eingang des Briefes wird dem Leser also seine »Heiligkeit«
und seine im Glauben begründete Bruderschaft zugesprochen; wie die paulinische Gerechtigkeit nicht die dem Menschen eigene, sondern die ihm zugesprochene, »fremde« ist, so hier seine Heiligkeit[45].

2. Dank (1,3-8)

Literatur: Friedrich,G., Lohmeyers These über »Das paulinische Briefpräskript« kritisch beleuchtet, ZNW 46 (1955) 272-274; *Schubert, P.*, Form and Function of the Pauline Thanksgivings, 1939 (BZNW 20); *White, J.L.*, Form and Function of the Greek Let-

[39] E. E. Ellis, Paul and His Co-Workers, NTS
17 (1970/71) 448f und ders., Spiritual Gifts in
the Pauline Community, NTS 20 (1973/74)
139, meint sogar, die Empfänger des Briefes
seien Mitarbeiter des Paulus, daher auch be-
auftragt, für die Vorlesung des Briefes zu sorgen (4,16). Doch redet Paulus in allen Briefen
die Gemeinde häufig als ἀδελφοί an.
[40] Das von A,D usw. gelesene Ἰησοῦ ist wohl
sekundäre Angleichung an solche Formeln;
vgl. 1,28. Auch Röm 1,7 werden die »Heili-

gen« statt der »Gemeinde« genannt (Meyer
168f).
[41] Ludwig, Verfasser 64.
[42] Calvin 124. »Heilige Brüder« ist unpaulinisch (nur 1Thess 5,27 v.l.).
[43] Ἀπό oder παρά (Berger, Apostelbrief [S.
31], 202).
[44] Die meisten Handschriften ergänzen Christus nach dem üblichen paulinischen Formular.
Die Ortsangabe wie die ganze Wendung mit
ἀπό kann auch fehlen (1Thess 1,1f).
[45] Conzelmann 178.

ter. A Study of the Letter Body in the Non-Literary Papyri and in Paul the Apostle, 1972 (SBL Diss 2)

3 Wir danken Gott, dem Vater unseres Herrn Jesus Christus, allezeit beim Gebet für euch. 4 Wir haben ja von eurem Glauben in Christus Jesus gehört und von der Liebe, die ihr gegenüber allen Heiligen hegt, 5 aufgrund der Hoffnung, die für euch in den Himmeln bereitliegt. Von ihr habt ihr schon gehört im Wort der Wahrheit des Evangeliums, das euch erreicht hat, 6 wie es auch in der ganzen Welt ist, Frucht tragend und wachsend; in gleicher Weise wie bei euch von dem Tag an, da ihr Gottes Gnade in Wahrheit vernommen und erkannt habt. 7 So habt ihr es gelernt von Epaphras, unserem geliebten Mitknecht, der uns ein treuer Diener Christi ist 8 und uns auch von eurer Liebe im Geist berichtet hat.

Analyse Der Abschnitt wird so abzugrenzen sein; denn von V 9 an geht der Dank in die Fürbitte und damit die Gegenwarts- oder Vergangenheitsform in die der Zukunft über. Freilich ist Röm 1,9f; 1Kor 1,8; Phil 1,4-6.9-11 Ähnliches zu beobachten; wo aber Paulus sein Beten für die Gemeinde erwähnt, da geschieht das gleich zu Beginn der Danksagung und dieses Gebet schließt den Dank ebenso ein wie die Bitte für die Zukunft (auch 1Thess 1,2 und besonders Phlm 4-6). Hier wird diese erst in V 9, der die Fürbitte von V 3 wieder aufnimmt, entfaltet und durch Zufügung von »bitten« akzentuiert. Die Danksagung ist also deutlich von der Fürbitte abgehoben. Sie besteht aus einem einzigen, am Anfang stehenden Hauptverbum, von dem eine Kette von neun durch Partizipien, Relativpronomen oder durch »wie« angeschlossenen Sätzen abhängt (in der Übersetzung durch drei neue Satzanfänge aufgelöst). Dabei handelt es sich um lockere Assoziationen, so daß man von einer Aussage zur anderen weitergehen kann, ohne die Struktur des ganzen Satzes zu überblicken[46].

Erklärung Danksagung zu Beginn findet sich auch in hellenistischen Briefen[47], jedoch
3 nicht in offiziellen Schreiben. Sie ist wie bei Paulus durch die religiöse Erfahrung geprägt, wie sie im Hellenismus bei Epiktet, im Judentum bei Philo nachweisbar ist, und deutlich auf die im Brief angeredete Gemeinde bezogen[48]. Sie ist wie in Phlm 4-7; 1Thess 1,2-10; Phil 1,3-8 sehr persönlich gehalten. Der Plural findet sich auch 1Thess 1,2. Gott wird als »der Vater unseres Herrn Jesus Christus« eingeführt[49]. Damit ist gesagt, daß Gott in Jesus Chri-

---

[46] Bujard, Untersuchungen 79f; fortführende Partizipien und Relativsätze sind für Kol typisch (ebd. 59-70). Zur tiefgreifenden Stilverschiedenheit dieses Abschnittes gegenüber Paulus vgl. ebd. 73f, 79-86.
[47] Belege bei Lohse 40f; für das Judentum vgl. 2Makk 1,10f.
[48] Schubert, Form (S. 33), 179-185.
[49] Vgl. 2Kor 1,3, freilich » . . .Gott und Va-

ter . . .« formuliert. Zwar ist ϰαί Kol 1,3 durch אAϏ gut bezeugt; doch haben die gleichen Zeugen auch in V 2 an das übliche paulinische Formular angeglichen. א bietet auch 1,12 (s. dort) die Lesart ϑεῷ ϰαὶ πατρί, nicht aber 3,17. An allen drei Stellen findet sich diese Wendung nur in Minuskeln und bei Ambrosiaster und Theodoret. Sie ist also nicht typisch für Kol. »Christus« fehlt in B.

stus Gegenwart geworden ist, und umgekehrt, daß in ihm Gott selbst begegnet. Nicht einfach die Gemeinde wird gelobt, sondern Gottes Güte, die der Apostel nicht nur im eigenen Leben, sondern auch bei andern am Werk sieht[50]. Daß der Dank für sie »ständig« erfolgt, wird schwerlich durch die Zufügung »wenn wir für euch beten« eingeschränkt[51]; Amts- und Privatbereich, liturgisches und profanes Leben lassen sich beim Apostel nicht trennen[52].

Was Paulus vom Leben der Gemeinde, wohl durch Epaphras (4,12), gehört hat, wird durch die Dreiheit Glaube, Liebe, Hoffnung[53] wiedergegeben, freilich so, daß die letzte als Begründung der beiden ersten eingeführt wird (s. S. 36). Auch 1Thess 5,8 steht das erste Paar näher beisammen, Phlm 5 und Gal 5,6 für sich allein. »In Christus« bezeichnet streng genommen den Glauben als im Bereich der Macht Jesu Christi lebenden; da aber der Kolosserbrief oft »in« gebraucht, wo Paulus andere Präpositionen hat (s. Anm. 14), könnte doch Glaube an Jesus Christus gemeint sein. Von solchem Glauben kann man »hören«, d.h. er wirkt sich so aus, daß man davon erzählen kann. Zugleich wird festgehalten, daß er lebt, indem er vom Menschen weg auf den weist, der die eigentliche Quelle alles Tuns bleibt, Jesus Christus. Neben den Glauben tritt die Liebe. Sie bleibt die Art, in der Glaube sich ausprägt. Beides läßt sich nicht wirklich trennen, da Glaube immer mit dem Mund wie mit dem Herzen (Röm 10,9), mit Händen und Füßen wie mit dem Hirn gelebt wird. Nur beschreibt »Glaube« dieses Leben hinsichtlich seiner Ausrichtung auf seine Kraftquelle in Christus, »Liebe« das gleiche Leben in seiner Auswirkung auf die Mitmenschen, und zwar universal auf »alle Heiligen«, d.h. auf alle zur Gemeinde Christi Gehörenden[54].

Umfassen Glaube, Liebe, Hoffnung ursprünglich alle Zeiten, indem der Glaube in der Vergangenheit des Lebens, Sterbens und Auferstehens Jesu Christi gründet, die Liebe die Gegenwart der Gemeinde erfüllt und die Hoffnung auf die Zukunft aus ist, so ist das jedenfalls nicht mehr betont. Wie »Glaube« vor allem auf den gegenwärtigen, himmlischen Christus ausgerichtet ist (vgl. S. 71f), so beschreibt »Hoffnung« das schon im Himmel Bereitliegende. Aus der »Hoffnung, in der gehofft wird« ist die »Hoffnung, die gehofft wird« geworden, und man kann sich fragen, ob nicht Sprache und Sache auseinandertreten, weil die zeitliche Dimension nicht mehr tragend ist[55]. Doch soll nur die Gewissheit und Objektivität des durch Gott allein gesicherten Heils umschrieben werden; die Vorstellung, daß künftiges Geschehen bei Gott schon

---

[50] Calvin 124.
[51] Vgl. V 9, auch 1Kor 1,4; 2Thess 1,3; Röm 1,10; 1Thess 1,2; ähnlich wie Kol 1,3: Phlm 4.
[52] Friedrich, Lohmeyers These (S. 33), 272-274 betont, wie unliturgisch die Eingangsverse selbst im Vergleich mit den Schlußwendungen sind. Sie entsprechen nicht dem gottesdienstlichen Gebet, sondern der profanen Briefform, die freilich gefüllt und keineswegs formelhaft übernommen wird.

[53] Vgl. 1Kor 13,13; 1Thess 1,3; Pol 3,3; sie ist wohl urchristliche Tradition, jedenfalls nicht erst antignostisch gebildet (mit Lohse 45). Caird 167 weist noch auf Röm 5,1–5; Gal 5,5f; Eph 4,2–5; 1Thess 3,8; Hebr 6,10–12; 10,22–24; 1Petr 1,3–8.21f hin.
[54] Freilich steht πᾶς im Kol häufig rein plerophorisch (s. S. 23).
[55] Petrus Lombardus 260A; 261A; Zwingli 220; Lohse 47; Bornkamm, Hoffnung 58-62.

präsent ist, ist ja auch der jüdischen Apokalyptik geläufig[56]. In diesem Sinn kann Paulus von der »ewigen Behausung im Himmel« sprechen (2Kor 5,1). Erst später wird sich zeigen, warum die »obere« Welt gerade in diesem Brief besonders betont ist (s. S. 104). Wichtiger ist, daß Glaube in der Hoffnung gründet, nicht umgekehrt[57]. Die Gefahr solcher Aussagen besteht darin, daß das Überzeugtsein von einem objektiv vorhandenen Heilsgut, also das Fürwahrhalten eines schon im Jenseits Vorhandenen Grundlage des Glaubens wird. Umgekehrt ist aber damit der Subjektivität eines nur in sich selbst gegründeten, auf der Erfahrung der eigenen Seelenregungen beruhenden Glaubens gewehrt und wird Hoffnung zugleich als wirkender, Glauben und Liebe hervorbringender Akt verstanden[58]. Die Aussage »im Himmel«[59] hält also das »Außerhalb« des Heiles fest. Dem Menschen auf einer himmellos gewordenen Erde wird gesagt, daß er davon lebt, daß der Sinn alles Lebens nicht in ihm selbst, auch nicht in der Menschheit oder Natur liegt, sondern bei dem, der als der jenseits von beidem Stehende doch in ihnen begegnet. Von dieser Hoffnung haben die Kolosser schon »zuvor« gehört. Man könnte verstehen: vor dem Ende, so daß die Evangeliumsverkündigung als Vorwegnahme des Kommenden verstanden würde. Das ist aber unwahrscheinlich, weil die zeitliche Komponente unbetont ist und VV7f in andere Richtung weisen. So wird damit wohl ähnlich wie 1Joh 1,1; 2,7.13f.24; 3,11 auf die Anfangsverkündigung zurückgegriffen[60]. In beiden Briefen wird damit gegenüber der Irrlehre zum Evangelium zurückgerufen.

Darum wird dies auch sofort als »Wort der Wahrheit« charakterisiert. »Die Wahrheit des Evangeliums« verteidigt Paulus auch Gal 2,5 gegen alle Verdrehungen. »Wahrheit« ist freilich nicht wie in der griechisch-abendländischen Tradition das durch Empirie oder Logik mit Notwendigkeit zu erreichende Resultat, bei dem das Gesagte mit dem Seienden übereinstimmt. Sie ist vom Alten Testament her das freie Tun dessen, der erfüllt, was man von ihm erwarten darf. Der Gegensatz wäre nicht Täuschung, sondern Enttäuschung. Wahrheit ist Zuverlässigkeit[61], so daß man einem gerade stehenden Türpfosten, einem nicht versiegenden Wasser, einem fruchttragenden Weinstock »Wahrheit« zuerkennen kann. Sie behält also insofern Geheimnischarakter, als sie nie mit Notwendigkeit gefolgert, sondern nur als Geschenk empfangen werden kann, wenn der Partner sich uns zuwendet, der Pfosten, das Wasser, der Weinstock

---

[56] H. W. Kuhn, Enderwartung und gegenwärtiges Heil, 1966 (StUNT 4), 181-188; Ernst 157: 4Esr 7,14.77; sBar 14,12; 24,1.
[57] R. Bultmann, ThWNT II 529f. Meyer (170) läßt das nur für die »Liebe« gelten. Bengel (810) verbindet: »Wir danken . . . wegen der Hoffnung . . .«. Schleiermacher, Predigten I (203); II (209) entschuldigt die Begründung auf die Hoffnung mit der Kleinheit und Armut der damaligen Gemeinde.
[58] Calvin 125.

[59] Der Plural ist wohl nur Semitismus, drückt freilich die Fülle besser aus als der im Deutschen übliche Singular.
[60] So Lohse 48; Lohmeyer 26 (vgl. Meyer 171): vor ihrer Bekehrung; Moule 50: vor dem Aufkommen der Irrlehre. Eschatologisch interpretieren de Wette 19 und de Boor 167.
[61] Zur Interpretation von Wahrheit als »Zuverlässigkeit« vgl. R. Bultmann, Untersuchungen zum Johannesevangelium, ZNW 27 (1928), 128, Anm. 25.

uns dient. So ist das »Wort der Wahrheit« das »zuverlässige Wort« Gottes, auf das man sich verlassen kann (Ps 119,43; Test G 3,1). Von Gottes »Wahrheit« wird also vor allem dort gesprochen, wo er aus sich heraustritt und sich dem Menschen eröffnet. So sind die Leute von Qumran im Gegensatz zu den Söhnen der Welt die »Männer der Wahrheit« und das apokalyptische Buch ist »Aufzeichnung der Wahrheit« (Dan 10,21). So wird auch der Inhalt der Wahrheit in V 6 als Gottes Gnade bezeichnet; doch wird dort wie überhaupt im Kolosserbrief der Übergang zu einem anderen Wahrheitsbegriff sichtbar, der die richtige Lehre gegen eine falsche abgrenzt.

Der Siegeszug des Evangeliums, das schon »in der ganzen Welt ist«, womit die 6 damals bekannte Menschenwelt des Römischen Reiches gemeint ist, wird im Gefolge des Paulus immer zentraler. Schon Paulus nimmt Röm 1,16 und 15,16 die eschatologischen Verheißungen (Ps 98,2f; Jes 66,20) auf; das führt bei seinen Schülern zum »Revelationsschema« (s. S. 87).

Philosophisch lebte der *Monotheismus* im Hellenismus schon als Verehrung der »Natur«, volkstümlich als Glaube an »Schicksal« und »Verhängnis.« In den Mysterienreligionen behielten die Götter zwar ihre Namen, tatsächlich wurde aber immer nur *ein* Gott, der auch unter verschiedenen Namen angerufen werden konnte, verehrt. In diese Welt hinein war schon der eine Gott des Judentums getreten, von dem man sich kein Bild machen durfte, und hatte viele Zeitgenossen angezogen, auch wenn sie nicht gerade zum jüdischen Glauben übertraten. Die Botschaft des Paulus führte, was geschichtlich wohl unvermeidlich war, in eine Konkurrenzsituation mit der jüdischen Mission, die noch wesentlich verschärft wurde, als Israel nach der Zerstörung Jerusalems (also nach dem Tod des Paulus) seine Existenz nur durch konsequenten Gesetzesgehorsam historisch bewahren konnte. Dem gegenüber bedeutete die apostolische Verkündigung einerseits die Befreiung vom Gesetz, d.h. von den vom Menschen zu leistenden Vorbedingungen, die vielen den Zugang zum jüdischen Glauben unmöglich machten, weil sie nur im abgeschlossenen Volksganzen Israels durchführbar waren, nicht aber in der Welt des Römischen Imperiums. Andererseits bedeutete sie mit ihrer klaren Ausrichtung auf Jesus Christus auch die Befreiung von einem Gottesbild, das zur reinen Abstraktion wurde, sobald man nicht mehr in die Geschichte dieses Volkes eingegliedert war, sondern als Grieche oder Römer in einer ganz andern Geschichte lebte. Dem Evangelium gegenüber war es nicht mehr nötig, aus seiner griechischen oder römischen Welt auszuwandern in ein Leben hinein, das mit seinen Speise- und Reinheitsgeboten den Verkehr mit nicht-jüdischen Mitmenschen fast unmöglich machte, und in eine Geschichte hinein, an der man nicht teilhatte. Andererseits blieb es nicht bei einer unverbindlichen Abstraktion; Jesus Christus wollte Herr werden über seine Gemeinde, und zwar gerade an dem Ort, an dem sie lebte.

Die Reihenfolge »Fruchtbringen und Wachsen« (s. zu V 10) ist nicht ganz logisch; im übertragenen Sinn ist aber das Erste das Entscheidende. Die Wendung könnte von dem freilich nicht bildlichen Sprachgebrauch Gen 1,22.28 usw. beeinflußt sein (vgl. Mk 4,8). Wie ein Baum ohne Frucht und Wachstum nicht mehr Baum ist, so das Evangelium nicht mehr Evangelium.

Mit der Wendung »wie auch bei euch« kehrt der Verfasser zur konkreten Gemeinde zurück. Das Hin und Her zwischen universaler und lokaler Gemeinde ist typisch für den ganzen Brief. Mit »Hören und Erkennen« wird die objektive Übernahme der Botschaft stärker betont als ihr subjektives Erleben dabei. Nochmals wird die Zuverlässigkeit, d.h. aber die Richtigkeit im Gegensatz zu allem falschen Verständnis, festgehalten. »Zur Erkenntnis der Wahrheit kommen« bezeichnet in den Pastoralbriefen das Christwerden· (vgl. Hebr 10,26; 2Joh 1; Kol 2,2f).

7 Epaphras wird zunächst als »Mitknecht« bezeichnet. Knechte Gottes sind Abraham, Mose, David und andere, vor allem die Propheten. Sie sind diejenigen, denen Gott sein(e) »Geheimnis(se) anvertraut« (1 QpHab 7,5; Offb 1,1; 10,7; 22,6) und durch die er seinen Willen kundtut (1QS 1,3 usw.). So wird auch hier vom »Lernen« gesprochen, was bei Paulus relativ selten, in den Pastoralbriefen häufiger erscheint. Apokalyptische Terminologie vom Erkennen des offenbarten Geheimnisses und stärker griechisch gedachte Abgrenzung der richtigen von der falschen Lehre verbinden sich. Weiterhin wird Epaphras als »Diener Christi für uns«[62] beschrieben. Seine enge Zugehörigkeit zum Apostel wird also hervorgehoben; seine Autorität ist die des Apostels und eben dadurch wird Christus zum wirklichen Subjekt seines Dienens. Sieht man, wie in 1,23 Paulus als *der* Apostel für alle Welt gesehen ist, dann wird schon der Übergang seiner Autorität auf die ihn Vertretenden sichtbar.

8 Dennoch wird das Menschliche darüber nicht vergessen. Die Verbundenheit der Liebe zwischen Gemeinde und Apostel ist nicht nebensächlich. Freilich wird diese »Liebe« sogleich als »geistliche«[63] näher beschrieben. Abgeschlossen wird der Abschnitt durch einen nochmaligen Verweis auf den guten Zustand der Gemeinde.

Im Unterschied zu den Paulusbriefen spielt der *Geist* kaum eine Rolle in unserem Brief. Viele Aussagen, die bei Paulus immer oder sehr häufig mit dem Hinweis auf den Geist verbunden sind, erscheinen hier ohne diesen; oft so, daß statt dessen auf anderes, vor allem auf Christus verwiesen wird[64]. Außerhalb der anthropologischen, aber auch unpaulinischen Verwendung in 2,5 (s. dort) ist unsere Stelle die einzige, an der das Sub-

---

[62] Dies ist zweifellos die schwierigere Leseart als »für euch«. Sie ist durch p⁴⁶und die Mehrzahl der Zeugen der hesychianischen Gruppe gedeckt. Oder soll man verstehen »an unserer Stelle«? Vielleicht steckt dahinter eine feste Arbeitsteilung, wonach Paulus in den Stadtzentren missionierte, seine Mitarbeiter in der Umgebung (Ernst 159).

[63] Wörtlich »im Geist« (vgl. oben Anm. 14); doch übersetzen schon Theophylakt (1212B) und Calvin (126) richtig mit »geistlicher Liebe«, und Severian (317, zu 1,9) setzt »geistlich« in Gegensatz zu »weltlich«.

[64] Schweizer, Christus. Vgl. das »Wort« (1,5) mit 1Thess 1,5 (»nicht nur im Wort, sondern auch im heiligen Geist«), »in Wahrheit« (1,6) und (Leiden) »mit Freude« (1,11) mit 1Thess 1,6 (»mit Freude des heiligen Geistes«), die Verknüpfung von Indikativ und Imperativ als »Wandel in Christus Jesus« (2,6) mit Gal 5,25 (»Wandern im Geist«), das »Wachsen« und »Fruchttragen« (1,6.10) mit Röm 15,13; 7,4-6; Gal 5,22 (in »Kraft . . .«, »Neuheit . . .« oder als »Frucht des Geistes«), die »Beschneidung Christi« (2,11) mit der »im Geist« (Röm 2,29; vgl. auch Taufe »in einem Geist« 1Kor 12,13). Die auch Paulus bekannte Rede von einer »oberen« Welt ist doch bei ihm als Leben im Geist (und nicht mehr im Fleisch) beschrieben (Gal 4,26-29; Phil 3,3.14), ganz anders Kol 3,1.17.

stantiv »Geist« vorkommt, und zwar ohne Artikel. In den vergleichbaren Wendungen Röm 15,30 und 14,17 (vgl. 5,5) wird eindeutig der Geist als Subjekt der Liebe oder als Kraft der Freude, in der man Gehorsam leistet, bezeichnet. Kol 1,8 hingegen soll vermutlich nur noch eine »geistliche« von einer rein weltlichen Liebe unterschieden werden. Jedenfalls gilt das für den Gebrauch des Adjektives in 1,9 und 3,16. Der Hintergrund einer solchen Unterscheidung ist ein dualistisches Weltverständnis, das eine von oben kommende von einer irdisch-psychisch-dämonischen Weisheit unterscheidet (vgl. 1,9 mit Jak 3,15)[65]. Es ist aber kaum mehr wirksam; der Zusatz will wohl nur gegenüber einem neutral-profanen Verständnis abgrenzen. Damit sind alle Stellen genannt, an denen überhaupt auf den Geist hingewiesen wird. Das wird damit zusammenhängen, daß der Verweis auf den Geist weithin unkontrollierbar ist. Auf ihn berufen sich alle möglichen Bewegungen, für die Christus nebensächlich oder gar nur zur Chiffre für etwas ganz anderes geworden ist. In der Christologie hingegen gibt es eher Kriterien für richtige oder falsche Lehre. Beim Geist müßte man auf den Inhalt der Geistaussagen rekurrieren, d.h. aber wiederum auf theologische und christologische Sätze. Daß freilich mit einer korrekten Christologie die Wahrheit ebenso wenig eingefangen werden kann, ist gerade in unserem Brief ansatzweise zu sehen, wenn Christuserkenntnis so stark als ethisch zu lebende gekennzeichnet wird (vgl. zu V 10).

Der Verfasser hat bei Paulus gelernt, die Dankesformel des hellenistischen Briefstils ernst zu nehmen. Ob Glaube und Liebe der Gemeinde wirklich so vorbildlich waren, kann man fragen angesichts der Auseinandersetzung mit der kolossischen »Philosophie« und angesichts der Lasterkataloge, die als Warnungen offenbar doch nicht unnütz sind. Dennoch beginnt der Brief mit dem Dank, nicht mit dem Schelten und Seufzen. Er kann das, weil er um die »Hoffnung im Himmel« weiß. Die Heiligkeit der Gemeinde liegt in dem Heil, das Gott ihr bereitet hat und auf das hin sie ausgerichtet ist. Sie lebt »in Christus«. Christus ist also nicht nur ein Begriff zur Charakterisierung *ihrer* Eigenart als einer »christlichen« im Unterschied von einer »weltlichen« Gemeinde. Sie lebt – wie immer sie sein mag – wirklich *in* ihm, so wie umgekehrt »die Welt im Argen liegt« (1Joh 5,19). Er ist der Ort, an dem sie lebt, die Luft, in der sie gedeiht, und die in sie eindringt. Das ist wahr geworden, weil sie das zuverlässige Wort gehört hat, freilich als ein Wort, das Frucht schafft und wächst, mit Erfahrung erfüllt und darum auch nie erstarrt. So kann ihr Glaube auch nur als Liebe leben.

Zusammenfassung (margin note)

II. *Die Grundlegung (1,9-2,23)*

1. *Fürbitte (1,9-11)*

9 Darum hören wir auch von dem Tage an, da wir davon vernommen haben, nicht auf, für euch zu beten und zu erbitten, daß ihr mit der Erkenntnis seines Willens erfüllt würdet in aller geistlichen Weisheit und

---

65 E. Schweizer, ThWNT IX, 664,14-18.

Einsicht, 10 damit ihr des Herrn würdig wandelt und ganz zu (seinem) Wohlgefallen, so daß ihr in jeglichem guten Werk Frucht tragt und wachset durch die Erkenntnis Gottes, 11 voll aller Kraft, gekräftigt, wie es der Macht seiner Herrlichkeit entspricht, zu allem Durchhalten und anhaltendem Getrostsein voller Freude.

Analyse Zu der schon in V 3 genannten Fürbitte geht der Brief jetzt über. V 12 scheint wieder zum Dank zurückzukehren. Rein strukturell könnte man nämlich in VV 10-12 drei Sätze sehen, die mit präpositionellen Bestimmungen beginnen (»in jeglichem guten Werk«, »mit aller Kraft«, »mit Freude«) und in eine Zielbestimmung auslaufen (»zur Erkenntnis Gottes«, »zum Durchhalten«, »zum Anteil am Los«)[66]; aber ist schon die erste Zielbestimmung nur in den Handschriften der 𝕂-gruppe zu finden, so ist auch die letzte nicht wie die beiden ersten auf das Partizip im Plural bezogen, hat also eine ganz andere Funktion übernommen. Faktisch leiten VV 12-14 schon den Hymnus ein, so daß man das Partizipium (»dankend«) nicht als Weiterführung von VV 9-11, d.h. als Beschreibung der Tätigkeit des Verfassers ansehen kann, sondern als Aufforderung an die Briefempfänger auffassen muß (s. Anm. 85). Der Inhalt der Fürbitte wird in einem Finalsatz ausgesagt (Erfüllung mit Erkenntnis), von dem ein Infinitiv als Folge abhängt (Wandel), der seinerseits durch Partizipien näher beschrieben wird (Frucht und Wachstum, Kraft zur Geduld). Die Wiederholung schon verwendeter Ausdrücke und Wendungen ist in diesem Abschnitt besonders stark zu beobachten, ebenso die plerophorische Zufügung des Adjektives »alle« oder »jede«[67].

Erklärung Die Einführung der Fürbitte ist paulinisch, doch greift die folgende Formulie
9   rung deutlich auf VV 3f zurück[68]. Wieder (wie in V 3) ist die Kontinuität des Gebetes und damit die persönliche Anteilnahme des Apostels unterstrichen[69]. Obwohl der Inhalt des »Erfüllens« im Akkusativ steht, wird man nicht anders übersetzen müssen[70]. Der kognitive Vorgang ist außerordentlich hervorgehoben; neben die »Erkenntnis« tritt »Weisheit und Verständnis«. Dieser Doppelausdruck ist jüdisch wie griechisch-römisch bezeugt[71]; allerdings ist die Häu-

---

[66] Meyer 175.
[67] Προσεύχεσθαι VV 3.9, ἀκοῦσαι VV 4.9, καρποφορεῖν καὶ αὐξάνειν VV 6.10, ἐπιγνῶναι, ἐπίγνωσις VV 6.9.10; vgl. Bujard, Untersuchungen 86-88; πᾶς 5mal in VV 9-11 (ebd. 159f). Der Aufruf zur Dankbarkeit (V 3) wiederholt sich V 12; 3,17 (ebd. 99). Ein wirklich neuer Vorschlag findet sich bei Lamarche, Structure 454f. Er findet in chiastischer Ordnung: Dank(3a), Bitte(3b), Nachrichten(4a)/Nachrichten(4b-8), Bitte(9-11), Dank(12-20); aber V 4a/b kann man doch nicht auseinanderreißen, und die Verbindung von Dank und Bitte in V 3 ist geläufig (Phlm 4; 1Thess 1,2; Röm 1,8-10), daher schwerlich die Struktur bestimmend.

[68] Διὰ τοῦτο καί 1Thess 2,13; 3,5; Röm 13,6; doch auch Mt 24,44; Lk 11,49; Joh 12,18, vgl. Bujard, Untersuchungen 88.
[69] Die Zufügung καὶ αἰτούμενοι fehlt in BK; doch liebt Kol solche Doppelung durch Synonyme.
[70] Masson 93: »zur Reife kommen in Bezug auf . . .«; doch steht neben dem Genitiv (Röm 15,14) auch der Akkusativ (Phil 1,11; Apg 2,28 v.l.; mit anderen Verben des Füllens verbunden Ex 31,3; 35,31; 2Chr 5,14; Mi 3,8; Offb 17,3).
[71] Dtn 4,6; Dan 2,20 usw.; mit φρόνησις als dritter Tugend die höchsten ἀρεταί des menschlichen Verstandes: Aristoteles, Eth Nic I 13 (1103a, 5-8; vgl. Lohse 58). »In aller . . .«

fung durch die Zuordnung zur »Erkenntnis« für den Kolosserbrief typisch. Die Wichtigkeit dieser Seite des Glaubens wird also hervorgehoben, zugleich aber auch die grundsätzliche Unabgeschlossenheit der Erkenntnis (vgl. S. 88 und 94). Wesentlich ist aber, daß der Inhalt als »Wille Gottes« (Röm 2,18; Lk 12,47f) und die Folge als »des Herrn würdiges Handeln« beschrieben werden. Es handelt sich also um Erkenntnis im alttestamentlich-jüdischen Sinn, nicht um das Feststellen eines Tatbestandes, dem man dann eventuell sein Handeln anpaßt, sondern um Einsicht in die Forderungen des Herrn, der Gehorsam erwartet. Sie motiviert also direkt zum Handeln[72]. Zur näheren Bezeichnung dieser Weisheit als »geistlich« vgl. S. 38f.

Auch Phil 1,10 drückt den Inhalt der Erkenntnis in einem Finalsatz aus, freilich 10 formal anders, paulinischem Sprachgebrauch entsprechend[73]. Daß sie »des Herrn würdig wandeln« sollen, ist bei Paulus nicht nachzuweisen (vgl. auch S. 98), aber nah verwandt mit 1Thess 2,12; Phil 1,27. »Zu jeglichem Wohlgefallen« ist wohl wie Lk 2,14[74]; 1QS 8,6; 1QH 4,32f; 11,9 auf das Wohlgefallen Gottes (1Thess 4,1; Röm 8,8; vgl. 1Kor 7,32; 2Kor 5,9) zu beziehen. Der, der dem Menschen mit seiner Offenbarung und Gabe die Möglichkeit rechten Lebens schenkt, wird zugleich seine Norm (vgl. S. 99). Bei Paulus wird dies vor allem mit dem Hinweis auf den Geist ausgedrückt (Gal 5,16; Röm 8,4); hier ist es auf Christus übertragen (vgl. zu V 8)[75]. Der Ausdruck »jegliches gute Werk« findet sich zwar auch 2Kor 9,8, ist aber untypisch für Paulus. Er redet nur von den Werken des Gesetzes im Plural, weil »das Werk« des Glaubenden immer die Gesamtheit seines Lebens einschließt. Häufiger wird die Wendung in den Pastoralbriefen (1Tim 5,10; 2Tim 2,21; 3,17; Tit 1,16; 3,1 und oft im Plural). Zum Bild vom »Fruchtbringen und Wachsen« vgl. zu V 6. Ob man dabei an inneres Wachstum oder an missionarische Wirkung nach außen zu denken hat, ist nicht zu entscheiden[76]. Beides geht wohl zusammen (3,12-17 / 4,5f). Zu »Erkenntnis« s. S. 40, zur Wiederholung schon verwendeter Ausdrücke Anm.

---

ließe sich auch zum Verbum »wandeln« in V 10 ziehen; doch stünden dann dort drei Näherbestimmungen nebeneinander.

[72] Anders als bei Aristoteles, Eth Nic I 1 (1095a, 6) wo γνῶσις im Gegensatz zu πρᾶξις steht, geht es hier um Umgestaltung des ganzen Menschen im Gegensatz zu bloßem Wissen (Calvin 156 zu 3,10), wobei aber das durch den Geist ausgelegte Wort der einzige Zugang zu solcher Erkenntnis ist (ders. 127 zu 1,9). Reiche Belege finden sich in Qumran: » . . .sie mit Erkenntnis zu leiten und lehren in die Geheimnisse . . ., daß sie vollkommen wandeln« (1QS 9, 18f, weiteres Lohse 57). Θέλημα αὐτοῦ ist natürlich nicht der Erlösungsratschluß (Chrysostomus u. a. bei Meyer 174).

[73] Εἰς τό (vgl. dazu Anm. 14) fehlt Kol 1,10.

[74] Εὐδοχία (absolut). In Qumran spricht man dagegen von »seinem (Gottes) Wohlgefallen«; doch braucht Philo den Ausdruck oft absolut (z.B. Spec Leg I 300). Profan findet sich in der Inschrift von Priene »Wohlgefallen gegenüber der Menge« (Dibelius 7f).

[75] Vgl. Anm. 64 und E. Schweizer, ThWNT VI 427, 13f. 24ff; VII, 131, 20ff.

[76] Martin, NCeB 52; P. Zingg, Das Wachsen der Kirche (Orbis Biblicus et Orientalis 3, Fribourg 1974) 283-285 (oft in apologetisch-polemischem Kontext, ebd. 282). Theodoret 586A denkt an missionarische Ausbreitung, die der Frucht des Glaubens logisch folgt. Calvin warnt (125 zu V 6) vor Begründung des Glaubens auf sichtbare Missionserfolge und betont die Verheissungen Gottes. Von Buß- und Elendsstimmung und von Angst vor »Perfektionismus« ist in der Tat hier nichts zu spüren (de Boor 170f).

67. Beide Näherbestimmungen (»in jeglichem guten Werk« und »durch die Erkenntnis Gottes«) wird man auf den Doppelausdruck »Fruchtbringen und Wachsen« beziehen müssen. Die Erkenntnis Gottes ist dann also der Grund, aus dem heraus Frucht und Wachstum in guten Werken möglich wird. Freilich wird nicht mehr streng logisch-grammatisch konstruiert, schon weil sonst die Partizipien im Akkusativ stehen müßten[77]. Auch hier hätte Paulus von der Kraft des Geistes gesprochen; doch sind Fruchtbarkeit und Wachstum primär vom Evangelium ausgesagt (V 6), erst sekundär von den dadurch gerufenen Menschen. In gewisser Weise ist also das »extra nos«, die Verankerung des Glaubens »außerhalb unser selbst« noch stärker hervorgehoben, indem schon durch V 6 nicht nur auf den Geist verwiesen wird, der nicht immer leicht vom Phänomen der eigenen Begeisterung zu unterscheiden ist, sondern auf den objektiv zu beschreibenden Lauf des Evangeliums durch die Welt. Zugleich ist aber auch mit V 10 festgehalten, daß der persönliche Einsatz innerhalb dieser, eine Welt umfassenden Bewegung Gottes wesentlich bleibt. Was bei Paulus im Geistbegriff zusammengeschlossen ist, wird hier also in zwei Aussagen entfaltet.

11 Der Verweis auf Gottes Handeln wird in V 11 durch dreifachen Verweis auf seine »Kraft« unterstrichen[78]. Die Häufung gleichwertiger Wörter versucht, die Fülle der Macht Gottes anzudeuten, die alles übersteigt, was der Mensch sprachlich erfassen kann. Gott soll Gott bleiben und nicht einfach vom Menschen vereinnahmt werden. So können und sollen die logischen Beziehungen im Satzbau auch nicht mehr genau analysiert werden. Paulus kann ebenfalls vom Leben aus der Kraft Gottes heraus sprechen; nur ist dieses bei ihm eindeutig und aus innerer Notwendigkeit zusammengebunden mit seiner Manifestation innerhalb der Schwachheit des apostolischen Lebens und Dienens, wie sich auch bei Jesus die Macht der Auferstehung gerade am Gekreuzigten erweist[79]. Daß Gottes »Herrlichkeit« genannt wird, kann daran hängen, daß »Kraft und Herrlichkeit« oft zusammenstehen. Damit ist ein Begriff aufgenommen, der Gottes absolute Überlegenheit, sein Jenseits von Raum und Zeit besonders umschreibt (vgl. S. 134f). So ist nochmals der Ursprung alles Vermögens des Glaubenden in Gott, d.h. die »Fremdheit« aller Kraft des Glaubens betont. Vielleicht denkt der Verfasser dabei an die Tauferfahrung[80]. Aber jedenfalls soll sich diese Kraft konkret in seinem Leben als Durchhalten auswirken. Die griechischen Termini beschreiben das »Drunterbleiben« unter dem einem Menschen Auferlegten und den »langen Mut«, der ausdauern kann auch gegenüber Mißerfolg oder Widerstand. Ob stärker an widrige Umstände oder gar Leiden einer-, an Schwierigkeiten oder Feindschaft Mitmenschen gegenüber

---

[77] Lohse 61, Anm. 5.
[78] Κατὰ τὸ κράτος, so LXX, Lk, Apg, katholische Briefe, Offb, nicht aber Paulus; δυναμοῦν fehlt bei Paulus, doch verwendet er ἐνδυναμοῦν.
[79] 2Kor 13,4; vgl. 4,7: nur wo der Schatz in

irdenen Gefäßen liegt, wird Gottes Macht nicht mit rhetorischer Leistung oder persönlicher Ausstrahlungskraft verwechselt.
[80] So Schnackenburg, EKK 1, 42 und die dort Anm. 21 Genannten, auch Zwingli 220.

andererseits gedacht ist, oder an das Durchhalten der eschatologischen Hoffnung, ist nicht zu sagen. Wahrscheinlich verbindet sich beides; denn von der »Hoffnung«, die ihnen aus der Botschaft des »Evangeliums« zugekommen ist, sprechen VV 5 und 23. Sie wird auch in den folgenden Versen ausgeführt; freilich so, daß unterstrichen wird, wie sie schon das gegenwärtige Leben bestimmt. Wahrscheinlich ist der Satz dahin zu verstehen, daß solches Durchhalten »mit Freuden« geschehen soll. Zwar wird in der Regel die Freude der eschatologischen Erfüllung mit dem jetzigen Leiden kontrastiert; doch führt das auch zum Paradox der Freude mitten im Leiden, um das »der Schimmer von Gottes Herrlichkeit gewoben ist«[81].

An gnostisches Denken erinnert zunächst die starke Betonung der geistlichen Erkenntnis, aber auch die merkwürdige Häufung der Ausdrücke, die Gottes überweltliches Sein, für das alle Begriffe unzureichend sind, andeuten soll. Aber völlig anders als in der Gnosis ist die Erkenntnis ja die des Willens Gottes, und zwar nicht im Sinn der Apokalyptik als Einsicht in den Plan Gottes für die Weltgeschichte oder gar für die kosmische Erneuerung verstanden, sondern als Verständnis der ethischen Forderungen Gottes. Gott wird also gerade nicht in die Hand des Erkennenden gegeben, weder im Sinn der Gnosis, wo Erkenntnis Rettung bedeutet, noch im Sinne der Apokalyptik, wo Erkenntnis zum Bescheidwissen über die Zukunft führt. Der Mensch wird im Gegenteil vor Gott in die Verantwortung gestellt. Zugleich wird ihm aber auch gesagt, daß alle Kraft zur Übernahme dieser Verantwortung ihm wiederum von Gott selbst zukommt, so daß Fürbitte und Dank die Sprache bilden, in der der Mensch als von Gott geforderter und als von Gott getragener zurecht-gewiesen wird. Darum bleibt das Leben im Glauben unabgeschlossen. Es ist »Geduld« und »Ausharren« unter der schon jetzt »im Himmel« liegenden »Hoffnung«. Als solches ist es ausgerichtet auf die in der Welt anzupackenden Aufgaben, auf das »gute Werk«, und eingegliedert in die Gemeinschaft der Kirche, die unter der Fürbitte des Apostels immer neu gestaltet wird. Daher wird auch gerade in dem Abschnitt, der so stark auf das »gute Werk« ausrichtet, das Gottsein Gottes so festgehalten, daß der Mensch ihn auf keinen Fall hinter seinem Werk verschwinden lassen kann, sondern immer auf ihn angewiesen bleibt. Damit allein bekommt Leben einen Sinn, eben weil dieser nicht im Lebensvollzug als solchem liegt, sondern in dem Herrn, der Leben zum Dienst werden läßt. Damit ist Müdigkeit und Resignation überwunden, die Getrostheit zum »Drunterbleiben« und der »lange Atem« geschenkt, so daß die »Freude« das gesamte Leben begleiten kann.

(Randnotiz: Zusammen-fassung)

---

[81] Lohmeyer 37 mit Verweis auf Bill. II, 274, Anm. 1: »Die Herrlichkeit Gottes fällt auf den, über den Leiden kommen«; vgl. III, 243. Calvin 127 erinnert an Jes 30,15 (»Im Stillesein und Vertrauen liegt eure Kraft«). Zur Verbindung von Leiden und Hoffnung vgl. 1Thess 1,6 (mit Verweis auf den Geist, s. Anm. 64); Phil 2,17f; Lk 6,21; Apg 5,41; Hebr 10,34; 1Petr 1,3-8; 4,13. Lohse 67f zieht (wie schon Chrysostomus II, 2 [311] und Theophylakt 1216A zu 1,12) »mit Freuden« zum folgenden, was möglich ist, da es am Satzende steht.

2. Der Hymnus und sein Rahmen (1,12-23)

Literatur: Aufgearbeitet bis 1963 in: *Gabathuler*, Jesus Christus; bis 1969 in: *Schweizer*, EKK 1; bis 1975 in: *ders.*, Forschung. Besonders wichtig: *Norden, E.*, Agnostos Theos, Darmstadt, 1956, 250-254; *Käsemann*, Taufliturgie; *Hegermann*, Schöpfungsmittler, 88-202; *Lyonnet*, RSR 48, 93-100; *Schenke*, ZThK 61, 391-403; *Feuillet*, Christ 163-273; *Deichgräber*, Gotteshymnus; *Kehl*, Christushymnus; *Wengst*, Formeln; *Schnackenburg*, EKK 1; *Lähnemann*, Kolosserbrief; *Reumann*, Humanität; *Zeilinger*, Der Erstgeborene; *Benoit*, hymne; *Burger*, Schöpfung und die Kommentare.

Analyse   Schon in VV 9-11 klingt das Thema von der rechten Erkenntnis Gottes auf, das in 2,2f wieder aufgenommen und in der Auseinandersetzung mit der kolossischen Philosophie entfaltet wird. Vorher schieben sich VV 12-29 ein; offenbar soll zuerst an das erinnert werden, was die Gemeinde seit ihrer Taufe (?) als Grundlage ihres Lebens anerkennt[82]. Eindeutig heben sich VV 15-20 vom Rahmen 12-14 und 21-23 ab. Für den Kolosserbrief typische Stilmerkmale fehlen in VV 15-20 völlig, wenn man den interpretierenden, erst vom Verfasser redaktionell zugefügten Genitiv »der Kirche« in V 18a ausnimmt. Dagegen finden sie sich in VV 12-14 in großer Fülle, obwohl der Verfasser traditionelle, allgemein-christliche Sprache übernimmt; vielleicht weil er gerade deswegen weniger an das Vorbild seines Lehrers Paulus gebunden ist[83]. Dazu kommt, daß VV 12f eine Gottesaussage machen und das Relativpronomen »in dem« den Übergang zur Christus-Prädikation und damit den Anschluß an V 15 nur mühsam herstellt. Auch daß VV 21-23 sachlich wieder den Zusammenhang mit VV 12-14 aufgreifen, weist diesen Abschnitt als Text des Verfassers aus[84].

---

[82] Schnackenburg EKK 1, 44f.

[83] Ludwig, Verfasser 75f. Die (beim Briefverfasser beliebte) partizipiale Konstruktion in V 20 gehört zwar wahrscheinlich schon zum Hymnus, ist aber nicht auffällig.

[84] Mit Wengst, Formeln 172 (vgl. Deichgräber, Gotteshymnus 78-82) gegen Käsemann, Taufliturgie 135f (37-39); Eckart, Beobachtungen 106; D. M. Stanley, Christ's Resurrection in Pauline Soteriology, AnBib 13 (1961) 203; Vawter, CBQ 33, 74, die VV 12-14 oder (9-12+)13f zur schon übernommenen Tradition ziehen wollen. Das rein inhaltliche Argument könnte eventuell durch die Überlegung entkräftet werden, daß der Verfasser des Briefs durch die ihm bekannte Liturgie in VV 12-14 beeinflußt wurde; doch sind partizipiale Konstruktionen, abhängige Relativsätze, Häufung von Genitiven, Umstandsbestimmungen mit ἐν und angefügte, interpretierende Zusätze für den Briefverfasser so typisch, daß an der Herkunft von VV 12-14 kaum gezweifelt werden kann. Damit sind einer rein strukturalistisch gewonnenen Aufteilung Grenzen gezogen. G.

Giavini, La struttura letteraria dell' inno cristologico de Col. 1, RivBib 15 (1967) 317-320 sieht folgendes Schema: C 12-14, B 15, A 16a / Christus (16b) /A'16c.17, B' 18(a)b, C' 19-20a, so daß sich vom Zentrum Christus her nach vor- und rückwärts gesehen Schöpfungsaussage, Überordnung des Erstgeborenen, Versöhnung folgen. Aber da VV 15-20 eindeutig von anderer Hand stammen als VV 12-14, könnte höchstens erwogen werden, ob der Autor dieser Verse jene nach obigem Schema verstanden und den fehlenden Teil C ergänzt hätte. Das ist freilich höchst unwahrscheinlich. Überlegenswert ist Lamarches Vorschlag (Structure 456-460), in V 21-23 das Thema zu sehen (A: Umwandlung durch Christus, [21f], B: Warnung [23a], C: Proklamation des Evangeliums [23b]), das in 1,24-2,15 entfaltet wird (C' in 1,24-2,3, B' in 2,4-8, A' in 2,9-15). Freilich sind 2,4.8 so deutlich auf 2,16-23 ausgerichtet, daß man doch besser vom Inhalt her gliedert, 1,23b also als Übergang zum neuen Thema (1,24ff) versteht und 2,9-15 als theologisch bestimmte Grundlegung der Polemik durch die

Der Hymnus (VV 15-20) wird also eingeführt durch eine erneute Danksagung. Das dürfte dem ursprünglichen Kontext entsprechen, der eine Einleitung wie »Gelobt sei Jesus Christus« voraussetzt. Daß VV 21-23 eine Art Kommentar zu VV 15-20 darstellen, zeigt sich abgesehen vom unterschiedlichen Stil daran, daß Ausdrücke des Hymnus oder Anschauungen wie die von der Wiederherstellung des Friedens oder der kosmischen Wirkung Christi aufgenommen, aber anders interpretiert werden. Zur Einzelstruktur vgl. das in den betreffenden Abschnitten Gesagte.

a) *Einführung (1,12-14)*

Literatur: S. 44.

12 Danket dem Vater, der euch zum Anteil am Los der Heiligen im Licht bevollmächtigt hat, 13 der uns aus der Macht der Finsternis herausgerissen und in die Herrschaft des Sohnes seiner Liebe versetzt hat, 14 in dem wir die Erlösung, die Vergebung der Sünden haben.

Nach drei Partizipien in VV 10f muß man den Beginn von V 12 parallel dazu auf die Kolosser beziehen, schwerlich wie in V 9 auf die Briefabsender[85]. Auch der Gebrauch der zweiten Person Plural[86] gliedert den Satz in den an die Gemeinde adressierten Abschnitt ein. Das Leben, zu dem die Gemeinde aufgefordert wird, ist faktisch das, worum der Apostel in VV 9-11 betet. Der Wechsel zur ersten Person Plural in V 13 ist auch 2,13 und bei Paulus öfters zu beobachten (z.B. 1Thess 5,5; Röm 6,14f; 12,1-6). Sie ist hier stilgerecht, weil stärker als in V 12, wo die Bekehrungsterminologie an die Anfänge gerade der Briefempfänger erinnert, allgemeine Bekenntnisaussage über die Grundlage des Glaubens vorliegt, die für Empfänger wie Absender verbindlich ist. Ein fortführender Relativsatz leitet in V 13 von Gott dem Vater, dem der Dank gebührt, zu Jesus Christus, der wiederum mit einem Relativsatz als Ort der Erlösung bezeichnet wird (V 14), woran dann in nochmals relativischer Anknüpfung der Hymnus gefügt wird (V 15). Der Einsatz mit dem Relativpronomen in V 13 gleicht also schon stilistisch an den folgenden Hymnus an; doch ist hier Gott damit bezeichnet, nicht Christus. Die Terminologie ist ausgesprochen unpaulinisch. »Der Vater«[87] steht nur Röm 6,4, dort aber eindeutig Gott als

Analyse

christologische Aussage. Daß 1,21-23 eindeutig Kommentierung des Hymnus ist, würde natürlich auch von Lamarche nicht bestritten. [85] Die formal umgekehrte Reihenfolge εὐχαριστοῦμεν προσευχόμενοι in V 3 ist zwar kein entscheidender Gegengrund gegen die Beziehung von V 12 auf das gleiche Subjekt wie V 9; wie der Apostel bei der Fürbitte danken kann, so beim Dank auch bitten. Aber V 9 liegt doch schon ziemlich weit zurück, und da Partizipien oft im Sinn des Imperativs verwendet

werden (Bl-Debr 468,2; anderes bei Lohse 66f, Anm.1), wird man als Aufforderung an die Kolosser interpretieren müssen (so auch Martin, NCeB 53 und schon Gomarus 549a). Anders wäre es freilich, wenn man der Analyse Lamarches (Anm.67) folgte. [86] Die Form ist wohl mit אB als schwierigere Lesart beizubehalten. [87] Zu den Textvarianten vgl. Anm. 49. Der Ausdruck fehlt auch in Qumran (Lohse 69f).

Vater Jesu Christi bezeichnend. Die Ausdrücke für »Teil« und »Los« sind Paulus fremd, der für »versetzen« kommt nur in der sprichwörtlichen Wendung
vom »Berge versetzen« (1Kor 13,2) vor. »Macht« bezeichnet bei Paulus im
Singular eine Menschen gegebene Vollmacht oder die bevollmächtigte Behörde, nur 1Kor 15,24 mit anderen Ausdrücken zusammen, sachlich pluralisch
empfunden, eine dämonische Macht, nicht jedoch wie hier die einheitlich gedachte Gesamtmacht der Finsternis. »Reich des Sohnes« fehlt bei Paulus, auch
wenn es 1Kor 15,24 vorausgesetzt ist, ebenso die stark semitisierende Wendung »Sohn seiner Liebe« wie die sachlich gleichwertige Bezeichnung als »geliebter Sohn« (Mk 1,11 usw., 2 Petr 1,17). Da in ägyptischen Texten Pharao
»geliebter Sohn« und »Ebenbild des Horus« genannt wird[88], könnte man vermuten, der Ausdruck stamme aus einer ursprünglichen Einleitungsformel des
Hymnus: »Gelobt sei Gott und der Sohn seiner Liebe, der . . .« (oder ähnlich). Auch von »Sündenvergebung« spricht Paulus nicht, und »Erlösung« bezeichnet bei ihm außer in dem Traditionsstück Röm 3,24 die Befreiung vom
Tod[89]. Umgekehrt ist das Verbum für »befähigen« oder »bevollmächtigten«
außerhalb des Neuen Testamentes sehr selten und nur im Passiv zu belegen,
hingegen 2Kor 3,6 ebenfalls im Aorist des Aktivs verwendet. Freilich unterscheiden sich die verwendeten Ausdrücke auch von den übrigen Teilen des Kolosserbriefes. 1,3 und 3,17 richtet sich der Dank an »Gott den Vater«. 4,11
spricht vom »Reich Gottes«. »Macht« wird 1,16; 2,10.15 wie in 1Kor 15,24 neben anderen Bezeichnungen verwendet, »Erlösung, Vergebung, Sünden, Finsternis, Licht« kommen nicht mehr vor. Zweifellos ist also traditionelle Sprache verwendet, und zwar weist die Terminologie in einen ganz bestimmten Bereich, wie er auch in den Qumranschriften und in Bekehrungspredigten erscheint (vgl. S. 47).

Erklärung   Der Aufruf zur Dankbarkeit greift V 3 wieder auf und wiederholt sich auch in
12   3,17 (vgl. Anm. 67). So ungewohnt der absolute Gebrauch von »Vater« ist[90],
so selten das damit verbundene Verbum. Wenn Paulus es 2Kor 3,6 anstelle von
»berufen« verwendet, will er wohl betonen, daß Gott durch seinen Berufungs-
akt (Aorist!) Nichtfähige (1Kor 15,9; 2Kor 2,16; 3,5) befähigt[91]. Wahrschein-

---

[88] H. Wildberger, Das Abbild Gottes, Gen.
1,26-30, ThZ 21 (1965) 485, vgl. 500; unten
Anm. 125 und S. 185; ferner die Inschrift auf
dem Rosettestein; ». . .lebendes Bild des
Zeus, Sohn des Helios« (H. Kleinknecht,
ThWNT II, 387, 29-31); doch stehen auch Sach
12,10 »Geliebter« und »Erstgeborener« im Parallelismus membrorum (Kehl, Christushymnus 53). Zum Semitismus »Sohn seiner Liebe«
vgl. Bl-Debr 165 mit Nachträgen und unten S.
188.
[89] Martin, Reconciliation 108. Falls man πά-
ρεσις τῶν . . . ἁμαρτημάτων Röm 3,25 mit
»Vergebung . . .« übersetzt, läge eine Sachparallele in ganz verschiedener, außerdem vor-

paulinisch-traditioneller Formulierung vor.
Ἄφεσις ἁμαρτιῶν (immer ohne τῶν) ist sy-
noptisch und in Apg bezeugt. Vgl. Anm. 353.
[90] »Der Vater« und »der Sohn« stehen sich
Mk 13,32; Mt 11,27 (vgl. 28,19) und 1Kor
15,24.28 gegenüber, nach dem Kontext auch
Lk 9,26; Agp 1,4.7; 2,33; Röm 6,4; Eph 2,18.
Im Vergleich zu andern Vätern wird Gott so
genannt in Eph 3,14; Hebr 12,9. Erst bei Joh
tritt der absolute Gebrauch »der Vater« stark
hervor (auch 1/2Joh), außerhalb des NT: Did
1,5; Barn 12,8; 14,6; 1Cl 19,2; 2Cl 8,4; 10,1;
IgnEph ins,; 3,2; 4,2. Der Ruf Jesu »Abba, Vater« ist auch in der Liturgie der paulinischen
Gemeinden übernommen worden.

lich spürt der Verfasser des Kolosserbriefes noch diesen Akzent und folgt daher dem außergewöhnlichen Sprachgebrauch des Apostels. Die Aussage vom »Los«, das einem Menschen zufällt, gründet in der alttestamentlichen Geschichte von der durch Gott gnadenhaft vollzogenen Zuteilung des Landes in Kanaan, ist aber schon längst eschatologisiert auf den »Erbteil« übertragen worden, der den Glaubenden einst zugeteilt werden soll (Dan 12,13; äth Hen 37,4; 39,8; 48,7; 58,5; vgl. S. 167f). »Teil« und »Los« sind in LXX und Qumran oft synonym verwendet oder mit »und« nebeneinandergestellt[92]. »Los der Finsternis« und »Los (oder: Macht) Belials« sind in Qumran austauschbar (1QS 2,5-8.19; 1QM 1,11-13), so daß die Vorstellung von einem »Belial«zugehörigen »Teil« sachlich völlig der vom »Machtbereich der Finsternis« in Kol 1,13 entspricht. Dieselben Vorstellungen prägen einen stark von qumranischen Gedanken beeinflußten Einschub in 2Kor 6,14-18[93]. Vor allem findet sich die gleiche Terminologie in Apg 26,18, wo »die Bekehrung von der Finsternis zum Licht und von der Macht des Satans zu Gott« zur »Vergebung der Sünden« und zum »Los unter den Geheiligten« führt. Ebenso stark ist der Ruf zur Entscheidung zwischen Finsternis und Licht in Qumran und in den Patriarchen-Testamenten betont[94], aber auch in JosAs 8,9; 15,12.

Wie an all diesen Stellen liegt also Kol 1,12-14 eigentliche Bekehrungsterminologie vor, die von der Macht Gottes spricht, die Nichtfähige befähigt und aus der Finsternis ins Licht versetzt. Sie wirkt auch 1Thess 5,4f[95]; Eph 5,8; 1Petr 2,9; 1Cl 59,2; 2Cl 1,4-8; Barn 14,5f nach[96]. Von daher wird die scharfe Scheidung zwischen Finsternis und Licht, Welt und Gemeinde in Kol 1,12f verständlich. Man kann sich sogar fragen, ob nicht die »Heiligen«, zu deren »Los« die Gemeinde ermächtigt worden ist, die Engel bezeichnen[97]. Parallel zu V 13 muß man dabei jedenfalls an einen jetzt schon erreichten Zustand denken, so daß die Gemeinde wie die von Qumran gewissermaßen bereits im Himmel lebte. Das ist aber unwahrscheinlich, einmal weil die »Heiligen« in 1,2.4.22.26(!); 3,12 immer die Gemeindeglieder beschreiben, vor allem aber weil dies auch für die Parallelformulierung Apg 26,18 zutrifft. Also ist hier an

[91] Nach Chrysostomus (II 2 [312]) kann ein König zwar Stellungen vergeben, aber nie auch die Befähigung dazu.

[92] W. Foerster, ThWNT III 759-761; μερίς neben κλῆρος Dtn 10,9; 18,1, neben κληρονομία Sir 45,22, mit (τῆς) κληρονομίας verknüpft Ps 15,5; Sir 24,12, als Textvarianten Dtn 9,26. חֵלֶק findet sich in Qumran nur Damask 20,10.13 (vielleicht auch fr 26 – DJD I 102), also nicht »häufig« (Lohse 70), נַחֲלָה 1QS 4,15f usw. Vielleicht betont »Erbe« den Geschenkcharakter noch stärker (Chrysostomus II 3 [312]).

[93] Dazu J. Gnilka, 2Kor 6,14-7,1 im Lichte der Qumranschriften und der Zwölf-Patriarchen-Testamente, in: Neutestamentli-

che Aufsätze (Festschrift J. Schmid), Regensburg 1963, 86-99. Vgl. unten S. 144.

[94] Übereinstimmend finden sich φῶς, σκότος, ἐξουσία, ἄφεσις (τῶν) ἁμαρτιῶν, κλῆρος, ἐν τοῖς ἁγιασμένοις/ἁγίοις in Apg 26,18 und Kol 1,12-14; vgl. H. Conzelmann, ThWNT VII, 433f.

[95] Nachpaulinisch, falls G. Friedrich, 1 Thess 5,1-11 der apologetische Einschub eines Späteren, ZThK 70 (1973) 288-315 recht behielte.

[96] H. Conzelmann, ThWNT VII 442,27.

[97] Lohmeyer 39; Lohse 71; Martin NCeB 54; Schnackenburg, Herrschaft, 209-211; ders., EKK 1,42f. Vgl. 1QS 11,7f; 1QM 12,1ff; 13,4; 1QH 3,21ff. Caird 171 denkt an Judenchristen.

den Raum der Kirche gedacht, der freilich so etwas wie den Himmel auf Erden darstellt und schon »im Licht« Gottes eingetaucht ist[98].

13 Mit V 13 wird nochmals und noch betonter auf den ein für allemal gültigen, in der Vergangenheit liegenden Akt Gottes verwiesen. Die Welt ist als »Macht« empfunden, und der zu V 12 aufgezeigte Sprachhintergrund zeigt, daß hier von einem Herrschaftswechsel gesprochen ist, von einer eigentlichen Umsiedlung aus einem Herrschaftsgebiet in ein anderes[99]. Der Glaubende hat nicht nur einen von ihm frei wählbaren ethischen Entscheid getroffen; er ist von einer ihn beherrschenden Gewalt befreit worden. Es ist dabei festzuhalten, daß zwar 2Kor 6,14 Beliar und Christus nebeneinander genannt sind, daß aber Apg 26,18 wie Kol 1,13 der Ausdruck »Macht« nur für den Raum der »Finsternis« verwendet wird (vgl. Jes. 9,1; 60,2 usw.), während der Raum des »Lichtes« mit »Gott«, dem »Los der (Ge)heilig(t)en«, »Sündenvergebung« und »Glauben an mich (Jesus Christus)«, bzw. »Reich des Sohnes seiner Liebe« näher bezeichnet wird[100]. Es handelt sich also um Befreiung aus einer Versklavung zu einem Dienst, der durch das Gegenüber Gottes oder Christi und die Sündenvergebung als freiheitlicher geprägt ist, um die Versetzung ins Reich des Sohnes. Dahinter steht die davidische Verheißung des kommenden Reiches des Sohnes Gottes (2Sam 7,16; Ps 2,7; 4Qflor 1,11; 4Qpatr 4; Lk 1,33), bei der freilich der verheißene »Sohn« immer mehr mit Israel (statt dem Messias) identifiziert wurde (Ps Sal 17f; Jub 1,24f; 4Qflor 1,7f und vermutlich 14-19, wo »der Gesalbte« von Ps 2,2 pluralisch auf Israel bezogen zu sein scheint; 4QDibHam 3,4-8: Gott hat Israel genannt »mein erstgeborener Sohn«[101]). Paulus charakterisiert 1Kor 15,24-28 das Reich des Sohnes sehr viel zurückhaltender als vorläufige Periode vor dem Ende und sieht im Sohn ausdrücklich den dem Vater Untergeordneten und sich einst für immer Unterordnenden[102]. Schon die starke Ver-

---

[98] Vermutlich ist die Apposition wie oft (vgl. S.23) fast wie ein Adjektiv mit »Los der Heiligen« zu verbinden (Schnackenburg, EKK 1, 42f). Es ist nicht nur ideale Prolepse (Meyer 179); doch bin ich mit R. Schnackenburg (mündlich) durchaus einig, daß dies keine triumphale Sicht der Kirche begründet (s. zu V 13).

[99] Dieselbe Wendung beschreibt Jos Ant 9, 235 das »Umsiedeln in das Reich« des Assyrerkönigs. Plato, Resp VII (518A) spricht von der Versetzung vom Licht in die Finsternis und umgekehrt, wie sie der Seele widerfährt, wenn sie zur Schau himmlischer Wahrheit erhoben wird und wieder zurückkehrt in die materielle Welt.

[100] Vgl. schon Bengel (811). Auch in Qumran steht der מֶמְשָׁלָה (ἐξουσία, Macht) der Finsternis die מַלְכוּת (βασιλεία, Reich) Gottes (1QM 6,6; 12,7), des Davidsohnes (4Qpatr 4) oder Israels (1QSb 5,21; 1QM 19,8) gegenüber

(Lohse 72f). Offb 12,10 sind beide Ausdrücke freilich synonym (Abbott 208). In Qumran wie überhaupt in der jüdischen Apokalyptik kann das »Los« und »Erbe« ebenso einen schon angetretenen Besitz wie das Anrecht auf Künftiges bezeichnen (Kuhn, Enderwartung [Anm. 56] 72-75).

[101] RB 68 (1961) 202f; vgl. E. Schweizer, The Concept of the Davidic Son of God, in: Studies in Luke-Acts (in honour of P. Schubert), Nashville/USA 1966, 190. Der auch in dieser Tradition beheimatete Titel παντοκράτωρ (2Sam 7,8) taucht auch 2Kor 6,18 und häufig in Offb auf.

[102] Ähnlich umfaßt das Reich Christi in Offb 20,4 die Periode der tausend Jahre vor dem Ende, und das des Menschensohns Mt 13,41 die Zeit vor dem Gericht. Mt 16,28; Lk 1,33; 22,30; 2Tim 4,1.18; 2Petr 1,11 hingegen ist damit der endgültige Zustand nach der Parusie (oder allgemein: in der Ewigkeit) gemeint.

wurzelung in der davidischen Tradition zeigt aber, daß auch Kol 1,12f nicht
einfach ein jenseitiges Reich des Lichtes meint, sondern wie in 1Kor 15 den Bereich, in dem Christus regiert; die Künftigkeit des »Erbes« ist ja auch festgehal-
ten (3,1-4)[103]. Beide Stellen sind also an der Funktion Christi innerhalb dieser
Weltzeit interessiert, nicht an den räumlich festzulegenden Grenzen seines
Herrschaftsgebietes. Paulus betont den Kampfcharakter dieses Regimentes
Christi, denkt darum vor allem an die »Mächte«, obwohl die Gemeinde natürlich auch darein verflochten ist; Kol 1,12f hingegen hebt die Befreiung von der
Sünde zu einem Leben im Gehorsam hervor, denkt darum in erster Linie an die
Gemeinde. Erst 2,10 wird den Aspekt von 1Kor 15,24-27 auch aufnehmen,
während die im Hymnus gepriesene Versöhnung des Alls (1,20) nochmals eine
andere Sicht vertritt. Räumliche Vorstellungen sind also inhaltlich nicht zentral, prägen aber die ganze Sprache schon (s. S. 132 und 135). »Sohn seiner Liebe« ist eine semitische Formulierung und heißt kaum mehr als »gelieber
Sohn«, obwohl vermutlich im Griechischen ein verstärkter Ton auf »Liebe«
empfunden wird wie z.B. auch im Ausdruck »Menschen des (göttlichen)
Wohlgefallens« (Lk 2,14), besonders weil gewöhnlich mit dem Genitiv nur die
aktive Eigenart des Genannten beschrieben wird (»Richter der Ungerechtig-
keit«, Lk 18,6 usw., vgl. Anm. 88).

Die bildhaft-räumliche Aussage wird durch »Erlösung« und »Sündenverge-   14
bung« (vgl. Anm. 353 und S. 126) interpretiert[104]. Damit ist freilich, anders als
in der paulinischen Formulierung von der »Gerechtigkeit Gottes«, die über den
Menschen kommt, sich in seinem Leben durchsetzt und seinen »Glauben« als
Korrelat neben sich hat, nur die negative Seite der Befreiung beschrieben. Andererseits ist damit im Zusammenhang mit der dualistischen Terminologie in
1,12f die objektive Tat Gottes, die Aufhebung der Entfremdung von Gott hervorgehoben.

Sachlich denkt der Verfasser vermutlich an die Ersterfahrung des Glaubens,   Zusammen-
bzw. die Taufe als den im Aorist beschriebenen befreienden Akt Gottes. Ob ge-   fassung
radezu Terminologie der Taufliturgie verwendet ist, ist schwer nachzuweisen,
aber naheliegend, da die Verwandtschaft mit Aussagen über den Ruf Gottes
oder die Bekehrung zu ihm eindeutig ist. Das Ganze ist unter den Aufruf zum
Danken gestellt. Das mag mit der ursprünglichen Einführung des Hymnus zusammenhängen. Im jetzigen Kontext wird der Dank für die grundlegende Befreiung in Jesus Christus an das Ende der Fürbitte des Apostels für die Gemeinde gestellt. Der Dank ist also das eigentliche Ziel des in VV 10f beschriebenen Wandels. Was Gottes Kraft in ihnen fertig bringt, gipfelt in ihrem Dan-
kenkönnen. So stark ist diese Befreiung empfunden, daß zum Bild von zwei
sich absolut ausschließenden Sphären gegriffen werden muß. Es ist aber nicht

---

[103] Lohse, NTS 11, 209 gegen Conzelmann
181; das letzte aber auch bei ihm (vgl. S. 136).
[104] Der Anschluß ist, wie oft in Kol, relati-
visch-weiterführend zu verstehen, also nicht
prägnant im Sinne des Lebens ἐν Χριστῷ (vgl.
Anm. 14).

mehr wie zum Beispiel Röm 1,3f die Sphäre des jetzigen Lebens in der Welt abgehoben von der Sphäre des Lebens nach der Auferstehung. Die Scheidungsli-
nie zwischen Finsternis und Licht geht quer durch die Welt, und die Unterschiede werden metaphysisch gewertet, sind also nicht mehr nur mit Anfechtung und Leid einerseits, Vollendung und Leidlosigkeit andererseits zu beschreiben. Das kann wahrscheinlich nur dort nachempfunden werden, wo der
Schritt zum Glauben an Jesus Christus und die damit verbundene Taufe eindeutig befreit, z.B. von der Angst vor dämonischen Mächten oder vor Herrschaft ausübenden Menschen, und wo dieser Schritt auch die Karriere, die bürgerliche Freiheit und eventuell das Leben kosten kann. Dennoch werden diese
Aussagen ja gegenüber einer Gemeinde schon seit längerer Zeit Getaufter wiederholt; der Übergang von der Finsternis zum Licht vollzieht sich also nicht nur
in dramatischer Weise ein für allemal, sondern immer wieder von neuem. Der
Text besagt also nicht, daß so etwas wie eine Verwandlung der menschlichen
Natur geschieht; es ist ein Wechsel des Herrn. Dieser Herr setzt sich aber durch
in tausenderlei mehr oder weniger geringfügigen Entscheidungen, Erfahrungen, Handlungen, Gedanken. Wenn »Erlösung« letztlich die Befreiung von
sich selbst meint – Befreiung vom Einsatz für eine Sache, unter dem die Familie
zugrunde geht; vom patriarchalisch liebevollen Dominieren, das ein Kind nie
lebensfähig werden läßt; von einem gegenüber einem Leistungsdenken be-
rechtigten Pochen auf Freiheit, das andere unter der Arbeit zusammenbrechen
läßt usw. –, dann kann sie nur so geschehen, daß die Ausrichtung auf den
Herrn in den vielen konkreten Fragen eines Lebens immer neu wirksam wird.

b) Der Hymnus (1,15-20)

Literatur: S. 44

**15 Er ist das Bild des unsichtbaren Gottes, der Erstgeborene aller
Schöpfung; 16 denn in ihm wurde alles geschaffen im Himmel und auf
der Erde, das Sichtbare und Unsichtbare, Throne, Herrschaften, Gewalten, Mächte; durch ihn und auf ihn hin ist alles geschaffen. 17 Und er
ist vor allem, und alles findet in ihm seinen Zusammenhalt, 18 und er
ist das Haupt des Leibes, der Kirche. Er ist der Anfang, der Erstgeborene
von den Toten, damit er in allem Erster werde; 19 denn in ihm gefiel
es aller Fülle Wohnung zu nehmen 20 und durch ihn und auf ihn hin
alles zu versöhnen, Frieden schaffend durch das Blut seines Kreuzes,
durch ihn sei es dem auf der Erde, sei es dem im Himmel.**

Analyse   Daß ein vom Verfasser übernommener Hymnus vorliegt, ist nicht mehr zu bestreiten[105]. Die formalen Voraussetzungen sind gegeben: ein gewisser
Rhythmus im Gesamtaufbau wie im einzelnen, eine in sich abgeschlossene

Christus-Darstellung, die über das hinausgeht, was im Kontext zu erwarten wäre, der übliche Einsatz mit dem Relativpronomen[106]. Wichtiger ist, daß nicht nur die sonst überall auftretenden Stileigentümlichkeiten des Briefverfassers fehlen und eine Fülle ungewohnter Begriffe vorkommt[107], sondern daß vor allem die theologische Differenz zwischen dem Hymnus selbst und dem Kommentar des Briefschreibers unübersehbar ist.

Formal ist auszugehen von der Parallele V 15/18b. Beide Verse setzen stilgemäß mit dem Relativpronomen ein. »Erstgeborener aller Schöpfung« und »Erstgeborener von den Toten« entsprechen sich ebenso wie in den ersten Halbzeilen die Prädikationen »Bild« und »Anfang«, die bei Philo Prädikate der Weisheit sind und direkt nebeneinanderstehen können[108]. Beide Parallelaussagen sind (im zweiten Fall freilich nicht unmittelbar, falls man V 18c nicht ausklammert) gefolgt von einem Begründungssatz, der vom All oder der (All-?) Fülle aussagt, daß sie »in ihm« geschaffen wurde oder Wohnung nahm. In beiden Fällen (jetzt in der ersten Strophe nicht unmittelbar, falls man V 16b beibehält), setzt sich dies fort in der Aussage über Christus als Ur-

---

[105] Dazu Schweizer, Neotestamentica 293-301, weitere Literatur bei Lohse 77, Anm. 2. Der Parallelismus von 1,15/18b mit den begründenden ὅτι-Sätzen ist schon von Bengel (812 zu 1,18b), systematisch von Schleiermacher, ThStKr V/1,502f festgestellt worden. Die verschiedenen Rekonstruktionen s. bei Gabathuler, Jesus Christus, 11-124; Feuillet, Christ, 163-273; Benoit, hymne 238 (Tabelle); Burger, Schöpfung 9-11, 15f; außerdem v. Allmen, RHPhR 48, 38-41; Deichgräber, Gotteshymnus 143-155; R. G. Hamerton-Kelly, Pre-Existence, Wisdom and the Son of Man, 1973 (MSSNTS 21), 171; Martin, Lord 40-44 und NCeB 61-66, im wesentlichen wie oben. Kehl weist darauf hin, daß VV 15.16a.c und 18b.19.20a fast gleich viel Silben zählen, während VV 17.18a (mit τῆς ἐκκλησίας als Überleitung zur zweiten Strophe, S.42f) als Zwischenstrophe zu verstehen ist. Lohse 80f klammert nur die Hinweise auf die Kirche V 18a und das Kreuzesblut V 20 ein, Schenke, ZThK 61, 221f, der nur VV 18b-20 bespricht, die Wendung vom Kreuzesblut und die beiden εἴτε-bestimmungen. Pöhlmann, ZNW 64,56 gewinnt vier Strophen (VV 15-16a/16b-d/16e-18a/18b.c.19.20a), indem er τῆς ἐκκλησίας und den ἵνα-satz streicht und V 20 mit εἰς αὐτόν schließt (weitere Literatur dort 53, Anm. 2). Gibbs, Creation 99 läßt die Frage offen. Zu E. Bammels Versuch vgl. Houlden 157-162. Andere Publikationen seit 1970 bei Schweizer, Forschung 181-186. Neuerdings denkt Caird 174f an paulinische Verfasserschaft und hält eine eventuelle frühere Funk-

tion des Hymnus für völlig irrelevant (vgl. aber unten S. 221). D. v. Allmen, Überlieferung und dichterische Schöpfung in paulinischen Hymnen, in: Hit – Müvészet, Bern 1975, 22f zählt 1,15.16a-c/16d-18a als erste Doppelstrophe; die zweite wäre unvollständig, da der Verfasser mehr darauf anspielt als zitiert (s. unten Anm. 110).

[106] Röm 4,25; Phil 2,6; 1Tim 3,16; Hebr 1,3 (dazu E. Grässer, Hebr 1,1-4, in: EKK Vorarbeiten Heft 3 [1971] 65f); vgl. die Partizipien in Röm 1,3f. »Hymnus« ist im weiten Sinn des Wortes gemeint und kann dogmatische, konfessionelle, liturgische, polemische oder (am ehesten, mit Gabathuler, Jesus Christus 23f) doxologische Abzweckung einschließen (Benoit, hymne 230f).

[107] Zusammengestellt bei Masson 106 (10-12 Ausdrücke), Lohse 78f; vgl. oben S. 44.

[108] Leg All I 43; vgl. Conf Ling 146f und Rer Div Her 230f, wo der Logos als »Bild« und Archetyp der über uns Stehende von dem »nach dem Bilde« geschaffenen Menschen unterschieden wird (wobei dieser als νοῦς nochmals vom aus Lehm gebildeten zu unterscheiden ist, Leg All II 4f). Dahinter steht der Gedanke, daß der, der »Bild Gottes« ist, zum Anfang einer neuen Reihe von ihm Geprägter wird (vgl. unten Anm. 126, auch 149). Zum Logos als »Anfang« = Herrlichkeit, Sohn, Weisheit, Engel, Gott, Herr bei Just Dial 61,1; 62,4 (vgl. auch den Hinweis auf das Bild in 62,1) vgl. Hegermann, Schöpfungsmittler 77; zu den Philostellen vom »Bild« ebd. 85, 96-98.

sprung und Ziel der Schöpfung oder der Erlösung des Alls, »durch den« und
»zu dem« hin das geschehen ist[109]. Schließlich entsprechen sich in V 16 und V
20 auch die Hinweise auf Himmel und Erde, allerdings nicht an derselben
Stelle der Strophe eingeführt und nur in V 20 durch »sei es . . . sei es . . .« differenziert. Dazu kommt in V 17.18a ein Zwischensatz, der nicht mehr im rela-
tivischen Anschluß formuliert ist, sondern Christus mit »und er . . . « neu
einführt[110]. Das ergibt vom Formalen her gesehen folgende Struktur:

15 **Er ist das Bild des unsichtbaren Gottes, der Erstgeborene aller**
Schöpfung;
16 **denn in ihm wurde alles geschaffen, im Himmel**
und auf der Erde, das Sichtbare und das Unsichtbare;
durch ihn und auf ihn hin ist alles geschaffen.
17 **Und er ist vor allem,**
und alles findet in ihm seinen Zusammenhalt,
18 **und er ist das Haupt des Leibes**
(nämlich der Kirche).
Er ist der Anfang, der Erstgeborene von den Toten;
19 **denn in ihm gefiel es aller Fülle, Wohnung zu nehmen**
20 **und durch ihn und auf ihn hin alles zu versöhnen,**
Frieden schaffend sei es dem auf der Erde,
sei es dem im Himmel.

Nun ist gewiß nicht mit Sicherheit damit zu rechnen, daß ein solcher Hymnus
mehr oder weniger genau nach formal symmetrischen Gesetzen gestaltet worden ist[111]. Aber die vorläufig ausgeklammerten Wendungen sind auch vom
18a *Inhalt* her verdächtig. Am klarsten ist dies bei der Deutung des »Leibes« auf die
Kirche (V 18a); denn erst mit V 18b setzt die Strophe ein, die von der Erlösung
spricht[112]. Vorher war nur vom Kosmos die Rede, so daß der »Leib«, dessen

[109] In 16a/e chiastisch angeordnet (Pöhlmann, ZNW 64, 57). Man kann mit ihm und
Kehl, Christushymnus 34 in V 16 inclusio feststellen, auch wenn man, anders als sie (nur) die
Aufzählung der Mächte für redaktionell ansieht: 16a und e schließen den Hinweis auf
Himmel und Erde ein. In V 20a umschließen
die präpositionellen Ausdrücke den Satz von
der Versöhnung des Alls. Dabei wird man »auf
ihn hin« um des Parallelismus zu V 16 willen
ebenfalls auf Christus beziehen, nicht auf Gott
(erwogen bei Schnackenburg, Herrschaft
[Anm. 97] 218).
[110] Formal ist freilich mit τὰ πάντα . . . (V
16 Ende) der Relativstil schon verlassen, obwohl man das Sätzchen notfalls noch von ὅτι
abhängen lassen könnte. Gabathuler, Jesus
Christus 128f (ebenso P. Lamarche, La pri-

mauté du Christ. Col 1,12-20, ASeign 46
[1974], 59-64 und ders., Structure 455f) läßt
daher die zweite Hälfte der ersten Strophe damit einsetzen. Dann wäre aber der parallele V
20a Beginn einer nicht mehr erhaltenen zweiten Hälfte der zweiten Strophe, den der Verfasser des Kolosserbriefes direkt von V 19 abhängig angeschlossen hätte. Das ist möglich, liegt
aber nicht nahe. Vgl. Anm. 105 Ende.
[111] Immerhin gibt es in 1Tim 3,16 ein Beispiel dafür; dagegen vgl. aber Phil 2,6-11.
[112] Die Zuordnung von V 18a zur zweiten
Strophe (noch S. Schulz, Komposition und
Herkunft der johanneischen Reden, 1960
[BWANT 81] 61) ist aus stilistischen Gründen
(s. oben S. 51f) unmöglich. Tatsächlich hat
schon Chrysostomus (III 2f [320]) gespürt, daß
eigentlich »Haupt der Fülle« zu erwarten wäre,

»Haupt« Christus ist, das All sein muß. Die Entgegenstellung von »Leib« und »Haupt«, die bei Paulus so noch nicht vorkommt, ist auch in der verbreiteten griechischen Anschauung vom All-Gott zu Hause. Seit Plato findet sich die Vorstellung vom Universum als einem göttlichen Leib häufig. In orphischen Hymnen und bei Philo, als Vergleich bei Cornut und Dio Chrysostomus ist auch die Aussage von Zeus, dem Logos (?), dem Himmel oder dem Aether als »Haupt« dieses Leibes sicher vor der Zeit des Kolosserbriefes nachweisbar[113]. Es ist weiter zu beachten, daß V 18a nicht von »seinem (Christi) Leib« oder »dem Leib in Christus« spricht, wie es neutestamentlich notwendig wäre, wenn damit die Kirche gemeint wäre (vgl. 1,24; 2,19). Wer also den Zusatz »der Kirche« dem Verfasser des Hymnus zuschreiben wollte, müßte mit folgenden Unwahrscheinlichkeiten rechnen: 1. Der Dichter des Hymnus hat eine systematische Neubildung der paulinischen Aussage vollzogen, indem er von »Haupt« und »Leib« spricht; 2. er redet nicht von Christi Leib, sondern von »dem Leib«; 3. er nennt in der von Schöpfung und Bewahrung des Kosmos handelnden Strophe schon die Kirche, läßt sie aber in der die Erlösung beschreibenden zweiten Strophe, wo sie zu erwarten wäre, weg, so daß sie erst im Kommentar mit dem »und euch . . .« (V 21) sachlich erscheint; 4. er schreibt den Stil des Briefverfassers mit lose angehängten Erklärungen. Die ersten drei Punkte sind dagegen selbstverständlich, wenn im Hymnus der Leib den Kosmos bedeutete, und der vierte ebenso, wenn »Kirche« Zusatz des Briefschreibers ist.

Ist damit gesichert, daß an dieser Stelle die Umsetzung der kosmischen Aus-   20
sage in eine auf die Kirche bezogene auf den Briefverfasser zurückgeht, dann zeigt sich in der Erwähnung des »Kreuzesblutes« eine enge Parallele zu diesem Vorgehen. Sie steht zwar in der zweiten Strophe, die von der Versöhnung handelt, am richtigen Platz; aber von der ersten Zeile dieser Strophe an wird doch die Versöhnung des Alls auf den Auferstandenen und auf das Wohnen der »Fülle« in ihm zurückgeführt. Im Kommentar des Verfassers hingegen wird das gleiche, äußerst seltene (s. S. 74) Verbum wieder aufgenommen, jetzt aber auf die Menschen als Objekte der Versöhnung und daher auf den Tod Jesu bezogen (VV 21f). Diese Umdeutung einer auf den Kosmos bezogenen Aussage

und es so gelöst, daß hier die »Kirche« die ganze Menschheit vertrete. Ausgeschlossen ist auch der Bezug der ganzen ersten Strophe (im Sinne des Briefverfassers) auf die Neuschöpfung (Zeilinger, Der Erstgeborene 188f; 204f; Burger, Schöpfung 66 [vgl. S. 55f]; dagegen Schweizer, Forschung, 183f) oder die Deutung von V 18a auf eine präexistente Kirche (Houlden 171, vgl. Gibbs, Creation 105f) bzw. den schon zum Haupt der künftigen Kirche bestimmten Präexistenten. Vgl. Anm. 123, 669 bis 671.
[113] E. Schweizer, ThWNT VII, 1035,41 – 1036,13; 1038,11-14; 1051,36-38 (vgl. unten

Anm. 415). Wieso sind das keine überzeugenden Parallelen (Ernst 169)? Ob bei Philo der Logos (Quaest in Ex 2,117, was christlich überarbeitet sein kann [jetzt zusätzlich noch Kehl, Christushymnus 96f]), oder nur der Himmel (Som I 144) als Haupt des Weltleibes erscheint, ist nicht ganz sicher. Die orphische Aussage über Zeus als Haupt, deren Bezeugung bei Aristobul nicht über jeden Zweifel erhaben ist (N. Walter, Der Thoraausleger Aristobulos, 1964 [TU 86], 112f), ist auch Pseud-Aristot Mund 7 (100 n.Chr.?) belegt und klingt wahrscheinlich Jos Ap II 190 (unten Anm. 151) nach. Zum Kosmos als göttlichem Leib vgl. Anm. 141.

in eine auf die Kirche bezogene zeigt also genau denselben Vorgang wie die Anfügung der Kirche in V 18a. Das ist die Theologie des Verfassers des Kolosserbriefes, die wie in VV 21f auch in VV 12-14 sichtbar wird[114]. Dazu gehört auch
der typisch paulinische Verweis auf das Kreuz, wie er in 2,14 ebenso erscheint
(vgl. Anm. 185). Wer ihn also dem Dichter des Hymnus zuschriebe, müßte
wiederum mit folgenden Unwahrscheinlichkeiten rechnen: 1. Dieser war
ebenfalls ein Pauliner; 2. er läßt aus irgendeinem Grund das Kreuz gegenüber
der Auferstehung nachhinken; 3. er erwähnt die sonst überall als Objekt dieser
Versöhnung erscheinenden Menschen (z. B. Röm 5,10f; 2Kor 5,15-21; vgl.
Röm 15,5) nicht; 4. er wiederholt »durch ihn«[115] in einer grammatisch fast
unmöglichen Weise. Umgekehrt läßt sich zeigen, daß der Schreiber des Briefes
gern von Paulus verwendete Ausdrücke neu kombiniert, und daß am Schluß
einer Interpolation der Faden durch Wiederholung des vorher Stehenden wieder aufgenommen wird, ist auch sonst zu beobachten. Die theologische Spannung zwischen der auffälligen Vorstellung von einer Versöhnung des Alls und
ihrer Verknüpfung mit der Auferstehung einer-, dem damit konkurrierenden
Hinweis auf das Kreuzesblut andererseits muß also auf die Neuinterpretation
durch den Briefverfasser zurückgehen.

16 Weniger sicher ist die Entscheidung in den weiteren beiden Fällen. Die Aufzählung der Mächte in V 16 ist eigentümlich. Der Gegensatz »sichtbar/unsicht-
bar« ist ebenso unpaulinisch wie die »Throne und Herrschaften«. Das kann
freilich ebensogut auf den Verfasser des Hymnus[116] wie auf den des Briefes
hinweisen. Inner- und außerhalb des Neuen Testamentes erscheinen die »Elemente« nie in solchen Reihen von Engelmächten; auf sie ist also sicher nicht
angespielt. Ebenso wenig sind die hier genannten Mächte identisch mit den von
den Kolossern angebeteten »Engeln« (s. S. 122f). Wohl aber widerspricht die
typisch jüdische Aufzählung der Mächte der hellenistischen Zusammenfassung des ganzen Kosmos als »Sichtbares und Unsichtbares«, da damit ja nur
Unsichtbares genannt ist[117]. Die Uminterpretation von »das Sichtbare und Unsichtbare« in jüdische Begrifflichkeit und zugleich der Bezug auf die Ängste der
Gemeinde vor den »Mächten und Gewalten« (vgl. 2,10) dürfte also auf den
Briefverfasser zurückgehen, der damit die Beziehung des Hymnus auf die konkrete Situation in Kolossä herstellt. Ihm ist im Unterschied zum Hymnus
wichtig, daß die »Mächte und Gewalten« unterworfen, nicht etwa versöhnt
worden sind. Für ihn ist Christus der, der ihnen gegenüber »der Erste« ist
(1,18c) oder »das Haupt« (2,10), sie entwaffnet und im Triumphzug mit sich

---

[114] Gewisse sachliche Analogien zeigt auch
Paulus. Die kosmische Formel von dem, der die
Toten ins Leben und das Nichtseiende ins Sein
ruft, interpretiert er im Kontext von Röm 4,17
auf die Rechtfertigung des Sünders um.
[115] Die Streichung in BD* usw. ist nachträgliche Erleichterung.
[116] So Lohse 80f. Ὁρατός ist übrigens Hapaxlegomenon im NT. Jüdische und christliche

Parallelen zur Aufzählung der Geistermäche s.
Anm. 224. Pöhlmann, ZNW 64, 66 fragt, ob
der Verfasser des Briefes die vier Engelmächte
anstelle von ursprünglich genannten Schöp-
fungswerken eingeführt habe.
[117] Außer man bezöge »Throne« und »Mächte« mit Houlden 163 (vgl. S. 210f) auf politische Gewalten; dagegen aber unten Anm. 180.

führt (2,15). Damit ist auch schon das Wesentliche zur Vorrangstellung Christi   18c
in V 18c gesagt[118]. Während der Hymnus mit der Prädikation Christi als des
Hauptes des Leibes seine Einheit mit der Welt betont, die in ihm zusammengefaßt und – nach der zweiten Strophe – versöhnt ist, legt der Verfasser des Briefes das als Vorherrschaft über die Mächte aus. Die Differenz muß nicht notwendig verschiedene Schichten markieren; immerhin fallen auch hier formale
und inhaltliche Gründe zusammen und lassen zwei Zusätze des Auslegers vermuten.

Diese Analyse, insbesondere die Ausscheidung der Kreuzestheologie aus dem Hymnus
ist neuerdings mit der Vermutung angefochten worden, der Hymnus sei gerade von der
zentral christlichen Aussage über die Versöhnung am Kreuz, also von seiner zweiten
Strophe her gewissermaßen nach vorne gewachsen[119], wie auch die alttestamentliche
Schöpfungslehre als Konsequenz des Bekenntnisses zum geschichtlichen Erlösungs-
handeln Gottes geformt worden ist (vgl. Anm. 187). Nun ist gewiß richtig, daß im
Neuen Testament auf die Schöpfungsmittlerschaft Christi hingewiesen wurde, um die
»Dimension« dessen zu beschreiben, den die Gemeinde als ihren Retter preist. Nur
bleibt die Frage offen, was unter dieser Rettung zu verstehen ist. Von den jüdischen wie
neutestamentlichen Parallelen her (s. S. 64f) sind gerade Aussagen über die Auferstehung oder Erhöhung und über einen mit der Natur geschlossenen Frieden zu erwarten.
Wenn man insbesondere auf den jüdischen Versöhnungstag verwies (s. Anm. 158),
dann ist festzustellen, daß die angeführten Parallelen nur im Rahmen, nicht im Hymnus selbst stehen, vor allem aber daß das Thema der Schöpfung dort ursprünglich kaum
beheimatet ist. Nimmt man aber an, nur die erste Strophe, zu der viele hellenistisch-
jüdische Parallelen existieren, sei traditionell, die zweite hingegen (von Paulus) dazu
gedichtet worden, dann muß man nicht nur voraussetzen, daß schon die erste Strophe
(in VV 16?.18a) ergänzt, sondern dann auch die zweite nachträglich nochmals (aufgrund des gleichzeitig entstandenen Epheserbriefes) überholt worden sei, weil sich
sonst der Satz vom Vorrang Christi (V 18c) und der Hinweis auf das Kreuzesblut mit der
ungeschickten Wiederholung von »durch ihn« nicht erklären ließen[120]. Das ist eine
recht unwahrscheinliche Hypothese, die auch die Entstehung der Vorstellung vom
Haupt des Christusleibes in V 18a nicht recht erklärt.
Mit drei Schichten rechnet auch ein anderer Rekonstruktionsversuch. Danach hätte der
ursprüngliche Text nur gelautet: »Der das Bild, der Erstgeborene aller Schöpfung ist,
weil in ihm alles geschaffen wurde, das Sichtbare und das Unsichtbare. Der der Anfang,
der Erstgeborene von den Toten ist, weil in ihm die ganze Fülle Wohnung nahm, sei es
das auf Erden sei es das im Himmel«. Alles andere wäre durch den Briefverfasser ergänzt
worden außer der Deutung auf die Kirche (VV 18 und 24!) und dem Hinweis auf das

[118] Πρωτεύειν steht im NT nur hier. Sir
24,6 Sc könnte eine Sachparallele bieten (Glasson, NT 11, 154f), was aber recht unsicher
bleibt. Ernst 175 hält zusätzlich auch »des unsichtbaren Gottes« (V 15) und den Hinweis auf
Himmel und Erde in V 20 für redaktionell.
[119] Ernst 177 (ebd. 175 ist erwogen, ob der
Hinweis auf das Kreuz ursprünglich sein könnte); ders., Pleroma 90f (wo an die in der Auferstehung erfolgte Erlösung gedacht ist);

Wengst, Formeln 177-179; Lähnemann, Kolosserbrief 41.
[120] So Benoit, hymne 248-250; Auseinandersetzung damit: Schweizer, Forschung
184-186. J. Jervells ähnlicher Vorschlag
(IMAGO DEI. Gen. 1,26 im Spätjudentum, in
der Gnosis und in den paulinischen Briefen,
1960 [FRLANT 58] 211) wird bei Ahrens, Diskussion 243f abgelehnt.

Kreuzesblut (V20), die Glossen eines späteren Lesers wären. Die gleichen drei Schichten wären auch in 2,9-15 zu entdecken[121]. Das ist überlegenswert; es hätte den Vorteil, die »Fülle« eindeutig auf das All beziehen zu können, das aus Christus geworden schließlich in Christus einmündet und mit »Sichtbarem und Unsichtbarem«, »Erde und Himmel« identisch wäre. Freilich scheint mir die Frage, wieso im jetzigen Text von keinem Bruch zwischen erster und zweiter Strophe die Rede ist, anders zu beantworten zu sein (s. S. 71), und die Tatsache, daß der Briefschreiber wie der supponierte Glossator beide Pauliner sind, so daß das Kreuz in 1,20 durch diesen eingefügt, in 2,14 hingegen aufgrund der Vorlage durch jenen (kosmisch) ausgedeutet worden wäre, zeigt, wie schwierig diese beiden Schichten zu scheiden sind. Da man auch nicht alle logischen Spannungen in einem Hymnus gleich literargeschichtlich auflösen muß, sofern sie nicht offenkundig hervortreten, und da die Annahme einer Redaktion nach Abfassung des Briefes immer prekär bleibt, drängt sich eine derart radikale (und originelle) Lösung doch schwerlich auf.

In einer ersten Strophe ist also Christus gepriesen als der, in dem, durch den und auf den hin die ganze Schöpfung erfolgt ist, was die Zwischenstrophe dahin ergänzt, daß in seiner Vorordnung und Haupt-Stellung der Bestand des Kosmos gesichert ist; in der zweiten Strophe wird er als der Auferstandene besungen, in dem, durch den und auf den hin mit der Gegenwart göttlicher »Fülle« die Versöhnung der Welt erfolgt ist. Ob die entfaltenden Zusätze in VV 16b und 18c schon dazu gehörten oder nicht, kann nicht mit Sicherheit gesagt werden; sachlich hängt nicht viel daran, obwohl die theologische Aussage ohne sie differenzierter ist.

(1) Der ursprüngliche Hymnus: (a) erste Strophe (1,15-18a)

Erklärung Vor dem Relativsatz (wörtlich: »welcher das Bild . . .ist«, ebenso V 18b: »wel-
15 cher der Anfang . . . ist«) muß eine Einführung gestanden haben, vermutlich ein Lobruf, der unter Umständen den Sohnes-Titel enthalten hat (s. S. 46). Als erstes Prädikat Christi erscheint »Bild des unsichtbaren Gottes«. Das scheint einfach in den Zusammenhang der Frage nach der Erkennbarkeit Gottes zu gehören, umso mehr als auch 2Kor 4,4 (vgl. 3,18) in dieselbe Richtung zeigt: in der Verkündigung des Apostels leuchtet die Herrlichkeit Christi als des »Bildes Gottes« auf[122]. Doch genügt das nicht; denn hier wird ja nicht der irdische Jesus, sondern der präexistente Schöpfungsmittler[123] so genannt. Wie kann er

---

[121] Burger, Schöpfung, bes. 56-59, 98-101, 108-111; zur Deutung der »Fülle« auf das All ebd. 48f, zu den Korrekturen des Glossators in 1,22-24 ebd. 74-78. Auch nach Burger hat die erste Strophe dienende Funktion als Begründung der zweiten (ebd.52).

[122] 2Kor 3,18 verstehe ich so, daß der Apostel wie ein Spiegel Glanz und Herrlichkeit Christi für seine Hörer »widerspiegelt« (mit J. Dupont, Gnosis, Louvain ³1960, 119f) und dabei

wie seine die Botschaft annehmenden Hörer in »das gleiche Bild« umgestaltet wird (E. Schweizer, 2Kor 3,12-18, GPM 26 [1971] 89).

[123] Kehl, Christushymnus 99 (vgl. 77f) betont, daß die Präexistenz erst aus dem Bekenntnis zur Schöpfertätigkeit Christi folge, nicht mechanisch von Weisheitsaussagen her übernommen sei. Auf den Irdischen bezieht Caird (176-180) V 15.

»Bild Gottes« sein? Nun ist »Bild« sicher nicht ausschließlich Sichtbarma-
chung des Unsichtbaren[124], erst recht nicht im platonischen Sinn, wo das Bild
als Konkretion, Leibhaftwerdung notwendig auch Beschränkung der himmlischen »Idee« bedeutet[125]. In Weish 7,25f ist damit gerade die volle Gegenwart
Gottes in seiner »Weisheit« beschrieben: »Hauch der Macht Gottes ist sie, klarer Ausfluss der Herrlichkeit des Allherrschers; deswegen gerät nichts Befleck-
tes in sie; Abglanz ist sie ewigen Lichtes und fleckenloser Spiegel der
Wirksamkeit Gottes und Bild seiner Güte.« Glanz, Herrlichkeit, Spiegel weisen in die Nähe von 2Kor 3,18-4,6 und Hebr 1,3. Zweifellos ist also nicht an einen stufenweisen Übergang von Gott zur Welt hin zu denken, in dem unter
zunehmender Konkretion (und damit Beschränkung) Gott Welt wird. Nun ist
gerade bei Philo die Unsichtbarkeit des Logos als des »Bildes« Gottes festgehalten[126]. Erst die Welt als »Bild« des »Bildes Gottes« tritt in die Sichtbarkeit
ein.

Wie kann man aber von einem »unsichtbaren Bild« reden? Offenbar nur unter
der Voraussetzung, daß die Funktion des Bildes nicht, jedenfalls nicht primär
das Erkennbarmachen des Unsichtbaren für den Menschen ist. Was denn?
Schon Weish 7,25f beschreibt das Bild in dynamischer Terminologie als »Ausfluß«; er repräsentiert die Wirksamkeit und Güte Gottes, also sein schöpferi-
sches und erlösendes Handeln. Nach 2Kor 3,18 prägt das Bild andere zu seiner
eigenen Gestalt um. Dem entspricht bei Philo das Interesse an der Bewegung,
die vom Urbild Gott zum Abbild, dem Logos, führt und diesen wiederum zum
Prägestempel für die Welt werden läßt. Er wird als »Bild Gottes« das »Organ«,
das das schöpferische Schaffen der Welt durch Gott ausführt[127]. Schon für
Philo ist dies keine ungebrochene Emanationsreihe; sein Schöpfungsglaube
korrigiert solche Anschauungen. Erst recht gilt dies für Paulus, den Kolosser-
und Hebräerbrief. Wenn der Verfasser oder vielleicht schon der Hymnus die
Überordnung Christi über alle anderen Herrschaften so stark hervorhebt, dann
soll gerade ein solches Mißverständnis abgewehrt werden[128]. Doch ist schon
von der Weisheit gesagt, daß Gott durch sie die Welt geschaffen habe (Spr

---

[124]   Der Ausdruck »unsichtbar« ist erst hellenistisch; er ist nicht sehr treffend, da Gott damit eigentlich der Welt, in der es ja Sichtbares
und Unsichtbares gibt, zugeordnet wird.
[125]   So kann wenig später Plutarch die Anbetung des Perserkönigs rechtfertigen. In ihm erscheint Gott wie in der Sonne, ohne doch mit
ihm eins zu sein. Der König ist (nur) seine
εἰκών (Them 27 [I 125C], weiteres Schweizer,
EKK 1, 11, Anm. 12).
[126]   Die Weisheit ist »Bild, Anfang und Got-
tesschau« = »der Archetyp« (auch Som I 232)
der irdischen Weisheit als ihrer »Kopie« (Leg
All I, 43), darin gleich der unkörperlichen Idee
(Som I, 79), dem »Ur-muster« (δεῖγμα) Gott
untergeordnet, jedoch εἰκών und παράδειγμα
der anderen (μιμήματα, Leg All III, 96; II, 4).

Wo er nicht terminologisch von der Weisheit
als »Bild Gottes« spricht, kann Philo freilich
auch unreflektiert »Bild« als »Abbild« verstehen, so das Sinnliche als Abbild des Geistigen
(Plant 50), oder den Menschen als Abbild Gottes (Op Mund 71.146; Omn Prob Lib 62; vgl.
Migr Abr 40; Ebr 133; Abr 3; Spec Leg I, 171;
II, 237; Decal 101; Det Pot Ins 87; Praem Poen
29.114; Vit Mos II,65). Weitere Stellen in
Anm. 108 und 387. Vgl. E. Schweizer,
ThWNT IX, 464,28 – 465,6.
[127]   Belege Schweizer, EKK 1,12, Anm.
18-20: Leg All III, 96; Op Mund 24f; usw.
(vgl. unten Anm. 133).
[128]   Das unterstreicht Kehl, Christushymnus
(s. oben Anm. 123).

2,19). Sie ist Gottes Werkmeisterin (Spr 8,30)[129]. Daß man Gott aus seiner
Schöpfung erkennen kann, ist vom Alten Testament her dem Juden und von
daher auch der christlichen Gemeinde selbstverständlich und in keiner Weise
verdächtig. Das hebt aber den Unterschied von Schöpfer und Geschöpf nicht im
geringsten auf, und der folgende Ausdruck stellt Christus eindeutig auf die
Seite des Schöpfers. »Bild« ist ja nicht wie für die meisten heutigen Leser etwas, das nur in den Umrissen und im Aussehen mit dem abgebildeten Gegenstand identisch ist, sonst aber von ihm völlig verschieden, z. B. Photopapier
statt einem lebendigen Körper. »Bild« hat schon im griechisch-religiösen
Sprachgebrauch immer Teil an der Art dessen, den es repräsentiert; im Bild
wird der Repräsentierte gegenwärtig[130]. Daß er am Schöpfungsakt teilhat, unterscheidet Christus also vom Geschöpf und gerade darin ist er als »Bild des unsichtbaren Gottes« dessen Offenbarung. Man kann also die Schöpfung nicht
wirklich als Werk des Schöpfers erkennen außer in Christus (vgl. S. 62f). Das
heißt aber, daß er in anderer Weise »Bild Gottes« ist als »der neue
(Mensch) . . . nach dem Bilde (Gottes)« (3,10); das Schema von Christus als
zweitem Adam spielt kaum eine Rolle[131]. In moderner Sprache müßte man
etwa »Repräsentant« oder »Manifestation Gottes« übersetzen.
Schwieriger ist der Ausdruck »Erstgeborener aller Schöpfung«[132]. Nach dem
Gesagten kann das nicht heißen, daß Christus erstes Glied der Schöpfung ist;
man muß also komparativisch verstehen: »früher als . . . vor aller . . .«[133],

---

[129]   Im Griechischen steht Dativus instru-
menti; doch kann בְּ ebenso durch ἐν oder διά
wiedergegeben werden (Ps 103,24 LXX: »alles
hast du in Weisheit geschaffen«). Nach Ijob
28,23-27 ist die Weisheit wie Gottes Architekturplan, in dem schon die zu schaffende Welt
enthalten ist. So erklären auch die Rabbinen,
Gott habe die Welt »in der Weisheit« erschaffen (Targum Neofiti 1 zu Gen 1,1, hrsg. A.
Diéz Macho, Textos y Estudios 7, Madrid
1968, S. 3), weil Spr 8,22 diese als »Anfang«
bezeichnet (»in dem« nach Gen 1,1 Gott Himmel und Erde schuf, Bill. II, 356f). Philo versteht die Weisheit daher als »Ort« der Welt
(Op Mund 16-20; vgl. Som I 62-65; E. Schweizer, ThWNT VII, 1051,41–1052,9; L. Wäch-
ter, Der Einfluß platonischen Denkens auf rabbinische Schöpfungsspekulationen, ZRGG 14
[1962] 42-50). Zur Nachwirkung s. Anm. 664.
Burney, JThS 27, 175-177, wollte sogar VV
15-18 als Meditation über die ersten Worte der
Bibel verstehen. Freilich kann man בְּ mit ἐν,
διά und εἰς wiedergeben, רֵאשִׁית mit πρὸ
πάντων, τὰ πάντα, κεφαλή oder ἀρχή. Aber
der hellenistisch-jüdische Charakter des Hymnus ist offensichtlich, und ἀρχή erscheint erst
in der zweiten Strophe. Möglich wäre höchstens, daß solche Spekulationen im nicht mehr
bewußten Hintergrund des Hymnus lägen;

doch liegen hellenistisch-jüdische Belege viel
näher. Ob schon vorchristlich Weisheit und
Menschensohn verbunden waren (so Lohse 87
nach äth Hen 42,1f; 49,1.3; F. Christ, Jesus
Sophia, 1970 [AThANT 57], 54-56, 70,
141-143, 147f, 153) bleibt mir, noch ganz abgesehen von der unsicheren Datierung der he-
nochischen Bildreden, fraglich. Aeth Hen
48,10 (52,4) dürften Züge des Messias sekundär auf den Menschensohn übertragen sein (K.
Müller, Menschensohn und Messias, BZ 16
[1972], 169-171; in der wahrscheinlich primä-
ren Schicht (ebd. 165-167) ist die Weisheit nur
die, die den Menschensohn offenbart (48,7).
[130]   H. Kleinknecht, ThWNT II, 387,16-32;
ebenso im NT durchwegs (G. Kittel ebd.
393,26-40). Vgl. unten S. 185 und Lightfoot
143 (mit patristischen Stellen).
[131]   Wo die Weisheit als Bild Gottes erscheint,
ist Gen 1,26 nicht im Spiel und umgekehrt
(Jervell, IMAGO DEI [Anm. 120], 50).
[132]   Vgl. A. Hockel, Christus der Erstgeborene. Zur Geschichte der Exegese von Kol 1,15
(Düsseldorf 1965); Überblick 31-33. Zur Artikellosigkeit vgl. A. T. Robinson, A Grammar
of the Greek New Testament . . ., New York
1914, 772. Bl-Debr 275,3 versteht: jegliches
Geschaffene.
[133]   Vgl. πρωτός μου Joh 1,15.30; πρωτότο-

so daß der Ausdruck in die Nähe der rabbinischen Bezeichnung Gottes als des »Vorzeitigen der Welt«[134] kommt. Vielleicht ist allerdings dieser im Gefolge des arianischen Streites wirklich scharf herausgestellte Gegensatz (vgl. S. 186f) noch gar nicht so empfunden; aber mindestens ist der Erstgeborene, wie schon die Fortsetzung und die Parallele mit dem »Erstgeborenen von den Toten« zeigt, derjenige, der das Werden und Neuwerden aller ihm Folgenden bewirkt. Er ist also nicht einfach das erste Passivobjekt des Handelns Gottes, sondern mindestens zugleich aktives Subjekt in der Ausweitung dieses Handelns auf die ihm folgenden Geschöpfe. Wiederum ist also nicht an Adam zu denken, der übrigens sehr selten als »Erstgeborener« eingeführt wird. Schon alttestamentlich schließt der Ausdruck nicht notwendig nachgeborene Brüder ein, sondern drückt nur die besondere Stellung des vom Vater Geliebten aus[135]. Dabei kann man fragen, wie weit der messianische Titel »der Erstgeborene« (Ps 89,28) schon mitspielt[136]; er paßt jedenfalls zur Stellung des dem Vater unter-, der Welt aber eindeutig übergeordneten »Sohnes«, der ganz zum Vater gehört. Nun zeigt schon Röm 8,29 die Verbindung von »Bild« und »Erstgeborener« als Christusprädikaten. Darin ist beides festgehalten, daß er der ist, der die Glaubenden seinem Bild gleichgestaltet werden und sie als Brüder nachfolgen läßt, und daß er als solcher allen eindeutig vorgeordnet Gottes Willen durchführt[137]. In ähnliche Richtung weist Hebr 1,6, wo der Titel mit Psalmworten als Überordnung über die Natur-Engel interpretiert und in V 10 durch den Hinweis auf Christi Schöpfertätigkeit (!) entfaltet wird. Offb 1,5 wird Christus als »treuer Zeuge, Erstgeborener der Toten und Herrscher über die Könige der Erde« gepriesen, in 3,14 als »treuer und wahrhaftiger Zeuge, Anfang der Schöpfung Gottes«. Nach Philo ist der Logos der »Erstgeborene«, der Sach 6,12 geweissagte (messianische) »Spross«, der älteste Sohn Gottes, ununterscheidbar von seinem »Bild«, der in Nachahmung des Vaters nach den »archetypischen Urbildern« oder »Mustern« (der zu schaffenden Dinge) wirkt und

κος ἐγὼ ἢ σύ 2Sam 19,44 LXX (A. W. Argyle, Colossians I.15, ExpT 66 [1954/5] 61f und 318f: vgl. H. G. Mescham, ebd. 124f). Während Aristobul (Eus Praep Ev XIII, 12,11 und dazu Walter, Aristobulos [Anm.113] 66f) nur festhält, daß die Weisheit »vor Himmel und Erde sei«, erklärt Sir 1,4: »Früher als alle Dinge ward die Weisheit geschaffen«; Sir 24,9, sie sei »von Ewigkeit her« und so, daß sie »bis in Ewigkeit nicht aufhören wird«; Spr 8,22, daß Jahwe sie »als erstes seiner Werke schuf«, so daß sie bei der Schöpfung schon dabei war (8,27-30; auch Weish 9,1f.9; Sir 24,3 [?]). Nach Philo Fug Inv 109 ist Gott der Vater, die Weisheit die Mutter, durch die alles entstanden ist (ebenso Det Pot Ins 54; Ebr 30f); vgl. Leg All II, 49; Rev Div Her 199 und den Logos als Organ Gottes (Cher 127).

134   Bill. III, 626. Daß Gott einmal »primoge-

nitus totius mundi« heißt (Chr. Schöttgen, Horae Hebraicae I, Lpzg 1733, 922; zitiert bei Lohse 56, Anm. 3), besagt wenig, da es sich um einen Rabbi des 13. Jh. (ebd. II, 1742, 791) handelt. Dann läge Sir 24,3 (vgl. 5) näher, wo lateinische Zeugen »primogenita ante omnem creaturam« lesen (Glasson, NT 11, 155f), freilich wohl unter Einfluß von Kol 1,15 formuliert (vgl. Anm. 675 und S. 184).

135   W. Michaelis, ThWNT VI, 876,36 und Anm. 30; 874,32–875,15; Bill. III, 626; Adam als »Erstgebildeter«: Weish 7,1; 10,1.

136   A. Schlatter, Gottes Gerechtigkeit, Stuttgart 1935, 283; Mi Hb[12], 113; Kehl, Christushymnus, 87f. Philo Agr 51; Conf Ling 146; Som I, 215.

137   P. v.d. Osten-Sacken, Römer 8 als Beispiel paulinischer Soteriologie, 1975 (FRLANT 112),281.

die Schöpfung vollzieht. Das ist gewiß nicht direktes Vorbild für Kol 1,15, schon weil beide nicht dasselbe Wort benützen[138], zeigt aber, von welchem Hintergrund her diese Sätze zu verstehen sind[139].

Die erste Zeile preist also Christus nach dem Muster des Logos in hellenistisch-jüdischen Schriften als den, in dem der grundsätzlich unzugängliche Gott als Schöpfer wirkend Welt schafft und sich so dem zuwendet, der ihn nicht sehen könnte. Wie die Gegenwartsform des Verbums beweist, ist damit der der singenden Gemeinde gegenüberstehende Erhöhte als »Bild« und »Erstgeborener« gepriesen. Es wird also nicht heilsgeschichtlich erzählt, sondern im Lobpreis ausgesagt, was Christus für die Gemeinde bleibend ist: der, durch den Gott auch in seiner Schöpfung erst erkennbar, verständlich wird.

16 Das wird in der damals weit verbreiteten All-Formel ausgedrückt; nicht weniger als viermal wird von »dem All« gesprochen und drei weitere Male von »allem« (ohne V 18)[140]. In der Begründung dieser Sätze muß dabei notwendig in der Vergangenheitsform vom Handeln Gottes gesprochen werden. Christus ist also nicht nur Symbol oder Chiffre für ein ewig gleichbleibendes Wesen Gottes, das beschrieben und gelehrt werden könnte, sondern läßt Gott als Handelnden, in die Welt hinein Wirkenden erkennen. Man wird trotzdem »in ihm« übersetzen, nicht, was an sich vom biblischen Sprachgebrauch her möglich wäre, »durch ihn«; denn V 16 Ende wird ja »durch ihn« und »auf ihn hin« davon unterschieden, und Vers 19 nimmt das »in ihm« eindeutig im eigentlichen, lokalen Sinn auf. Auch Vers 17 ist schwerlich nur instrumental zu verstehen. Dahinter steht die hellenistisch-jüdische Sicht vom Logos als dem »Ort«, in dem drin die Welt lebt, und hinter ihr die stoische Sicht des Kosmos als des von Gott erfüllten und von Gott umschlossenen Leibes[141]. Dabei ist, selbst wenn man die nähere Beschreibung als »Sichtbares und Unsichtbares« erst dem Redaktor zuschriebe, nicht nur an die platonische Ideenwelt gedacht; eher wirkt das seit der Stoa im griechischen Denken weit verbreitete Bild von Gott als dem, der alles umschließt, so nach, daß Christus gewissermaßen die Sphäre darstellt, in der die Welt geschaffen wurde und bewahrt wird. Schon die stoischen Aussagen sind später als Aussagen vom schöpferischen Wirken

[138] Hockel, Christus (Anm. 132) 41f. Bei Philo immer (abgesehen von einer Stelle) πρωτόγονος: Conf Ling 62f; 146; Agr 51; Som I, 215; vgl. Deus Imm 31f (und oben Anm. 126). Weiteres bei F. W. Eltester, Eikon im Neuen Testament, 1958 (BZNW 23), 39; H. Willms, EIKON. Eine begriffsgeschichtliche Untersuchung zum Platonismus I: Philon von Alexandria, Münster 1935, 80.
[139] Letztlich wurzelt das in Platons Beschreibung des sichtbaren Kosmos als des »Bildes des geistigen«, als des »wahrnehmbaren Gottes« und des »Einziggeborenen« (Tim 92C; vgl. 34A); aber im Judentum ist dies Gottes »Wort«, nicht die Welt, im NT Christus.

[140] Pöhlmann, ZNW 64, 57f; jüdische und hellenistische Parallelen 58-74; für aramäische Analogien: P. Stuhlmacher, Erwägungen zum Problem von Gegenwart und Zukunft in der paulinischen Eschatologie, ZThK 64 (1967) 442, Anm. 42. Anders als Röm 11,36 ist die Formel hier auf Christus bezogen; vgl. aber schon 1Kor 8,6 (R. Kerst, 1Kor 8,6 – ein vorpaulinisches Taufbekenntnis? ZNW 66 [1975], 135) und unten Anm. 160, auch S. 150f.
[141] E. Schweizer, ThWNT VII, 1029,17-24 (Platon); 1031,20-22 (Aristoteles); 1034,10-14 (frühe Stoa); 1036,6-28 (Zeitwende); 1037,2 (Seneca); 1041,25f (Referate über Stoa) und oben Anm. 129, unten Anm. 415.

Gottes verstanden worden (vgl. Anm. 309). Erst recht kommt im Judentum mit seinem Schöpfungsglauben eine Ineinssetzung von Gott und Kosmos[142] nicht in Frage. Auch Kol 1,16 wird ein Verbum nicht des Seins, sondern des Handelns mit der Bestimmung »in ihm« verbunden und zugleich ist das »in ihm« interpretiert als »durch ihn«, das auf den Ursprung in der Schöpfungstat[143], und »auf ihn hin«, das auf die Vollendung im kommenden Handeln Gottes weist. Dabei tritt das Perfekt an die Stelle des Aorists. Was in Gottes Schöpfungsakt geschah, gilt weiterhin, wie V 17b es ausführt.

Die Formulierung »auf ihn hin« ist neu gegenüber der jüdischen Weisheitsliteratur. Die stark eschatologische Ausrichtung der neutestamentlichen Gemeinde wirkt sich darin aus; man wird darin also neben dem Hinweis auf den Anfang »durch ihn« und den Bestand »in ihm« das Ziel angedeutet sehen[144]; nicht etwa nur das Muster, auf das hin alles geschaffen wurde[145]. Das bedeutet, daß Welt nicht im stoischen Sinne als ständig vorhandene Gegenwart Gottes erfaßt werden kann, sondern nur als Hinweis auf sein Handeln, das von der Schöpfung bis zur Vollendung reicht. Ausdrücklich wird auch der »Himmel« in die Schöpfung eingeschlossen. Es gibt also nicht jenen höchsten Ort, den »Aether«, als Teil der Welt, in dem göttliche Vollkommenheit und restloses Glück einfach vorhanden wären. Auch der Himmel ist nur Himmel durch das Handeln Gottes. Auch das Unsichtbare, die Welt der Engel, ist von ihm geschaffen. So sagen es schon die hymnischen Gebete der Diaspora-Synagoge, wie sie sich in der griechischen Bibel finden[146]. Das ist der Wurzelgrund dieser ersten Strophe. Erfolgt dieses Handeln Gottes aber in Christus, dann ist damit gesagt, daß es von ihm umschlossen als gnädiges, auf das Heil des Menschen ausgerichtetes Handeln zu verstehen ist.

Erst von hier aus kann in drei Kurzzeilen, die anschließen, auch von der Be- 17 wahrung der Schöpfung gesprochen werden. Nochmals wird das Angewiesensein der Welt auf Gottes Handeln in Christus dadurch festgehalten, daß dieser

---

[142] Von den stoischen Aussagen her (H. Sasse, ThWNT III, 876, 14-26; E. Schweizer, ThWNT VII, 1036,18-28) freilich einmal in Sir 43,27 eingedrungen.

[143] Doch fehlt (wie 1Kor 8,6) »aus ihm«; Christus ist (außer Hebr 1,10) nicht Schöpfer, sondern Schöpfungsmittler. Prat, théologie I 347 erinnert an den Logos als »Ort« des künftigen Kosmos (vgl. Anm. 664) und unterscheidet wirksame (»durch«), vor-bildliche (»in«) und zielhafte (»zu«) Ursache. Alting 394a hingegen versteht »in« mit Verweis auf das Hebräische schon rein instrumental.

[144] Ähnlich Sir 24,9 (Anm 133). Philo, Cher 125 stellt neben das Wovon, Woraus und Wodurch nur noch das Weswegen; doch bezeichnet Spec Leg I, 208 εἰς ἕν das hinter Weltbrand und Neuwerdung der Welt liegende Ziel (vgl. unten Anm. 308). Anaximander soll erklärt

haben, aus (dem Unbegrenzten) entstehe und in dieses vergehe alles (Diels I, 85,1ff, erst im 6. Jh. n.Chr. referiert!). »Ad quod« findet sich bei Seneca Ep 65,8, und Rabbinen sprechen (im 3. Jh. n.Chr.) davon, daß die Welt auf den Messias hin geschaffen wurde (Bill. III, 626).

[145] So etwa bei MAnt 4,23: ὦ φύσις, ἐκ σοῦ πάντα, ἐν σοὶ πάντα, εἰς σὲ πάντα, was nur »die in sich ruhende Harmonie« beschreibt (Lohse 91, vgl. Kehl, Christushymnus 100f). Zu vergleichen sind Oppian (2./3. Jh. n.Chr., hrsg. F. S. Lehrs, Poetae Buccolici et Didactici, Paris 1831, Halieutica I, 409 ; Ζεῦ πάτερ, ἐς δὲ σὲ πάντα καὶ ἐκ σέθεν ἐρρίζονται), ferner (schwer datierbare) Zauberpapyri bei Lohse 88, Anm. 6 und Lohmeyer 59, Anm. 1 und 3.

[146] 1Chr 29,11f; Est 4,17b-d (Zusatz) ; Neh 9 (= 2Esra 19),6; grHen 9,5f; Pöhlmann, ZNW 64,71f.

ihr zeitlich vor-[147] und räumlich (als »Haupt«) übergeordnet wird. Erst so kann er auch als der gepriesen werden, der die Welt zusammenhält und vor dem Auseinanderbrechen bewahrt[148]. Das Neue Testament ist freilich sonst eher am Vergehen als am Bestehen der Welt interessiert. Nun ist auch hier nicht einfach der Bestand der Welt garantiert, sondern etwas über die Herrschaft Christi über die Welt ausgesagt. Von ihm wird in betontem »Er« gesprochen, das an das herausgehobene »Ich« Jahwes im Alten Testament oder Jesu im Neuen erinnert. Gilt also, daß die Welt in ihrer Vergangenheit, von der sie herkommt, in ihrer Gegenwart, in der sie jetzt existiert, und in ihrem Ziel, auf das sie hinläuft, nur aus Gottes guter Zuwendung leben kann, so gilt auch, daß diese Zuwendung Gottes den Namen Jesus Christus trägt.

18   Daß von »dem Leib« gesprochen wird, nicht etwa von »seinem Leib« zeigt, daß ein allen bekannter, schon fixierter Ausdruck verwendet wird. Ursprünglich muß der Weltleib gemeint sein. Innerhalb der paulinischen Sprache erscheint ja auch Christus nie als Haupt; 1Kor 12,21 ist dieses eines unter vielen Gliedern. Wohl aber ist Zeus, der Himmel oder Geist, vielleicht schon der Logos als »Haupt« des Weltleibes bekannt (s. Anm. 113). Vom Alten Testament wie von Paulus her (1Kor 11,3) ist damit freilich nicht etwa die organische Verbundenheit oder Substanzgleichheit betont, sondern die Überordnung des Herrn[149]. So ist im Hymnus Jesus Christus, in dem »das All« zusammengehalten wird, als der verstanden, in dem Gottes Schöpferhandeln erfolgt ist und Gottes vollendendes Handeln erfolgen wird und der darum auch zwischen Schöpfung und Vollendung Herr über die Welt bleibt.

Zusammen-   Wesentlich ist, daß die Schöpfung überhaupt zum Thema wird. Sie ist im
fassung   Neuen Testament zwar durchwegs vorausgesetzt, wird aber selten thematisch. Von noch größerer Bedeutung ist, daß das in hervorgehoben christologischem Zusammenhang geschieht. Der Vergleich mit Apg 17,22-31 zeigt, wie verschieden paulinische Verkündigung verstanden worden ist. Auch in der Aeropag-Rede dominiert hellenistisch-jüdische Tradition. Auch dort wird bei der Schöpfung eingesetzt und das Sein »in ihm« herausgehoben; aber dort bezieht sich dies auf Gott, in dem wir leben, und von ihm kann offenbar der lukanische Paulus reden, wie es grundsätzlich auch griechische Frömmigkeit (V 23), Aufklärung (VV 24b.25a) und Dichtung (V 28) in Übereinstimmung mit jüdischen

---

[147]   Die zeitliche Vorordnung ist typisch für das alttestamentliche Denken, vgl. Anm. 133. Da πρό außer in der Wendung »vor allem« (Jak 5,15; 1Petr 4,8) immer zeitlich geprägt ist, wird man schwerlich eine Steigerung gegenüber V 15 im Sinne der Herrschaft über alles (so Wagenführer, Bedeutung 59f) hineinlesen dürfen. Daß auch hier eine Präsensform des Verbums erscheint, teilt die Stelle mit Joh 8,58: »Ehe Abraham ward, bin ich«.

[148]   Συνέστηκεν fehlt in LXX, steht aber Pseud-Aristot, Mund 6 (397b: »aus Gott und durch Gott besteht alles«) und bei Philo, Rer

Div Her 281 (das Bestehen aus den Elementen). Sachlich noch näher, aber mit anderer Terminologie Sir 43,26: ἐν λόγῳ αὐτοῦ (Gottes) σύγκειται τὰ πάντα, ähnlich Weish 1,7 vom Geist; ferner Philo, Fug Inv 112; Jos Ap II 190. Zum betonten αὐτός vgl. Lightfoot 153f.

[149]   Dtn 28,13; 1Chr 5,12; vgl. Gen 49,3 usw. Mit dem Bild vom Leib verbunden Test Seb 9,4; Philo, Praem Poen 125 (vgl. 114); Jos Bell 3,54. Nach Philo, Quaest in Gn 2,9 ist der Mensch ἀρχική τις κεφαλή, was einschließt, daß sein Verderben auch das der übrigen Schöpfung mit sich bringt.

Schöpfungsaussagen könnten. Allerdings ist auch dort die Christologie das Scheidemittel; aber sie kommt zur Theologie, in der Juden, aufgeklärte Griechen und Christen einig sind, gewissermaßen hinzu, nämlich in der Aussage über Auferstehung und Gericht (VV 30-32). Kol 1,15-18a dagegen weiß, daß man auch das Schöpfungshandeln Gottes erst im Gegenüber zu Christus verstehen kann. Ein Gott, der nicht das Gesicht Christi trüge, wäre nicht wirklich Gott. Das heißt aber, daß man Gott nur in seiner Hinwendung zum Menschen, d.h. als Bewegung der Liebe wirklich erkennen kann. Daß Gott dadurch nicht absinkt zu einer bloßen Chiffre für alles, was unter Menschen an Liebe festzustellen ist, ähnlich wie der Gott Eros das menschliche Phänomen Liebe repräsentiert, ist dadurch abgewehrt, daß Christus als der gepriesen wird, der von Anfang an, schon vor der Schöpfung »Bild« und »Erstgeborener« ist, d.h. Ausdruck der letztlich auf den Menschen abzielenden Bewegung der Liebe Gottes. Man kann also Gott gerade nicht in seinem Abgeschlossensein an und für sich erkennen, sondern nur in seinem »Bild-werden«, d. h. in seinem Handeln, das den Sohn und über den Sohn dann die Welt meint. Dieses sein Handeln aber ist der Welt absolut vorgeordnet, so daß alles Lieben innerhalb der Welt erst Ausfluß seines vorweltlichen Liebens ist, das zwischen ihm und seinem »Bild«, zwischen Vater und »erstgeborenem« Sohn lebt[150]. Das besagt also, daß die Welt von ihrem Ursprung und von ihrem Ziel her nicht sinnlos, sondern von Gottes Liebeswillen getragen ist. Christus wird so zum Herrn, der dem Leben überhaupt seinen Sinn schenkt.

(b) zweite Strophe (1,18b-20)

Die zweite Strophe setzt wiederum mit relativischem Anschluß und den zu V 15 parallelen Christusprädikaten ein. »Anfang« der Wege Gottes ist nach Spr 8,22 die Weisheit, und die Verbindung mit »Bild« ist bei Philo nachweisbar (s.Anm.108). Man wird darum nicht nur mit »Macht« oder »Gewalt« übersetzen, sondern wirklich an den fortlaufendes Geschehen zeugenden »Anfang«, an die wirksame Gegenwart Gottes denken, die als Schöpferkraft ein weiteres Werden aus sich heraussetzt. Das wird durch die Fortsetzung »Erstgeborener aus den Toten« erläutert[151]. Offb 1,5 heißt Christus »Erstgeborener der Toten«[152]; damit ist betont, daß er der erste einer Reihe anderer[153] ist; Kol 1,18 hingegen betont seine Trennung vom Reich der Toten. Damit ist das Urereig-

[150] Dazu E. Jüngel, Gottes Sein ist im Werden, Tübingen 1965, bes. 49-52, 83-101; auch Kasper, Jesus 96-98.
[151] So auch Calvin 131. Auch in dem zur ersten Strophe gut passenden Satz Jos Ap II, 190: ὁ θεὸς ἔχει τὰ σύμπαντα . . . , ἀρχὴ καὶ ἠέσα καὶ τέλος οὗτος τῶν πάντων bedeutet ἀρχή »Anfang«.
[152] So auch p⁴⁶ℵ* hier. Die Parallele zu V 15

läge damit noch näher; spätere Einfügung des ἐκ wäre denkbar in Parallele zu der etwa 44mal auftauchenden Wendung von der Auferstehung ἐκ νεκρῶν. Da νεκρῶν darin aber immer artikellos erscheint außer an zwei aus der Tradition stammenden Stellen (1Thess 1,10?; Eph 5,14; ferner mit ἀπό Mt 14,2; 27,64; 28,7), ist eher mit dem Einfluß dieser Tradition auf den Verfasser des Hymnus zu rechnen und das spä-

nis als die alles erst in Gang setzende Ursache stärker von der ihm folgenden
Auferstehung anderer abgesetzt. Wie Christus als »Bild« Gottes »Erstgeborener aller Schöpfung« ist, weil in ihm, durch ihn und auf ihn hin alles geschaffen ist, so ist er Erstgeborener aus den Toten, weil in ihm, durch ihn und zu ihm
hin die neue Schöpfung eines Lebens aus dem Tod erfolgen soll. Das wird freilich nicht so gesagt; dafür wird von einer Versöhnung des Alls (V 20) gesprochen, womit im Sinn des Hymnus vermutlich eben diese eschatologische Neuschöpfung beschrieben wird.

Diese Verbindung von erster und zweiter Strophe entspricht jüdischen Aussagen. Schöpfung und Friedensstiftung werden früh verknüpft[154]; aber gerade in
den ältesten Belegen scheint es sich um Friedensstiftung in der Natur zu handeln, was im Judentum natürlich die die Natur regierenden Engel einschließt[155]. Auch wo Schöpfung und Tempelkult zusammenstehen, steht in
den frühen Zeugnissen die Vorstellung vom Stein im Tempel (als Fundament
der Bundeslade) im Zentrum; dieser enthält zugleich die Abzugskanäle für die
die Erde überschwemmenden Wasser und wehrt ein erneutes Hervorbrechen
der Urflut ab[156]. Im Achtzehnbittengebet preisen die ersten drei Bitten Schöpfung, Auferstehung und Herrschaft »des furchtbaren Namens« Gottes; erst
nachher kommt auch das Thema der Sündenvergebung. Doch werden im Mu-
saphgebet des Neujahrstages nur dieser Teil (1-3) und nach Schriftlesungen
noch Schlußlob und Segen (16-18) gebetet[157]. Auch in Philos Deutung des
Neujahrsfestes sind Schöpfung und Friedensstiftung unter den Elementen der
Natur eng verbunden (s. S. 102). In jüdischen Schriften vor 70 n.Chr. scheint
also am Neujahr nicht von Versöhnung im Sinne von Sündenvergebung[158],
am Versöhnungstag hingegen nur davon, aber kaum von der Schöpfung die

tere Weglassen des ἐκ als Anklang an V 15 (und
Offb 1,5) zu erklären.

[153] So auch Röm 8,29 »Erstgeborener unter
vielen Brüdern«; 1Kor 15,20 »Erstling der Ent-
schlafenen«; Apg 26,23 »der Erste aus der Totenauferstehung«; vgl. Hebr 2,14f.
[154] SNu 6,26 § 42 (Rabbi Chananja um 70
n.Chr., Bill. I, 216 mit Anm.1).
[155] Vgl. zum ganzen Schweizer, Versöhnung
487-494. Selbst wenn man nur an Friedensstiftung »im oberen und unteren Kreis«, also unter Engeln und Menschen dächte (J. J. Meuzelaar, Der Leib des Messias, Amsterdam 1961,
107f), wäre das noch nicht identisch mit der
»Glaubensgemeinschaft« der Kirche, die Juden
und Heiden eint (ebd. 110,116). Die jüdischen
Parallelen wie der Wortlaut von Kol 1,15-18,
wonach »alles« von Christus geschaffen und
versöhnt wurde, gehen deutlich über diesen
Gedanken hinaus.
[156] P. Schäfer, Tempel und Schöpfung, Kairos 16 (1974) 122-133. Das Manassegebet (Ode
12 LXX = Const Ap 22,12) preist den Schöpfer,

dessen furchtbarer und gepriesener Name die
Tiefe verschließt.
[157] Bill. IV, 211-214 und I, 158 (RH 4,5).
[158] Vom Versöhnungstag her will Lohmeyer
(43-46) den Hymnus verstehen; aber das Zitat
»Frieden stiften zwischen den Oberen und den
Unteren« (Lohmeyer 44) steht nicht am ange-
gebenen Ort. Am nächsten kommt ihm Ber
16b = Bill. I, 420 (»in der oberen und unteren
Familie«); doch ist dort weder vom Neujahr
noch vom Versöhnungstag die Rede. In GenR 3
(zu 1,4; 3d), das Lohmeyer zitiert, ist nur von
Friedensstiftung zwischen Licht und Finsternis, Tag und Nacht (also in der Natur!) die
Rede, und ob man das auf den Versöhnungstag
beziehen darf, weil die Formulierung Gen 1,5
»ein (statt: der erste) Tag« auf ihn, aber auch
auf den Sabbat oder die Opferdarbringung von
Num 7,12 deute, fragt sich ebenfalls, ganz abgesehen vom relativ späten Datum des Textes
(H. Strack, Einleitung in Talmud und Mi-
drasch, München 1930, 209-211).

Rede zu sein[159]; beide Feste sind immerhin durch eine zehntägige Bußzeit voneinander geschieden.

Im Neuen Testament werden Schöpfung und Totenauferstehung Röm 4,17 formelhaft verknüpft, 2Kor 4,6 Schöpfung und Neuschöpfung in der Erleuchtung durch die Herrlichkeit Gottes, 1Kor 8,6 vielleicht Schöpfung und Neuschöpfung in der Taufe[160], was nach dem traditionellen Taufspruch von Eph 5,14 eben Auferstehung von den Toten bedeutet. Hebr 1,3 läuft der Text von den weisheitlichen (Schöpfungs-) Prädikaten Christi eindeutig auf seine Erhöhung zur Rechten Gottes hin, auch wenn in einer, vermutlich aber erst redaktionellen[161] Partizipialklausel noch die Reinigung von den Sünden eingeschoben wird. 1Tim 3,16 erwähnt überhaupt nichts vom Tode Jesu, und die Heimholung der Welt geschieht durch den Siegeslauf des zum Himmel und durch alle Völker fahrenden Herrn. Phil 2,6-11 läuft das Lied von der Präexistenz über die gehorsame Erniedrigung auf die Herrlichkeit hin. Joh 1,1-18 kennt zwar ausgebreitete Schöpfungsaussagen über den Logos und die Aussage von der Menschwerdung (in »Herrlichkeit«[162]), aber nichts von Versöhnung am Kreuz[163]. So ist die Aussage von der Versöhnung der Natur(elemente) durch die Auferstehung Christi durchaus stilgemäß.

Zunächst ist aber von einer Einwohnung der »Fülle« in Christus die Rede.   19 Entweder ergänzt man Gott als unausgesprochenes Subjekt[164], oder man faßt »Fülle« als Subjekt. Im ersten Fall müßte man aber übersetzen: »Er (Gott) beschloß, daß in ihm (freilich schon vorweggenommen) die ganze Fülle wohne, und durch ihn zu versöhnen«. Ist schon die Ergänzung eines solchen ungenannten Subjektes in einem Hymnus, der völlig auf Christus konzentriert ist, sehr schwierig, so erst recht der Vorschlag, für den Infinitiv »wohnen« ein anderes Subjekt anzunehmen als für den Infinitiv »versöhnen«. Ließe man aber immer noch »die ganze Fülle« Subjekt sein, wäre mit der Ergänzung des Subjektes »Gott« nur der leichtere Anschluß an die männliche Form des Partizips »Frieden stiftend« gewonnen. Dann ist aber sehr viel einfacher anzunehmen, daß »die ganze Fülle« durchwegs Subjekt ist und als Gottesbezeichnung die

---

[159] Sir 50,22 eher Taten in der Geschichte beschreibend, worauf sich auch παντοκράτωρ (V 14 und 17 LXX) beziehen kann.

[160] Vgl. Kerst, 1Kor 8,6 (Anm. 140) 130–139. Falls wirklich ἡμεῖς δι᾽ αὐτοῦ nicht auf das Geschaffensein des Menschen, sondern auf die Neuschöpfung der Gemeinde bezogen wäre, wäre auch diese Formel von der Soteriologie (der Taufe) her sekundär zur Kosmologie vorgestoßen (ebd. 136f).

[161] Grässer, Hebr 1,1-4 (Anm. 106) 66; G. Theissen, Untersuchungen zum Hebräerbrief, 1969 (StNT 2), 50.

[162] Vermutlich ist diese Aussage aber redaktionell; anders jedoch H. Zimmermann, Christushymnus und johanneischer Prolog, in:

Neues Testament und Kirche (Fschr R. Schnackenburg), Freiburg 1975, 258. M. Rissi, Die Logoslieder im Prolog des vierten Evangeliums, ThZ 31 (1975) 321-336 denkt an zwei Lieder (VV 1f.3b-5.10-12b/14.16f). Wie immer man analysiert, jedenfalls fehlt jeglicher Hinweis auf Jesu Tod, obwohl vom Bruch zwischen Logos und Welt und seiner Heilung die Rede ist.

[163] Offb 3,14 steht zwar »Anfang der Schöpfung« und »treuer Zeuge« zusammen; 1,5 erweist jedoch »Erstgeborener von den Toten« als Wechselbegriff für jenes.

[164] So z.B. G. Delling, ThWNT VI, 302,4f; Gibbs, Creation, 100.

männliche Form nach sich gezogen hat[165]. Schon Ps 68(67), 17 stellt fest: »Es hat Gott gefallen, auf ihm (dem Sinai) zu wohnen«; an die Stelle des Sinai kann der Zion treten (Ps 132[131],13f). In den Targumen ersetzen der Logos und die Schekina (Gegenwart) Gott: »Es hat Jahwes Wort gefallen, seine Schekina auf ihm wohnen zu lassen«; »Hat es wirklich Jahwe wohlgefallen, seine Schekina unter den Menschen wohnen zu lassen?«[166]. Daß Gott sich einen Ort erwählt hat, wo sein Name wohnen soll, gehört zur deuteronomistischen Theologie; der Zion ist auch Jes 8,18; 49,20 LXX als der Ort beschrieben, an dem Gott oder das Volk der Endzeit wohnt[167]. Das in Ps 68,17 signalisierte Wunder ist dabei dies, daß »es Gott gefällt, Himmel und Erde zu füllen, und ihm gefällt, mit Mose zu reden von der Bundeslade aus«[168]. Zweifellos soll also das Wunder ausgesagt werden, daß der, der alles erfüllt, zugleich sich beschränken kann und dort Wohnung nimmt, wo er dem Menschen zugänglich wird.

Wie ist dann aber der Ausdruck »Fülle«, der im Neuen Testament nur hier ohne Genitiv steht, zu verstehen? Er kann den vollen Inhalt, das Vollmaß, die Gesamtheit oder Vollendung, die Menge oder das Füllen bezeichnen. Die gnostischen Belege helfen nicht weiter, weil Gott dort nicht zum Pleroma gehört und der Erlöser das Pleroma verläßt, es nicht in sich aufnimmt[169]. Im hermetischen Schrifttum kann allerdings dort, wo die All-Einheit des Kosmos festgehalten wird, Gott auch als die den ganzen Kosmos in sich enthaltende »Fülle« bezeichnet werden[170]. Weit näher als dieser Pantheismus liegen Aussagen der Weisheitsliteratur und Philos. Schon im Alten Testament ist Gott der, der alles erfüllt (Jer 23,24). Von daher könnte aber höchstens der göttliche Akt des Füllens gemeint sein, was keinen rechten Sinn ergibt[171]. Darüber hinaus gehen die Aussagen Philos, nach denen Gott den Logos »durch und durch mit unkörperlichen Kräften erfüllt hat«, so daß er »seiner (Gottes) übervoll« ist[172]. Ver-

---

[165] Ein analoges Beispiel bietet Mk 13,14; ferner Bl-Debr, § 134,3; 296. So auch Münderlein, NTS 8,266.

[166] Ps 67,17 LXX: εὐδόκησεν ὁ θεὸς κατοικεῖν ἐν αὐτῷ, und Ps 131,13f LXX: ἐξελέξατο ... εἰς κατοικίαν ... ὧδε κατοικήσω. Targum zu Ps 68,17 und 1Kön 8,27 bei Schweizer, Neotestamentica 294, Anm.3; das zweite auch bei G. Delling, ThWNT VI, 301,22f.

[167] Diese und weitere Stellen bei Lohse 100.

[168] R. Meir zu Jer 23,24 bei G. Delling, ThWNT VI 289,6f.

[169] Schweizer, EKK 1, 21; Lohse 98. Außerdem zeigt die Formulierung mit πᾶν τό, daß kein streng technischer Gebrauch im Sinn einer schon feststehenden Gottesbezeichnung vorliegt (Hegermann, Schöpfungsmittler 105). Zum ganzen vgl. Ernst, Pleroma, 72-94.

[170] Corp Herm XVI, 3 (3. Jh. n.Chr.?), Lohse 99.

[171] Weitere Stellen bei G. Delling, ThWNT VI, 287,26 – 288,55. Kehl, Christushymnus

116-124 weist darauf hin, daß Gottes Wesensfülle ja schon von Ewigkeit her in Christus wohnt; so kann nur an Gottes aktive Heilspräsenz gedacht sein (so auch Zeilinger, Der Erstgeborene, 166). Ernst 199ff (zu 2,10) nennt Ps 104(103),24, wo aber auch nur das Verbum steht: »Die Erde ist voll Deines Besitzes (oder: Schaffens)«, während die Stellen mit dem Substantiv (Jer 8,16; 29,2; Ps 24 [23], 1) nicht »die Weltennähe Gottes« beschreiben. Ob synkretistische Offenheit gegenüber der »Fülle« der Religionen mitspielt (Ernst 218f, Exkurs), bleibt sehr fraglich. Ein (gnostisches) System von Zwischengliedern zwischen Gott und Welt (Martin, Lord 75 zu 2,9) ist jedenfalls nicht vorausgesetzt. Gibbs, Creation 107f versteht: Christi eschatologische Macht führt die Schöpfung zu ihrer Vollendung; Benoit, hymne 252 denkt an einen Gott und Schöpfung zusammenfassenden Begriff.

[172] Som I, 62;75 (Hegermann, Schöpfungsmittler 108).

mutlich wird man von hier aus Gott als die Fülle (im Sinn von »Gesamtheit«)
aller Kräfte verstehen dürfen, so daß ausgesagt wird, daß in Christus alles
wohnt, was in Gott als Macht der Schöpfung und Neuschöpfung lebt. Konkret
wird also in dieser zweiten Strophe an die ganze Fülle der Gnadenkräfte zu
denken sein, die Leben aus dem Tod ermöglichen. Das könnte auch das auffällige Auftauchen des gleichen Terminus im Johannesprolog erklären, in dem ja
derselbe Hintergrund der Weisheits- oder Logosspekulation des hellenistischen Judentums wirksam ist (»aus seiner Fülle haben wir Gnade um Gnade
empfangen« Joh 1,16). Auch dort ist dies Korrelat zum Schöpfungswirken;
nur wird Joh 1,16 von Christi »Fülle«, nicht von der in Christus wirksam werdenden »Fülle« Gottes und auch direkt von »Gnade« gesprochen[173]. So hat es
jedenfalls der Briefschreiber nach Kol 2,10 verstanden. Die Verbalform bezeichnet eher das »Wohnung nehmen« als das dauernde »Wohnen«. Wenn
man überhaupt so präzisieren darf, ist wohl an die Erhöhung als das Ereignis
zu denken, in dem diese Fülle der totenerweckenden Kräfte Gottes in ihm
Wohnung nahm[174].

Die Folge dieser Einwohnung der Fülle Gottes wird als Versöhnung des Alls be-   20
schrieben. An sich ist nicht ausgesagt, zu welchem Zeitpunkt das geschehen ist
oder geschehen soll; doch wird man die beiden Verben »Wohnung nehmen«
und »versöhnen«, die durch »und« verknüpft nebeneinander stehen, gleichzeitig verstehen müssen, so daß also die Versöhnung durch die Auferstehung
schon vollzogen wurde, obgleich dadurch nicht ausgeschlossen ist, daß sie
auch »auf ihn hin« erfolgt ist, also ihre letzte Vollendung noch vor sich hat.
Diese Aussage ist einzigartig[175]. Völlig anders spricht Joh 1,1-18 von der Ablehnung des Logos durch die Welt, so daß nur denen, die seine Herrlichkeit sehen können, Heil zukommt. Wenn 2Kor 5,19 (vgl. Joh 3,16 usw.) in der Ver-
söhnungsaussage den Ausdruck »Welt« verwendet, dann ist damit doch die
Menschenwelt gemeint[176], und wenn Röm 8,17-21 auch von einer Befreiung
der Gesamtschöpfung weiß, dann doch nur als von einem noch ausstehenden

---

[173] M. D. Hooker, The Johannine Prologue
and the Messianic Secret, NTS 21 (1974/75)
54-56 erinnert an Ex 33,19, wonach Jahwe,
»voll von Gnade und Treue« (34,6), seine
»ganze Herrlichkeit« an Mose vorbeiziehen
läßt. Vgl. noch Anm. 121.
[174] Vgl. die dem Erhöhten gegebene »Macht«
Mt 28,18 (Joh 5,27; 17,2; Offb 12,10; vom
Geist Apg 2,33), die Einsetzung »in Kraft«
Röm 1,4 und die Erhöhung über alles Phil
2,9-11.
[175] Eph 1,10 ist wohl durch unsere Stelle beeinflußt. Kehl, Christushymnus 159f schlägt
vor, ἀπο-καταλλάξαι (vor Kol 1,20 nicht
nachweisbar, F. Büchsel, ThWNT I, 259, 6-8)
als Heilung des ἀλλάξαι von Röm 1,23 (d.h.
der Verwandlung der Herrlichkeit Gottes in die
geschöpflichen Götzenbilder) zu verstehen;

aber einmal wäre das höchstens verständlich,
wenn jene Formulierung dem Verfasser des
Hymnus bekannt gewesen wäre, und dann
müßten in diesem Fall ja nicht die Geschöpfe,
geschweige denn das All versöhnt werden,
sondern die Menschen, die die Geschöpfe anbe-
teten. Εἰς αὐτόν auf Gott zu beziehen (Houlden 173 erwogen), ist wegen der Parallele zu V
16d ausgeschlossen.
[176] Daß dort auch καινὴ κτίσις erscheint,
könnte eine noch stärker kosmisch ausgerichtete Formulierung im Hintergrund vermuten
lassen; doch bezeichnet (בְּרִיָּה חֲדָשָׁה [neue]
Schöpfung) rabbinisch nur den einzelnen Menschen, erst Damask 4,21 wahrscheinlich die
Schöpfung. (W. Foerster, ThWNT III, 1015,30
– 1016,5; 1022,25-40 mit Anm. 159).

Ereignis, das eng verbunden mit der Versöhnung der Menschen als deren Folge zu verstehen ist. Außerdem ist bei Paulus immer Gott, nie Christus der Versöhnende. Phil 2,9-11 schließt zwar Himmlische, Irdische und Unterirdische ein, aber als unterworfene, nicht als versöhnte Mächte. Kol 1,20 setzt also voraus, daß die Entzweiung in der Natur als entscheidendes Problem empfunden wurde. Das ist in der hellenistischen Welt jener Zeit ausgesprochen der Fall, und die Zeugnisse, die im Exkurs zu 2,8 zusammengestellt sind, häufen sich in der Zeit unseres Briefes. Der Bestand der Welt ist problematisch geworden. Der Kampf der Naturelemente gegeneinander äußert sich in Katastrophen und droht zum endgültigen Zusammenbruch des Kosmos zu führen. Die Brüchigkeit der Welt und ihrer Ordnung wird überall empfunden, und der Mensch kommt sich wie ein Gefangener der im Kampf mit sich selbst liegenden Natur vor. Dabei finden sich immer wieder beim gleichen Schriftsteller beide Aussagen: daß nämlich die Welt durch den Logos in einem freilich labilen Gleichgewicht gehalten wird, das jederzeit der Katastrophe anheimfallen könnte, und daß die wirkliche Befriedung erst in der Rückführung in die Einheit erreicht werden wird. Hat schon die erste Strophe ausgesprochen die sonst dem Neuen Testament unbekannte Problematik des Bestandes der Welt aufgenommen, so wird in der zweiten die endgültige Befriedung verkündet.

Sie wird als »Friedensstiftung« bezeichnet. Das Verbum kommt im Neuen Testament nur einmal vor, genau so wie der Ausdruck »Friedensstifter« bei Philo (SpecLegII192)[177]. Philo deutet dabei die Trompete des Neujahrsfestes als das Signal zum Kriegsabbruch, das Gott als Stifter und Schirmherrn des Friedens einführt, und zwar des Friedens zwischen den Teilen des Alls, die in der Natur gegeneinander streiten. Auch für den hellenistischen Juden Philo ist also der Streit der Natur und seine Befriedung zentrales Problem, obwohl dicht daneben Ausführungen darüber stehen, wie Gottes Logos die Natur in ständigem Gleichgewicht halte. Freilich unterscheidet sich die Antwort des Hymnus von der Philos. Das Verbum steht im Aorist, beschreibt also die ein für allemal abgeschlossene Friedensstiftung. Darin nähert sich die Aussage jenen stoischen, pythagoreischen und plutarchischen Aussagen, die die endgültige Rückführung in die Einheit von der Zeit nach dem Weltenbrand erhoffen, oder sie in eine Transzendenz der oberen Welt verlegen. Nicht mehr muß der Friede Jahr für Jahr neu im Kult hergestellt werden, er ist in Jesus Christus ein für allemal gefestigt. Der Hintergrund ist aber hier wie dort das in der hellenistischen Welt verbreitete Gefühl, in einer brüchigen Welt zu leben, in der der Kampf aller gegen alle die ganze Natur bestimmt.

Dieser Friede erstreckt sich auf Erde und Himmel, ist also allumfassend, wie die wohl schon zum Hymnus gehörende Näherbestimmung[178] aussagt. Die näheren Bezeichnungen »im Himmel« und »auf Erden« besagen nicht, daß die Erde mit dem Himmel (vgl. S. 196), sondern daß alles im Himmel und alles auf der

---

[177] Lyonnet, RSR 48,93-100. Vergleichbar ist nur das Adjektiv Mt 5,9. Alle Belege im Exkurs zu 2,8.

[178] Sonst wäre sie kaum mit der ungeschickten Wiederaufnahme von δι' αὐτοῦ vom Briefverfasser nachgetragen.

Erde (mit Christus bzw. Gott) versöhnt sei. Das ist nur verständlich, wenn kosmisch, nicht anthropologisch gedacht wird, die Wendung also zum Hymnus gehört. Er wird dabei an die den ganzen Kosmos (jüdisch gesprochen: Himmel und Erde) erfüllenden miteinander im Streite liegenden Elemente denken. Er mag annehmen, daß Engel, oder für die damalige Zeit moderner ausgedrückt: göttliche Kräfte[179], als ihre Beweger hinter ihnen stehen. Als unsichtbare Mächte gehören diese ja nach V 16 auch zum Kosmos. So wenig aber auf Erden nur die Menschen in diese Versöhnung eingeschlossen sind, sondern in erster Linie die Elemente, so auch im Himmel. Alles ist versöhnt, Beweger wie Bewegtes, und zwar mit Gott, nicht nur untereinander. Wie der Verfasser des Briefs uminterpretiert, werden VV 23f zeigen.

(2) Die Auslegung des Briefverfassers

Für den jüdischen wie christlichen Menschen des 1. Jahrhunderts n.Chr. ist die 16 Natur selbstverständlich belebt und von allen möglichen Engeln oder Mächten regiert. Sie begegnet nicht einfach als ein Objekt, sondern wird – in einer gewissen Parallele zu modernen Auffassungen – als »Macht« empfunden, die den Menschen fordert, bedrängt, beherrscht. Der Briefschreiber ist weniger an der in Christus bewirkten Harmonie der Welt interessiert als an der Unterwerfung aller anderen Mächte, die er jetzt aufzählt. Freilich tauchen bei ihm nur die zwei letzten Bezeichnungen später (2,10) wieder auf; da die Vierergruppe auch für Paulus nicht typisch ist, könnte sie auf den Sprachgebrauch der Kolosser zurückgehen, den der Verfasser innerhalb des Hymnus, wo es zum Stil paßt, umfassender aufnimmt als später[180].

Das gleiche Anliegen zeigt sich in der Betonung der Überordnung Christi »in 18 allem«; besonders in der zweiten Strophe geht es ja nicht eigentlich darum, sondern um die Versöhnung des Alls. Im Sinne der Überordnung über die unterworfenen Mächte interpretiert der Briefschreiber aber auch in 2,10.15[181]. Wesentlicher ist die Ausdeutung des »Leibes« auf die »Kirche« (s. oben S. 52f). Anders als im ganzen Hymnus ist damit nicht mehr von der Schöpfung und Versöhnung des Alls die Rede, sondern von der eines Teiles der Menschheit. Die Neuprägung gegenüber Paulus (vgl. S. 125f) ist also darauf zurückzuführen, daß die kosmische Aussage des Hymnus vom Weltleib vorlag (s. S. 53),

[179] Belege: Schweizer, Beiträge (Anm. 189) 85f; W. Grundmann, ThWNT II, 289,54 – 291,10; 297,4 – 300,17; vgl. oben S. 66f.

[180] Θρόνοι auch Test Lev 3,8 (neben ἐξουσίαι); slav Hen 20,1 (neben »Herrschaften, Fürstentümern, Mächten usw.«, 9 Legionen!, vgl. O. Schmitz, ThWNT III, 167, 9-19); »Herrschaften« auch äth Hen 61,10 (weiteres W. Foerster, ThWNT III, 1096, 24-35).

[181] Die Umdeutung auf einen aufgezwungenen Friedensschluß O'Brien, RTR 33, 45-53; vorsichtiger Schnackenburg, Herrschaft [Anm. 97], 218f), der mit Kol 2,14f harmonisiert werden könnte, ist vom Text her unmöglich (vgl. unten S. 197). Man wird auch die Spannung mit 1,21f nicht so lösen können, daß man V 20a zeitlos, V 22a als definitiv vollzogen unterscheidet (gegen Lähnemann, Kolosserbrief 43).

wobei man fragen kann, ob die All-Gott-Vorstellung schon dem paulinischen Wortgebrauch zugrunde lag und gerade darum hier so leicht aus dem kosmischen in den ekklesiologischen Bereich übertragen werden konnte[182], oder ob umgekehrt der auf der Stufe des Hymnus nur im Lichte der verbreiteten kosmischen Auffassung der Welt als »Leib« zu verstehende Ausdruck erst vom Briefverfasser mit der paulinischen Aussage zusammengebracht und in ihrem Sinn uminterpretiert wurde[183]. Jedenfalls mußte das geschehen, weil für ihn Christus zwar über das All und seine Mächte »Haupt«, aber nur die Kirche »sein Leib« ist[184]. Damit wird nun freilich die theologische Aussage völlig verändert. Christologie dient nicht mehr nur zur Feststellung, daß Gottes Handeln in der Schöpfung allein in Christus erkennbar ist, d. h. erst recht verstanden wird, wo man es als Bewegung seiner Liebe auf den Menschen zu versteht. Sie dient jetzt vor allem der Erkenntnis, daß Christus als Herr über alle Mächte nur dort als Haupt anerkannt wird, wo sich die Kirche ihm glaubend zuwendet und eben damit »sein« von ihm mit Leben erfüllter (2,19) »Leib« wird (vgl. S. 125).

20 Noch einmal verrät sich das gleiche Anliegen in der Einführung des Hinweises auf »sein Kreuzesblut«. Der Hymnus spricht von der Auferstehung als dem Beginn der Neuschöpfung. Wäre nun gewiß von Paulus her zu erwarten, daß Auferstehung auch als göttliche Bestätigung des Todes Jesu verstanden würde, obgleich kaum mit dem Ausdruck »Kreuzesblut« formuliert[185], so erscheint dies doch hier merkwürdig nachgetragen. Gesagt war ja, daß die Einwohnung der ganzen Fülle Gottes im Auferstandenen die weltweite Versöhnung zuwege gebracht hat. Die zweite Aussage, daß der Friede durch das Kreuzesblut hergestellt worden sei, konkurrenziert jenen Satz deutlich. Aber dem Verfasser des Briefes liegt gerade an diesem auf menschlicher Ebene sich vollziehenden,

---

[182] So K. M. Fischer, Tendenz und Absicht des Epheserbriefes, Berlin 1973, 48-78, bes. 71-78. Freilich sind die Belege zu sichten. Macrobius schreibt ca. 400 n.Chr., Zauberpapyri sind kaum datierbar; zu Quaest in Ex und Orph Fr 21a vgl. Anm. 113. Unzweifelhaft sind nur die bei Fischer nicht genannten Belege für den »Äther« oder »Himmel« als Haupt des Weltleibes. Dazu kommen die gleiche Aussage von Zeus als kaum bestreitbare Stelle und die Vergleiche (s. oben S. 53).
[183] So E. Schweizer, ThWNT VII, 1069,5 – 1070,27; vgl. ders; Menschensohn und eschatologischer Mensch im Frühjudentum, in: Jesus und der Menschensohn, Festschr. A. Vögtle, hrsg. R. Pesch/R. Schnackenburg, Freiburg 1975, 113-116. Falls man so erklärt und die Parallele vom »Weinstock«, »in« dem die Zweige leben (Joh 15,1ff), ernst nimmt, ist zu vermuten, daß der Hymnus Kol 1,18a direkt (oder angeregt durch die paulinische Rede vom Leib

Christi) auf die rein hellenistische Vorstellung vom Weltleib, dessen Haupt der Äther (Zeus, Logos) ist, zurückgriff, während der Briefverfasser im Sinn des paulinischen Theologumenons auslegte. Aber auch wenn man umgekehrt die Allgott-anschauung als Wurzel des paulinischen Sprachgebrauchs sieht, muß man annehmen, daß der Hymnus wieder über Paulus hinweg auf jene zurückgegriffen hat.
[184] Käsemann, Taufliturgie 145 (50f).
[185] Paulus nimmt den Ausdruck »Blut« Christi in einem traditionellen Satz Röm 3,25 und in 5,9 auf; er ist aber abgesehen von den Abendmahlstexten (und vielleicht Joh 19,34) erst für Hebr, 1Petr, 1Joh, Offb typisch. »Blut des Kreuzes« ist einmalig im NT, doch ist der Verweis auf das Kreuz für Paulus charakteristisch; von ihm wird es der Verfasser aufgenommen haben. Sonst verweist Kol nie auf Christi »Blut« (1,14 ist es von Eph 1,17 her in Minuskeln eingedrungen).

Glauben weckenden Leiden Christi, durch das er sich die Kirche als Gemeinschaft der Seinen erwarb.

Es ist immer schon aufgefallen, daß in der zweiten Strophe der Hymnus von
Versöhnung des Alls spricht, obwohl die erste erklärt, daß das All schon seit
der Schöpfung in Christus gegründet und bewahrt ist. Von einem Bruch ist
nirgends die Rede. Dazu kommt die Frage, ob man denn überhaupt von einer
Versöhnung des Alls sprechen kann, ob Versöhnung nicht notwendig das bewußte Ja des sich versöhnen Lassenden fordert, also auf glaubende Menschen
beschränkt werden müßte. Beide Fragen lassen sich nur beantworten, wenn
geklärt ist, was hymnische Sprache ist.

Im Hymnus spricht oder singt die Gemeinde der Anbetenden. Von Glauben
und Bekennen muß, ja kann also gar nicht gesprochen werden, drücken sie sich
doch eben im Akt des hymnischen Singens aus. Weder das Glauben der singenden Gemeinde noch das Nichtglauben anderer kann sich vordrängen, um
eigentliches Thema zu werden. Thema ist das Verhalten des im Hymnus Besungenen, das sich im Verhalten des Singenden oder anderer höchstens spie-
geln kann. Der Adressat hymnischer Sprache ist Gott oder Christus. Es geht
deshalb nicht darum, Mitteilungen zu machen, die dem Adressaten unbekannt
wären. Zwar kann erzählt werden, aber nicht um das Erzählte mitzuteilen,
sondern um die dadurch hervorgerufene Reaktion, Dankbarkeit, Freude usw.
weiterzugeben. Es wird daher auch nicht in logischer Vollständigkeit berichtet,
sondern es werden die Fakten herausgehoben, die für diese Reaktion entscheidend sind, also auch in der Gegenwart noch wirksam bleiben. Aber das Erzählen ist überhaupt nicht notwendig, weil es doch um die direkte Begegnung mit
dem geht, dem nichts mehr erzählt werden muß. Es kann auch nur seine Güte
oder Treue gelobt werden, die sich in vielen, gar nicht mehr einzeln aufgeführ-
ten Taten gezeigt hat[186].

Es ist also gar nicht zu erwarten, daß von einem erfolgten Bruch zwischen erster und zweiter Strophe erzählt wird. Faktisch wird ja nicht berichtet, sondern
der der Gemeinde gegenwärtig gegenüber thronende Erhöhte wird gelobt als
Bild Gottes und Anfang (d.h. als der, in dem Gott sich noch immer der Gemeinde zuwendet) und als Erstgeborener in Schöpfung und Neuschöpfung
(d.h. als der, dem sich die Gemeinde als geschöpfliche und als neugeschaffene
verdankt). Da die Gemeinde im Bereich der Schöpfung wie der Erlösung lebt,
preist sie Christus gleichzeitig als Schöpfer und Erlöser[187]. Die Konzentration
auf den in seiner Erhöhung der Gemeinde Gegenwärtigen ist so stark, daß

Zusammen-
fassung

---

[186] Vgl. die reinen Lobpreisungen Offb 4,8;
5,13 mit den durch erzählende Begründungs-
sätze ergänzten 4,11; 5,9f, wobei manchmal
ein Prädikat (das »geschlachtete« Lamm) die
erzählende Begründung übernimmt (5,12).
[187] Eine gewisse Analogie ist durch das Nebeneinander von Neujahrsfest und Versöhnungstag gegeben (vgl. oben S. 64f). In Israel
hat die Erfahrung der Erlösung zur Aussage

von der Schöpfung geführt (G. v. Rad, Theol
AT I, 1962, 149-153: »die Schöpfung gehört
zur Aetiologie Israels« [ebd. 152]; vgl. Jes
51,9f [im Roten Meer regt sich die Urflut]; Ps
106 [105],9; 114 [113],3 [ebd. 191]; beides nebeneinander Ps 102 [101], 14-29). So können
Natur und Geschichte nicht streng geschieden
werden (ebd. ²II, 1961, 351f).

überhaupt nirgends von seiner Erscheinung auf Erden, die höchstens in der Wendung »von den Toten« vorausgesetzt ist, gesprochen wird; das geht selbst über Phil 2,7f (»Knechtsgestalt . . . menschengleich..«); 1Tim 3,16 (»erschienen im Fleisch«) hinaus. An die Stelle der Zuwendung zum Menschen in der Menschwerdung ist die schon als Schöpfung vollzogene und als Neuschöpfung in der Auferstehung vollendete Zuwendung Gottes in Christus getreten. Es ist noch weniger zu erwarten, daß von denen die Rede ist, die hier nicht mitsingen können oder wollen. Christus ist Thema; von seiner Liebe her gilt Bewahrung und Rettung unbegrenzt. Wie sollte sie im Dankhymnus auf die Gemeinde eingeschränkt werden?

Entspricht so die erste Strophe weithin den religionsgeschichtlichen Parallelen in den Weisheitsaussagen des hellenistischen Judentums, so beschreibt die zweite stilgemäß die neu erlangte Friedenswelt (s. S. 64), nämlich die in der Auferstehung Jesu Christi von den Toten inaugurierte neue Schöpfung, die Versöhnung des Alls. Wie Joh 1,14 und Hebr 1,3 handelt es sich auch hier um christliche Aussage, die schon Menschwerdung, Auferstehung und Erhöhung zur Rechten Gottes voraussetzt. Die positive Rolle der Schöpfung, in Kol 1,20 sogar die Wiederversöhnung der Schöpfung, ist dabei das genaue Gegenteil dessen, was Gnostiker verkündet hätten[188]. In der zweiten Hälfte ist also (wie auch Joh 1,14 und Hebr 1,3 Ende) weit stärker allgemein christliche Sprache festzustellen, in Kol 1,20 zusätzlich auch der Topos der Versöhnung des Alls, der im Hellenismus eine große Rolle spielt, aber mindestens bei Philo auch in den hellenistisch-jüdischen Bereich eingedrungen ist. In der Anbetung des Hymnus erfolgt also eine radikale Konzentration auf die Christologie. Hier darf und muß einmal alles andere schweigen. Vergangenheit (der Zustand des Nichtfriedens) und Zukunft (für die noch »Toten«) sind umschlossen vom gegenwärtigen Christus und daher geheiligt. Solche Konzentration muß ihren Platz im Leben der Gemeinde behalten. Sie ist vor allem in der Feier des Sakramentes gegeben[189].

Freilich würde alles falsch, wenn hymnisches Singen direkt in Lehre umgesetzt würde[190]. Damit würde der im Hymnus gepriesene Herr zum Besitz, über den verfügt werden könnte. Aus dem hymnischen Lob des unsichtbaren Gottes, der sich nach der ersten Strophe in Christus als seinem »Bild« immer wieder den Menschen zuwendet, würde dann die Lehre, in der die Unsichtbarkeit Gottes aufgehoben wäre, ohne daß sich das Wunder der Begegnung mit Christus und des Erfaßtwerdens von seiner Liebe wiederholen müßte. Es wäre dann eine

---

[188]E. Schweizer, ThWNT VII, 1072, Anm. 474.

[189] Dazu E. Schweizer, Beiträge zur Theologie des NT, Zürich 1970, 144f und Forschung 186-188.

[190] Dazu vgl. S. 221f und schon Ahrens Diskussion 278. Ich müßte also (stärker als Ernst 179f) die Spannung zwischen den theologischen Aussagen des Hymnus einer-, der Interpretation durch den Briefschreiber andererseits festhalten, obwohl ich meine, daß sie beide zugleich im Gottesdienst der Gemeinde ihren Platz haben müssen, nur an verschiedenen Orten: im Lobgesang die eine, in der Lehre die andere.

Sichtbarkeit Gottes, über die der Mensch, der die rechte Lehre besitzt, verfügen könnte. So verstanden würde alles hymnisch Gesagte zur Illusion, die die Realitäten nicht mehr sähe. Aus dem hymnischen Lob dessen, der nach der zweiten Strophe unbegrenzte Versöhnungskraft ist, würde dann die Lehre einer Allversöhnung, die über Christus und sein Handeln verfügte. Die im Hymnus gepriesene Güte wäre dann nicht mehr die freie Güte dessen, der sich selbst schenkt. Der verlorene Sohn, der heimgekehrt die grenzenlose Güte des Vaters preist, verkehrte diesen lobpreisenden Satz in sein Gegenteil, wenn er ihn als »Lehre« seinem Bruder weitergäbe, der nun ebenfalls mit der Garantie, nachher vom Vater völlige Vergebung und mehr als dies zu bekommen, sein Erbe verprassen möchte.

Nur wer wirklich weiß um die »Unsichtbarkeit« Gottes (V 15), um die »Macht der Finsternis« (V 13), nur wer weiß um das Unversöhntsein und die Friedlosigkeit der Welt (V 20), kann recht von dem singen, der alles umschließt, so daß es »in ihm« geborgen ist, und der daher das Ziel bleibt, »auf das hin« alles läuft. Welt kann also weder vergöttert (»weltbekannt«, »Leute von Welt«) noch verflucht werden (»Weltmenschen«). Sie findet ihren Platz »in ihm«. Etwas von dieser »närrischen« Freude lebt im Gottesdienst in den gregorianischen Chorälen, in den wilden Melodien afrikanischer Kirchen, aber auch in den Lobgesängen zum Tod bestimmter Juden im Ghetto Warschaus und den Lobpsalmen der verfolgten Hugenotten. Wie eine starke, sichere Tenorstimme im Chor will die Stimme dessen, der in diesem Hymnus singt, seine Hörer und Leser mitreißen. Menschliche Liebe mag eine schwache Analogie für das anbieten, was der Hymnus – gewissermaßen mit Gottes Augen – sieht. So kann ein Ehegatte noch in der alten, kranken und verunstalteten Frau die sehen, mit der er so viel erlebt hat, seit er sie als junges Mädchen geliebt hat. So kann die Mutter in ihrem schwierigen, pubertierenden Sohn schon den sehen, der er erst werden soll. Nur weiß der Glaube über all dies hinaus, daß das, was Gottes Liebe in der Welt sieht, Wirklichkeit ist, weil seine Liebe stärker ist als alles, was dagegen spricht. Darum darf der Lobgesang der Gemeinde mit vollem Recht die Welt im Scheine dessen schauen, was Gott geschaffen hat – »und Gott sah alles an, was er geschaffen hatte, und siehe, es war sehr gut« (Gen 1,31) – und einst schaffen wird - »und ich sah einen neuen Himmel und eine neue Erde« (Offb 21,1) -.

Der Briefverfasser hingegen *muß* den Hymnus neu interpretieren, weil er ihn aus der Situation des Gottesdienstes der Gemeinde heraus auf eine völlig andere Sprachebene hebt, nämlich auf die des Zuspruchs und der Mahnung an andere. Mit der Betonung der Überordnung Christi über die Mächte, die vermutlich gerade in Kolossä eine Rolle spielten, ja »in allen Dingen« unterstreicht er schon, daß man den Hymnus nicht zur Kenntnis nehmen kann, ohne in seiner konkreten Situation die Herrschaft des darin Besungenen wahr werden zu lassen. Mit dem Hinweis auf seine Herrschaft über die Kirche und auf den dafür am Kreuz bezahlten Preis wird der Hörer in die Gemeinde eingewiesen, also zum immer erneuten Vollzug des Glaubens aufgerufen. Sie ist

als Sphäre des Lichtes schon in VV 12-14 scharf von der der Finsternis unterschieden worden. Doch muß das bei VV 21-23 bedacht werden.

c) Kommentar zum Hymnus: Anwendung auf die Leser (1,21-23)

Literatur: S. 44

**21 Und euch, die ihr einst mit (eurem ganzen) Sinnen entfremdet und
feind waret in (euren) bösen Taten –, 22 jetzt aber hat er euch versöhnt
in seinem Fleischesleib durch den Tod, um euch heilig, untadelig und
unbescholten vor ihm zu präsentieren, 23 sofern ihr im Glauben gegründet und fest bleibt und euch nicht wegbewegen laßt von der Hoffnung des Evangeliums, das ihr gehört habt, das aller Schöpfung unter
dem Himmel verkündet worden ist und dessen Diener ich, Paulus, geworden bin.**

Analyse   Mit der wiederholten Aussage von der Versöhnung wird sicher das in der gesamten Bibel nur hier und, davon abhängig, Eph 2,16 vorkommende und vor
dem Kolosserbrief überhaupt nicht nachweisbare (s. Anm. 175) Verbum von V
20 wieder aufgegriffen. Vorangestellt ist aber die für die Neuinterpretation des
Briefverfassers entscheidende Wendung »und euch.«[191]. Damit ist Versöhnung neu als Versöhnung der Glaubenden verstanden. Hier beherrscht der
schon VV 12-14 signalisierte, im Hymnus selbst aber nirgends auch nur ange-
deutete Übertritt aus der »Finsternis« ins »Licht« die Formulierung. Das zeigt
nicht nur die längere Beschreibung der »ihr« in V 21, sondern vor allem die
grammatisch unmögliche, dem Verbum in V 22 noch vorgeordnete Floskel
»jetzt aber«, die schon stereotyp die neue Lage des Bekehrten von seiner früheren unterscheidet (1,26; 3,7f; Röm 6,22; 7,6; 11,30; vgl. 16,26; 1Kor 6,11;
Gal 1,23). Die nähere Bestimmung »in seinem Fleischesleib durch den Tod«
entspricht dem schon in V 20 eingeschleusten Zusatz. Wesentlich ist aber die
Zufügung eines, durch V 23 erst noch konditionierten Finalsatzes, der die Unabgeschlossenheit der im Hymnus gemachten Aussagen, d. h. ihre Korrela-
tion mit der glaubenden und hoffenden Antwort der Gemeinde unterstreicht.
Daß am Ende ausgesprochen kosmische Terminologie auftaucht, zeigt nochmals, daß es um Auslegung des Hymnus geht. Zugleich ist damit der Anschluß
an das Thema vom Missionsauftrag des Apostels ermöglicht.

---

[191] Lk 1,76 bildet eine gewisse Parallele
(Lohmeyer 69, Anm. 1); doch ist auch dort
wahrscheinlich mit einem Neuansatz zu rechnen, in dem der überlieferte Hymnus auf das
bestimmte Ereignis der Beschneidung des Täu-
fers angewendet wurde (H. Schürmann, Das
Lukasevangelium I, Leipzig 1970, [HThK]

88f). Auch Kol 2,13 wird freilich das vorange-
stellte »und euch . . .« grammatisch unrichtig
nochmals aufgenommen; ferner bricht das νῦν
δέ in 1,26 den Relativsatz VV 25f ab und setzt
neu an. Das scheint zum Stil des Verfassers zu
gehören.

Wie in 3,7f wird zunächst das »Einst« der Angeredeten beschrieben. Es wird Erklärung
mit einem im Neuen Testament nur hier und Eph 2,12; 4,18 vorkommenden 21
Ausdruck als Entfremdung bezeichnet, also als räumliches Fernsein von
Gott[192]. Das wird als Feindschaft gegen Gott näher beschrieben[193]. Freilich ist
damit nicht nur ihre seelische Einstellung gemeint, sondern die objektiv bestehende Gesamtausrichtung ihres Lebens (vgl. Röm 5,10). Daß es dabei auch
nicht um moralische Einzelentgleisungen geht, wird, formal unpaulinisch,
sachlich aber dem Apostel entsprechend, mit dem Verweis auf ihr »Denken«
betont. Er besagt nämlich, daß das, was gewöhnlich »Sünde« heißt, nicht einfach eine Summe falscher Taten oder Verhaltensweisen ist, sondern ein grundsätzlich falsches Ausgerichtetsein des Gesamtlebens. Paulus kann von da aus
selbst seine Untadeligkeit in der Gerechtigkeit des Gesetzes auf die Seite dieses
»einstigen Fern- und Feindseins« setzen (Phil 3,6f), weil seine hundertprozen-
tige moralische Vollkommenheit nicht auf Gott hin, sondern auf sein eigenes
Bestehenkönnen ausgerichtet war. Freilich wird dieser frühere Zustand Kol
1,21 durch den Hinweis auf die »bösen Werke« konkretisiert. Gesinnung und
Werke sind also auf keinen Fall Gegensätze; auch nach Röm 8,4-7 wird ja bei
denen, die geistlich »denken«, die Forderung des Gesetzes erfüllt, bei den anderen nicht. Von einer reinen Gesinnung, die sich nicht in konkretem Tun äu-
ßerte, könnte kein vom Alten Testament her bestimmter Jude reden[194]. Nur
muß festgehalten werden, daß nicht die einzelnen bösen Taten moralisch gewertet und dann alle Verfehlungen addiert werden können, sondern daß jede
Einzeltat die grundlegende Ausrichtung des gesamten Lebens verrät, so daß
auch ein moralisch löbliches Leben »sündig« sein und umgekehrt eine moralische Verfehlung sich positiv auswirken kann.
Wie in VV 12-14 eigentliche Bekehrungsterminologie verwendet wurde, so 22
wird V 22 mit dem »jetzt aber« die Zeit nach der Taufe scharf von derjenigen
vorher geschieden. Mit dem Verbum wird der Hymnus wieder aufgenommen,
jetzt aber auf die angeredete Gemeinde bezogen. Darum wird die Versöhnung
mit Gott eindeutig und ausschließlich in Jesu Tod begründet. Auffällig ist die
nähere Bestimmung, daß sie »in seinem Fleischesleib durch den Tod« erfolgt
sei[195]. Im Deutschen müßte man etwa übersetzen »in seinem für euch sterben-

---

[192] So auch Apg 2,39 (vgl. 22,21); Eph
2,12f.17, wo überall Jes 57,19 nachklingen
wird. In Qumran bedeutet Gottes »Nahebrin-
gen« und das »Sichnähern« des Mitgliedes den
Eintritt in die Gemeinde (Lohse 105, Anm. 3).
Chrysostomus IV, 1 (325) sieht darin Betonung der menschlichen Schuld.

[193] Da von ihrem »Denken« (διάνοια, nie
bei Paulus, der φρονεῖν sagt [Röm 8,5-7]) gesprochen wird, ist der Ausdruck aktivisch als
»feindlich«, nicht passivisch als »verhaßt« zu
interpretieren. Die Deutung »dem Denken
(Gottes) feindlich« wird schon von Erasmus
503 abgelehnt.

[194] »Die vom bösen Geist bestimmte Seele ist
verknechtet in Begierden und bösen Werken«
(Test A 6,5; Lohse 106). Auch Calvin 133
wehrt Einschränkung auf inferiores concupis-
centiae (niedrige Lüste) ab.

[195] Wegen des (in BC usw.) fehlenden αὐτοῦ
darf »Tod« nicht auf die Tauferfahrung bezogen werden (gegen Zeilinger, Der Erstgeborene 141); es fehlt wohl nur, weil es schon hinter σαρκός steht. Zum Begriff des »Fleisches«
vgl. S. 124. Daß Markion (ohne »Fleisches-«)
auf die Kirche als Leib Christi deutet (Tertullian Marc V, 19,6 [722,18-23]), ist typisch.

den Leib«. »Fleischesleib« (vgl. Anm. 341) ist gegenüber Paulus neu, aber z. B. Sir 23,17; äth Hen 102,5 (griechisch); 1QpHab 9,2 bezeugt. Damit soll der am Kreuz getötete Leib Jesu offenbar der Deutlichkeit wegen vom »Leib Christi«, den die Gemeinde darstellt, abgehoben werden. Höchstens ist damit noch zusätzlich unterstrichen, daß der Einsatz Jesu (bis zum »Tod«) auch bis ins Leibliche (das »Fleisch«) hinein gereicht hat; denn an sich genügte die Bestimmung »durch den Tod« vollauf. Dennoch läßt sich diese Ergänzung eigentlich nur verstehen, wenn der Verfasser mit der Doppeldeutigkeit von »Leib« als Bezeichnung des gekreuzigten Leibes Jesu und der Gemeinde als des »Leibes Christi« spielt. Er hat ja schon V 18a auf Christi Stellung zur Gemeinde bezogen, und er wird V 24 wiederholen, daß der Leib des Christus die Gemeinde ist. Mindestens für ihn ist also die Rede vom Versöhntsein »im Leib Christi« (= in der Gemeinde) nah verwandt mit der Rede vom Versöhntsein »im (Fleisches-) Leib Christi« (= im Gekreuzigten oder durch den Gekreuzigten). Wenn er damit seinen Meister richtig verstanden hat, dann bedeutete das, daß auch für Paulus der Satz vom Herrschaftswechsel »durch den (gekreuzigten) Leib Christi« (Röm 7,4) eng zusammenhängt mit dem Satz vom Hineingetauchtsein »in den einen Leib (Christi)«, d.h. die Gemeinde (1Kor 12,13, vgl. 27).

Doch ist jedenfalls der Einsatz Jesu, d. h. der Preis, der mit seinem Tod für diese Versöhnung bezahlt worden ist, stark betont, also nicht etwa nur an den im Sakrament oder in der Gemeinde stets gegenwärtigen »Leib Christi« gedacht. Dabei ist festzuhalten, daß im ganzen Neuen Testament nie Gott, sondern immer nur der Mensch versöhnt werden muß. Um eine geschäftlich zu verrechnende Bezahlung, die den zornigen Gott besänftigen soll, geht es sicher nicht. Vor allem zeigt die Fülle der verschiedenen Bilder, wie wenig Paulus auf eine einzige Vorstellung festzunageln ist. Nur schon im Römerbrief steht neben dem typisch paulinischen Bild von der Rechtfertigung (3,24-26 und oft) das schon im gesamten Umkreis zwischenmenschlichen Handelns verstehbare Bild der Stellvertretung (4,25; 5,6-11; 14,15), das eine Gerichtssituation voraussetzende der Sühne (3,25), das besonders auf den Kult ausgerichtete des Sühnopfers (8,3[196]), das auf den Bruch einer Gemeinschaft bezogene der Versöhnung (5,10f), das an die Situation einer Gefangenschaft oder Versklavung erinnernde des Lösegeldes (3,24; 7,4), das rein ethische des Vorbildes (15,3-5) und das des Urbildes, das vom Nachfolger miterfahren wird (6,4-6)[197]. Wie wenig die einzelnen Bilder gepreßt werden dürfen, zeigt 2Kor 5,14; daß »einer für alle gestorben ist«, heißt nicht, daß diese deswegen nicht mehr sterben müssen, sondern gerade umgekehrt, daß »also alle gestorben sind«. Stellvertretung und Urbild-Vorstellung sind somit im gleichen Satz kombiniert. Das

---

[196] Περὶ ἁμαρτίας ist in Lev häufig technisch in diesem Sinn verwendet; in der Parallele Gal 4,4f wird V 5 durch 3,13 erläutert; beide Stellen sprechen also vom Loskauf vom Fluch des Gesetzes.
[197] E. Schweizer, Jesus Christus, Gütersloh ⁴1976, 96. So überaus fraglich mir die auf

lauter ungesicherten Hypothesen aufgebaute Rekonstruktion der vier urchristlichen Christologien bei Schillebeeckx, Jesus, 358-388 bleibt, darin hat er sicher recht, daß die Sühnevorstellung nur eine von verschiedenen Möglichkeiten ist.

zeigt deutlich, daß Kol 1,22 nicht eine Ausgleichstheorie aufgestellt, sondern die bis in den leiblichen Tod hineingehende Solidarität Gottes mit dem Menschen beschrieben werden soll. So alles umfassend ist diese Tat Christi, daß dadurch »das Vergangene . . . nebensätzlich geworden« ist. Darum wird hier »nicht beschrieben, was wir sind, sondern wozu wir gemacht sind«[198].

Daß damit freilich nicht nur eine theoretische Proklamation der Straffreiheit gemeint sein kann, sagt der anschließende Satz. Schon 2Kor 5,18 werden »Versöhnung« und »Dienst (für die Versöhnung)« direkt nebeneinander gestellt. Nie spricht Paulus von seiner Bekehrung, immer nur von seiner Berufung. Anders erfolgt Versöhnung also für ihn nicht als so, daß Gott den Menschen in einen neuen Dienst hineinstellt. Dabei hat gerade dieser Dienst durchwegs teil an der Unanschaulichkeit und Niedrigkeit des Dienstes des Gekreuzigten (2Kor 6,3-10). Vom Präsentieren ist im Aorist gesprochen, also so, daß ein ein für allemal erfolgter Akt beschrieben wird. Das Wort bedeutet in der Rechtssprache das Stellen vor Gericht; das könnte in 1,28 noch nachwirken und ebenso Jud 24[199]. Hier ist eher analog dem medialen Sprachgebrauch an das Hintreten vor Gott in priesterlichem Dienst zu denken[200]. Jedenfalls erscheint als das eigentliche Ziel des Versöhnungshandelns Christi wiederum Christus selbst. *Ihm* sollen die Gemeindeglieder versöhnt werden. Er ist Sinn und Ziel alles Geschehens. Darum gehört Versöhnung und Dienst so untrennbar zusammen. Und gerade so wird dem Menschen wirkliches Heil zuteil; Heil, das nicht nur theoretisch über ihn deklariert wird, sondern in das er mit seinem ganzen Handeln, Denken und Fühlen hineingenommen wird. In der Versöhnung nimmt Gott den Menschen mitsamt seinem Handeln in Beschlag und sagt sein Ja zu ihm wie zu seinem Tun, das »fehllos und untadelig« werden soll, und zwar »vor ihm«, d. h. in seinen Augen. So bleibt, selbst wenn man diese Wendung lieber mit dem Verbum als mit den Adjektiven verbinden wollte, festgehalten, daß er allein den Maßstab besitzt, an dem sich heilig und unheilig scheiden[201]. Sie sollen »so sein, daß *er* nichts an ihnen aussetzen oder ihnen vorwerfen könnte«.

Der Konditionalsatz visiert schon die Zusammengehörigkeit von Indikativ und   23
Imperativ (s. S. 98). Was ein für allemal durch Gott entschieden worden ist, gilt, so lange die Gemeinde im Glauben und Hoffen (s. S. 35f) lebt. Das heißt: von Gott her gesehen ist alles geschehen und gilt ein für allemal; die Gemeinde hat daran teil, indem sie davon lebt. Wo sie aufhört, davon zu leben, hört nicht

---

[198] Lohmeyer 69 zu V 21 und Conzelmann 187.

[199] Στῆσαι κατενώπιον τῆς δόξης αὐτοῦ ἀμώμους. Κατενώπιον findet sich sonst nur noch Eph 1,4, ebenfalls mit (ἁγίους καὶ) ἀμώμους verbunden. Vermutlich stehen also schon mehr oder weniger festgelegte Redewendungen dahinter.

[200] Dtn 10,8; 18,5.7; 21,5; Röm 12,1; vgl. Eph 1,4 und weiteres bei Lohse 107, Anm. 7, zu

ἐνώπιον . . . Röm 14,22; 2Kor 4,2 (eschatologisch aber 5,10; Jud 24). Calvin 134 sieht darin die Wichtigkeit und Unabgeschlossenheit der Heiligung vor dem letzten Gericht. Beide Auslegungen bei Beza 406b, 15-29; Calov 810a.

[201] Das ist noch stärker akzentuiert, wenn man den Zusatz eng mit den Adjektiven verbindet, wie es Eph 1,4 nahelegt und oben übersetzt ist. Vgl. S. 90.

Gottes Versöhnung auf, wohl aber ihr Leben aus der Versöhnung. Genau so lebt Musik oder Liebe, solange sie gehört und empfunden wird, selbst dort, wo sie abgelehnt oder zurückgewiesen würde. Sie lebt aber nicht beim völlig Unmusikalischen oder der Liebe absolut Verschlossenen, obwohl sie ihn umgibt. Vermutlich wird man übersetzen müssen: »im Glauben bleiben«, weil das Verbum oft mit Dativ konstruiert wird. Sonst müßte man als Instrumentalis fassen und übersetzen »durch den Glauben gegründet« (vgl. 2,7). Man kann fragen, wie weit »Glaube« schon als Entscheidung für Christus verstanden ist, die erst in der Folge zur ethischen Ausprägung führt (vgl. S. 35 und 99). Dann wäre damit die Grundlage bezeichnet, von der her das Leben geprägt würde; doch gehört beides auf alle Fälle wie bei Paulus noch eng zusammen. Daß ein Mensch in Gott »gegründet« ist, wird bei Paulus (1Kor 3,10f; vgl. Eph 2,20; 2Tim 2,19) wie in der synoptischen Tradition (Mt 7,24-27) wichtig genommen, weil beide vom alttestamentlichen Lobpreis des »gründenden« Schaffens Gottes herkommen[202]. Hier jedoch wird die Beständigkeit, ja die »Unbeweglichkeit«, in der sie »sich nicht von der Hoffnung wegbewegen lassen«, zusätzlich genannt. Gegenüber den sich häufenden Versuchen, christliche Verkündigung allen möglichen Weltanschauungen anzupassen, wird das Stehenbleiben bei der apostolischen Verkündigung immer wichtiger[203]. Damit führt freilich die Bannung der Gefahr der Häresie in die Gefahr der Orthodoxie, Warnung vor der Gefahr eines Glaubens, der seinen eindeutig gegebenen Inhalt, den gekreuzigten und auferstandenen Jesus Christus zu verlieren droht, in die Gefahr eines Glaubens, der sich an korrekt wiedergegebene Wahrheiten hält, ohne zu merken, wie diese in neuer Zeit unter neuen Verhältnissen neu gelebt werden müssen. Gewiss ist mit der »Hoffnung« auch die grundsätzliche Unabgeschlossenheit des Glaubens festgehalten, doch ist wohl eher an die schon im Himmel bereitliegende Hoffnung gedacht (s. S. 35), also an die Transzendenz Gottes. Immerhin bleibt Glaube auch so noch ein Ausgestreckt-sein auf jene »andere Welt«, von der her erst diese Welt ihren letzten Ernst und ihre letzte Freude bekommt.

Die Schlußwendung bestimmt schon den folgenden Abschnitt. Darin erscheint das Evangelium als entscheidendes Ereignis, wie es auch in 1,4f als die Begründung von Glauben und Hoffnung genannt wird. Wie dort (1,6) wird sofort auch sein Erschallen im ganzen Kosmos genannt. Nur ist das hier noch gewichtiger, weil die kosmische Sprache deutlicher durchbricht, zweifellos durch den Hymnus angeregt, obwohl mit »Schöpfung« keineswegs wie im Hymnus die gesamte Natur des Alls gemeint ist, sondern die Menschheit[204]. Dadurch rückt das Geschehen der, wie hier ausdrücklich zugefügt wird, paulinischen Völker-

[202] Ps 8,4; 24(23),2; 102(101),26; Jes 48,13; 51,13.16; Lohse 109, Anm. 1.
[203] Vgl. die Warnung vor dem »Fortschritt« 2Joh 9.
[204] W. Foerster, ThWNT III, 1037,30-32. Der Ausdruck kommt im NT nur noch (Mk)

16,15 vor, und zwar auch im Kontext der Weltmission. Auch wenn die Setzung des Artikels (א) sekundär sein wird, kann man nicht mit »jeglichem Geschöpf« übersetzen. Die Artikellosigkeit ist von V 15 beeinflußt.

mission direkt ins Licht des Heilsereignisses, ohne daß noch geklärt wäre, ob
und wie sich dieses vom Ereignis der Kreuzigung und Auferstehung Jesu Christi unterscheidet. Damit steht der Kolosserbrief in einer Entwicklung, die auch
sonst feststellbar ist (s. S. 88). Der Auftrag weltweiter Verkündigung ist auch
Mk 13,10; 14,9; Mt 28,19; (Mk) 16,15 und von Paulus selbst Röm 15,15-21
(vgl. 1,5.8.14-16; 1Kor 1,2; 1Thess 1,8) in fast überschwenglicher, deuterojesajanischer Sprache geschildert. Ist bei Paulus aber vor allem betont, daß die
Völkerwelt zum Gehorsam gegen Christus geführt werden soll, so hier eher
das Erreichen des äußersten Winkels der Schöpfung »unter dem Himmel«. Das
hängt mit dem Revelationsschema zusammen, das von 1,26 (s. dort) her schon
den Text bestimmt. Endlich ist auch die starke Hervorhebung von »ich, Paulus« auffällig, besonders weil der Apostel mit dem in den Paulusbriefen nie
verwendeten Ausdruck »Diener« dem Ereignis der weltdurchdringenden Mission zugeordnet wird[205].

Was ist theologisch dadurch geschehen, daß der Verfasser den Hymnus in seinen Brief aufgenommen und kommentiert hat? Der Hymnus wurde dadurch
zur Anrede an die adressierte Gemeinde. Sie, nicht mehr der erhöhte Christus,
wurde also zum Adressaten. Ob sie zustimmt oder nicht, bleibt offen; denn der
Briefschreiber fügt doch den Hymnus ein, weil er der Gemeinde etwas sagen
will, womit sie, wie er annimmt, in ihrem Denken und Handeln nicht ohne
weiteres schon übereinstimmt. Was also im Akt des Singens des Hymnus eingeschlossen war, muß jetzt ausgesprochen, dazu muß jetzt aufgerufen werden. Noch wichtiger ist, daß mit dem Wechsel der Adressaten aus dem Lobpreis Mitteilung, Lehre und Aufruf, ethische Mahnung wird. Damit kann die
Unbegrenztheit des Lobpreises nicht mehr alleiniges Thema bleiben, es muß
jetzt ausdrücklich gesagt werden, was dies am Ort der Briefempfänger heißt.
Es wird also in V 16bc aufgezählt, was unter anderem unter dieser unbegrenzten Herrschaft Christi steht, und schon durch die konkrete Aufzählung wird
deutlich, daß die »Throne, Herrschaften, Gewalten und Mächte« nicht mehr
die gleiche Rolle spielen können, die sie bisher in Kolossä spielten. Der Wille
dieses Herrn, in allen Dingen seine Vorherrschaft auszuüben (V 19), schließt
jetzt ausgesprochenermaßen das Leben der Adressaten ein. Darum kann auch
nicht mehr zeitlos, sondern muß ausdrücklich vom »Jetzt aber« geredet werden. Vor allem werden die Leser jetzt als Gemeinde angesprochen, die in einem
weit engeren und sachlich anderen Verhältnis zu Christus steht als die übrige
Menschheit oder gar die Natur. Das ist bildhaft schon dadurch angedeutet,

Zusammen-
fassung

---

[205] Vgl. Anm. 11. Paulus kann 1Kor 3,5, wo
er sich bewußt mit Apollos auf gleiche Stufe
stellen und seine Funktion erst hinterher als die
des Pflanzens von der des Begießens unterscheiden will, sich mit jenem zusammen als
διάκονος bezeichnen. Er kann in 2Kor 3,6;
11,23 im Vergleich mit den Gegnern ihre Terminologie auch für sich aufnehmen. Er sagt

aber auch dort nicht, er sei »Diener des Evangeliums« oder gar wie Kol 1,24 »der Kirche«
(Lohse, NTS 11, 210). Am nächsten käme noch
die Wendung λατρεύω . . . ἐν τῷ εὐαγγελίῳ
Röm 1,9. Die Ergänzungen der Handschriften
durch ἀπόστολος (und κῆρυξ) zeigen, daß die
Ungewöhnlichkeit empfunden wurde.

80

daß nur sie Christi (wie der Verfasser korrigiert) »Leib« ist, weil er für sie gestorben ist.

Was das bedeutet, wird im anschließenden Kommentar, ähnlich wie schon in der Einführung VV 12-14 entfaltet. Es könnte so mißverstanden werden, daß an die Stelle des göttlichen Kosmos jetzt einfach die göttliche Kirche träte, daß an die Stelle des ergreifenden stoischen Lobpreises des vollendeten, von Gott durchwalteten und belebten Kosmos[206] der der vollendeten, von Gott durchwalteten und belebten Kirche träte. Sobald dies vom nur im Glauben vollziehbaren Lobpreis zur tradierbaren Lehre würde, würde Gott dem Menschen verfügbar ;nun nicht mehr als die Erkenntnis des Weisen, der Gott in der Schöpfung erblickt, sondern als Macht des Verwalters der kirchlichen Geheimnisse, der Lehre und der Sakramente. Damit wäre die Aussage nicht besser, sondern schlechter geworden, weil damit erklärt wäre, daß die Gegenwart Gottes nicht allen Menschen offenstünde, sondern nur den wenigen, ohne daß doch die Verfügbarkeit Gottes damit eingeschränkt würde. Tatsächlich bedingt das Gesagte aber einen Wechsel des Denkens und Handelns, der im Einsatz Jesu selbst in seiner menschlichen Existenz, besonders in seinem Tod begründet ist. Dieser Wechsel ist also nicht die Folge eines Naturereignisses, wie etwa das Verschwinden eines Waldes durch eine Lawine, die ihn fortgerissen hat. Darum lösen die Verben »verkünden« und »hören« die rein objektiven Aussagen vom »gründen« und »versöhnen« ab, ebenso das Personalpronomen »euch« das Substantiv »All«. Es ist also ein Geschehen, das sich personal zwischen Gott und Menschen abspielt. Der Wechsel von der Entfremdung, wie jetzt gesagt wird, zur Versöhnung, muß daher in dauernd erneuter Ausrichtung auf die Tat Christi festgehalten werden[207]. Im Singen des Hymnus *geschah* diese neue Ausrichtung; jetzt muß aber davon gesprochen werden, daß das natürlich nicht *nur* im hymnischen Singen erfolgt, sondern von dort her auch ins Alltagsleben hineindringen muß.

Modellhaft wird dies deutlich in der Existenz des Apostels, durch den sein Herr im ganzen Kosmos wirksam werden will. Die Macht des Christus, welche die ganze Welt durchdringt, ist nicht geheimnisvolle Naturkraft, sondern die Macht des Wortes und des Lebens des Apostels, der seinen Dienst im Schatten des am Kreuz gestorbenen Herrn tut, also schwitzend und frierend, hungernd und dürstend, geschlagen und beschimpft über die Straßen des Römischen Reiches zieht. Das ist gewiß nicht mehr so großartig hymnisch wie die Aussagen des von der Gemeinde gejubelten Liedes . Aber wie sich Kinder an der Bretterwand des Sportplatzes um ein paar Astlöcher drängen, um durch sie hindurch wenigstens etwas von dem dahinter sich abrollenden Spiel zu sehen, so darf die Gemeinde lernen, immer wieder durch ein solches Astloch zu sehen und gewiß nicht das Ganze, aber doch da und dort ein Stück des großen Handelns Gottes zu sehen, der in der Person seines Apostels über die Erde zieht.

[206] Kleanthes fr 537 (vArnim I, 121,23 – 123,5).
[207] Das wird unterstrichen durch die Bekehrungsterminologie, die in VV 12-14 wie in VV 21-23 dominiert.

3. Weltmission als Offenbarung des Geheimnisses (1,24-29)

Literatur:
Zu V 24: Güttgemanns, E., Der leidende Apostel und sein Herr, 1966 (FRLANT 90);
Kamlah, E., Wie beurteilt Paulus sein Leiden?, ZNW 54 (1963) 217-232; *Kremer*, Leiden *– Zu VV 26f: Bornkamm, G.*, ThWNT IV, 809-834; *Dahl, N.A.*, Formgeschichtli-
che Beobachtungen zur Christusverkündigung in der Gemeindepredigt, in: Neutestamentliche Studien für R. Bultmann, 1954 (BZNW 21), 3-9.

**24 Jetzt freue ich mich in den für euch (erlittenen) Leiden und erfülle
die Christusbedrängnisse, die noch ausstehen, an meinem Körper für
seinen Leib, das heißt die Kirche. 25 Ihr Diener bin ich geworden nach
dem mir verliehenen Auftrag Gottes, das Gotteswort unter euch zu seiner Fülle zu bringen, 26 das Geheimnis, verborgen seit ewigen Zeiten
und Generationen; jetzt aber wurde es seinen Heiligen enthüllt. 27 Ihnen beschloß Gott kundzutun, was für ein Reichtum an
Herrlichkeit diesem Geheimnis unter den Völkern (innewohnt), nämlich Christus unter euch, (den Heiden,) die Vorgabe der Herrlichkeit. 28 Ihn verkünden wir, indem wir jedem Menschen zureden, jeden Menschen lehren in aller Weisheit, damit wir jeden Menschen als
in Christus vollkommen präsentieren. 29 Darum mühe ich mich
auch und dafür setze ich mich ein in seiner Kraft, die machtvoll in mir
wirkt.**

Wie im letzten Sätzlein von V 23 spricht der Apostel hier in der 1. Person Sin- | **Analyse**
gular von seinem Auftrag[208] im allgemeinen, in 2,1-5 ebenso in seiner Beziehung zu Kolossä[209]. Mit einem angehängten Relativsatz, der Paulus als Diener des Evangeliums kennzeichnet, leitet der den Hymnus interpretierende
Kommentar in V 23 zum neuen Thema über. Das wird zunächst durch den Satz
vom Ertragen der apostolischen Leiden zugunsten der Kirche ekklesiologisch
ausgeführt, so daß der zu V 23 Ende völlig parallele, angehängte Relativsatz
(V 25a) Paulus als Diener der Kirche kennzeichnet. Das wird dann im Revelationsschema entfaltet: das bisher verborgene »Geheimnis« ist jetzt den Völkern offenbar. Dabei bricht das den Neueinsatz charakterisierende »jetzt aber«
V 26 den Satz ab und wird seinerseits durch vier je aneinander angehängte Relativsätze[210] und einen davon bestimmten Finalsatz (V 28b) hinsichtlich des
Inhaltes dieses Geheimnisses, Christus, und der Art der apostolischen Verkündigung näher dargestellt.

Zugespitzte Formulierungen sind eigentlich für Paulus charakteristischer als | **Erklärung**

[208] V 28 taucht noch einmal der Plural auf,   [209] Ludwig, Verfasser 83.
weil an die überall erfolgende apostolische   [210] Zum Satzbruch vgl. Anm. 191, zum Infi-
Verkündigung gedacht ist, in die Paulus sich V   nitivsatz ohne Artikel in V 25 und zu den locker
29 wiederum mit der ersten Person Singular   aneinander gehängten Relativsätzen Anm. 14.
einordnet.

24 für den Kolosserbrief[211]; doch übertrifft das hier Gesagte alles, was bei Paulus
festzustellen ist. Zwar sieht Paulus seine Leiden als notwendigen Bestandteil
seiner apostolischen Wirksamkeit (Röm 8,35f; 1Kor 4,9-13; 2Kor 11,23-33;
12,9f; 13,4; Gal 6,17), zwar kann er Aufleuchten der Offenbarung des Evangeliums und apostolischen Leidensdienst verknüpfen (2Kor 4,4-6[212]/7-18;
5,18-21[213]/6,1-11; vgl. 1Thess 1,5f; 3,3f; Apg 14,22), zwar kann er von seinem Dienst am Evangelium in fast überschwenglicher Weise sprechen (Röm
15,15-21[214]); aber die Aussage, daß solches »zugunsten der Kirche« erlitten
werde, ist ihm fremd. Immerhin gibt es Ansatzpunkte. Daß Leiden mit dem
apostolischen Dienst verbunden sind, sagt schon Apg 9,16. Das entspricht dem
Bild der Propheten im zeitgenössischen Judentum; das hat Paulus besonders
durch das Verständnis seines Dienstes im Lichte Jeremias und Deuteroje-
saias[215] aufgenommen, und das Angebot, sich zugunsten seines Volkes selbst
von Gott scheiden zu lassen (Röm 9,3), kommt immerhin in die Nähe der Vorstellung eines stellvertretenden Leidens. Freilich vollzieht sich in seinem Leiden nur das Sterben Jesu (2Kor 4,10; Phil 3,10). Er unterscheidet also Christi
Leiden grundsätzlich von seinen apostolischen Bedrängnissen[216]. Vor allem
macht 2Kor 1,3-11 klar, in welchem Sinne dies der Gemeinde zugute geschieht: so nämlich, daß der Apostel erstens in seinem Leiden selbst der Tröstung bedarf und damit trösten lernt, zweitens selbst lernt, was Glaube an den
auferweckenden Gott heißt, und drittens damit in eine Gemeinschaft der Fürbitte und des Dankens mit seiner Gemeinde hineinwächst. Zusätzlich erinnert
2Kor 11,23.27-29 (wie Kol 1,29) an die Mühe und Not, die der Einsatz für die
Gemeinde naturgemäß mit sich bringt. Dazu kommt nach 2Kor 4,7-15 die Tatsache, daß erst die Schwäche des Boten die Macht Christi und die Herrlichkeit
Gottes aufleuchten läßt, ohne sie mit menschlichem Glanz zu überdecken. Von
»Freude« im Leiden wird öfters gesprochen (1Petr 1,6; vgl. Anm. 81); dahinter
steht die Erfahrung der Doppelschichtigkeit des Menschen, daß es nämlich
mitten in wirklichen Schmerzen eine Tiefenschicht gibt, in der die Verbundenheit mit Christus Wirklichkeit und noch stärker wird als alles Leiden. Daß sich
der Siegeszug des Erhöhten durch die Welt nicht in triumphalem Vorrücken
vollzieht, so daß die zu ihm Gehörenden als die Besitzenden erscheinen, die
aus dem Reichtum ihrer Macht gnädig spenden, sondern in »Leiden«, gehört
zum Wesen des darin verkündeten Herrn (2Kor 13,3)[217].
Werden die Leiden jedoch in Kol 1,24 als »für euch« erlittene bezeichnet, so ist

---

[211] Bujard, Untersuchungen 116.
[212] Hier die Stichworte εὐαγγέλιον und
δοῦλος.
[213] Hier das Stichwort διακονία; vgl. διά-
κονοι 11,23.
[214] Neben εὐαγγέλιον erinnert der Verweis
auf die χάρις ἡ δοθεῖσά μοι an die Wendung
in Kol 1,25.
[215] Vgl. Kamlah, Leiden (S. 81), 217-232; K.
Rengstorf, ThWNT I, 440,29 – 441,43; T.

Holtz, Zum Selbstverständnis des Apostels
Paulus, ThLZ 91 (1966) 321-330; M. Hengel,
Die Ursprünge der christlichen Mission, NTS
18 (1971/72) 20-22; auch Jes 66,20 ist zu Röm
15,16 zu vergleichen. Chr. Wolff, Jeremia im
Frühjudentum und Urchristentum, 1976 (TU
118), 142 lehnt Einfluß Jeremias ab.
[216] Kamlah, Leiden (S. 81) 228f; vgl. Güttgemanns, Apostel (S. 81), 94-126.

das im Sinne des anschließenden Satzes zu verstehen. Die entscheidende Frage ist dabei die nach der Bedeutung der »Bedrängnisse Christi«. Nie wird im Neuen Testament dieser Ausdruck für die Passion oder überhaupt die Leidenserfahrung Jesu selbst verwendet. Die »Bedrängnis« oder das »Bedrängtwerden« des Jüngers kann als Teilnahme an den »Leiden Christi« oder als Tragen des »Sterbens Jesu« bezeichnet werden (2Kor 1,4-6; 4,8.10[218]); aber bezeichnenderweise wechselt der Ausdruck, sobald von den von Christus selbst durchlittenen »Leiden« die Rede ist. Schon vom Sprachgebrauch her verbietet sich also eine Auslegung, die darunter die von Christus zugunsten der Menschen durchlittenen Leiden, also seine Passion versteht.

Freilich unterscheidet die übliche Auslegung[219] fast durchwegs deutlich zwischen dem Versöhnung wirkenden »Leiden« Jesu, dem kosmischen Ereignis des Todes Jesu[220] einerseits und dem noch mangelnden, nämlich dem mit der Verkündigung[221] oder besonders der Heidenmission[222] bzw. dem weiteren Wachstum der Gemeinde[223] verbundenen andererseits. Wo man die Gleichheit der apostolischen Leiden mit der Passion Jesu besonders betonte - und das war hauptsächlich in der katholischen Exegese der Fall - , da verstand man den Genitiv streng als subjektiven: Christus leidet in seiner Passion die Sühneleiden, die objektiv die Erlösung gebracht haben; er leidet aber auch an der Aufgabe, die Menschen dieser Erlösung zuzuführen, nur daß er diese Leiden, obwohl er das gewollt hätte, nicht mehr persönlich hat auf sich nehmen können[224]. Grundsätzlich auf der gleichen Linie liegt auch die Erklärung, Christus bedeute »Leib Christi«, so daß ausgesagt wäre, daß Christus selbst in seiner Kirche weiterleide, wobei das Zusammenwirken von Christus und Christen naheliegt[225]. Die Näherbestimmung »für seinen

---

[217] Παθήματα bezeichnen bei Paulus, wo sie nicht »Leidenschaften« bedeuten, immer die »Leiden Christi«, an denen der Apostel teilbekommt (Röm 8,17f; 2Kor 1,5-7; Phil 3,10; ebenso 1Petr 4,13; 5,1 [?]); sonst sind es entweder die Leiden Jesu (Hebr 2,9f; 1Petr 1,11) oder die der Gemeinde (2Tim 3,11; Hebr 10,32; 1Petr 5,9).

[218] Deswegen erklärt H. Schlier, ThWNT III, 143,27f, θλίψεις und παθήματα seien identisch; ähnlich W. Michaelis, ThWNT V, 932,27.

[219] Daß Kol 1,24 weder bei den apostolischen Vätern noch bei den Apologeten erscheint, zeigt, als wie schwierig der Vers schon damals empfunden wurde (Kremer, Leiden Christi, 5f). Seit Chrysostomus (IV 2 [326f]) wird betont, der Ausdruck verrate gerade die Bescheidenheit des Apostels, der vom eigenen Leiden wegweisen wolle (ebd. 10–20); Photius interpretiert sogar ὑστέρημα (im Vergleich zu den Bedrängnissen Christi!) in diesem Sinn (S. 631,24; früher anders: Kremer 25-29).

[220] So Bultmann, Theologie 303, ebd. 150.

[221] Seit Theodor von Mopsuestia (279,21–280,20, ebd. 21f); z.B. Knabenbauer

(ebd. 106), v. Soden 35 (ebd. 128), Bultmann Theologie 303 (ebd. 150). Zwingli erklärt: nicht was fehlt, sondern was noch dazu kommt (222). Auch Lightfoot 164 unterscheidet mit der Tradition zwischen satisfaktorischen und aedifikatorischen Leiden, A. Schlatter zwischen Leiden in der Arbeit des Versöhnens und in der Verfolgung (ebd. 138f); E. Käsemann verwies auf die Spannung zwischen sakramentalem Denken, wonach alles schon vollendet ist, und charismatischem, das vor allem die noch wartenden Aufgaben sieht (ebd. 151).

[222] Seit Theodoret 604B, z.B. Ch. K. v. Hofmann, Masson 111 (ebd. 141,149).

[223] Percy, Probleme 132f. Calvin (136f) lehnt Sühneleiden des Apostels ab, weil seine Aufgabe der Bau, nicht die Versöhnung der Kirche sei.

[224] Chrysostomus (IV, 2 [326f]); Gomarus 549a zu 1,13; aber auch Kremer selbst (Leiden Christi 189–191), ohne paulinische Belege (191, Anm. 4).

[225] So z.B. Pelagius (ebd. 40; jedoch Christus als gen.qual. verstehend: ebd. 55); auch Augustin, der aber zufügt, daß die Leiden der Glaubenden wie die Steuer seien, die sie ihrem

Leib« ist dann so interpretiert worden, daß jedes Glied des Leibes bestimmte Leistungen vollbringen kann, die der Gesamtkirche zugute kommen, wobei freilich die Frage, ob sie nur vorbildlichen oder sühnenden Charakter besitzen, widersprüchlich beantwortet wird[226]. Aber der Verfasser des Kolosserbriefes kann doch nicht neben seinen betonten Hinweisen auf die ein für allemal vollzogene Versöhnung im Tode Christi (1,12-14.20.21f) im gleichen Zusammenhang erklären, daß diese doch noch nicht vollständig vollzogen sei. Man hat daher den Ausdruck »Christusbedrängnisse« auf die Leiden des Apostels, bzw. der Gemeindeglieder überhaupt bezogen, die so heißen, weil die Verfolgung auf Christus zielt[227] oder weil sie im Leib Christi[228], um Christi willen[229], »in Christus«[230] oder noch genauer: in der durch ihn geprägten Sphäre[231] erfahren werden. Diese Auslegung wird früh schon verbunden mit der Ansicht, daß Gott ein bestimmtes Leidensmaß für die Kirche gesetzt hat[232], was dann immer stärker mit apokalyptischem Gedankengut verknüpft wird[233].

Auszugehen ist von der festen Wendung, »den Mangel jemandes ausfüllen«[234]. Das schließt zunächst ein, daß das Kompositum im Unterschied zum üblichen Verbum ernstgenommen werden muß[235]. Paulus leidet solidarisch »anstelle« oder »zugunsten« von anderen. Es fragt sich: anstelle oder zugunsten des Christus, oder: anstelle oder zugunsten der Gemeinde? Die im Verbum steckende Präposition kann bedeutungsgleich verwendet werden mit der andern, die in der Wendung »für seinen Leib« erscheint[236], so daß diese geradezu das Verbum explizieren könnte. »In den Leiden für euch« beschreibt sicher das Leiden des Apostels. »Bedrängnisse« werden aber im ganzen Neuen Testament nie Jesus zugeschrieben. Sollte der Ausdruck »Christusbedrängnisse« also die Passion Jesu meinen, wäre gerade die umgekehrte Wortfolge zu erwarten: »In meinen Bedrängnissen erfülle ich die Christusleiden, die noch ausstehen«[237]. Was sich also schon von der Sache her nahelegte, wird auch

»Haupte« bezahlten (in Ps. 61,4 [CChr. SL 39, 774,11–26], ebd. 42–47); Gregor der Große weist (wie Augustin, in Ps. 86,5 [1202,26; 1203,31–33]) auf Apg 9,4 hin, womit Paulus als Gottes »Nashorn« (Ijob 39,11) bezeichnet wird, das zum Ertragen der Leiden bereit ist (in Iobem 2[25] und 39[30–33] = PL 75, 612AB; 76,590B–592A).

[226] Thomas Aqu. ebd. 63–70.

[227] Ambrosiaster 176,4–7 (ebd. 38).

[228] So zuerst wohl Severian (289,3f; 632,1–3), ein Schüler Diodors im 4. Jh. (ebd. 20f).

[229] J. Leclerc (ebd. 116).

[230] M. Luther (ebd. 111).

[231] Das ist vor allem durch A. Deissmann begründet und oft weitergeführt worden (ebd. 99–105).

[232] Thomas im Sinne der verdienstlichen Leiden (ebd. 64f; vgl. unten S. 206); M. Flacius Illyricus und M. Chemnitz (ebd. 113); Wikenhauser (ebd. 100); ebenso Calvin 136, der da-

neben aber die notwendige Angleichung des Glaubenden an Christus und die Hilfe der apostolischen Leiden für die Kirche stellt.

[233] Bengel 813 (ebd. 118f); die Parusie kann sogar beschleunigt werden (J. Schneider und H. Windisch, ebd. 133,135f), neuerdings auch R. J. Bauckham, Colossians 1:24 Again: The Apocalyptic Motif, EvQ 47 (1975) 168–170.

[234] Ἀναπληροῦν τὸ ὑστέρημά τινος; 1Kor 16,7; 2Kor 9,12; 11,9; Phil 2,30; Corp Herm 13,1; Test B 11,5 (βS¹); 1Cl 38,2; vgl. Jos Ant 5,214 (U. Wilckens, ThWNT VIII, 591,45–50).

[235] Das gilt für alle aufzufindenden Parallelen (Kremer, Leiden Christi 159f), womit freilich noch nicht entschieden ist, ob das Präfix ἀντ' = »anstelle von« oder »zugunsten von« bedeutet.

[236] Mk 10,45 ἀντὶ πολλῶν = 14,24 ὑπὲρ πολλῶν.

[237] So 2Kor 1,4f, wo Paulus seine »Bedrängnis« als von ihm getragene »Christusleiden« versteht.

durch die Wortwahl bestätigt. Gerade von der Parallele in 2Kor 1,4-7 her kann man unter den »Christusbedrängnissen« nur die in der Gemeinde um Christi willen oder »in Christus« erlittenen Leiden verstehen[238]. Auch Phil 3,10 kann nicht als Gegenbeispiel angerufen werden[239]. Die Stelle geht nicht über das schon 2Kor 1,5 Gesagte hinaus, wenn sie sagt, daß der Apostel in die Teilhabe an den »Leiden« Christi geführt worden sei. Die Teilhabe an oder die Gemeinschaft mit den Leiden Christi ist gewiß bei Paulus ausgesagt, ist freilich aber auch Phil 3,10 wie Röm 6,3-11; 8,17; 2Kor 4,10-14 mit der an seiner Auferstehung oder Verherrlichung verknüpft. Wenn Gal 6,17 ohne den Hinweis auf die Auferstehung von den »am Leib« des Apostels sichtbaren »Wundmalen Jesu« spricht, dann denkt Paulus doch eindeutig an seine eigenen, in seinem Dienst für Christus erlittenen Wunden, die ihn freilich mit dem Leiden Jesu verbinden. Solche Parallelität der apostolischen Bedrängnisse mit den Leiden Christi ist zweifellos auch Kol 1,24-28 vorausgesetzt[240].

Wie kann dann aber von »Mangel« gesprochen werden? Der Satz weicht vom üblichen Sprachgebrauch darin ab, daß der Genitiv (»der Bedrängnisse«) sicher nicht denjenigen bezeichnet, der Mangel leidet. Im Alten Testament findet sich auch der Genitiv der Sache; doch beschreibt er nicht etwa das, woran noch ein Mangel festzustellen ist, sondern das, was fehlt[241]. Versteht man so, dann ist nicht gesagt, daß die »Bedrängnisse Christi« erst mangelhaft durchlitten, daß sie also noch nicht vollendet sind; sondern daß »Christusbedrängnisse« (aus irgendwelchen Gründen) noch ausstehen. Schwerlich liegt die Vorstellung von einem genau vorbestimmten Maß von solchen Bedrängnissen vor, obwohl der Abschnitt von V 25 an apokalyptische Sprache verrät[242]. Oft betont Paulus die Notwendigkeit der Leiden, und zwar fast durchwegs im Blick auf seine eigenen, jedoch ohne den Gedanken an eine bestimmte Zahl (vgl. oben S.82). Dabei gehen wahrscheinlich verschiedene Vorstellungen ineinander über. Die Leiden der Gemeinde werden einerseits einfach als durch Gottes Willen gesetzte Notwendigkeit vor dem Kommen der Herrlichkeit verstanden. Andererseits hat Paulus über den Sinn dieser Leiden, vor allem der von ihm als Apostel erlittenen, nachgedacht. Was für alle Gemeindeglieder gilt, gilt für

---

[238] W. Michaelis, ThWNT V, 933,1–12.

[239] So F. Hauck, ThWNT III, 807,4–7.

[240] Vgl. πληροῦν 1,25; 2,10; παραστῆσαι 1,28.22 (Lähnemann, Kolosserbrief 45).

[241] U. Wilckens, ThWNT VIII, 592,29f; Belege für Anfügung dessen, der Mangel leidet, im Gen. oder Dat. ebd. 591,42–49. Erst recht heißt es nicht »Rest« (Percy, Probleme 129). Die Verbindung »Mangel der an meinem Fleisch (zu durchleidenden) Christusbedrängnisse« wird ebd. 130 mit Recht abgelehnt. Auch wenn ein solches Anhängsel im Kol grammatisch möglich wäre, ist doch der Gedanke, dem Apostel Paulus sei ein bestimmtes Maß von Leiden zugeordnet, nicht leicht vollziehbar, so daß man normalerweise den Zusatz auf das Verbum beziehen muß.

[242] Darauf gründet Lohse (114, Anm. 1) sein Verständnis in diesem Sinne (vgl. auch F. Hauck, ThWNT III, 807,19; A. Oepke, ThWNT IV, 1091,1–3; G. H. P. Thompson, Ephesians III.13 and 2 Timothy II.10 in the Light of Colossians I.24, ExpT 71 [1959/60] 187f). Es gibt aber dafür keine wirklichen Belege (Kremer, Leiden Christi, 198f). In Mk 13,19f.24 (Lohse 114) bleibt unklar, ob die Tage rascher vergehen (sBar 20,1f) oder ob eine bestimmte Frist von Tagen (nicht aber direkt von Leiden) reduziert wird (Barn 4,3).

ihn besonders: als Verkünder Jesu Christi vertritt er gewissermaßen seinen
Herrn und hat darum teil an seiner Schwachheit, in der allein Gottes Herrlichkeit auf Erden wirkt; zugleich läßt erst das Leiden, das der Zeuge auf sich
nimmt, seine Botschaft wirklich glaubhaft werden. In Kol 1,24 verbinden sich
diese beiden Motive, daß der Apostel in der Welt Christus vertritt und daß er
Christi Werk zur Vollendung bringt, indem er ihn glaubhaft als den Versöhner
der Gemeinde verkündet[243]. Nimmt man das oben Gesagte hinzu, daß gerade
nach 1,20-22 unmöglich an eine Ergänzung zum noch unvollständigen Süh-
newerk Christi zu denken ist, dann muß man verstehen: der Apostel freut sich
in seinen Leiden, die zugunsten der Gemeinde erlitten werden; dadurch wird
nämlich seine Verkündigung glaubwürdig, zeichnet sich in klaren Konturen ab
und entfaltet so ihre Kraft. Damit erfüllt er zugunsten des Leibes Christi, der
Kirche, nicht nur in seinen Worten, sondern »an seinem Fleisch«, d.h. in seiner konkreten Leiblichkeit das, was noch fehlen könnte. Das kann dann nur
das Erleiden der »Christusbedrängnisse« sein, der um Christi willen übernommenen Nöte, die erst die Verkündigung so wirksam werden lassen, daß sie
bei den Kolossern und bei den anderen Gemeinden in der weiten Welt den
Glauben zu seiner Fülle kommen lassen[244]. Daß damit sein Leben dem Jesu
angeglichen wird, liegt sicher auch im »Wortfeld« und wird mitanklingen.

25   Mit dem Stichwort »Diener« wird die Aussage von V 23 Ende wieder aufgenommen. Als Diener »der Kirche« bezeichnet sich Paulus nie (vgl. Anm. 205).
Ebenso ungewohnt ist der Ausdruck »Auftrag«; Paulus spricht in dieser Verbindung immer von der ihm gegebenen »Gnade« Gottes; doch ist 1Kor 9,17
nah verwandt[245]. Die Nuancierung ist wahrscheinlich dadurch bedingt, daß
der Terminus den Gedanken an einen umgreifenden, weiter reichenden Plan
einschließt[246]. Veranstaltungen und Dekrete der Behörde werden so bezeichnet[247]. Etwas überraschend ist die direkte Anrede »für euch«; doch sind die Kolosser wie in V 27 als Beispiel der heidnischen Völker überhaupt gesehen. Vom
»zur Fülle Bringen«[248] des Evangeliums redet auch Röm 15,19; »Wort« ist
also wohl ähnlich wie dort als das Ereignis der Verkündigung zu verstehen.
Der Aorist bezeichnet dabei nicht etwa den andauernd die Gemeinde stärken-
den und ausbauenden Dienst, sondern einen bestimmten Abschluß, mit dem
ein Ziel erreicht ist[249]. Darum wird man an die Gesamtheit der heidnischen

---

[243] Conzelmann 187f.
[244] So auch W. Schmithals, Das kirchliche
Apostelamt, 1961 (FRLANT 61), 39f. Konkret
wird dabei an Verfolgung, aber auch an Krankheit und Sorge um die Gemeinde zu denken
sein (vgl. A. Oepke, ThWNT IV, 1090,22–32,
der jedoch an Christus als »Universalmen-
schen« denkt).
[245] Οἰκονομίαν πεπίστευμαι, sonst Röm
12,3.6; 1Kor 3,10; Gal 2,9; vgl. Eph 3,2(.7);
2Tim 1,9.
[246] Eph 1,10; 3,9 ist damit der heilsgeschichtliche Plan Gottes gemeint; doch ist das Kol 1,25
noch nicht der Fall (mit Lohse 117, Anm. 5 ge-

gen Lohmeyer 80). Chrysostomus (IV,2 [327])
kennt zwar verschiedene Bedeutungen von
οἰκονομία, entfaltet aber Kol 1,25–27 als Bild
einer planvollen Erziehung (IV,3f [328–332]).
[247] O. Michel. ThWNT V,155,1f; vgl. Jos
Ant 2,89 von der durch Josephs Träume ausge-
lösten staatlichen Vorsorge für kommende
Hungerjahre (ebd. 154,17–19).
[248] Vgl. Kol 4,17 πληροῦν (jedoch Präsens!)
τὴν διακονίαν.
[249] So hat denn auch nach Röm 15,19 das
Evangelium in dem von Jerusalem bis Illyrien
reichenden Gebiet schon seine Fülle gefunden.

Völker, konkret an den damals bekannten Mittelmeerraum denken, der als
ganzer noch vom Evangelium erreicht werden soll[250]. Versteht man unter
»Wort« den Inhalt, das von Gott der Welt zugesagte Ja, dann ist es in Christus
ein für allemal ergangen und also abgeschlossen; versteht man darunter aber
das Ergehen dieser Zusage, ihr Geschehen, dann ist es noch im Gang[251]. Die
Angabe der Zielrichtung »zu euch« interpretiert deutlich in diesem zweiten
Sinn und schützt vor dem Mißverständnis, als wäre der Inhalt des Wortes noch
ergänzungsbedürftig.

Gerade weil die näheren Ausführungen unerwartet sind[252], liegt dem Verfas-   26
ser offenbar sehr an ihnen. Tatsächlich liegt ein verbreitetes, auch Röm
16,25f; Eph 3,3-10, teilweise 1Tim 3,16; 2Tim 1,9; Tit 1,2f (vgl. 1Petr 1,20)
bezeugtes Revelationsschema[253] vor, das offenkundig in der Paulus-Schule
beheimatet war: das »Geheimnis« (Röm; 1Tim; Eph), verschwiegen (Röm)
oder verborgen (Kol, Eph) seit »ewigen Zeiten« (Röm, Eph, 2Tim, Tit[254]),
»jetzt aber« (Röm, [Eph], 2 Tim) auf »Anordnung« Gottes[255] den »Heiden«
(Röm, Eph, 1Tim) »kundgetan« (Röm, Eph, 1Tim, 2Tim, Tit[256]) und »be-
kanntgemacht« (Röm, Eph[257]). Dazu kommt, daß in der Nähe auf das »Evangelium« verwiesen (Röm, Eph, 2Tim) und der Apostolat des Paulus betont
wird (Röm, Eph, 2Tim, Tit); außerdem spricht der Hymnus 1Tim 3,16 in kosmischen Kategorien. Der Ansatz dazu findet sich schon bei Paulus 1Kor
2,7-10, wo vom »Geheimnis« die Rede ist, das »verborgen«, vorbestimmt »vor
ewigen Zeiten«, jetzt »offenbart« ist; doch ist dort alles auf die Torheit der
»Weisheit Gottes«, nämlich die Botschaft vom Kreuz konzentriert, während
die Öffnung für die Heiden und der Lauf des Evangeliums durch die Welt nicht
besonders hervortreten[258]. Im Gegensatz zur »jetzt aber« erfolgten Offenbarung muß man wie oben, nicht etwa im Sinn eines Verbergens vor den Mächten der »Aeonen« (so im griechischen Text) und »Generationen« interpretieren, wie es zwar 1Kor 2,8 nahelegen könnte, nicht aber die übrigen Parallelen
zum Revelationsschema. So ist die grundsätzliche Unzugänglichkeit Gottes

---

[250] Natürlich ist nicht an 100 % der Bevölkerung zu denken; eine Stadt wie Korinth steht
faktisch für ganz Achaia (1Kor 16,15; 2Kor
1,1; 9,2; 1Thess 1,7f), weil das Evangelium
von ihr aus das ganze umliegende Land erfassen wird.

[251] »Es ist ein Wort ergangen, das geht nun
fort und fort . . .« (A. Pötzsch, Gesangbuch
der evang.-ref. Schweiz, 1952, Nr. 364).

[252] Masson 112.

[253] Dahl, Beobachtungen (S. 81), 4f. An rabbinischen Parallelen liegt näher als das Bill.
III,319f zu Röm 16,25 Angeführte ([b] Schab
88b) der Satz von der Tora, dem »Kleinod,
. . . verwahrt 974 Generationen (vor Erschaffung der Welt) hindurch« und auf dem Sinai
»Fleisch und Blut gegeben« (Bill.II,354 mit Parallelen).

[254] Αἰῶνες, αἰώνιος.

[255] Röm, Tit: ἐπιταγή, 2Tim: πρόθεσις,
Eph: οἰκονομία.

[256] Φανεροῦν (Eph: ἀποκαλύπτειν, Röm
beides).

[257] Γνωρίζειν (Eph dreimal). Das Schema
wird natürlich auch in der Gnosis übernommen
(z.B. Basilides, Hipp Ref VII,25,3[203,5–8]).

[258] Belege für den apokalyptischen (Dan
2,28: »Es gibt einen Gott im Himmel, der Geheimnisse offenbart, und er hat . . . wissen
lassen, was in den letzten Zeiten geschehen
wird« usw.) und qumranischen (1QpHab
7,4–6: »Gott hat kundgetan alle Geheimnisse
der Worte seiner Knechte, der Propheten:
Denn noch ist eine Schau auf Frist; sie eilt dem
Ende zu . . .« usw.) Hintergrund bei Lohse
119f.

und damit die Sonderstellung der »Heiligen« und ihr Geschiedensein von der Welt außerordentlich hervorgehoben. Damit können nur die Gemeindeglieder gemeint sein wie in Röm 16,26; 1Tim 3,16, nicht etwa Engel[259] oder Charismatiker[260]. Eph 3,5 interpretiert vielleicht[261] »den heiligen (!) Aposteln«, und die Pastoralbriefe rücken die Betrauung des Apostels mit der Verkündigung (an alle Heiden) stärker in die Mitte.

27 Nochmals wird die Kundgabe der Erkenntnis und zugleich die Freiheit des göttlichen Willens betont. Das geschieht vor allem durch die voneinander abhängigen Genitive, die die alle menschlichen Sprachmöglichkeiten übersteigende Fülle des offenbarten Geheimnisses, nämlich der Herrlichkeitsgegenwart Gottes[262], hervorheben. Wird diese Wortanhäufung nötig, weil nicht mehr wie bei Paulus von der eschatologischen Ausrichtung der Gerechtigkeit Gottes gesprochen wird, sondern in einem Schema, das so auch anderswo gebraucht werden könnte, von der Enthüllung eines bisher unbekannten Geheimnisses (vgl. S. 94)? »Unter den Völkern«[263] erscheint merkwürdig angehängt, und man könnte darum meinen, der Ton liege nicht darauf[264], obwohl das vom verwendeten Schema her zu erwarten ist. Nun wird aber die Wendung wieder aufgenommen durch die Definition des Inhaltes des offenbarten Geheimnisses: »Christus unter euch«. Das heißt doch, daß der jetzt unter den Völkern weilende Christus zum eigentlichen Thema wird. Das »unter euch« ist also nicht mehr bloßes Akzidens, sondern charakterisiert Christus als Gegenstand der alle Welt in ihren Bereich ziehenden Offenbarung und der daraus folgenden Antwort des Glaubens. Man wird mitbedenken müßen, daß »Christus« für den griechisch Sprechenden an sich nichts aussagt[265]. Durch den Zusatz wird also seine Qualität als Heilsgestalt beschrieben. Damit rückt die Völkermission in den Rang einer, ja der entscheidenden Heilstat Gottes. Christus ist der, in dem Gott in die Welt der Völker eingebrochen ist und sie für sich gewinnt (1Tim 3,16). Darum ist auch nicht mehr von Geheimnissen gesprochen, etwa von Enthüllungen über den Ablauf der Endereignisse oder von Beschreibungen des Himmels, wie dies in der Apokalyptik häufig geschieht, sondern von einem einzigen, das alles in sich schließt, nämlich von Christus selbst[266].

---

[259] So Lohmeyer 82 (»seine Heiligen«, typisch für Kol. 3,16); Bieder 94. Vgl. oben S. 47.

[260] Die bei Lohse 120, Anm. 7 Genannten (Käsemann, Asting usw.).

[261] Falls nicht Handschrift B ursprünglich ist.

[262] Πλοῦτος und δόξα Gottes stehen Gen 31,16 und oft zusammen (Lohse 121, Anm. 6). Δόξα, griechisch nur im Sinne von »Meinung« oder »Ansehen« bekannt, hat vom alttestamentlichen כָּבוֹד, teilweise auch von der späteren Vorstellung der שְׁכִינָה, der »Gegenwart« Gottes einen neuen Sinn gewonnen.

[263] So muß übersetzt werden (vgl. 1Tim 3,16 und oben S. 87).

[264] Lohse 121, Anm. 7.

[265] Ohne die Vorbildung durch das AT bedeutet es nicht mehr als »der Eingeölte«; vgl. das Mißverständnis als Eigenname bei Suet Claud 25 (»impulsore Chresto«). Scott 34 interpretiert »mystisch«: »Christus in euch« (so schon Gomarus 558a u.a.).

[266] G. Bornkamm, ThWNT IV,821,10–823,5. So auch Mk 4,11 (ebd. 825,14f), während Mt 13,11; Lk 8,10 wieder den der Apokalyptik entsprechenden Plural einführen. Daß das Geheimnis ein einziges ist, nämlich der (gekreuzigte!) Christus, ist auch 1Kor 2,6–10 betont. Ob man ὅς (אCD usw.) nach Bl-Debr 132,2 (Nachtrag) oder ὅ (p⁴⁶BD usw.) auf πλοῦτος oder (eher) auf μυστήριον bezieht, ändert sachlich kaum etwas.

Daß gerade hier nochmals die »Hoffnung auf die Herrlichkeit« oder (nach dem
zu 1,5 Gesagten) die »Vorgabe der Herrlichkeit« genannt wird, charakterisiert
diesen Zug Christi durch die Völker einerseits als endzeitliches Geschehen, als
Vorgabe des Gottesreiches, andererseits als noch unabgeschlossenen, auf ein
noch ausstehendes Ziel hin laufenden. Gerade das enthüllte Geheimnis ist also
keineswegs einfach dem Menschen verfügbar (vgl. S. 94f). In gewisser Weise
tritt auch hier Christus, der auf Erden in den noch nicht zu ihrer Fülle gediehe-
nen »Christusbedrängnissen« seiner Boten (V 24) durch die Völkerwelt zieht,
an die Stelle, an der bei Paulus der Geist als »Angeld« und »Erstlingsfrucht«
der kommenden Vollendung (Röm 8,23; 2Kor 1,22; 5,5) steht (vgl. S. 38f).
Mit V 28 wird die Beschreibung der apostolischen Verkündigung wieder auf-   28
genommen. Im Wir-Stil wird wahrscheinlich allgemein von der überall ge-
schehenden Verkündigung gesprochen, bevor V 29 dann den besonderen Einsatz gerade des Paulus erwähnt. Freilich wird nicht an eine andere als die paulinische Mission zu denken sein, da die Zwölf oder andere Apostel nirgends
auftauchen. Wohl aber sind die Mitarbeiter des Paulus, denen ja auch Kolossä
den Ruf zum Glauben verdankt, in diesem »Wir« eingeschlossen. Auffällig ist
die nähere Beschreibung dieser apostolischen Verkündigung als »Mahnen und
Lehren«. Zwar bezeichnet das übergeordnete Verbum (»verkünden«) noch die
Proklamation des Christus in aller Welt, die für das paulinische Verständnis
seines Auftrages charakteristisch ist[267]; doch tritt die Tätigkeit des »Lehrens«
bei Paulus stark zurück[268], um erst wieder in den Pastoralbriefen zentral zu
werden. Dazu kommt, daß das Lehren als »Mahnen«[269], d.h. eindeutig als
ethischer Aufruf, nicht als Heilsverkündigung qualifiziert ist. Nun gehört das
Mahnen gewiß auch zum Dienst des Paulus (1Kor 4,14); es ist aber eine Folge
seiner Evangeliumsverkündigung, wo die konkrete Situation es erfordert, die
Umsetzung in die Praxis mahnend zu begleiten. Das, was wir die Seelsorge
nennen, die Begleitung der Gemeinde in den konkreten Problemen, die die Bewährung eines Lebens aus dem Evangelium fordern, wird also zur zentralen
Aufgabe, und zwar gerade in einem Zusammenhang, der vom Heilsereignis
der weltweiten Evangeliumsproklamation spricht. Damit verschiebt sich das
Gewicht von der grundlegenden und kirchengründenden apostolischen Botschaft auf die gewiß damit verbundene, aber doch erst in ihrem Gefolge notwendig werdende, beratende Begleitung, die bei Paulus gewöhnlich den Gemeindegliedern zukommt[270]. So scheint eher die Arbeit der stärker lokal ge-
bundenen Mitarbeiter bei der Konsolidierung als die Neugründung der Gemeinde im Blick zu sein. Dieser Eindruck wird noch verstärkt dadurch, daß

---

[267] 1Kor 2,1; 9,14; mit anderem Ausdruck
Gal 3,1; häufig aber κηρύσσειν, εὐαγγελίζεσθαι.
[268] Von Paulus selbst nur 1Kor 4,17; vgl. das
Substantiv Röm 6,17 (?); 16,17 (1Kor 14,6).
[269] Νουθετεῖν, eigentlich: »den Sinn zurecht rücken« (vgl. unser »den Kopf zurecht

setzen«).
[270] Die Gabe des »Lehrens« und »Mahnens«
(παρακαλεῖν) steht Röm 12,3.7f neben der
dem Apostel gegebenen, der Lehrer neben dem
Apostel (1Kor 12,28); das »Mahnen« (νουθετεῖν) ist Sache der Gemeindeleiter, ja aller Gemeindeglieder (1Thess 5,12.14; Röm 15,14).

dreimal[271] jedermann als Objekt genannt, also die dem einzelnen zuteil werdende Betreuung hervorgehoben wird. Möglich, wenn auch nicht gerade naheliegend, ist freilich, daß damit nur die unterschiedslose Behandlung im
Sinne von 3,11 gemeint wäre.

Wieder ist, wie das folgende zeigt, »Weisheit« sehr stark als praktisch-ethische
Lebensanweisung zu verstehen (vgl. S. 43): jedermann soll »als Vollkommener
in Christus« präsentiert werden[272]. So wird man übersetzen müssen, nicht nur
»als Gereifter«[273]; auch 4,12 (vgl. 1,22) ist so zu verstehen. Dahinter steht die
Erinnerung an den Ruf zum Vollkommensein vor seinem Gott (Dtn 18,13), der
besonders in Qumran[274] aufgenommen wurde. Möglich ist, daß der Ausdruck
aus der Sprache der kolossischen Philosophie stammt, wie er 1Kor 2,6 von
Paulus aufgenommener Terminus der Gegner sein könnte; doch läßt sich eine
besondere Beziehung auf die Einweihungen der Mysterien jedenfalls für die
Zeit des Kolosserbriefes nicht nachweisen[275]. Die Philostelle, die im »Vollkommenen« den zwischen Gott und Menschen Stehenden sieht, sagt nichts
anderes, als was an anderen Stellen vom Tüchtigen oder sogar vom Menschen
überhaupt gesagt wird[276], ist also nicht typische Mysteriensprache. Freilich
besteht solche Vollkommenheit weniger in, etwa gar moralisch verstandener,
Unfehlbarkeit, als in der Ganzheit und Ungeteiltheit, in der ein Mensch mit all
seinen positiven und negativen Eigenschaften auf Gott oder auf Christus hin
ausgerichtet ist[277]. Die Näherbestimmung »in Christus« besagt, daß diese
Vollkommenheit nicht einfach mit dem Maßstab einer allgemeinen ethischen
Wertlehre bemessen wird, sondern von dem bestimmt wird, der diesem Maßstab oft gerade nicht entspricht; doch ist die Formel in unserem Brief so häufig,
daß sie nicht viel stärker betont ist als unser Adjektiv »christlich«.

29 Von der allgemeinen Aussage über das apostolische Wirken geht der letzte
Satz auf die persönliche Beteiligung des Paulus über, womit das Thema von V
24 wieder aufgenommen ist. Beides ist gleicherweise betont: die Mühe und der
Einsatz[278], die der Apostel sich seinen Dienst kosten läßt, und die Quelle, die
ganz in Christi Kraft liegt. Diese ist nicht »transzendent« in dem Sinn, daß sie
in einer anderen Welt wirkte; sie kommt dem Apostel zwar von außen her, aus
der »Transzendenz« zu, wirkt aber in seinem konkreten irdischen Leben und
Handeln.

---

271 Die Streichung der zweiten Erwähnung in
D*G dürfte erleichternde Korrektur sein. Die
Häufung zeigt: es gibt keine »aussichtslosen
Fälle« (de Boor 205).

272 Das gleiche Verbum wie in 1,22, das Einsetzung in den Dienst wie Präsentation vor
Gottes Gericht bedeuten kann (vgl. S. 77).

273 Masson 114 (»geistliche Mündigkeit«);
zwar steht τέλειος auch im Gegensatz zu παι-
δία und νηπιάζειν (1Kor 14,20). G. Delling,
ThWNT VIII,76,29f: beide Bedeutungen in-

einander übergehend.

274 Ebd. 73,19–74,15.

275 Ebd. 70,1–14; anders Lohse 124.

276 Som II,230; 234; Virt 9; Op Mund 135.

277 G. Delling, ThWNT VIII,76,29–33;
vgl. 74,17–78,27. Ausgezeichnet umschreibt
Zwingli 223: »Sind styff an mir wie an üch
styff bin.«

278 Ἀγών ist der Wettkampf, nicht der
Krieg, vgl. S. 85f.

Der Abschnitt beschreibt den apostolischen Dienst; freilich so, daß er in V 28,   Zusammen-
wie schon die pluralische Formulierung, vor allem aber die Ausweitung auf die   fassung
eigentlich seelsorgerliche, gemeindebewahrende Funktion zeigt, offen ist auf
den Dienst hin, den jedes Gemeindeglied zu leisten hat. Einerseits ist die
Einzigartigkeit des apostolischen Wirkens, das geradezu heilsgeschichtliche
Qualität bekommt, stark unterstrichen. Nur die Schilderung des prophetischen
Auftrags bei Jeremia oder im zweiten Jesaia bietet dafür wenigstens einen Ansatz. In seiner Verkündigung bricht auf, was »seit Aeonen« verschlossen war;
darum ist dieser Dienst auch durch die »Christusbedrängnisse« geprägt, wie sie
in eschatologischer Überbietung des Leidens des Propheten von Paulus durchlitten werden. Sie geschehen der Gemeinde zugut, weil nur so die Botschaft zu
ihnen kommen und zugleich auch glaubhaft werden kann. Auftrag und Leben
des Apostels sind eins geworden, darum auch Verkündigung und Leiden. Alles
ist ausgerichtet auf die, die der offenbargewordene Gott erreichen will. Inhaltlich ist der Durchbruch des Evangeliums, also der Botschaft vom gnädigen Ja
Gottes zum Menschen, über die Grenzen Israels hinaus in die Völkerwelt hinein genannt. Andererseits wird dieser Dienst aber besonders hinsichtlich seiner
zurechtweisenden, immer wieder zur Umsetzung des Gehörten in die konkreten Lebensprobleme rufenden Tätigkeit beschrieben, also nicht in seiner Ein-
maligkeit, sondern in seiner weiterdauernden Ausrichtung.
Damit ist das Problem des Verhältnisses zwischen Heilsereignis und Verkündigung des Heilsereignisses gegeben. Zugespitzt zeigt es sich in der Formulierung von V 24, wo die Unterscheidung zwischen »satisfaktorischem« und »ädi-
fikatorischem« Leiden Jahrhunderte theologischer Arbeit hervorgerufen hat.
Es zeigt sich aber auch in der Spannung zwischen der in heilsgeschichtlichem
Pathos formulierten Aussage von der einmaligen Aufdeckung des Mysteriums
in V 26 und der praktischen pastoralen Beschreibung des weiterlaufenden
Dienstes in V 28. Gilt es aber, daß sich in Jesus Christus Gott ein für allemal
dem Menschen zugesagt hat, dann gilt dies ausschließlich für das Handeln Jesu
Christi selbst. Ob er (als Irdischer) einem Menschen die Zusage direkt macht
oder wie bei der Aussendung sie durch seine Jünger ausrichten läßt[279], ob er einem Menschen das Brot direkt reicht oder wie bei der Speisung durch seine
Jünger, ändert daran nichts. Dann ist aber seine Hinwendung zu den Völkern
in der Mission seiner Jünger nach Ostern nichts grundsätzlich Anderes als
seine Hinwendung zu den Menschen in Galiläa während seiner irdischen Wirksamkeit. Man kann also verstehen, daß sie fast zum Bestandteil des Glaubens-
bekenntnisses geworden ist[280]. Gewiß läßt sich der handelnde Christus von
dem Mittel unterscheiden, durch das er handelt. Dieses kann ein Wort, eine

---

[279] »Wer euch hört, hört mich« (Lk 10,16).
[280] Jedenfalls steht sie im Hymnus 1Tim 3,16
neben Menschwerdung und Erhöhung Christi,
und sein Zug durch die Völkerwelt in der Mission läuft dem des Auferstandenen durch die
himmlischen Regionen parallel. Versöhnung

und Dienst der Versöhnung gehören nach 2Kor
5,18f zusammen und die Zeugenschaft der
Apostel gehört auch 1Kor 15,5; Apg 2,32;
3,15; 5,32; 10,39; 13,31 zum Glaubensbe-
kenntnis.

Geste, ein Essen und Trinken, ein stummes Erleiden des irdischen Jesus oder eines von ihm geschickten Boten sein; immer ist das Handeln Christi selbst entscheidend, nie das Mittel, obwohl natürlich dieses Handeln dem, den es heilt, nie ohne Vermittlung zukommen kann. Wo es im strengen Sinne als Handeln des Christus selbst verstanden wird, da muß auch sein Konkretwerden, z. B. im Einsatz des Apostels, als Hinweis darauf ernst genommen werden. Aber das Mittel, die Geste, das Brot oder der Jünger, ist nicht identisch mit Christus, weil immer offen bleibt, ob sich sein, Christi Kommen auch wirklich ereignet oder eventuell sogar gerade durch das Mittel verunmöglicht wird. Aber auch von der Seite des Empfängers her gesehen, ist klar, daß ein solches weltverwandelndes Ereignis nicht einfach zur Kenntnis genommen werden kann, sondern den Empfänger der Botschaft wandeln und umprägen und ihn in die Ganzheit der Ausrichtung auf Gott hinführen will. Das Verhältnis von Heilsereignis und Verkündigung läßt sich, wenn auch nicht in allem ausreichend, vielleicht vergleichen mit der grundlegenden Zusage, in der sich ein Mensch einem andern für immer zuspricht, und den ihr folgenden Äußerungen der Liebe. Diese können in Worten oder Gesten oder Taten bestehen, auch durch Briefe oder Freunde vermittelt werden. Sie wären aber nie, was sie sind, ohne die Vergangenheit und Zukunft, die durch die ein für allemal erfolgte Zusage gegeben sind. Das macht auch deutlich, daß die Geste oder Tat, der Brief oder Freund nie identisch wird mit dem Liebenden selbst, der sie in Dienst nimmt, um seine Liebe auszudrücken. Sie können diese zwar vermitteln, aber auch verfälschen, wo sie nicht mehr durch seine Liebe geprägt sind.

4. Der Einsatz des Apostels für die Gemeinde (2,1-5)

1 Ich möchte euch nämlich wissen lassen, welchen Einsatz ihr mich kostet und die in Laodizea und alle, die mich nicht persönlich kennen gelernt haben, 2 damit ihre Herzen den (rechten) Zuspruch bekämen, (fest) zusammengehalten in Liebe und auf allen Reichtum der Fülle des Verständnisses hin (ausgerichtet), auf die Erkenntnis des Geheimnisses Gottes: Christus. 3 In ihm liegen alle Schätze der Weisheit und Erkenntnis verborgen. 4 Das sage ich, damit keiner euch mit großer Rhetorik verleite; 5 denn wenn ich auch leiblich abwesend bin, bin ich doch im Geiste mit euch, freue mich und sehe eure (gute) Ordnung und die Festigkeit eures Glaubens an Christus.

Analyse   Der Abschnitt gehört zu 1,24-29 (s. Anm. 84); was dort allgemein über den apostolischen Dienst gesagt wurde, wird hier persönlich auf das Verhältnis des Paulus zu den Kolossern bezogen. Das Ziel seines Dienstes wird wiederum als Erkenntnis des Geheimnisses Gottes, d. h. Christi, beschrieben. Erst die zwei Schlußsätze zeigen, daß diese Erkenntnis gefährdet sein könnte, womit dann der Übergang zur Auseinandersetzung mit der in Kolossä eingedrungenen »Philosophie« gegeben ist.

Mit einer paulinischen Formel (1Kor 11,3) wird der Übergang zu einer noch di- Erklärung
rekteren und persönlicheren Schilderung des apostolischen Dienstes gerade für 1
die Adressaten gefunden. Das schon 1,29 erscheinende Stichwort vom wett-
kämpferischen Einsatz wird auf die konkrete Gemeinde bezogen. Gerade vom
Wirken des Apostels kann nicht gesprochen werden, ohne daß die rein
menschlichen Bezüge – daß er sich mit ganzer Kraft für sie einsetzt, daß sie
»sein Gesicht nicht im Fleisch gesehen haben« – ernst genommen werden. Der
Lauf des Evangeliums durch die ganze Welt, das Christus zum Weltenherrn
werden läßt, vollzieht sich in einer Anzahl von sehr konkreten Begegnungen,
die alle ihre Nöte, Schwierigkeiten, Schmerzen und Freuden mit sich bringen.
Daß Laodizea auch unter den Gemeinden genannt wird, um die der apostolische Kampf geht, mag darauf hinweisen, daß die Gefährdung, von der der
nächste Abschnitt redet, auch andere Gemeinden betrifft[281].

Ziel des apostolischen Einsatzes ist der Zuspruch. Das Wort kann »Mahnung« 2
wie »Tröstung« einschließen. Dahinter steht die Einsicht, daß wirklicher Trost
nur dort möglich ist, wo der Mensch so ernst genommen wird, daß er zugleich
gemahnt, d. h. daß eine Erwartung in ihn gesetzt wird, und daß umgekehrt
nur recht gemahnt werden kann, wo dem Gemahnten zugleich eine Möglichkeit zum Getrostwerden eröffnet wird. Darum werden auch ihre »Herzen« genannt, die alttestamentlich das Ich des Menschen, vor allem im Blick auf seine
Willensentscheidungen bezeichnen. Daß nicht mehr von »euren« Herzen gesprochen wird, sondern von »ihren«, könnte ein Zeichen dafür sein, daß die
konkrete Briefsituation vergessen ist; vermutlich ist aber nur (im Sinne von:
»euer aller Herzen«) an den weiteren über Kolossä hinausgehenden Kreis von
Gemeinden gedacht. Sie sind also als Menschen angesprochen, die sich in Freiheit dem Zuspruch öffnen und ihn in ihrem Handeln übernehmen können.
Wieder ist das Partizipium lose und grammatisch unkorrekt angehängt[282].
Vermutlich ist nicht mit »belehrt«, sondern wie oben zu übersetzen, da das
Wort in 2,19 so wiederzugeben ist und die Liebe auch 3,14, mit einem anderen
Ausdruck freilich, als zusammenschließendes Band bezeichnet wird[283]; doch
mag die andere Wortbedeutung so etwas wie einen Hof bilden und suggerieren, daß dieser Zusammenschluß eben durch die apostolische Lehre geschieht.
Hat 1,28 erklärt, der Apostel möchte jedermann »vollkommen in Christus«
bereiten, so wird hier auf die »Liebe« hingewiesen, die nach 3,14 allein vollkommene Einheit schenkt. Von der Liebe als Mittel werden Einsicht und Erkenntnis des Gottesgeheimnisses als eigentliches Ziel unterschieden. Vielleicht
ist damit angedeutet, daß eine von der Liebe diktierte äußere Einheit der Gemeinde noch nicht das Letzte ist, wenn die volle Erkenntnis Christi noch fehlt,
weil sie durch die V 8 genannte »Philosophie« gefährdet ist.

---

[281] In späteren Handschriften ist aufgrund
von 4,13 auch Hierapolis zugefügt worden,
freilich nur sehr vereinzelt.
[282] Auf καρδίαι bezogen müßte es feminin
sein, auf αὐτῶν, im Genitiv stehen, wie es

dann in ℵ der Fall ist. Weiterführung durch
nominativische Partizipien ist aber für Kol typisch (Bujard, Untersuchungen 59–63).
[283] Lohse 127f; G. Delling, ThWNT
VII,764,1–15.

Wie in 1,9-11 und 27 wird die Überfülle solcher Erkenntnis durch die gehäuf-
ten Synonyme[284] angedeutet. Es ist aber bemerkenswert, daß dies nur gerade
im Kontext des Erkenntnisvorgangs geschieht, vor allem im Zusammenhang
mit dem Schema von der Einsicht in das jetzt offenbarte Gottesgeheimnis (s.
S. 88f). Hier muß nach der Meinung des Verfassers die grundsätzliche Transzendenz Gottes, die sich nie vom Menschen bewältigen läßt, unbedingt festgehalten werden. Paulus selbst spräche vom Ereignis des Geistes (1Kor 2,6-16).
Damit ist stärker unterstrichen, daß Erkennen einen Vorgang beschreibt, in
dem der Mensch dauernd auf Gottes Handeln angewiesen bleibt, daß also alle
Verkündigung »im Geheimnis« (1Kor 2,7) erfolgt, d. h. auch immer noch Geheimnis bleibt, nicht nur Mitteilung eines geoffenbarten Geheimnisses ist. Der
Unterschied darf nicht überbetont werden; auch nach Kol 2,2 soll ja solche Erkenntnis immer neu entstehen und eben die Vielzahl der Ausdrücke, die sich
überall einstellt, wo davon die Rede ist, zeigt die grundsätzliche Unabgeschlossenheit. Dennoch wird deutlich, daß jedenfalls der Hinweis auf den »Geist«
nicht mehr genügt (vgl. Anm. 64). Der hier mit »Fülle« übersetzte Ausdruck
bedeutet außerbiblisch »Gewißheit«; das wird stark mitschwingen, da ja von
Erkenntnis die Rede ist. Vom Wortstamm her ist aber der Gedanke der Fülle so
stark spürbar, daß die »plerophorische« (so wörtlich) Überbietung des »Reich-
tums« dieser Erkenntnis in der Übersetzung ausgedrückt werden muß. Wieder
wird das »Geheimnis Gottes« durch »Christus« definiert[285]. Damit ist die einzigartige und alles erschöpfende Stellung Christi unterstrichen. Daß es der unter den Völkern verkündete Christus ist, war 1,27 gesagt; jetzt wird jede Näherbestimmung weggelassen, weil hier nur eindeutig gezeigt werden soll, daß
der, der Christus besitzt, nichts anderes mehr nötig hat.

3 Nochmals wird wie in V 2 die Fülle der Erkenntnis durch das Nebeneinander-
stellen zweier Synonyme, durch die vorgeordnete Qualifikation als »Schätze«
und durch das zusätzliche »alle« unterstrichen. Vor allem aber bleiben diese
Schätze der Weisheit gerade in ihrer Enthüllung »verborgen«, d. h. allem
menschlichen Zugriff entnommen. Gott allein kann sie frei schenken, und nur
im Gehorsam des Glaubens können sie empfangen werden. So bleibt Christus
gewißermaßen Subjekt alles unseres Erkennens[286]. Nie ist dies ein für allemal
erledigt; nur in immer neuem Hören kann Offenbarung geschehen. Damit ist
schon ausgesprochen, daß Christus genügt, daß es nicht neben und außer ihm
noch andere heilswichtige »Geheimnisse« gibt. Einerseits gilt also, daß in
Christus die ganze Offenbarung Gottes ein für allemal erfolgt ist und man
nicht, wie offenbar manche in Kolossä es versuchen, noch anderswo Erkennt-

[284] Dazu vgl. Bujard, Untersuchungen,
147–150.
[285] Sämtliche andere Lesarten wollen diese
knappe Formulierung glätten (s. Lohse 129).
Hilarius (De trinitate 9,62 = PL 10,331A) löst
so auf, daß »der Gott Christus« das Geheimnis
darstellt.
[286] Barth, Dogmatik II/1,285; vgl. I/2,12;

IV/1,85. Die Sprache ist biblisch: Spr 2,3–6
finden sich ϑησαυροί, σοφία, γνῶσις, ferner
σύνεσις, ἐπίγνωσις ϑεοῦ (Kol 2,2), Sir 1,25
ϑησαυροὶ σοφίας, Jes 45,3 ϑησαυροὶ . . .
ἀπόκρυφοι, die die Erkenntnis Gottes vermitteln, äth Hen 46,3 »der Menschensohn,
der . . .alle Schätze dessen, was verborgen ist,
offenbart«.

nis suchen muß. Andererseits kann man solche Weisheit aber nie endgültig in Besitz nehmen, sondern muß sie immer neu »entdecken«, indem man sie sich von Christus her schenken läßt.

Zum ersten Mal wird jetzt ausdrücklich auf die Gefährdung der Gemeinde 4 hingewiesen[287]. Mit einem in der Bibel nur hier vorkommenden Begriff wird vor »großer Rhetorik« gewarnt. Es ist die gleiche Frontstellung wie in 1Kor 2,7: wer nicht um »die verborgene Weisheit Gottes« weiß, von der man nur »im Geheimnis« reden kann, oder (nach Kol 2,2f) um »die verborgenen Schätze der Weisheit und Erkenntnis«, nämlich um »das Geheimnis Gottes, Christus«, der ist den »überredenden Worten der Weisheit« (1Kor 2,4), der »Überredungskunst« (Kol 2,4 wörtlich) ausgeliefert. Damit ist nochmals aufgenommen, was der vorangehende Vers festhält: es gibt eine Erkenntnis, der man sich nur hingeben kann, weil Gott immer Subjekt des Erkenntnisvorgangs bleibt und sich nie zum bloßen Objekt degradieren läßt, das wir besitzen, in eigene Hände übernehmen könnten. Wer nicht dazu bereit ist, sich immer wieder auf ihn als den Gesprächspartner einzulassen, wer allein von sich aus denken will, der ist jedem Überredungskünstler gegenüber wehrlos, weil dann der Ausgangspunkt alles Denkens schon verkehrt gewählt ist. Wenn »Christus« die Mitte aller Erkenntnis ist, dann heißt das ja, daß nicht der Mensch sich die Wirklichkeit erobert, indem er von den ihm zur Verfügung stehenden Kategorien aus an sie herantritt, sondern daß die Wirklichkeit sich ihm öffnet, weil Gott als ihr Schöpfer sich grundsätzlich dem Menschen nicht verschließen, sondern sich ihm zuwenden will. Wo Erkenntnis in Auseinandersetzung mit anderen formuliert werden muß, genügt die bloße Berufung auf den Geist (1Kor 2,4) und seine Macht nicht, weil auch andere behaupten, ihn zu besitzen. In dieser Situation muß, auch wer durchaus noch weiß, daß das Leben des Glaubens nicht einfach in bestimmten Sätzen weitergegeben und übernommen werden kann, doch in bestimmten Sätzen klarmachen, wo und warum er sich von anderen abgrenzt. Dies sind aber notwendig christologische Sätze, weil es darin eindeutig um den Inhalt der Aussagen geht; nicht nur (wie in 1Kor 2) darum, ob sie menschlicher Weisheit zugänglich sind oder nicht.

Auch in V 5 ist schwerlich an den heiligen Geist zu denken, wie das doch wohl 5 1Kor 5,3 noch der Fall ist[288]. Nun ist allerdings schon bei Paulus nicht immer klar, ob er einfach an den dem Menschen von Natur eigenen Geist denkt[289] oder den Geist Gottes, einfach deswegen, weil der Geist des Glaubenden ganz und gar durch den Geist Gottes bestimmt ist. Der dem Pneumatiker geschenkte, sich deutlich von seinem Verstand unterscheidende Geist wird 1Kor 14,14

---

[287] Ob man wie oben übersetzt oder ob man ἵνα einfach als Charakterisierung des Imperativs faßt und τοῦτο λέγω mit »Das meine ich: . . .« wiedergibt (so Moule 87), ändert sachlich kaum etwas.

[288] E. Schweizer, ThWNT VI,434,3–14;

freilich wird die »Macht Jesu« davon unterschieden.

[289] 1Kor 7,34: die Frau soll »an Leib und Geist« heilig sein; nach 2Kor 7,1 (kaum paulinisch, vgl. Anm. 93) kann der Geist wie das Fleisch beschmutzt werden.

doch als »sein Geist« bezeichnet. Daß Kol 2,5 aber nicht wie in der Parallel-
formel 1Kor 5,3 von der Abwesenheit »im Leibe«, sondern (wörtlich) von der
»im Fleisch« geredet wird, läßt vermuten, daß hier der Ton anders liegt. Nicht
mehr der Geist Gottes vermittelt ein Gegenwärtigsein, das dem Menschen
Paulus unmöglich wäre; die geistige Präsenz des Apostels, d. h. seine psychi-
sche Reaktion der Freude über die von Kolossä gekommenen Nachrichten, von
der der Brief Nachricht bringt, steht im Gegensatz zu seiner rein körperlichen
Abwesenheit[290]. Das wird vor allem dadurch nahegelegt, daß der Geist Gottes
sonst nirgends theologisch wichtig wird (s. S. 38f), und daß jedenfalls bei Paulus selbst »Fleisch« und »Geist« entweder beide rein anthropologisch (2Kor
7,1) oder (wie meistens) beide als theologisch gewichtige Begriffe verwendet
werden, wobei dann »Fleisch« in scharfem Gegensatz zu Gottes Geist steht.
Dazu kommt, daß 1Kor 5,3 ein außergewöhnlicher, einmaliger Akt des Paulus
beschrieben wird, in dem er sich durch Gottes Geist mit der Gemeinde vereint,
um das Urteil über den Sünder auszusprechen, hier aber von seiner immerwäh-
renden Teilnahme am Geschick der Gemeinde die Rede ist, nämlich von seiner
Freude an dem geordneten Zustand und der Glaubensfestigkeit der Gemeinde[291]. Gewiß ist dabei nicht der militärische Charakter des Bildes mitzuhören[292]; es soll nur der gute Zustand der Gemeinde im Gegensatz zu der Gefährdung durch die »Philosophie« gekennzeichnet werden. Ob das bloße captatio
benevolentiae ist oder ob die Gemeinde als ganze noch unberührt ist von der
Philosophie, die nur einige in ihr beschäftigt, ist schwer auszumachen[293].

Zusammen-
fassung
In fast überschwänglicher Weise ist hier von Erkenntnis und Weisheit die
Rede. Wir wissen, was es bedeuten kann, wenn der Arzt erkennt, wo der
Krankheitsherd, oder der Mechaniker, wo der Motorschaden steckt. Wir wissen auch, was Lebensweisheit in sich schließen kann, die »Altersweisheit«, in
die die Umwege und Nöte eines langen Lebens eingebunden sind, oder die
Weisheit der Jungen, die entdeckt haben, worauf es ankommt, und eine Art zu
leben gefunden haben, die sie glücklich macht. Und nun wird erklärt, daß die
ganze abgerundete Fülle solcher Erkenntnis und Weisheit in Christus schon für
uns bereitliege. Sie kann freilich nicht einfach mitgenommen werden wie eine
Ware im Einkaufszentrum. Bloße Überredung, reine, jedermann zugängliche
Argumentation kann sie nicht liefern. Sie behält ihren Verborgenheits-
charakter, weil sie in dem immer noch lebendigen Christus beschlossen ist, der
dem an ihn Glaubenden stets neu begegnen will, nicht in einem toten Christus,
den man sezieren und dessen Gestalt man sich dadurch als Wissen aneignen
kann. Darum kann sie auch nicht einfach lehrhaft mitgeteilt werden; darum

---

[290] Mit E. Schweizer, ThWNT VI,433,11 gegen 434,11–14. Griechische Parallelen bei
Karlsson, Eranos 54 (1956), 138f.
[291] Zu dieser Wiedergabe Bl-Debr 471,5.
[292] So Lohmeyer 95 und schon Chrysostomus V 3 (334). Noch weniger ist an Gegensatz-
bildung zum gnostischen Gebrauch von στε-

ρέωμα für »Firmament« (H. Chadwick, ›All
Things to All Men‹ [I Cor IX,22], NTS 1
[1954/55] 272) zu denken.
[293] Vgl. den Exkurs S. 100; Hooker, Teachers
(bes. 315–319. 329–331) und dazu Schweizer,
Forschung 173.

muß der Apostel um seine Gemeinde ringen und kann nur mit dem Einsatz seiner ganzen Person die erreichen, die sich wiederum mit dem Einsatz ihrer Person der von ihm gebrachten Botschaft öffnen müssen, um so den stets erneuten Zuspruch für ihre Herzen zu finden. So geht es nicht um individualistische Frömmigkeit. Getrostheit der Herzen schenkt die Liebe, die Menschen zur Gemeinde zusammenführt, und rechte Erkenntnis wächst nur in jenem Lebensvollzug, der über sich hinaus auch den andern, die Gemeinde sieht.

5. Die Auseinandersetzung mit der kolossischen Philosophie (2,6-23)

Literatur:
Bornkamm, G., Die Häresie des Kolosserbriefes, ThLZ 73 (1948) 11-20 (= Das Ende des Gesetzes [München 1952] 139-156); Delling, G., ThWNT VII 670-686; Dibelius-Greeven 27-29, 38-40; Hegermann, Schöpfungsmittler, 161-166; Hooker, Teachers; Kehl, Christushymnus, bes. 70-74, 152-165; Kern, W., Die antizipierte Entideologisierung oder die »Weltelemente« des Galater- und Kolosserbriefes heute, ZKTh 96 (1974) 185-216; Kramer, A.W., Stoicheia tou kosmou, Diss.Leiden 1961; Lohse 146-150; Schenke, ZThK 61, 391-403; Schlier, H., Der Brief an die Galater, 1949 (KEK 7), 116-119; Schweizer, Background; ders., Elemente., ders., Versöhnung., ders., Forschung 173-180.

Hat bisher der Apostel von seinem Dienst gesprochen, so werden jetzt die Adressaten direkt und zum ersten Mal imperativisch angeredet. Schon in V 4 stand freilich sachlich ein Imperativ, jedoch auf die Verführer der Gemeinde bezogen. Damit war das Thema genannt, von dem der Rest des Kapitels ausdrücklich redet. Im einzelnen lassen sich die Grundlegung VV 6f, die der kolossischen Philosophie entgegengesetzte Christologie mit dem Hinweis auf das der Gemeinde schon widerfahrene Heil (in 2. Person Plural im Praeteritum ausgedrückt) VV 8-15, die eigentliche Abwehr der falschen Aussagen VV 16-23 abgrenzen. Der letzte Abschnitt kann in den aus der christologischen Darlegung gefolgerten Imperativ VV 16-19 und die aus der kurzen Wiederaufnahme des Taufgeschehens fließende Frage VV 20-23 gegliedert werden. Damit ist die Mitte des Briefes erreicht. Bis zu 2,5 war durch die eigentliche Christusaussage und den Hinweis auf die apostolische Verkündigung, die auch Kolossä erreicht hat, das in 2,6f nochmals aufgenommene Fundament gelegt. Mit 3,1 setzt die Paränese ein, die noch auf dem Hintergrund der aktuellen Gefährdung erfolgt, aber doch weit über den konkreten Anlaß hinausreicht.

Analyse

a) Vom Indikativ zum Imperativ (2,6f)

6 Wie ihr Christus Jesus, den Herrn, empfangen habt, so wandelt auch in ihm, 7 verwurzelt in ihm und euch aufbauend (auf ihm) und gefestigt durch den Glauben, wie ihr gelehrt worden seid, voll überfließender Dankbarkeit.

Erklärung   Durch »also« wird die Auseinandersetzung mit der Irrlehre ausdrücklich an die
6   Aussage über Christus als den Inhalt des offenbarten Geheimnisses und über
die apostolische Verkündigung gebunden. Das gilt ebenso für 2,16 und wiederum für die daraus folgende Paränese in 3,1.5.12[294]. Beides ist wesentlich,
daß nur von der Christologie her die drohende Verführung durch die »Philosophie« angepackt und die Folgerung für das praktische Verhalten im ganzen
Umkreis ihres Lebens gezogen werden kann, und daß eben dieses Bestehen in
der aktuellen Gefährdung und im Alltag der Gemeinde das eigentliche Ziel des
Briefes darstellt. Der Satz ist eines der schönsten Beispiele für die Zusammengehörigkeit von Indikativ und Imperativ (Gal 5,25; Röm 15,7; Phil 2,5; Kol
2,20; 3, 1-4)[295]. Die indikativische Aussage weist zurück auf ihr »Empfangen«, d. h. auf das Hören der Christus-Botschaft. Für Übernahme von Tradition wird das Verbum im Neuen Testament nur Mk 7,4 von der pharisäischen
Sonderüberlieferung, neun Mal von Paulus (inklusive 2Thess 3,6) und ähnlich
in Hebr 12,28 verwendet[296]. Dem entspricht die Nennung der »Überlieferung«[297].

Entscheidend ist aber, daß als Inhalt dieser Botschaft nicht irgendwelche Sätze
genannt werden, sondern »Christus Jesus, der Herr«. Das ist freilich die Konzentration eines Satzes, der schon im Ruf »Herr (ist) Jesus« (1Kor 12,3; Röm
10,9) enthalten ist, nur, daß »Christus« zugefügt worden ist[298]. Aber es wird
noch deutlich, daß mit der Verkündigung dieses Satzes er selbst auf den Plan
tritt. Damit wird betont die Überlegenheit Jesu Christi über alles, was sonst auf
den Einsatz der Kolosser Anspruch erheben könnte, umschrieben und die christologische Aussage (VV 9f) schon vorbereitet. Abgesehen von der übernommenen Formel »Vater unseres Herrn Jesus Christus« in der Danksagung (1,3)
und der für die Grußliste auch bei Paulus typischen[299] Wendung »im Herrn«
(4,7.17) steht der Titel »der Herr«, anders als bei Paulus, nur in der Paränese
(1,10 und 3,16 – 4,1). So ist er auch hier bestimmt, wie der Aufruf zum »Wandel in ihm« gleich bezeugt. Im Unterschied zu 1,10 ist allerdings der »Herr«
jetzt als die Sphäre bezeichnet, in der der Wandel geführt wird. Daß davon gesprochen wird, zeigt zugleich, daß nicht einfach auf ein korrektes Festhalten
der überlieferten Sätze abgestellt wird, sondern auf die Regentschaft des leben-

---

[294] Vgl. Lohmeyer 96. 3,5.12 sind freilich
schwerlich gegen die kolossische Philosophie
gerichtet (Schweizer, Forschung 166).
[295] Vgl. den Exkurs bei W. Schrage, EKK zu
1Kor 5,7.
[296] Παραδέχεσθαι hingegen Mk 4,20; Apg
15,4; 16,21; 22,18.
[297] Παράδοσις Mk 7,3–13 par; 1Kor 11,2;
Gal 1,14; 2Thess 2,15; 3,6; παραδιδόναι Mk
7,13; Lk 1,2; Apg 6,14; 7,42; 16,4; Röm 6,17;
1Kor 11,2.23; 15,3; 2Petr 2,21; Jud 3. Wie
schon Mk 7,3–13 zeigt, beschreiben beide Begriffe das Weitergehen der Tradition, z.B. der
des Gesetzes von der Sinaioffenbarung über

Mose, Josua, die Ältesten und die Propheten
bis zur Synagoge (Ab 1,1 = Bill. IV,447). K.
Wegenast, Das Verständnis der Tradition bei
Paulus und in den Deuteropaulinen, 1962
(WMANT 8), 128–130 denkt an Lehrüber-
nahme, wie sie in Mysterienreligionen und
Gnosis geschah.
[298] Am nächsten kommen Phil 2,11 und 2Kor
4,5; wo das Fehlen des Artikels auf die prädika-
tive Verwendung zurückgehen wird, sonst Eph
3,11 (zur Analyse vgl. W. Kramer, Christus,
Kyrios, Gottessohn, 1963 [AThANT 44] §
66c).
[299] Röm 16 siebenmal!

digen Herrn im gesamten Leben der Gemeinde. Damit ist die Zusammengehörigkeit beider Aussagen klar. Aufgerufen wird dazu, den, der in der Verkündigung schon zu ihnen gekommen ist, lebendig werden zu lassen und in den konkreten Entscheidungen und Handlungen, die sich Tag für Tag folgen, immer neu zu ihm zurückzukehren. Glauben und Handeln sind nicht zu trennen; in ihrem Handeln vollzieht sich das Glauben der Gemeinde.

Beides, die indikativisch ausgesagte Verwurzelung in der Christusbotschaft 7 und der Imperativ, sich weiter aufbauen und festigen zu lassen, wird mit den folgenden drei Partizipien ausgedrückt. Die Bilder von Pflanzung und Bau gehen ineinander über[300]; sie sind schon ziemlich abgeschliffen, werden sie doch mit der Aufforderung zum Wandeln verknüpft. Voraussetzung der Paränese ist offenbar die Verwurzelung, die im Perfekt ausgedrückt ist, während die beiden folgenden Verben im Präsens stehen, also besagen, daß sich der Wandel im Herrn als Aufbau und Festigung der Gemeinde vollziehen soll[301]. Das geschieht kraft ihres Glaubens, der durch den Hinweis auf ihre Unterweisung näher bestimmt wird. Man wird allerdings noch nicht scharf scheiden dürfen zwischen Glauben als Haltung des Menschen und Glauben als geglaubtem, für wahr gehaltenem Inhalt einer Bekenntnisformel (vgl. S. 78); doch ist mit dieser Präzisierung daran erinnert, daß Glaube nur als Glaube an . . ., d. h. als ein auf ein bestimmtes, durch die Verkündigung überliefertes Objekt gerichteter Glaube verstanden werden kann, nicht einfach als irgendeine auf irgendetwas gerichtete menschliche Gläubigkeit. Aber dieses Objekt war ja als »Jesus Christus, der Herr« angegeben, also als ein lebendiger Partner, der immer Subjekt im Dialog werden will. Eben darum wird die Rückkehr dazu nicht einfach darin bestehen, daß man sich etwas einst Mitgeteiltes intellektuell wieder in Erinnerung ruft, sondern darin, daß man sich von dem einst Mitgeteilten bewegen, neu ausrichten, in seinem ganzen Handeln bestimmen läßt und so »im Dank überfließt«.

Die beiden Verse legen das Fundament für die folgende Auseinandersetzung. Zusammen-
Mit dem Hinweis darauf, daß die Gemeinde Christus »empfangen hat«, wird fassung
alles zusammengefaßt, was z. B. im Hymnus und seiner Auslegung oder auch in der Beschreibung der apostolischen Verkündigung bisher gesagt war. Doch muß eben dies im »Wandel in ihm« dauernd neu gelebt werden (V 6). Es hilft nicht viel, um reine Waldluft zu wissen, wenn man im Verkehrschaos der Stadt sitzen bleibt und nicht dort wandert, wo Waldluft einen ganz umgibt und zugleich auch ganz ausfüllt. Die Bilder vom Verwurzeltsein, vom Gebautwerden und von der Stärkung verbinden die ein für allemal erfolgte Grundlegung und das stets weiterlaufende Geschehen des Glaubens. Ein gut verwurzelter Baum

---

[300] 1Kor 3,9; vgl. 6,10f; Pseud-Philo, Antiquitates Biblicae, hrsg. G. Kisch, Indiana 1949, 12,8f (Weinstock und Gotteshaus), und J. Pfammatter, Die Kirche als Bau, 1960 (AnGr 110), 19-21, zur Gemeinde als Pflanzung 1QH 6,15f (ebenfalls kosmisch verstanden!); Ps Sal 14,3f; ferner die »lebendigen Steine« 1Petr

2,5; doch wird im griechischen ῥιζοῦν auch für Bauwerke verwendet (Ch. Maurer, ThWNT VI,990,36–39).
[301] Anders Ph. Vielhauer, Oikodome. Das Bild vom Bau in der christlichen Literatur vom NT bis Clemens Alex., Karlsruhe 1940 (Diss Heidelberg), 102–105.

kann sich vom Sturm schütteln lassen, ein tief fundierter Bau in gewagte Höhen hinaufgeführt werden, eine gut verstärkte Konstruktion harte Schläge aushalten. Daß solches Glaubensleben abschließend als Überfließen des Dankes beschrieben wird, zeigt besonders deutlich die Verwurzelung im Indikativ des Heilsereignisses, der doch zugleich als Aufruf zum Wandel aus solcher Dankbarkeit heraus immer neu gehört werden muß (V 7).

Exkurs: Die kolossische Philosophie (2,8)

Forschungsgeschichte

Die Diskussion über die in Kolossä eingedrungene »Philosophie« pendelte zunächst zwischen zwei Extremen hin und her. Hinter den »Elementen der Welt«, die zweifellos eine wichtige Rolle spielten, sah man Engelmächte gnostischer Herkunft, also Gott feindliche Dämonen. Freilich setzte sich die Erkenntnis immer mehr durch, daß die Gnosis ihre Wurzeln im Judentum hatte, wenn sie auch viel iranische Tradition aufgenommen hat. Man konnte dann zwischen den Führern dieser Bewegung, die von synkretistischen Mysterien und persischer Elementenverehrung herkamen, und den kolossischen Christen, die einer stärker jüdisch geprägten Gnosis ohne polytheistische Züge anhingen, unterscheiden oder überhaupt den gnostischen Einfluß leugnen und höchstens an einen von den Mysterienreligionen her angeregten Engelkult denken. Man konnte sogar nur noch die Front gegen eine schon Röm 1,18-32 bekämpfte Verehrung der Geschöpfe anstelle des Schöpfers betonen. Man konnte schließlich aufgrund des religionsgeschichtlichen Befunds überhaupt leugnen, daß die »Elemente« irgendetwas mit Geistermächten zu tun hätten. Sah es zunächst so aus, als ob wenigstens darin Einigkeit herrsche, daß es sich weder um eine rein-synkretistische noch um eine rein-jüdische Bewegung handle, so ist gerade in neuester Zeit wieder versucht worden, sie völlig vom phrygischen Kybelekult her zu verstehen, so daß Christus nur zusätzlich aufgenommen worden wäre, um den vom Judentum her bekannten Monotheismus auch noch einzubringen; der Pleromabegriff hätte dann dazu geholfen, alle Gottesverehrung der einen Gottheit einzuordnen. Etwa gleichzeitig wurde auch das andere Extrem wieder aufgenommen, wonach es sich um eine rein judaistisch-gesetzliche Lehre gehandelt hätte, in der freilich die Elemente der Welt, die zur Verehrung des Schöpfers hätten führen müssen, eine falsche Wichtigkeit bekommen hätten. Schließlich ist auch behauptet worden, es habe sich überhaupt keine Irrlehre eingeschlichen, es seien nur Gedanken verschiedener Philosophien eingedrungen, die damals aktuell gewesen seien[302].

Textaussagen
Was sind die im Text gegebenen Daten? Die Kolossä bedrohende »Philosophie« wird zum ersten Mal in 2,8 erwähnt; doch beschreiben VV 9-15 zunächst die Bedeutung Christi in positiver Weise, und es fragt sich, ob man dahinter Hinweise auf die bekämpfte Philosophie sehen darf. Methodisch ist dies nicht unbedenklich[303]. Jedenfalls werden auch die Stichworte aus V 8 »Menschenüberlieferung« und »Weltelemente«

---

[302] Alle Belege zur Geschichte der Forschung bei Schweizer, Elemente 147f und ders., Forschung 173–176 (ab 1970); vgl. Weiss, CBQ 34, 294–314; neuerdings Caird 163f (jüdisch-stoische Bewegung).
[303] Lamarche (Anm. 84) zieht V 9–15 sogar zu dem mit 1,21 einsetzenden Teil und beginnt

mit 2,16 einen neuen Abschnitt. Sollte übrigens die 2,11 genannte Beschneidung tatsächlich wie in Galatien geübt worden sein, wäre die völlig andere Reaktion darauf Kol 2,17 (s. dort) um so erstaunlicher (vgl. aber zu 2,11 S. 109-111).

erst in der eigentlichen Auseinandersetzung damit in 2,16-23 aufgenommen (VV 20.22). Fest steht also nur, daß »Vorschriften« (vgl. zu V 17) über Essen und Trinken und Festtage (V 16), die nicht Gottesgebot, sondern »profan« sind (V 22, vgl. zu V 8), vielleicht auch sexuelle Enthaltsamkeit (s. zu V 21), Demutsübungen, die wohl im Fasten bestanden, und Engeldienst (s. zu V 18), vor allem aber die Weltelemente, die in irgendeiner Weise den Menschen in der »Welt« festhielten (V 20), eine große Rolle spielten. Vielleicht wurde auch so etwas wie ein Mysterienritus durchgeführt (s. zu V 18). Das Stichwort »Weltelemente« erscheint auch Gal 4,3.8-10, ebenfalls verbunden mit einer Observanz von Festzeiten (vgl. unten S. 121). Es wäre ein merkwürdiger Zufall, wenn gar kein Zusammenhang mit den kolossischen Anschauungen bestünde, auch wenn gewiß *die galatische Irrlehre* nicht einfach dieselbe war wie die kolossische. Zweifellos ist dort Beschneidung gefordert worden, und *Paulus* sieht darin direkt die Forderung des mosaischen Gesetzes. Aber Ignatius (Phld 6,1) redet auch vom »Judaismus«, obwohl er an heidnische Gesetzlichkeit denkt, und wenn Paulus sich Gal 4,3 mit den Adressaten zusammenschließt, dann setzt er ausdrücklich die heidnische Gebundenheit an die »Weltelemente« vor der Bekehrung der Galater mit seiner Bindung an das Mosegesetz gleich. 4,8-10 scheint sogar zu suggerieren, daß die erneute Bindung an die »Weltelemente« Rückkehr ins Heidentum bedeutet. Vor allem belehrt ja erst der Apostel die Galater in 5,3, daß die Übernahme der Beschneidung auch Übernahme des ganzen Gesetzes zur Folge haben müßte. Das ist also eine Konsequenz, die die Gegner nicht gezogen haben. Sie haben also offenbar nicht einfach das mosaische Gesetz verkündet, sondern die Beschneidung, das Halten von »Monaten, Zeiten und Jahren« und ein Ernstnehmen der »Weltelemente«. Das läßt es als möglich erscheinen, daß auch in Galatien eine nur jüdisch verbrämte Weltanschauung eingedrungen war, bei der freilich die jüdische Komponente noch bedeutend stärker war als in Kolossä, – falls nicht erst Paulus, wie es natürlich sehr nahe lag, ursprünglich heidnische Forderungen im Lichte jüdischer Gesetzlichkeit sah und beides weit stärker identifizierte, als es im galatischen Synkretismus tatsächlich der Fall war.

Religionsgeschichtliches

Sei dem, wie es will, entscheidend ist auf alle Fälle der Begriff der »*Weltelemente*«. Da alle bisher gefundenen Parallelen nur die Elemente Erde, Wasser, Luft, Feuer (und Aether) bezeichnen[304], da auch die bloße Bezeichnung »Elemente« (ohne »der Welt«) erst vom 2. Jh. n. Chr. an Gestirne und Gestirnsgeister umfaßt[305], da diese »Elemente« nie in den neutestamentlichen Listen von »Mächten und Gewalten« aufgeführt werden, auch in unserem Brief nicht (1,16!; 2,10), wird man von der einzig nachweisbaren Bedeutung ausgehen müssen. Die Macht, die sie ausüben, indem sie durch asketische »Vorschriften« an die »Welt« binden (VV 20f), ist dann wohl der Macht der Gesetzesgebote, die ja auch keine Dämonen sind, vergleichbar. Worin gründet sie?[306]

---

[304] Blinzler, Lexikalisches, 439–441; auch noch bei Valentin (Iren Haer I 1,10 [5,4] –I 48) so. Vgl. noch G. Münderlein, Die Überwindung der Mächte. Studien zu theologischen Vorstellungen des apokalyptischen Judentums und bei Paulus, Diss. Zürich (Selbstverlag) 1971, 93f, 110, der aber auch Engelwesen einschließt, weil sie ebenfalls zum Geschaffenen gehören.

[305] Delling, ThWNT VII,679,12–682,40. O. Böcher, Christus Exorcista. Dämonismus und Taufe im NT, 1972 (BWANT 96), 20–32 sieht die Elemente auch als Wohnräume der Dämonen.

[306] Alle Belege für den folgenden Abschnitt bei Schweizer, Versöhnung 494–499 gesammelt. Wengst, Versöhnung 15f denkt, daß die Engel mindestens Repräsentanten der »Elemente« seien; das ist freilich sehr unwahrscheinlich, da die »Elemente« nie in den neutestamentlichen Listen der Mächte erscheinen. Auch heidnische Elementenanbetung, gegen die schon Aristid Apol 4f polemisiert, bleibt unwahrscheinlich. Daß die Elemente (als gefürchtete) auch so einen gewissen Machtcharakter bekommen, ist wohl wahr; doch ist er völlig anders als der der »Engel« oder der 1,16 genannten Gewalten.

Seit *Heraklits* lange nachwirkender Definition des Gottes, der sich wandelt wie »Feuer«
und »Tag-Nacht, Winter-Sommer, Krieg-Frieden, Sattheit-Hunger« ist (Diels I
165,8-11) und so »Notwendigkeit«, »Krieg« und »Zwist« als eherne Gesetze alles Geschehens begründet (ebd. 169,3-5), bestimmt die Vorstellung vom »Streit« der »Glieder« des Weltalls, eben der »Elemente«, wie sie spätestens im aristotelischen Referat
heißen, und ihrer Wiederversöhnung in der »Liebe« das Weltbild (*Empedokles*, ebd. I
315,21-316,2; 322,17-323,10; 327,6-10). »Mächtiger Streit in den Gliedern« wird so
zum Prinzip der Vergänglichkeit (Aristot Metaph II 4 [1000ab]), »Vernichtung aller
durch alle«, wie es »Hippokrates« etwa zur Zeit des Kolosserbriefs formuliert (Diels I
183,8). Mit dieser empedokleischen Sicht von den »vier Wurzeln des Alls«, eben den
vier Elementen, setzen sich zur Zeit des Neuen Testamentes Philo wie Plutarch, aber
auch Simon Magus und die Rabbinen auseinander[307]; sie muß also den Zeitgeist weithin beherrscht haben. Nur im Gleichgewicht des Schreckens wird die jederzeit durch
Naturkatastrophen bedrohte Stabilität der Welt mühsam erhalten. Die *Stoiker* reden
daher vom Weltbrand (oder auch der Weltflut), d. h. von einer kommenden totalen
Vernichtung, die allerdings zu neuer »Weltwerdung« führen wird[308].
Genau in diesem Zusammenhang spricht *Philo* von Gott als dem »Stifter und Schirm-
herr des Friedens«. Mit der Posaune des Neujahrsfestes bläst er nämlich zum Kriegsab-
bruch und stiftet Frieden zwischen den »Teilen (oder Gliedern, vgl. Anm. 470) des Alls«
(Spec Leg II 192), den »Elementen«, wie er sie anderswo nennt (I 208, 210). Nach Vit M
II 117-133 ist es der Versöhnung schaffende Hohepriester, mit dem das Weltall in den
Tempel eintritt, der die »Harmonie des Alls«, die Verbindung von oberer und unterer
Welt herstellt und garantiert (vgl. Rer Div Her 151-153; 199-201 [verglichen mit Som
II 235]; Spec Leg I 96f; Quaest in Ex 2, 68.118). Nicht nur erscheinen bei Philo die bei
Pythagoreern und Stoikern verwendeten technischen Begriffe, vor allem bildet die im
Zusammenhang mit dem Neujahrskult verwendete Bezeichnung Gottes als »Friedens-
stifter« bei ihm genau so ein Hapaxlegomenon wie das entsprechende Verbum in Kol
1,20 innerhalb des Neuen Testamentes.

Lösungsversuche

1. Der Hymnus

Bei den Pythagoreern im 1.Jh. v.Chr., bei »Hippokrates« und Philo im 1.Jh. n.Chr., bei
Plutarch an der Wende zum 2. Jh. herrscht also das Gefühl vor, auf einer brüchigen
Welt zu leben, die durch den ewigen Kampf der Elemente wider einander jederzeit vom
Untergang bedroht ist. Die erste Antwort darauf ist die Philos, der vom einheitlichen
Weltbild der Stoa und vor allem vom alttestamentlichen Schöpfungsglauben her-
kommt[309]: Gottes Treue beendet immer wieder den Streit der Elemente und erhält so

---

[307] Schweizer, Elemente 153–155. Zu Empedokles vgl. W. K. C. Guthrie, A History of
Greek Philosophy II, Cambridge 1965,
122–265, bes. 140-157.

[308] So z.B. bei vArnim II,190,36–39 und
I,32,3–13.19–23; Sen Quaest Nat III,28,6;
zum prekären Gleichgewicht vgl. Pythagoreer
(Diels I,449,9–16); Plut Is et Os 49; 55
(II,371AB; 373D); Philo Spec Leg I,208;
II,190f; Aet Mund 112; 116 (wo 111 Heraklit
zitiert ist).

[309] Aussagen wie die von Zeus als dem Urheber von allem (Chrysipp, vArnim II,315,3–11)
versteht Philo (Aet Mund 8) im Sinne des altte-

stamentlichen Schöpfungsglaubens; erst recht
gilt dies für die Aussagen vom Logos als dem
aktiven Prinzip gegenüber der passiven Materie und von seiner Gleichsetzung mit »Gott«
(durch den Referenten?) bei Zeno und Kleanthes: vArnim I,24,7; 110,27; II,111,10;
322,18; 335,25; III,263,23. Plut Is et Os 45; 67
(II,369A; 377F); vgl. Comm Not 34 (1076C),
spricht vom δημιουργός der ὕλη. Im Referat
über verschiedene Stoiker redet Diog Laert
VII,135 (vArnim I,180,2.5–7) vom σπερματι-
κὸς λόγος, der alles (aus dem στοιχεῖον) erzeugt, und Pseud-Aristot Mund 6
(399a,30–b22) erscheint das (militärische)

die Welt am Leben. Das ist die Antwort des Hymnus, der wie Philo am »Bestehen« (das gleiche Verbum bei beiden, s. Anm. 148) der Welt interessiert ist; nur daß die Versöhnung in Christus, ein für allemal vollzogen, nicht jedes Neujahr wieder hergestellt werden muß.

2. Die kolossische Philosophie

Von einem stärker platonisch-aristotelischen Weltbild her muß man die heile Welt in der Transzendenz (oder jüdisch: in der Eschatologie) suchen. Das ist die zweite Antwort auf die Bedrohung der Welt. Schon Aristoteles hat *Empedokles* getadelt, weil der »Streit«, der diese Welt auflöst, doch damit gerade die vier Elemente wieder in die Ur-reinheit zurückführt, also doch eigentlich »Liebe« sei, während umgekehrt die »Liebe« des Empedokles die Elemente zur Mischung und damit zur unreinen, stets bedrohten, jetzigen Welt führe (Gen Corr 2,6 [333b-334a]; Metaph I 4 [985a]; II 4 [1000b]). Typischerweise übernimmt Hippolyt (Ref VII 29,9.11.13) diese Umkehr der Begriffe in seinem Referat über Markion: die eigentliche heile Welt ist erst die kommende, bzw. wie schon bei voraristotelischen Pythagoreern die »obere« (Aristot Metaph I 8 [990a]). So kann auch Philo reden; die Stichworte »Aether« (als oberstes Element), »Himmel« und »oben« finden sich Spec Leg I 207, und die Seele gibt nach ihm bei ihrem Aufstieg jedem der vier irdischen Elemente das Seine zurück (Rer Div Her 281-283; vgl. Jos Bell 6,47). Das hängt damit zusammen, daß seit Empedokles die Ansicht herrscht, der Mensch sei in den unseligen *Kreislauf der Elemente* hineingezwungen, von einem zum andern gejagt, und könne dem nur durch strenge *Askese* entfliehen[310]. Plutarch, von Empedokles so fasziniert, daß er zehn Bücher über ihn schrieb, schildert kurz nach der Zeit des Kolosserbriefs die sublunare, durch den Kampf der Elemente bestimmte Welt (Is et Os 63 [II376D]), aus der die Seelen nach dem Tod zunächst bis zum Mond aufsteigen. Sind sie noch von Irdischem beschwert und nicht rein genug, werden sie wieder hinuntergejagt in die Elemente; andernfalls werden sie zu halbgöttlichen »Dämonen«, die den Menschen als »Retter« (oder »Heilande«) erscheinen, zu den Orakelstätten hintersteigen und bei Mysterienweihen mitwirken. Philo setzt sie ausdrücklich mit den *Engeln* der Bibel gleich. Völlig gereinigte Seelen schließlich steigen bis zum Aether in die Seligkeit auf[311]. Diese empedokleisch-pythagoreischen Gedanken haben laut Hippolyts Referat (um 200 n.Chr.) auch Markion (um 140 n.Chr.) zum Abfall vom Schöpfungsglauben und zum Verzicht auf Fleisch und Sexualverkehr verführt, weil er so dem rasenden »Streit« und dem Zurückgeworfenwerden in die Elemente entrinnen wollte[312].

Trompetensignal bei der Schöpfung. Zum ganzen vgl. M. Pohlenz, Die Stoa. Geschichte einer geistigen Bewegung I, Göttingen 1954, 67–69,75. Für die Gleichsetzung des Kosmos mit Gott vgl. oben Anm. 142.

[310] Diels I,358,3–8 (von Plut II, 361C und 607C zitiert!); 362,9(?); 363,9f; 368,15.28. Zu Empedokles vgl. Guthrie, History (Anm. 307), bes. 157,163,250-265, zu den Pythagoreern ebd. I, 1962, 146-340, zu Alexander Polyhistor 201, Anm. 3.

[311] Fac Lun 28–30 (II, 943C-E). Die Dämonen (nach Philo, Gig 6; 16; Som I,140f = Engel!) sind σωτῆρες. In Def Orac 10 (II, 415BC)

wird die Stufenleiter der Elemente Erde-Wasser-Luft-Feuer mit der Verwandlung der aufsteigenden Seelen (Menschen-Heroen-Dämonen-der Göttlichkeit [θειότης] Teilhaftige) gleichgesetzt (hrsg. Bernadarkis, Leipzig 1879 und hrsg. F. C. Babbit [Loeb], London[1]1936, [2]1957 ohne Angaben von Varianten, vgl. unten Anm. 324). Naturwissenschaftlich erklärt bei Cic Tusc I,42f (18f); vgl. Sext Emp Math 9,71.

[312] Ref VII,29, 13–23; 30,1–4. Nachwirkung noch bei den Sammlern des 6. Jh. n.Chr. (Diels I,289,8–19; 293,12-17).

Alle genannten Motive finden sich konzentriert in einem *pythagoreischen Text* des 1.Jh. v.Chr. (Diels I 448,33-451,19): Aus den vier Elementen ist der Kosmos entstanden; das unsterbliche, göttliche, obere Element ist der Aether. Wesentlich ist das Gleichgewicht von Licht und Finsternis, Warm und Kalt, Trocken und Feucht (vgl. Anm. 482); das Überwiegen des einen oder andern führt zum Wechsel der Tages- und Jahreszeiten. Bei all dem bleibt die irdische Sphäre unbeständig, ungesund und sterblich im Gegensatz zur reinen, unsterblichen und göttlichen oberen Welt. In sie werden die unsterblichen Seelen durch Hermes von Erde und Meer weg ins höchste (Element) geleitet, falls sie rein sind; andernfalls werden sie wieder von den Erinnyen gefesselt. Daher ist die ganze Luft voll von Seelen (= Dämonen oder Heroen, in jüdischer Terminologie: Engeln). So muß man den Göttern und, wenigstens am Nachmittag, auch den Heroen (Engeln) Ehre erweisen, sich Reinigungsbädern unterziehen und auf gewisse Lebensmittel und Fleischarten[313] wie auf Sexualverkehr verzichten. Das bedeutet aber, daß in diesem, sicher vor dem Kolosserbrief geschriebenen Text außer der Sabbatheiligung, die aber nach Ign Mg 9,1 (vgl. Phld 6,1) auch zum »Judentum der Unbeschnittenen(!)« zu gehören scheint, alle in Kol 2,16-23 auftauchenden Merkmale auch erscheinen: die Wichtigkeit der »Elemente der Welt«, die Flucht aus der »Welt« nach »oben«, der Verzicht auf gewisse Speisen (und Getränke), die Engelverehrung, auch Enthaltsamkeit von Sexualverkehr (Kol 2,21?), Taufen (Kol 2,12) und die Vorstellung vom Aufstieg zum Himmel, die vielleicht mysterienhaft vorwegerlebt wird (Kol 2,18?). Außerdem sind damit genau dieselben Vorstellungen genannt, die auch zu der ganz anderen Antwort des Hymnus (Kol 1,15-20) geführt haben.

Das scheint also der Hintergrund der Philosophie in Kolossä zu sein. Ihre Vertreter konnten den Hymnus 1,15-20 wohl mitsingen; der Unterschied zu dessen Dichter bestand aber in ihrem andern Weltbild, mit dem sie die heile Welt »oben« suchen und die Askese als Mittel zur Loslösung von der »Welt« und zum Aufstieg zum erhöhten Christus ansehen mußten. Nachweisbar gab es schon im 1.Jh. v.Chr. einen jüdischen Pythagoreismus[314], und Philo klagt über das Eindringen synkretistisch- heidnischer Kulte in jüdische Familien (Spec Leg I 315f). Die kolossische »Philosophie« scheint also tatsächlich Philosophie gewesen zu sein, vielleicht auch einen mysterienartigen Ritus eingeschlossen zu haben. Sie zweifelte nicht an der durch Christus gebrachten heiligen und versöhnten Welt »oben«; sie wollte nur den Aufstieg der Seele in diese obere Welt sichern.

3. Der Verfasser

Eine dritte Antwort wird vom Verfasser des Briefes gegeben. Er ist darin mit den Pythagoreern und Platonikern einig, daß er die entscheidende Heilstat nicht in der Erhaltung der Welt sieht, sondern in der Rettung der Gemeinde aus den Verstrickungen dieser Welt. Aber er denkt in den Kategorien von Sünde und Vergebung und kann darum erklären, daß alles Entscheidende schon geschehen ist, die Gemeinde schon »oben« lebt, mitauferstanden mit Christus. Darum kann auch nur zur ethischen Bewährung in der Welt, nicht zur asketischen Trennung von ihr aufgerufen werden. Das wird 3,1 – 4,1 zeigen.

---

[313] Wein wird oft auch genannt, z.B. Diels I,479,13, vgl. 21f; 480,28. Ebenso Apul Met XI,23.
[314] M. Hengel, Judentum und Hellenismus, 1969 (WUNT 10), S. 306, vgl. 301 zu Euseb Praep Ev XIII,12,9; Walter, Aristobulos (Anm. 113), 65f; 66 Anm. 2; 158–162 zu Philo. Übrigens hat schon Grotius 680a, 683a (zu 2,16.21) an Pythagoreer gedacht (was de Wette 49 als einzige Möglichkeit völlig ausschließt!).

b) *Christus, Herr über die Mächte, Heil der Gemeinde (2,8 – 15)*

Literatur: S. 97

8 **Sehet zu, daß da keiner sei, der euch mit seiner Philosophie und leerem Betrug erwische, der sich auf Menschentradition, auf die Weltelemente gründet statt auf Christus.** 9 **In ihm wohnt nämlich die ganze göttliche Fülle wahrhaftig,** 10 **und in ihm seid ihr zu eurer Erfüllung gekommen. Er ist das (Ober-)Haupt aller Macht und Gewalt.** 11 **In ihm wurdet auch ihr beschnitten in einer nicht mit Händen vollzogenen Beschneidung, im Ausziehen des Fleischesleibes, in der Beschneidung Christi.** 12 **Mit ihm (wurdet ihr) begraben in der Taufe, in der ihr auch mitauferweckt wurdet durch den Glauben an die Macht Gottes, der ihn von den Toten erweckt hat.** 13 **Und euch, tot in den Verfehlungen und der Unbeschnittenheit eures Fleisches, euch hat er mit ihm zusammen lebendig gemacht, indem er euch alle Verfehlungen vergeben hat,** 14 **indem er die gegen euch (zeugende) Schuldschrift mit (ihren) Vorschriften, die euch entgegenstand, auslöschte. Und er beseitigte sie, indem er sie ans Kreuz annagelte.** 15 **In ihm entwaffnete er die Mächte und Gewalten und stellte sie öffentlich an den Pranger, indem er sie im Triumphzug aufführte.**

Mit V8 setzt eindeutig die Warnung vor der Philosophie ein, die freilich schon   Analyse
in V 4 ausgesprochen war, so daß man auch VV 4-8 als Warnung vom Hinweis
auf den apostolischen Dienst (1,24-2,3) und von der christologischen Darlegung (2,9-15) abheben könnte (s. Anm. 84). Doch greift auch 2,5 auf das
Thema des apostolischen Einsatzes zurück und sind 2,1-4 tatsächlich schon
warnende Mahnung an die Gemeinde. Andererseits beginnt mit 2,8 eindeutig
die Auseinandersetzung, die in 2,16-23 vorliegt, so daß man doch eher den
neuen Abschnitt mit V 8 einsetzen läßt. Die Abgrenzung gegenüber Christus
am Versende führt aber zunächst die positive Darstellung der Christologie ein,
die, als Begründung der Warnung mit »denn« eingeleitet, durch voneinander
abhängige Relativsätze und Partizipien einerseits die Überlegenheit Christi,
andererseits das neue Leben der auf ihn Getauften beschreibt. Das Hin und
Her zwischen Christusaussage (VV 9.10b) und Aussage über die Gemeinde
(VV 10a. 11f) ist nicht wirklich in Ursache und Folge gegliedert; die Taufaussage wird nur angehängt: » . . . in dem ihr auch . . .« (V 11a). Mit hart vorangestelltem »und euch«[315] und dem Übergang zu Gott als Subjekt setzt die
Konstruktion in V 13 neu ein. Umgekehrt wird jetzt an eine Aussage über die
der Gemeinde zukommende Sündenvergebung mit fünf lose aneinanderge-

---

[315] Vgl. ähnlich 1,21 (dazu Anm. 191) und   rung in ἡμᾶς (p⁴⁶B usw.) gleicht schon an ἡμῖν
2,8. »Euch« wird später wiederholt, das Fehlen   (umgekehrt lesen LP usw. dort ὑμῖν) an.
in DGP usw. ist sekundäre Glättung; die Ände-

hängten Partizipien[316] die Beschreibung der Heilstat Gottes in Christus angeschlossen; freilich zweimal durch ein »und . . .« mit Verbum finitum unterbrochen. Weist das eine auf den Stil des Briefverfassers, so ist das andere völlig untypisch für einen Hymnus. Die Annahme eines wörtlich zitierten hymnischen Fragmentes in VV (13c.)14f[317] bleibt also unwahrscheinlich. Auch der Wechsel zwischen »mit ihm« (V 13b) und »in ihm« (V 15) oder zwischen »euch« (V 13b) und »uns« (VV 13c.14) ist schon in VV 12f zu beobachten und für den Kolosserbrief charakteristisch[318]. Zwar fehlen drei in diesen zwei Versen stehende Vokabeln (»Handschrift, annageln, ausziehen«) sonst im Neuen Testament, weitere drei (»auslöschen, gegen, zur Schau stellen«) bei Paulus, und »triumphieren« steht nur noch 2Kor 2,14. Zweifellos ist also ein ungewohntes Bild verwendet, das wahrscheinlich aus christlicher Tradition stammt. Die Frage ist aber, ob diese schon festgeprägt war. Dafür spräche eigentlich nur der Hinweis auf die »Vorschriften«, der in diesem Fall als ungeschickt eingefügter Zusatz des Briefverfassers erklärt werden könnte. Doch dürfte das nicht genügen; wenn man ihm schon diese Ungeschicklichkeit zutraut, dann könnte auch die ganze Konstruktion auf ihn zurückgehen. Jedenfalls paßt die Verknüpfung von Sündenvergebung (1,14; 1,20-22) und Unterwerfung (nicht Versöhnung!) der Mächte (1,16b.c.18c, Zusätze des Redaktors) theologisch gut zu seiner Sicht. Mehr wird also kaum zu sagen sein, als daß hier traditionelles Bildmaterial in besonders reichem Maß verwendet ist.

Erklärung 8   Die Warnung mit »sehet zu« ist üblich. Die Gemeinde soll ihre Augen aufsperren und sehen, wo Gefahr droht. Die Konstruktion ist auffällig, weist aber nicht auf eine einzige Verführergestalt hin, da das Partizip mit Artikel an die Stelle eines Relativsatzes tritt[319], man also übersetzen muß: » . . . daß da keiner sei, der . . .«. Auch die merkwürdige Satzstellung mit dem vorangestellten »euch« ist nicht unmöglich[320]. Die Verführung wird als eigentliches »Fangen« beschrieben[321], die »Philosophie« als »leerer Betrug«. In der hellenistischen Welt haben auch religiöse Gemeinschaften ihre Lehre als Philosophie angeboten; doch geschieht das gegenüber Nichtglaubenden, so besonders in

[316] Vgl. Anm. 14 und Bujard, Untersuchungen 63: typisch für unseren Brief.
[317] Lohse 160; Schenke, Christologie, 222; auch Ernst 206 erwogen. Wengst, Formeln 184f fragt, ob τοῖς δόγμασιν und der ὅ-satz erst vom Verfasser in vorliegende Tradition eingetragen sei. Nach Burger, Schöpfung 108, wäre der Schluß eines liturgischen Textes zitiert: »Auslöschend die Schuldschrift, sie ans Kreuz annagelnd, stellte er die Mächte und Gewalten dar, sie öffentlich im Triumphzug aufführend.«
[318] Bujard, Untersuchungen 80–86.
[319] Bl-Debr 412,4 (mit Nachtrag). Vgl. Gal 1,7. Trotz der Seltenheit des Verbums wird man also ὁ συλαγωγῶν nicht als terminus

technicus (»der Verführer«) verstehen.
[320] Ebd. 474,5c; אAD erleichtern.
[321] Heliodor 10,35 (307): Entführung einer Tochter.
[322] 4Makk 5,11; Philo Leg Gaj 156; Mut Nom 223; die mosaischen Gebote = τὰ τῆς ἱερᾶς φιλοσοφίας . . . δόγματα: Vit Cont 26; Pharisäer, Sadduzäer, Essener als drei Philosophenschulen: Jos Bell 2,119; Ant 18,11. Im eigentlichen Hellenismus stellt man umgekehrt Philosophie als so etwas wie eine Mysterienweihe dar (G. Bornkamm, ThWNT IV,814,34–816,26); doch erscheint eine direkte Gleichsetzung erst bei Theon im 2. Jh. und Stobaeus im 5. Jh. n.Chr. (Lohse 144).

der Mission des hellenistischen Judentums[322]. Es wird sich also in Kolossä um eine Bewegung handeln, die sich selbst als Philosophie versteht, wobei der religiöse Einschlag z. B. bei den Pythagoreern und im neu erwachenden Platonismus nicht zu übersehen ist. Sie wird als »Menschenüberlieferung« abgewertet. Das geschieht auch Mk 7,8 gegenüber der pharisäischen Tradition, die zugleich (ganz ähnlich wie Kol 2,22) nach Jes 29,13 als »Anordnungen und Lehren der Menschen« charakterisiert wird[323]. Offenkundig ist die Anwendung dieser prophetischen Warnung vor Menschenüberlieferungen in der Gemeinde gängig gewesen (vgl. auch Tit 1,14). In lockerer Weise wird der Gegensatz zwischen den Elementen der Welt und Christus angehängt (»gemäß den . . ., nicht gemäß Christus«). Während die Präposition im ersten Glied (»gemäß der Menschenüberlieferung«) korrekt die Norm einführt, nach der diese Philosophie konzipiert ist, wird im zweiten Glied der Grund angegeben, auf den sie sich stützt. Der Brief bestreitet also der Philosophie ihren göttlichen Ursprung; Menschenüberlieferung steht im Gegensatz zum »Geheimnis Gottes«, das schon V 2 streng christologisch interpretiert war. Der Inhalt ist profanmenschlich, eine Lehre über die »Elemente« nicht über »Christus«.

V 9 nimmt 1,19 auf, interpretiert aber in doppelter Weise. Einmal wird die 9 »Fülle« (vgl. S. 66f) durch den Genitiv »des Gottseins« (so wörtlich) näher bestimmt. Der Gedanke ist sachlich der Aussage Philos parallel, daß der Logos Gottes übervoll sei (Som I 75). Der Gebrauch des in der Bibel nur hier stehenden Abstraktums »Gottsein« ist auffallend. Die oft genannte Plutarchstelle, die in nächste Nähe zur kolossischen Philosophie führte, nach der die aufsteigenden Seelen zu Heroen, dann zu Dämonen (oder »Rettern«, jüdisch: »Engeln«) werden, während einige wenige der »Göttlichkeit« teilhaftig werden (s. Anm. 311), wird in der Regel falsch zitiert, als stünde »Gottsein« dort[324]. Da aber beide Ausdrücke im Griechischen fast gleichlauten, ist trotzdem möglich, freilich keineswegs sicher, daß die Wendung auf die kolossische Philosophie zurückgeht, für die Verwandlung ins »Gottsein« höchstes Ziel war. Jedenfalls hält der Vers fest, daß die »ganze« Fülle des Gottseins in Christus zu finden ist, man also nichts anderes nötig hat.

Zweitens wird dieses Einwohnen als »leiblich« beschrieben; doch wird das Wort auch im Sinn von »wirklich, wahrhaftig« allem nur Scheinbaren entge-

---

[323] An beiden Stellen geht es um Speisegebote, und das Argument Kol 2,22a ist mit Mk 7,19 verwandt (K. Berger, Die Gesetzesauslegung Jesu, I, 1972 [WMANT 40], 471).

[324] Man wird θεότης (»Gottsein«) von θειότης (»Göttlichkeit in dem Sinne, daß etwas die Eigenschaft des Göttlichen hat«, H. Kleinknecht, ThWNT III,123,32f) unterscheiden müssen (Meyer 238, Lohse 150f, Anwander, BZ 9,278), obwohl sie oft verwechselt werden. So zitiert E. Stauffer, ThWNT III,120 Anm. 1, als stünde θεότης dort, ebenso Meyer 238, Abbott 248; Lohse 151, Anm. 2, Pr-Bauer 708

s.v. Auch Luc Icaromenipp 9 wird bei Meyer, Abbott, Stauffer, Pr-Bauer, Pass, Liddell-Scott s.v. so zitiert, unterscheidet aber nach der kritischen Ausgabe von Loeb den einen »Gott« von Wesen zweiter und dritter »Göttlichkeit«. Plut Pyth Or 8 (II, 398A) erklärt, alles sei (bei Weihgeschenken) von »Göttlichkeit« (=göttlichem Geist) erfüllt; Is et Os 22 (II,359D) hingegen spricht von Königen, die sich die Würde des »Gottseins« zuschreiben. Für unsere Stelle hat Aug CivD 7,1 (185,1) sogar den Ausdruck »deitas« neu eingeführt, um den Unterschied zu signalisieren.

gengesetzt[325]. Im Unterschied zu 1,19 steht hier die Gegenwartsform; doch spricht ja auch 1,19 davon, daß die ganze Gottesfülle im Auferstandenen Wohnung genommen hat. Auf den Auferstandenen und jetzt als Erhöhter der Gemeinde Gegenwärtigen bezieht sich offenkundig auch die Präsensform hier. Nun hat aber der Briefverfasser schon in 1,20 den Hinweis auf die Kreuzigung Jesu eingeschoben; er denkt also bewußt an die Kontinuität des Wohnens Gottes im Inkarnierten wie im Erhöhten. Das ist vermutlich auch hier der Fall, und er wählt das Adverb »leiblich«, »leibhaftig« vielleicht, weil er auch an die Gegenwart Gottes im »Leibe« Jesu denkt. Nach paulinischer Sicht besitzt ja der Auferstandene einen Leib (1Kor 15,35–44), wenn auch keinen »Fleischesleib«, wie es Kol 1,22 vom Gekreuzigten sagt (vgl. 2,11), sondern einen ganz anderen, menschlicher Vorstellung nicht zugänglichen Leib. Dennoch wird dies dem Paulusschüler erlauben, von der vollen, leibhaften Gegenwart Gottes im Inkarnierten und Gekreuzigten auszugehen und so auch den jetzt Erhöhten als den zu preisen, in dem diese Gegenwart Gottes »wirklich« für die Gemeinde vorhanden ist. Das ist deswegen wichtig, weil darin sichtbar wird, daß das »Gottsein« Jesu Christi nicht in der Kategorie der Substanz zu erfassen ist, sondern in der des Wirkens Gottes. Es ist die Fülle der Gotteskräfte (1,19!), der »Macht Gottes« (wie V 12 gleich formulieren wird), die im Christusereignis, in Tod und Auferweckung Jesu präsent geworden ist und daher der Gemeinde noch immer im Vollendeten begegnet. Darum kann man sie ja auch nicht lokal auf einen Himmel begrenzen, den man erst nach dem Tod (eventuell!) erreichen wird, wie es die kolossische Philosophie lehrt. Dabei ist aber nicht zu vergessen, daß eben in seinem Wirken Gott selbst auf dem Plan ist, nicht nur eine von ihm ausgehende, von seinem Sein zu unterscheidende Kraft (wie etwa sein Einfluß auf einen Propheten). Gott *ist* eben in seinem Handeln Gott[326].

10 Die Stoßrichtung des christologischen Satzes wird sichtbar: die Gemeinde ist »in ihm erfüllt«. Bei Paulus ist dies nur Ausdruck eines Wunsches (Röm 15,13; Phil 1,10f; 4,19)[327], während hier gerade die Zusicherung, daß die Gemeinde in ihm schon alles gefunden hat, das Entscheidende ist[328]. Vermutlich ist zwi-

---

[325] So auch Moule 93f. Denkbar wäre noch: a) als ein Organismus, als ganze (Fülle); b) sich selbst im »Leibe Christi« (in der Kirche) ausprägend (Masson 124f); c) wesenhaft (s. S. 189). Aber a) und b) könnten kaum durch bloßes σωματικῶς ausgedrückt werden; c) findet sich bei den Kirchenvätern, die schon die Fragestellung des 3./4. Jh. voraussetzen; zur Zeit des Kolosserbriefs konnte man »Wesen« nur wie oben als Gegensatz zu »Schein«, d.h. als »Wirklichkeit, Realität« verstehen. Für das relativ seltene Adjektiv finden sich bei Ptolemaeus, Tetrabiblos, Basel 1553, 52 und 132 Belege in diesem Sinn, für das Substantiv vgl. unten S. 120. Der Gedanke der Einwohnung Christi in der Kirche als seinem Leib, erst recht die Gleichsetzung der Christen mit Christus

(A. Anwander, Zu Kol 2,9, BZ 9 [1965], 278) liegt ganz fern. Auch »das große Thema des wachsenden Leibes und der Allversöhnung« ist schwerlich »mitzuhören« (so Ernst, Pleroma 103).

[326] Gewiß wird man nicht nur an ein »sittlich-religiöses« Einwohnen Gottes in Christus denken (s. S. 213); aber man kann auch nicht (mit Meyer 238) diese Aussage als metaphysische von der historischen in 1,19 abheben (s. unten S. 188f). Ernst, Pleroma 100 interpretiert »Fülle, die göttlich ist«, nicht: »volles, ganzes Gottsein«.

[327] Lohmeyer 106.

[328] So auch der Johannesprolog 1,16: »aus seinem πλήρωμα haben wir alle Gnade um Gnade empfangen«.

schen den von der Philosophie bewegten Kolossern und dem Briefschreiber eben dieser Punkt strittig, ob nämlich die Fülle schon erreicht ist, wenn man im Glauben mit Christus verbunden ist, oder erst nach dem postmortalen Aufstieg der Seele. Möglich ist, daß die Kolosser von der »Fülle« sprachen, die sie gern erreichen möchten, und daß Kol 1,10 sagen will, sie hätten ja schon Gemeinschaft mit dieser »Fülle« erlangt[329] oder seien schon »zum Vollmaß gebracht«; wahrscheinlicher bleibt doch die nächstliegende Bedeutung: »ihr seid schlechthin erfüllt« durch ihn (als den Geber aller Fülle)[330]. Mit lockerem Relativanschluß[331] wird Christus als »Haupt« aller Macht und Gewalt eingeführt. Damit ist das alttestamentlich-paulinische Verständnis (vgl. Anm. 149) vom »Haupt« im Sinn von übergeordneter Autorität aufgenommen, ohne daß damit die Mächte als sein »Leib« bezeichnet werden (vgl. S. 69f). Das kann der Verfasser gerade nicht sagen, da für ihn nur die Kirche der Leib Christi ist.

Wiederum wird mit lockerem relativischem Anschluß die Situation der Gemeinde beschrieben. »Beschneidung« ist vollzogen worden, aber nicht »mit Händen«. **11**

Dieser Wortgebrauch ist hellenistisch; doch bezeichnet rein griechisch das Adjektiv »nicht mit Händen gemacht« nur ein von Natur Gewachsenes im Gegensatz zu künstlich Hergestelltem (z.B. einem See, Weg, Hügel)[332]. Im Alten Testament werden damit die von Menschen verfertigten Götzen[333] dem lebendigem Gott entgegengestellt. Das führt später zur Vorstellung, daß Gott nicht in mit Händen gemachten Tempeln wohnt, sondern im durch die Natur gestalteten Tempel des Alls[334], oder auch daß von Händen gemachte Gesetze und Staatsformen sich im Gegensatz zu denen des Alls befinden[335]. Dahinter stehen stoische Sätze[336]. Im Neuen Testament wird das Wort in der Polemik

[329] So z.B. Dibelius-Greeven 29; ähnlich Dupont, Gnosis (Anm. 122) 422. Ernst 201 interpretiert: Anteil an der neuen Schöpfung.
[330] G. Delling, ThWNT VI,291,12f.
[331] Vgl. Anm. 14; p[46]BDG lesen »das« statt »der« wie 1,24; 2,17? (vgl. 22f); 3,14 (nach einem Femininum!); ὅ ἐστιν ist freilich eine beliebte Floskel im Kolosserbrief (vgl. S. 22 mit Anm. 13), aber in 2,10 doch fast unmöglich (Bl-Debr 132,2 [Nachtrag]).
[332] Hdt 2,149; Xenoph An IV,3,5; Jos Ant 15,324; weiteres E. Lohse, ThWNT IX,425, 23–426,4. Jos Ant 4,55 spricht zwar von einem durch Gott gewirkten Feuer; doch steht »mit Händen gemacht« nicht im Gegensatz dazu, sondern nur zu durch Erdgas oder Stürme hervorgerufenen Bränden.
[333] Lev 26,1; Jes 46,6 (Jes 16,12 auch vom heidnischen Heiligtum); Philo Vit Mos I, 303; II,165; 168 (im Unterschied zu Gott, dem Lenker des Alls); in ausdrücklichem Gegensatz zum wirklichen Gott und der ihm dienenden Tugend steht es Jos Ap 2,188-192.
[334] Philo Vit Mos II,88 auf Jes 66,1 gründend: im Tempel benützt man die gleichen Materialien wie Gott beim Bau des Alls; doch kann Philo auch vom ersten Menschen sagen, der Kosmos sei sein Haus gewesen, nicht handgemachte Wohnungen (Op Mund 142). Den Tempel abwertend steht der Ausdruck hingegen Pseud-Philo, Ant (Anm. 300) 22,5 vom Altar; Sib 14,62; vgl. 4,6.11; Pseud-Heracl ep 4,2 (Fragmenta Pseudepigraphorum quae supersunt Graeca, ed. A. M. Denis, Leiden 1970, 157): Gott ist nicht χειρόκμητος; Pseud-Euripides (ebd. 171) und Jos Ant 8,227–229. Meistens wird aber seit 1Kön 8,23–53 Gottes Wohnen im Himmel und im Tempel betont (Philo Spec Leg I,66f; 2Makk 14,35; 3Makk 2,9; vgl. Ps 50,8–13; Jos Ant 7,371; 8,107f.114.117.125f; Bell 5,458f).
[335] Philo Vit Mos II,51; Mut Nom 26 (falls so zu lesen).
[336] Zenon fr 264f (vArnim 61,25–62,7); vgl. Eur Herc Fur 1345 (oft wiederholt bis zu 1Cl 52,1); Apul Met 5,1; lateinisch: Cic Nat Deor I,8,20 im Gegensatz zu »ewig«; Seneca, ep 41,3: nur das nicht mit Händen Gemachte erweckt religiöse Gefühle.

gegen die Tempelfrömmigkeit verwendet[337]. Das verbindet sich hier mit einer anderen Tradition. Im Alten Testament führt der Satz »der Mensch sieht auf das Äußere, Gott aber sieht auf das Herz« (1Sam 16,7), zur Forderung der Herzensbeschneidung (Lev 26,41; Dtn 10,16; Jer 4,4) also einer »nicht mit Händen gemachten« Beschneidung. Hier prägt aber nicht mehr der Gegensatz zwischen Begrenztem und Unbegrenztem den Sprachgebrauch, sondern die ethische Unterscheidung zwischen einem äußeren Vollzug kultischer Vorschriften und einer inneren Beteiligung im ganzheitlichen Gehorsam gegen Gottes Gebote. Dabei ist die Notwendigkeit der äußeren Beschneidung durchaus vorausgesetzt (Ez 44,7.9); nur Jer 9,25 LXX steht die Unbeschnittenheit des Fleisches bei den Heiden im Gegensatz zu der des Herzens bei den Israeliten. Dieses ethische Verständnis dominiert in der Welt Philos derart, daß er betonen muß, daß damit der äußere Ritus nicht aufgehoben sei[338]. Das wird in Qumran eschatologisch interpretiert. Die Beschneidung der Vorhaut des Triebes und der Halsstarrigkeit wird zum Fundament des ewigen Bundes (1QS 5,5; vgl. 1QpHab 11,13). So wird die Herzensbeschneidung als eschatologische Tat Gottes, als Gabe des Heiligen Geistes verstanden (Jub 1,23), was Röm 2,29 und Od Sal 11,1-3 aufnehmen[339].

Paulus verwendet das Bild ausgesprochen polemisch im Gegensatz zu jüdischer Gesetzlichkeit, indem er eine durch den Geist einer durch den Buchstaben geprägten Frömmigkeit entgegensetzt (vgl. auch Phil 3,3). Kol 2,11 wird zwar die Christusbeschneidung als eschatologische Erfüllung verstanden; doch ist von einem fast dualistisch zu nennenden Gegensatz nichts mehr zu spüren. Es scheint eher so zu sein, daß die Christusbeschneidung auch an der »Unbeschnittenheit des Fleisches« (V 13) das fertig bringt, was die fleischliche Beschneidung (als »Schatten des Zukünftigen«, V 17?) nur an Israel und nur unvollkommen erreicht hat. Der ethische Gegensatz dringt also wieder stärker durch. Ob hier Polemik gegen einen durch die kolossische Philosophie eingeführten Brauch vorliegt[340], bleibt sehr fraglich. Im Kontext soll ihr gegenüber ja nur die Vollgültigkeit der Christuserlösung dargelegt werden. So wenig man in den Bildern von VV 14f direkte Polemik gegen kolossische Aussagen finden kann, so wenig wohl auch in den schon traditionellen Bildern von der ethisch

---

[337] Apg 7,48; 17,24; Hebr 9,11.24; später vgl. sachlich auch Barn 4,11; 6,15f; 16; ferner die »himmlische Wohnung« (= der neue Leib) 2Kor 5,1 und Joh 2,21 neben Mk 14,58.
[338] Spec Leg I 6; 304f; Migr Abr 89; 92; ebenso Rabbi Aqiba (gestorben 135 n.Chr.) bei R. Meyer, ThWNT VI,79,16f.
[339] Dazu E. Käsemann, An die Römer, 1973 (HNT 8a), 69f. Kol 2,11 fehlt der Hinweis auf den Geist, s. oben Anm. 64 (gegen Käsemann, ebd. 70: »geistgewirkte Christusbeschneidung«). Vgl. E. Schweizer, Matthäus und seine Gemeinde, 1974 (SBS 71), 90–92.
[340] So Lohse 153f, der an Ablegen von Kleidern bei Mysterienweihen denkt. Das ist freilich nicht direkt zu belegen; doch trägt der Initiand nach Apul Met 11,23f (vgl. Anm. 407)

zuerst ein grobes, dann ein feines Leinengewand, das buntbemalt ist und »olympische Stola« heißt. Überblick über die englischsprachige Interpretation dieser Stelle bei Martin, Lord, 84f. Ihm ist zuzugeben, daß für Paulus gewiß die Taufe nicht als vollendende Steigerung der Beschneidung in Frage käme. Aber sein Mitarbeiter, der auf alle Fälle Kol 2,17 schreiben konnte, verbindet die in 2,17 vertretene Auffassung mit der auch von Paulus übernommenen jüdischen Tradition, die den Beschneidungsritus als Hinweis auf die Herzensbeschneidung zu verstehen suchte; nur daß im Kolosserbrief die scharfe Kritik gegen einen aufgrund des Gesetzes erhobenen Anspruch fehlt.

vollzogenen Beschneidung, die freilich sonst im Neuen Testament nie direkt mit der Taufe verknüpft sind. Daß hier nicht polemisch geredet ist, beweist auch das Verständnis der Beschneidung als ein »Ablegen des Fleischesleibes«[341] oder eben der »Unbeschnittenheit« (V 13). Beides ist schon spiritualisiert zu verstehen, wie die Parallelisierung zu »Übertretungen« in V 13 nahelegt. Da »Sinn des Fleisches« (2,18) eindeutig ethisch negativ gewertet wird, da »Ausziehen des alten Menschen« (3,9) das Ablegen aller möglichen Laster bedeutet, muß mit dem »Leib des Fleisches« der »Leib der Sünde« (Röm 6,6) gemeint sein. Diese Paulusstelle wird ja hier interpretiert, wie V 12 gleich zeigt. Natürlich wird der Verfasser dabei nicht vergessen, daß die kolossische Philosophie die Erlösung erst von der Auffahrt der nach dem Tod sich vom Leibe trennenden Seele erwartet und daher ihrer noch ungewiß ist. Sie könnte das z. B. bei Philo (Leg All II 55) belegbare, hellenistische Bild vom Ablegen des Leibes durch die (Gott liebende) Seele suggerieren; doch ist es auf alle Fälle hier rein ethisch gefaßt. Mit einer in Kolossä mysterienhaft vollzogenen Beschneidung hat das also kaum zu tun, sondern nur mit dem Anliegen des Briefschreibers, die Erlösung als schon vollzogene, die Ansiedlung »droben« als schon geschehene, freilich ethisch immer wieder zu vollziehende zu beschreiben. Die Beschneidung Christi ist also die zu Christus gehörige, von ihm geschenkte Beschneidung, die Sünden vergibt und damit dem Menschen ermöglicht, auch in einer ethisch neuen Weise zu leben. Daß der Vergleich mit der Beschneidung nahelag, weil schon Kinder getauft wurden[342], ist schon deswegen unwahrscheinlich, weil ja die Beschränkung der Beschneidung auf männliche Nachkommen auf alle Fälle nicht paßte.

Die Abhängigkeit von Röm 6,4 oder einer Paulus schon vorliegenden Tauftradition[343] zeigt sich besonders darin, daß an beiden Stellen nicht vom Mitsterben oder Mitgekreuzigtwerden (Röm 6,8.6), sondern vom »Mitbegrabenwerden« gesprochen ist. Es ist schwer zu entscheiden, ob dahinter der Vergleich des Eintauchens ins Wasser mit dem Einbetten in die Erde steht (vgl. Mt 12,40: 12

---

[341] Unmöglich ist, mit J. Moffatt (The New Testament, London 1913, 251) aus dem α-privativum auch für diesen Ausdruck ein »nicht« zu ergänzen. Ohne V 13, wonach die jetzt abgelegte »Unbeschnittenheit« sicher die der Kolosser ist, ließe sich an »Christi Ablegen des Fleischesleibes«, d.h. seinen Tod denken, indem man den Genetiv für beide Ausdrücke gelten ließe (C. A. A. Scott, Christianity according to St Paul, Cambridge 1932, 36; Käsemann, Taufliturgie 141 [45f]; Moule 95f; Schenke, Christologie 223; vgl. Kol 1,22). Benoit, RB 63,20 betont, daß Christus nach 2Kor 5,21 (vgl. Röm 8,3) zur Sünde gemacht worden ist; es ist also an seinen gekreuzigten Leib zu denken. Doch selbst abgesehen von V 13 wäre schwer denkbar, daß die Leser den Tod Jesu als seine »Beschneidung« hätten verstehen kön-

nen. Dagegen liegt die Vorstellung, daß die abzulegende »Vorhaut« die Sünde ist, »Triebe und Halsstarrigkeit« (Dtn 10,16f; 1QS 5,5) oder Ungehorsam gegen Gottes Gebot (Röm 2,25), sehr nahe (vgl. Sir 23,17 LXX: »ein hurerischer Mensch in seinem Fleischesleib«). Zu »Fleisch« vgl. S. 124.

[342] J. Jeremias, Die Kindertaufe in den ersten vier Jahrhunderten, Göttingen 1968, 47.

[343] Dafür spräche, daß der Ausdruck nur im grundlegenden Satz Röm 6,4 erscheint, nicht in der Auswertung des Paulus VV 3 und 5ff (vgl. auch 1Kor 15,4). Moule (96) weist auf die Sachparallele Mk 8,34 hin. Synopse von Kol 2,11-13.20; 3,1f und Röm 6 bei D. v. Allmen, Pour une synopse paulinienne, Bib. 57 (1976), 98f.

wie Jona »im Bauch des Meeres«, so der Menschensohn »im Herzen der Erde«) oder eine die Vollständigkeit des Todes umschreibende, vielleicht sogar gegen die Hypothese eines Scheintodes gerichtete Betonung des Begräbnisses Jesu (Mk 15,42-47; 1Kor 15,4)[344]. In markantem Unterschied zu Paulus[345] folgt diesem, im Partizip ausgedrückten Gedanken, das Verbum finitum: »ihr wurdet auferweckt«. Paulus ist in Korinth einem für Hellenisten naheliegenden Mißverständnis begegnet, als ob mit der Taufe schon die Seligkeit und Unangefochtenheit des Auferstehungslebens begänne (1Kor 4,8). Er hat demgegenüber in auffälliger Durchbrechung des Schemas zwar festgehalten, daß wir in der Taufe mitbegraben wurden, dann aber die Auferstehung als erst zukünftiges Ereignis davon abgehoben[346], und selbst 2Tim 2,11 ist in gleicher Frontstellung (2,18!) dieser Unterschied noch festgehalten (»sind wir mitgestorben, werden wir auch mitleben«). Kol 2 hingegen geht es umgekehrt darum, der Angst der Gemeinde zu begegnen, einst wegen der den Weg zum Himmel versperrenden »Elemente« nicht bis zu Christus hinaufgelangen zu können. Darum muß betont werden, daß alles Entscheidende schon geschehen ist, daß kein »Element« mehr den Zugang zum Erhöhten blockieren kann. Dennoch ist die Rückerinnerung an Paulus noch spürbar. Schon nach Kol 2,12 erfolgt zwar wie nach Röm 6,4 das Begrabenwerden mit Christus in der Taufe[347], das Mitauferstandensein hingegen »durch den Glauben an die Kraft Gottes«[348], was

---

[344] Calvin 145 denkt an die Folgen des Sterbens mit Christus, die durch diese Wortwahl eingeschlossen werden. Schwerlich soll betont sein, daß das »Sterben« im Tod Jesu und in der Umkehr des Glaubens erfolgt, wofür die Taufe nur nachträgliche Bestätigung im Bekenntnisakt des Menschen darstellt (M. Barth, Die Taufe ein Sakrament? Zürich 1951, 312 und bis 318; vgl. unten S. 209); für die Tradition wäre dies im Sinne von 1QS 3,4–12; 5,13f nicht ganz auszuschließen, wenn auch nicht naheliegend, für Paulus aber unmöglich (εἰς τὸν θάνατον steht auch Röm 6,4; vgl. VV 3.5–8).

[345] Immerhin kann Röm 6,11 auch formulieren »Haltet . . .euch für solche, die . . .Gott leben in Christus Jesus«, 2Kor 5,17 von »neuer Schöpfung« reden und Gal 2,20 vom Leben Christi im »gestorbenen« Ich (L. S. Thornton, The Common Life in the Body of Christ, Westminster ²1946, 59f).

[346] Besonders auffällig 2Kor 4,14: »mit Jesus (dessen Auferweckung schon in der Vergangenheit liegt) wird er uns (in Zukunft) erwecken«. Die Wendung σὺν Χριστῷ (Literatur W. Grundmann, ThWNT VII,766; Lohse 157, Anm. 3; außerdem G. Otto, Die mit σύν verbundenen Formulierungen im paulinischen Schrifttum, Diss. Berlin 1952, referiert ThLZ 79 [1954] 125; P. Siber, Mit Christus leben, Zürich 1971) ist im wesentlichen auf die von

der Apokalyptik her bestimmten eschatologischen Aussagen (inkl. die über ein eschatologisches Mit-verherrlicht-werden aufgrund eines jetzigen Mit-leidens) und auf die (davon oder von Mysterienreligionen her geprägten) Taufsätze beschränkt. Vgl. U. Wilckens, Der Brief an die Römer (EKK), zu Röm 6,2ff.

[347] Βαπτισμός p[46]BD* ist das nicht technisch verwendete Wort, das vor allem für jüdische Reinigungsbräuche steht (Mk 7,4; Hebr 9,10 von der [Johannes-]Taufe nur Jos Ant 18,117, vermutlich aber Hebr 6,2 die christliche Taufe miteinschließend). Vielleicht ist es als schwierigere Lesart vorzuziehen. Josephus verwendet sonst βαπτίζειν oft für »ertränken« oder »eintauchen«, passivisch vom Sinken eines Schiffes (Ant 4,81 vom Eintauchen des Ysop bei Reinigungszeremonien, 10,169 bildlich), einmal vom Zerstören einer Stadt (Bell 4,137).

[348] Schwerlich: »durch Gottes Macht geschaffener Glaube« (Calov 825b) oder »als Macht Gottes lebender Glaube« (so der Sache nach Lohmeyer 112); richtig Scott 45; Lohse 158f. Ob Paulus vom »Glauben an die Macht Gottes« spräche, kann man bezweifeln; vgl. nur 2Kor 1,9 (»vertrauen auf den Gott, der die Toten erweckt«). Röm 6 fehlt jeder Hinweis auf den Glauben (R. Schnackenburg, Baptism in the Thought of

sich der Aussage von Röm 6,4, daß es sich im Wandel eines neu gewordenen Lebens vollzieht, wenigstens annähert. Vor allem wird aber 3,1-4 erklären, daß das Auferstandensein ein dauerndes »Sich auf das ausrichten, was droben ist« bedeutet, und daß die Neuheit des Auferstehungslebens noch »verborgen ist« bis zur Parusie, wo Christus selbst sich als dieses »Leben« offenbaren wird und wir »mit ihm offenbart werden«. In 2,12 wird freilich, anders als bei Paulus, unterstrichen, daß durch den Glauben, der Gott alles zutraut, das neue Leben schon hereingebrochen ist.

Fraglich bleibt die Beziehung des Relativpronomens; ist dieses Mitauferstehen in der Taufe oder in Christus erfolgt? Wahrscheinlich muß man doch im ersten Sinn verstehen, was das Moment der schon vollzogenen Auferweckung noch unterstreicht. Genau gleich ist am Versanfang vom Begrabensein »mit« Christus »in« der Taufe gesprochen, und das Nebeneinander von »in (Christus)« und »mit (Christus) auferweckt« wäre doch schwer verständlich[349]. Man sollte die Verbundenheit mit dem Tod und der Auferweckung Jesu nicht »mystisch« nennen, da jedenfalls Gefühl und Erleben des Menschen dabei nicht betont sind. »Wirklichkeit sakramentaler Gnade«[350] heißt nach VV 13-15, daß in Tod und Auferstehung Jesu etwas geschehen ist, was für die Welt als ganze Bedeutung hat. Das ist in der Taufe der Gemeinde ausdrücklich so zugesprochen worden, daß sie seither nicht nur objektiv davon lebt, sondern auch subjektiv davon bestimmt wird und sich im gesamten Lebensvollzug daraufhin ausrichten kann (3,1).

Was faktisch mit dem schon erlangten Auferstehungsleben gemeint ist, expli- **13** ziert der folgende Satz: Befreiung von der »Unbeschnittenheit« aufgrund der Sündenvergebung[351]. Wie in 1,21 wird der Kommentar mit vorangestelltem, überschießendem »und euch« eingeleitet (vgl. Anm. 315). Die Zeit vor der Taufe wird als Tod bezeichnet. Das ist traditionelle Redeweise (vgl. Lk 15,24.32: der verlorene Sohn »war tot und wurde lebendig«; Joh 5,25; Eph 5,14; Jak 1,15; Offb 3,1). Sie wird verwendet, ohne daß der Verfasser bedenkt,

---

St Paul, New York 1964, 71), abgesehen von dem Glauben an die künftige Auferstehung (V 8). Ist dies so, weil der Glaube der Taufe vorausgeht (Röm 1–5), sosehr er dann auch als »Gehorsam des Glaubens« (1,5) das Leben nach der Taufe prägt (Röm 12–14)?

[349] Mit G. R. Beasley-Murray, Baptism in the New Testament, London 1962, 153f gegen Lohse 156, Anm. 4 (ebenso W. Grundmann, ThWNT VII,793, Anm. 122), der umgekehrt entscheidet, weil »in dem« (V 11) christologisch bezogen ist und in Eph 2,6 beide Präpositionen nebeneinander stehen; für Kol bliebe dies aber die einzige Stelle, an der es der Fall wäre. Schnackenburg, Baptism (Anm. 348) schließt sich der gleichen Ansicht an, weil ἐν ᾧ (= Christus, V 11a) auch noch V 12a beherrsche, während ἐν ᾧ (= Christus, V 12b) ganz

parallel dazu den zweiten Gedankengang eröffne.

[350] Lohmeyer 111 spricht vom neuen Wunder einer »geistigen Totenerweckung« im Täufling (vgl. S. 212).

[351] Der Ausdruck, der in der LXX für »schenken« verwendet ist, bezeichnet ein »Erlassen« (H. Conzelmann, ThWNT IX, 379,19f). Auf einen Prozeß bezogen erscheint er Apg 3,14; 25,11.16 (ebd. 383,9–13); vor allem dient er Philo Spec Leg II, 39; Lk 7,42f als schuldrechtlicher Begriff. Das Wort könnte also von der Sache her (Kol 2,14a) nahegelegen haben. Paulus braucht es freilich nur im allgemeinen Sinn, nicht von der Sündenvergebung Gottes. Schnackenburg, Baptism (Anm. 348) betont, daß die Sündenvergebung dem Lebendigmachen vorangehe, nicht mit ihm identisch sei (69f).

daß er soeben die Taufe als Beerdigung (nach 2,20; 3,3 als Sterben) verstanden hat[352]. Dieser unreflektierte Gebrauch zeigt, wie sehr ihm an dieser Stelle nur an der schon erfolgten Auferweckung aus dem Tod, also am schon wahrgenommenen neuen Leben liegt. Erst nachher kann zusätzlich die Taufe auch als ein Absterben von einer falschen Lebenshaltung weg verstanden werden. Der Todescharakter des Lebens vor der Taufe ist durch die »Verfehlungen« bestimmt[353]; in ihnen wandeln heißt lebendig tot sein. Ob die »Vorhaut eures Fleisches« wirklich noch an das körperliche Unbeschnittensein der Heiden erinnert, kann man fragen. Die »Beschneidung« ist in V 11 ja bildlich zu verstehen, ebenso das »Ablegen des Leibes des Fleisches«. Schon 1QS 5,5 spricht von der Vorhaut des Triebes, 1QpHab 11,13 und Jub 1,23 (vgl. Dtn 10,16 Aq) von der »Vorhaut des Herzens«, die als Wege der Völlerei oder als »Sünde« näher bestimmt ist (vgl. S. 110). So mag die Erinnerung daran, daß die Kolosser als Heidenchristen unbeschnitten sind, zwar zum Bild hingeführt haben[354]; da sie aber als solche in heidnischen Lastern lebten (s. 3,5), ist die »Vorhaut des Fleisches«, die sie ja im wörtlichen Sinn noch immer besitzen, tatsächlich mit den »Verfehlungen« identisch, die ihr Leben zum Tod werden ließen[355]. Aber eben dieser Tod ist überwunden dadurch, daß »er« sie schon »mit ihm« lebendig gemacht hat. Ab V 13 ist Gott als Subjekt zu denken, der am Ende von V 12 genannt war. Daß »er« sich bald auf Gott, bald auf Christus bezieht, hängt daran, daß der Verfasser wie Paulus damit ganz ernst macht, daß Gott nur im Christusereignis offenbar wird. Wenn nach 1Kor 4,4f der »Herr« (Jesus) als Richter kommen wird, damit jedem »von Gott her« sein Lob zukomme, dann ist der Herr als der gesehen, in dem Gott selbst zu Worte kommt (vgl. auch 2Kor 5,10 mit Röm 14,10). Die absolute Unterordnung Christi unter Gott und seine Einordnung in das Handeln Gottes (1Kor 15,28) ist damit nicht aufgehoben, sondern unterstrichen. Das ist freilich später in den Pastoral- und Johannesbriefen nicht mehr so klar festgehalten, wo Christus immer stärker Gott

---

[352] Oder ist die Rede vom Mitgestorbensein in 2,12 vermieden, weil die Taufe als Begräbnis des schon lange Toten verstanden werden kann, auf das dann die Erweckung folgt? Anders wäre es, wenn »durch die Verfehlungen« und V 13b sekundär wären; dann ließe sich das Totsein auf den durch die Taufe herbeigeführten Zustand beziehen (Burger, Schöpfung 98–100).

[353] Während Paulus gut 50mal von der »Sünde« spricht (vgl. S. 126), wobei der Plural nur in Zitaten (Röm 4,7; 11,27; 1Thess 2,16), übernommenen Formeln (1Kor 15,3; Röm 7,5?; Gal 1,4?) und davon beeinflußten Sätzen (1Kor 15,17) verwendet wird, erscheint das Wort im Kolosserbrief nur 1,14 in einer unpaulinischen Verbindung und im Plural. Παράπτωμα braucht Paulus 1. für die Verfehlungen des Getauften (Gal 6,1; neben ἁμάρτημα 1Kor 6,18; nie ἁμαρτία), 2. in traditionellen

Formeln (Röm 4,25; auch 2Kor 5,19 so?), 3. im Zusammenhang mit dem Fall Adams (Röm 5,12–20), der schon Weish 10,1 so heißt. In LXX beschreibt der Ausdruck im Unterschied zur sonst vorherrschenden Tendenz, Sünde als Gesamthaltung zu verstehen, die Einzelverfehlung (W. Michaelis, ThWNT VI 171,17–22).

[354] Das läge noch näher, wenn man mit D* ἐν τῇ ἀκροβυστίᾳ (p[46] usw.: ἐν τοῖς παραπτώμασιν) läse; doch bliebe es auch dann Symbol für geistliche Entfremdung (Moule 97).

[355] Vgl. S. 143. Das bildet einen Ansatz für Eph 2,11–22, wo das Christusereignis zentral als Aufhebung der Grenzen zwischen der »sog. Vorhaut« und der »sog. Beschneidung« gesehen ist. Zu »Fleisch« vgl. S. 124. Calvin (146) erwägt beide Bedeutungen, entscheidet sich aber für wörtliches Verständnis.

gleich wird. Der hier genannte »Schuldschein« ist der mit eigener Hand privat 14
ausgestellte, nicht notariell beglaubigte[356], für den Phlm 19 ein schönes Beispiel darstellt. Die Vorstellung, daß sich der Mensch dem Teufel oder den bösen Mächten verpflichtet habe und diese Schuld nicht einlösen könne[357], liegt
völlig fern; das Bild kommt jüdisch öfters vor, ohne daß je ein solcher Gedanke
anklänge[358]. »Auslöschen« ist in diesem Zusammenhang kein treffendes Bild;
es geht auf die biblische Rede vom »Auslöschen« der Sünde zurück[359]. So wird
es denn auch durch »wegnehmen, entfernen« aufgenommen, was den Gedanken suggeriert, daß diese Schuldurkunde zwischen Gott und den Menschen
steht und den freien Zugang versperrt. Das Bild von der Annagelung ans
Kreuz ist nicht sicher zu deuten. Die Tatsache, daß Schuldurkunden mit einem
X durchgekreuzt worden sind[360], könnte höchstens durch die Ähnlichkeit der
Form das ganz andere Bild hervorgerufen haben. Daß gelegentlich öffentliche
Schuldbekenntnisse zum Preis der Götter und zur Warnung anderer auf Stelen
aufgestellt worden sind[361], liegt auch fern. Vielleicht steht in etwas unklarer
Weise die Vorstellung dahinter, daß die menschliche Schuld auf Christus la-
stete und mit ihm gekreuzigt wurde[362], daß er, wie Paulus formuliert, zum
»Fluch« oder zur »Schuld« für uns geworden ist (Gal 3,13; 2Kor 5,21). Hat der
Brauch, die Schuld des Hingerichteten am Kreuz anzuschlagen, zu dem Bild
geführt[363] oder nur die Erinnerung an aufgehängte Proklamationen[364]? Deutlich ist auf alle Fälle, daß dieser Schulderlaß nur aufgrund des Kreuzestodes
Jesu erfolgt ist.
Was bedeutet der Verweis auf die »Vorschriften«? Wozu soll man den Ausdruck ziehen? Unmöglich ist die Lösung der Kirchenväter, die Erlösung sei

---

[356] Lohmeyer 115, Anm. 4; E. Lohse, ThWNT IX,424,39–425,21. Beim χειρόγρα-φον, das der Schuldner selbst schreibt, fällt die Kontrolle durch die öffentlichen Schreiber weg (O. Gradenwitz, Einführung in die Papyrus-kunde, Leipzig 1900, 38, 126; ähnlich L. Mit-teis, Reichsrecht und Volksrecht, Leipzig 1891, 484). Zur Geschichte der Exegese von 12,14 vgl. E. Best, A Historical Study of the Exegesis of Col 2,14, Diss. Rom 1956.

[357] Lohmeyer 116f. Seit Irenaeus und Orige-nes wird so verstanden, und die Absage an den Teufel im Taufritus geht auf diese Vorstellun-gen zurück (vgl. S. 193).

[358] Bill. III,628 (O. Kuss, Auslegung und Verkündigung I, Regensburg 1963, 302f). Am nächsten steht das Gebet »Unser Vater, unser König«, aus dem kurz nach 100 n.Chr. zitiert wird, was freilich nicht beweist, daß es schon vollständig existierte. Dort heißt es: »Lösche aus (genauer: zerschlage) durch Deine große Barmherzigkeit all unsere Schuldbriefe«. Nach Ab 3,16 (R. Aqiba, gestorben 135 n.Chr.)

treibt Gott durch seine Strafengel die Schuld ein wie ein Kaufmann durch seine Eintreiber (Bill. I,583).

[359] Ps 51(50),3.11; 109(108),14; Jes 43,25; Jer 18,23; 2Makk 12,42; Sir 46,20. Das Juden-tum spricht von »zerschlagen, ungültig erklä-ren, wegreißen« (Bill. III,628).

[360] Deissmann, LO 282f. Im griechischen Wort ist freilich keine Anspielung an das Kreuz zu hören, und dieses glich eher einem T als ei-nem X.

[361] Carr, JThS 24,493f; aber χειρόγραφον scheint nur für Urkunden verwendet worden zu sein.

[362] Vgl. O. A. Blanchette, Does the cheiro-graphon of Col 2,14 represent Christ himself? (CBQ 23 [1961] 306–312). Der Verurteilte wurde nicht immer, aber häufig angenagelt; bei Jesus ist es Joh 20,25 (und Lk 24,39?) vor-ausgesetzt.

[363] Dibelius-Greeven 31. Auch Ernst 205 denkt an Anspielung auf die Kreuzesinschrift.

[364] Conzelmann 191.

durch die »(Glaubens)-Dogmen« geschehen[365], weil dieser Sprachgebrauch erst Jahrhunderte später entstanden ist. Muß man verstehen: (geschrieben) in Vorschriften[366], die den Vorschriften geleistete Verpflichtungsunterschrift[367], der mit seinen Vorschriften uns entgegenstehende Schuldschein oder der mit seinen Vorschriften gegen uns (ausgestellte) Schuldschein[368]? Jedenfalls haben die Vorschriften die in der Urkunde festgelegte Verschuldung herbeigeführt. Von Paulus her dächte man selbstverständlich an das alttestamentliche Gesetz. Nun kann Paulus allerdings in Röm 7,8-13 vom »Gebot« reden statt vom »Gesetz«, vielleicht unter dem Einfluß von Gen 2,16[369], und auch einmal das Wort im Sinne der einzelnen Gebote des Gesetzes verwenden (Röm 13,9)[370]; aber er verwendet immer einen anderen Ausdruck als Kol 2,14. Während bei Paulus »Gesetz« über hundertmal steht, im Kolosserbrief aber ganz fehlt, findet sich dafür »Vorschriften« bei Paulus nie und im übrigen Neuen Testament nie in bezug auf alttestamentliche Gebote[371]. Nun erscheint der gleiche Wortstamm Kol 2,21 im Blick auf die von der kolossischen Philosophie ausgehenden »Vorschriften«. Offenkundig redet ja auch schon V 16, der VV 14f interpretiert, davon. Da derselbe Ausdruck für die pythagoreischen Regeln üblich zu sein scheint[372], wählt ihn der Verfasser wohl, weil die in Kolossä wichtig gewordenen Vorschriften für ihn grundsätzlich auf der gleichen Ebene liegen wie die alttestamentlichen Gebote, obwohl er beides nicht einfach gleichsetzt (vgl. S. 121). Er will alles umfassen, was an Geboten oder Vorschriften die Heilsgewißheit gefährden könnte.

15 In gewisser Weise sprach V 14 in ausgesprochen unmythischer Sprache: was dem Christus und seiner Gemeinde entgegensteht, sind die Vorschriften, all die Tabus, zu denen sie ihre Angst, den »Elementen« einmal nicht entrinnen zu können, führt. So versteht es auch Paulus Gal 4,3.8-10. Schon V 14 benützte das Bild von der Annagelung des Schuldscheins ans Kreuz; klarer, aber auch ausgesprochen mythologischer ist die Vorstellung von V 15: die Mächte sind wie Feinde gedacht, die entwaffnet werden[373]. An sich bedeutet die me-

---

[365] So Oecumenius 360C (dagegen Erasmus 890B), während Theodoret 612B an christliche Gebote zu denken scheint. In beiden Fällen wird τοῖς δόγμασιν zu ἐξαλείψας gezogen (vgl. Severian 323).
[366] So E. Larsson, Christus als Vorbild, 1962 (ASNU 23), 85.
[367] J. A. T. Robinson, The Body, ⁴1957 (SBT 5), 43, Anm. 1.
[368] Percy, Probleme 88f und Anm. 43 dort; Dibelius-Greeven 132. Freilich wäre dann »mit seinen Vorschriften« merkwürdig vorweggenommen oder nachgestellt.
[369] Vgl. die ausführliche Interpretation des ἐνετείλατο (Gen 2,16) bei Philo Leg All I,90–95 (93: ἐντολή) und Jos Ant 1,43. Freilich kann man Röm 7 nicht nur heilsgeschichtlich auf das Gebot von Gen 2 reduzieren (richtig G. Schrenk, ThWNT II,546,51f).

[370] 1Kor 7,19 ist an die auch in der christlichen Gemeinde gültigen Gebote gedacht, 14,37 an das Gebot des (irdischen oder erhöhten) »Herrn«. Ἐντολή steht bei Paulus 9mal, in Kol nur 4,10 in anderem Sinn.
[371] Ausser Eph 2,15 (wenn ursprünglich, dann von Kol 2,14 abhängig); vom Kaiser Lk 2,1; Apg 17,7 (vgl. Hebr 11,23 v.l.); vom Aposteldekret Apg 16,4.
[372] Plutarch von Empedokles, Jamblich von anonymen Pythagoreern (Diels I, 357,7; 464,1; 466,31); für jüdische Gebote 3Makk 1,3; Jos Ap 1,42; Philo Gig 52 (vgl. Anm. 322) usw.
[373] Man darf sie nicht wie W. Grundmann, ThWNT VII, 793, Anm. 124 mit den »Elementen« gleichsetzen (s. S. 54), obwohl Gesetzlichkeit und »Elemente« auch Gal 4,9f (s. S. 101) zusammengehören (Houlden 166).

diale Form »sich ausziehen, ablegen« (3,9!); dann müßte man aber annehmen, daß erstens Christus Subjekt, und daß er zweitens als mit den Mächten »bekleidet« vorgestellt wäre[374]. Da das Medium öfters für das Aktivum steht[375] und da seit V 13 Gott Subjekt ist, muß man wohl wie oben übersetzen. Das legt auch das folgende Bild eines Triumphzuges nahe, in dem Gott die besiegten Mächte hinter Christus wie der römische Kaiser die Kriegsgefangenen hinter dem Triumphator her marschieren läßt. So sind sie der öffentlichen Schaustellung und Verspottung ausgeliefert. »In ihm« wird sich dabei nicht auf das Kreuz, sondern auf Christus beziehen, weil wahrscheinlich an seine Erhöhung, d. h. seinen Triumphzug zum Himmel gedacht ist (1Tim 3,16)[376]. Der gnostische Mythos liegt schwerlich vor; die Mächte sind ja schon am Kreuz erledigt, werden es nicht erst allmählich beim Auffahren des Erlösers[377]. Daß der Auferstandene Gefangene mitführte, war für die Gemeinde schon in Ps 68(67),19 der später auch in Eph 4,8 zitiert wird, zu lesen[378].

In einer ganz bestimmten, durch die kolossische Philosophie geprägten Situation wird hier eine Christologie dargeboten. Zunächst sieht es so aus, als ob damit nur die Herrlichkeit Christi beschrieben wäre. Der Text setzt ein mit der Behauptung, daß die ganze Fülle des Wesens Gottes in ihm beschlossen und daß er daher jeder Macht und Gewalt überlegen sei. So schließt denn auch der Abschnitt mit dem Bild des Triumphzuges des Siegers, hinter dem seine Gefangenen entwaffnet hergehen. Das ist der Unsicherheit der Kolosser gegenüber notwendig zu sagen. Noch erstaunlicher ist die Aussage, daß auch die Gemeinde in ihm schon zur Fülle gelangt (V 10a), schon auferstanden ist (V 12). Auch das muß denen gesagt werden, die Angst haben, den Weg nach oben nicht zu finden. Einer Welt, die keineswegs mehr von der absoluten, unbestrittenen Überlegenheit der Kirche überzeugt ist, sondern eher von derjenigen aller möglichen anderen Mächte, einer Welt, der sich der Himmel verschließt und die himmellos zu werden droht, muß das auch heute zunächst in solcher

Zusammenfassung

---

[374] Man könnte dann an Sach 3,3f erinnern, wonach der Hohepriester die alten Gewänder aus- und herrliche neue anzieht (Lohmeyer 119) oder an den von Christus abgelegten Fleischesleib (2,11), nämlich den von den dämonischen Archonten tyrannisierten Adamleib (Käsemann, Taufliturgie 141 [45f]). Vgl. S. 192.

[375] Bl-Debr 316,1. Aktiv Ev Nicodemi 2,7 (Acta Pilati 7, Descensus 23 = Tischendorf, Evangelia apocrypha S. 329 = Henneke³ I, 351): Christus entwaffnete Hades und Satan. Doch wuchs dieser Text noch bis ins 5. Jh. n.Chr. R. Leivestad, Christ the Conqueror, London 1954, 103 übersetzt (mit Lightfoot): entfernen, ablegen.

[376] So Schnackenburg, Herrschaft 216f. Genannt ist die Auffahrt freilich nicht (Ernst 205); daher denken Leivestad, Christ (Anm. 375) 104f; G. Delling, ThWNT III, 160,3–5 an

die Kreuzigung. Das gleiche Bild 2Kor 2,14, wo aber Paulus sich willig von Christus mitführen läßt (ebd. 160,5–10 und Moule 100).

[377] So Asc Js 10,14; 11,23 (christlich, 2. Jh. n.Chr.?); völlig anders die S. 139 besprochenen Vorstellungen bei Philo (Rer Div Her 282); gegen Schenkes Rekonstruktion eines gnostischen Fragments s. S. 106 und Anm. 317.

[378] Die Bildsprache ist wild weitergewachsen; J. Daniélou, Théologie du Judéo-Christianisme, Tournai 1958, 162f weist auf Ev Veritatis 20,15–25 hin, wonach die Proklamation des Vaters, die neue große Lehre, am Kreuz angeschlagen wird und Christus die »vergänglichen Fetzen« auszieht, um zu denen zu kommen, die in ihrer Vergessenheit »entkleidet« worden sind, und auf Od Sal 23,5–9, wo der Heilsplan Gottes als Brief erscheint.

Zuversicht gesagt werden. Die Probleme sind deswegen nicht ausgeblendet. In welchem Sinn ist denn das ganze Gottsein Gottes in Jesus Christus zu finden? Kann man sich darüber einfach belehren lassen, so wie man sich durch die Aufschrift auf einer Tafel Schokolade belehren läßt, daß ein ganzer Deziliter Milch darin enthalten ist? Oder muß man in dem Sinn verstehen, wie man etwa erklären kann, in einem Musikstück »stecke das ganze 19. Jahrhundert drin«; aber wie das Erste eine rein objektive, bloß intellektuell übernommene Tatsache bezeichnet, so könnte das Zweite ein rein subjektives Empfinden beschreiben, das ein anderer vielleicht gar nicht nachvollziehen kann. Können wir die Gegenwart Gottes in Christus einfach aufgrund von Belehrung konstatieren, oder hängt sie umgekehrt nur von dem ab, was wir in ihn hinein projizieren? Offenkundig ist der Satz von V 9 als objektive Wahrheit gemeint, die dennoch erst lebendig wird, wenn es auch zur Wahrheit von V 10a kommt (dazu vgl. S. 77f). Das hat schon die Verknüpfung von Indikativ und Imperativ in V 6 festgehalten. Darum wird jetzt auch entscheidend, wie die Göttlichkeit und Überlegenheit Christi begründet wird.

Hat der Verfasser schon 1,20.22 den Verweis auf das Kreuz Jesu eingefügt, so versucht er, hier zentral von diesem Ereignis her zu denken. In ihm ist der Sieg erfochten worden, im Kreuz gründet die Herrschaft Christi. Die Frage bleibt natürlich, ob das mehr ist als eine mythische Redeweise, die paulinischer Tradition entliehen ist. Man wird das bejahen, wird doch das neue Leben ausdrücklich als Leben aus der Sündenvergebung interpretiert. Zweifellos soll also etwas von solcher Neuheit sichtbar werden, was vermutlich mit der längst schon spiritualistisch verstandenen Wendung von der Beschneidung, in der die Unbeschnittenheit des Fleisches entfernt wird, angedeutet und in 3,5-4,1 dann sehr konkret ausgeführt wird. Aber diese Neuheit ist nicht im gnostischen Sinn Besitz der Göttlichkeit, sondern vor allem andern Befreiung von den »Vorschriften«, also gerade von dem Instrumentarium, mit dessen Hilfe der Mensch seine Überlegenheit feststellt. Dadurch wird er frei vom Zwang, Erfolg haben, triumphieren, sich über andere erheben zu müssen; von einem Zwang, der die Unternehmer oder Beamten dazu führen könnte, ihre Arbeiter oder Angestellten zu terrorisieren, die Gewerkschaftsführer, nicht nachzugeben, die Lohnempfänger, auch sinnvolle Angebote abzulehnen, die Ehegatten, sich gegenseitig zu bedrücken usw. Von dieser grundsätzlichen Freiheit werden zunächst VV 16-23 sprechen.

c) Christus, Freiheit von asketisch-gesetzlichen Forderungen (2,16-23)

Literatur: S. 97

16 **Keiner soll euch also beurteilen wegen Speise oder Trank oder in Sachen Festtag oder Neumond oder Sabbate,** 17 **was doch nur ein Schatten künftiger Dinge ist, während die Wirklichkeit (in) Christus ist.** 18 **Keiner verurteile euch, der sich in Demut und Engelverehrung**

gefällt, die er bei irgendeiner Weihe geschaut hat. (Solche Leute sind) grundlos aufgeblasen von ihrem rein irdischen Sinn und halten sich nicht an das Haupt, 19 von dem her der ganze Leib durch die Gelenke und Bänder versorgt und zusammengehalten in göttlichem Wachstum wächst. 20 Wenn ihr (doch) mit Christus von den Elementen der Welt weggestorben seid, 21 was laßt ihr euch Vorschriften machen, als lebtet ihr noch in der Welt: »Komm (dem) nicht zu nahe, koste (dies) nicht, berühre (jenes) nicht!«, 22 was (doch) alles zum Gebrauch da ist und (darin) enden (soll), – nach Geboten und Lehren, (die) von Menschen (stammen)? 23 Das alles sieht nach Weisheit aus mit (seinem) zusätzlichen Gottesdienst und Demut und Schonungslosigkeit gegen den Leib, ist aber nichts wert und befriedigt nur das Fleisch.

Nach der kurzen Erwähnung der Philosophie in V 8 wurde in VV 9-15 der positive Hinweis auf Christus eingeschoben; erst jetzt setzt sich die Warnung fort. Man kann in VV 16-19 eher die Polemik gegen religiös-kultische, in VV 20-23 die gegen ethisch- asketische Vorschriften sehen[379]; doch spricht schon V 16 von Enthaltung von Speise und Trank, V 23 umgekehrt von falschem Gottesdienst. VV 18f sind fast unübersetzbar einerseits der ungewöhnlichen, wohl auf die kolossische Philosophie zurückgehenden Termini, andererseits der im Kolosserbrief üblichen lockeren Aneinanderreihung von Relativsätzen und Partizipien wegen. Ähnliches gilt für VV 22f. In beiden Abschnitten wird auf das Christusereignis zurückgegriffen, kurz in V 17, ausgesprochen in V 20.

Analyse

Für die Philosophie ist das »Beurteilen« wichtig, das bestimmte Gebiete für heilig, andere für profan oder dämonisch erklärt. Das gilt für Speise und Trank ebenso wie für heilige und unheilige Tage: »Weihrauch hier, Dämonen dort«[380]. Die Reihenfolge »Fest, Neumond, Sabbat« entspricht genau der griechischen Bibel (Hos 2,13; Ez 45,17; in anderer Anordnung 1Chr 23,31; 2Chr 2,3; 31,3; Just Dial 8,4)[381]. Wie die Observanz dieser Festtage in Kolossä begründet wurde, wissen wir nicht. Es ist möglich, daß die Verehrung der Engel, die ja die Gestirne und damit den Kalender regieren, etwas damit zu tun hat[382]. Wahrscheinlich hielt auch das durch Ignatius bezeugte »Judentum« der »Unbeschnittenen« an der Sabbatfeier fest (Phld 6,1; Mg 9,1). Die Enthaltung von Speisen könnte auf mosaische Speisegebote zurückgehen. Immerhin geht diejenige von Getränken schon darüber hinaus; doch findet sich Verzicht auf Wein in einer Reihe von jüdischen Bewegungen. Enthaltung von Fleisch und

Erklärung 16

---

[379] So Ludwig, Verfasser 91. Es läßt sich sagen, daß 3,1–4 als positive Aussage auf 2,20–23 folgt wie 2,19 auf 2,16–18 (Lähnemann, Kolosserbrief 135); aber 3,1–4 hat als Übergangsabschnitt doch anderen Charakter.
[380] Conzelmann 192. Typisch ist, daß es dabei nur um praktisches Verhalten geht, nicht um dogmatische Lehren.

[381] Gal 4,10. »Monate, (Fest-)Zeiten, Jahre«.
[382] Nach Kerygmata Petru (Henneke ³II, 58: erste Hälfte 2. Jh. n.Chr.) 2a = Clem Al Strom VI, 5,41 ist der jüdische Kult Verehrung von Engeln, Erzengeln, Monaten und Mond; nach Elchasai (Hipp Ref IX, 16,2f) ist der Sabbat des Gestirnslaufes wegen zu halten. Vgl. Anm. 820.

Wein ist jüdisch[383], griechisch (vgl. Anm. 313) und christlich[384] belegt und kann durch antikulturelle Proteste, durch den Wunsch nach Herstellung alter Ideale oder nach Befreiung vom Materiellen, durch Angst vor durch Götzenweihen oder infolge der Seelenwanderung befleckter Speise oder durch rationale Ratschläge für ein gesundes Leben motiviert sein[385].

17 »Leib« oder »Körper« kann im Griechischen die konkrete Substanz oder Masse im Gegensatz zur bloß theoretischen Idee bezeichnen[386]. Bei Philo verhält sich der »Schatten« zum »Körper« wie der Name zur Sache, das Abbild zum Urbild oder zur Idee, der Schein zum Sein, der Wortlaut zum damit Gemeinten[387]. Bei ihm ist unter platonischem Einfluß besonders daran gedacht, daß Gott in der Regel nur in Abbildern oder »Schatten« erkannt, nicht direkt gesehen werden kann. Kol 2,17 geht stärker von der üblichen, allgemeinen Unterscheidung zwischen Abschattung und realer Sache aus, die keinen eigentlichen Gegensatz einschließen muß; Hebr 8,5; 10,1 hingegen lehnen sich an die platonisch-philonische Sicht an und stellen den (irdischen) »Schatten« in Gegensatz zum (himmlischen) »Typus« oder »Bild (der Dinge) selbst«. Beide korrigieren aber entscheidend durch ihre eschatologische – der Schatten ist typisch für die alte Zeit, die Sache für die Heilszeit – und christologische Interpretation – in Christus ist die Wirklichkeit eingebrochen[388]. Offenkundig hat man also in dieser Begrifflichkeit versucht, des Problems Herr zu werden, wie man das Alte Testament positiv sehen und doch dem Neuen gegenüber abgrenzen könne. Freilich entfernt sich das weit von der Antwort des Paulus, der zwar festhält, daß das Gesetz heilig, das Gebot heilig, gerecht und gut ist, der aber betont, daß die Sünde dieses Gute benützte, um den Menschen zum Tod zu führen (Röm 7,12f). Darum ist für ihn Christus »das Ende des Gesetzes« (Röm 10,4), so daß seine Gemeinde »nicht mehr unter dem Gesetz« steht (Gal 5,18) und der, der noch von den Werken des Gesetzes her lebt, dem Fluch verfällt (Gal 3,10). Paulus könnte für das Gesetz niemals das relativ harmlose Bild vom Schatten des Kommenden, in dem sich dieses schon anzeigt, verwenden. Auch die Vorstellung vom himmlischen und irdischen Jerusalem (Gal 4,25f) schließt doch nicht ein, daß jenes der himmlische »Typus« für das irdische und

---

[383] Num 6,3; Ri 13,4; Jer 35,6; Am 2,12; Philo Vit Cont 73f (vgl. 37); Test Rub 1,10; Lk 1,15; 7,33. Vgl. ep Ar 142: Speise, Trank, Berührung (Ernst 213), ferner O. Böcher, Dämonenfurcht und Dämonenabwehr. Ein Beitrag zur Vorgeschichte der christlichen Taufe, 1970 (BWANT 90), 282-284; ders., Christus (Anm. 305) 115–121, bes. 116.

[384] Röm 14,21 (verbunden mit Beobachtungen von Tagen 14,5f); Eus Hist Eccl II, 23,5 von Jakobus.

[385] Näheres Schweizer, Background § 5, vgl. unten S. 128.

[386] E. Schweizer, ThWNT VII, 1038, 6f.27; vgl. 1026, 12–14.

[387] Decal 82; Migr Abr 12; Conf Ling 190; Rer Div Her 72 (wo das Höhlengleichnis Plat

Resp. VII, 514A–515D anklingt); Vit Mos II, 74; Poster C 112; Ebr 133. Leg All III, 96 stehen εἰϰών und σϰιά auf gleicher Stufe und bezeichnen den Logos als Abbild des παράδειγμα (= Gott) und seinerseits wieder als ἀρχέτυπος und παράδειγμα der Geschöpfe; ebd. 100–103 steht der Schatten seinem Wirkungsgrund, dem Ungeschaffenen und dem Klarbild gegenüber. Vgl. noch Jos Bell 2,28, wo die Anerkennung de iure dem de facto bestehenden Zustand entgegengesetzt wird, und oben Anm. 126.

[388] S. Schulz, ThWNT VII, 400,22–401,15. Die »künftigen Dinge« bezeichnen also nicht die neue Welt nach der Parusie, sondern die christliche Gegenwart vom Standpunkt des Alten Testamentes her gesehen (Lähnemann, Kolosserbrief 136, Anm. 98).

den Sinai sei. »Typus« Christi ist Adam, nicht Mose (Röm 5,14). Andererseits handelt es sich in Kolossä auch nicht um bloße Adiaphora wie das Verzichten auf Fleisch und Wein oder das Festhalten an Feiertagen, das man um der Schwachen willen dulden muß (Röm 14,2-6.21); denn es ist verbunden mit ängstlicher Rücksichtnahme auf die »Weltelemente«, die mit dem Glauben an Christus konkurriert, also wohl unter das Verdikt von Röm 14,23 fiele, daß alles, was nicht aus Glauben kommt, Sünde ist (vgl. VV 20-23).

Aber ist hier überhaupt vom Gesetz die Rede? Das Wort erscheint im ganzen Brief nicht, und die »Vorschriften«, von denen V 14 spricht, scheinen pythagoreischen Regeln näher zu stehen als dem mosaischen Gesetz, obwohl sicher auch Jüdisches miteingeschlossen ist. Die Situation ist mindestens in einem Punkt anders als im Galaterbrief. Beschneidung wird dort als unaufgebbare Vorbedingung für das Heil gefordert. Die Rückkehr zur Unterwerfung unter die durch die »Elemente der Welt« diktierten Regeln (Gal 4,3.9) wird außerdem dort jedenfalls von Paulus eindeutig als Aufsichnehmen des mosaischen Gesetzes verstanden. In Kolossä ist nicht umstritten, daß Christus das All versöhnt hat; Beschneidung ist kaum gefordert, vielleicht nicht einmal praktiziert worden; die Bewegung segelt nicht unter der Flagge des mosaischen Gesetzes, sondern unter der einer modernen Philosophie, die durch entsprechende Übungen die Seele reinigen und für den Aufstieg zum Allherrn Christus befähigen will (vgl. S. 104). So kann ein Mitarbeiter des Paulus das Schema von Sache und Abschattung aufnehmen und alle möglichen »Vorschriften«, sei es des mosaischen Gesetzes, sei es hellenistischer Askese als das Vorläufige ansehen, das durch das Vollkommene abgelöst ist.

Ist so der Sinn geklärt, so ist doch die Konstruktion noch nicht klar. Die Formulierung »der Leib aber Christi« (so wörtlich) muß ja ergänzt werden. Am wahrscheinlichsten ist ein ursprünglicher Nominativ: die Sammlung aller möglicher Vorschriften »ist Schatten des Kommenden, der Körper (= die Sache selbst) aber Christus«. Das entspricht genau der üblichen Gegenüberstellung von Schatten und Körper (= Sache). Daß durch Änderung eines einzigen Buchstabens[389] daraus die häufige Wendung »der Leib Christi« geworden ist, läßt sich leicht verstehen. Sonst müßte man interpretieren: »Die Wirklichkeit aber gehört Christus«[390], was freilich sehr knapp ausgedrückt wäre, oder: »der Leib (= die Wirklichkeit) aber ist der Leib Christi«[391], was freilich Auslassung eines Wortes voraussetzte, oder dann die Wendung zum nächsten Vers ziehen: »in bezug auf den Leib Christi . . .«[392], was aber keinen rechten Sinn

---

389   Τοῦ fehlt ℵ^cDEFGKL Chr Thdrt usw.

390   Zu vergleichen ist 1Kor 3,23. Die Tatsache, daß die Kirche als Leib ihrem Haupt zugehört (Lohse 172f) oder daß Christus seinen Leib für sie hingegeben hat (Moule 103), könnte mitspielen und zu dieser verkürzten Wendung geführt haben. Schwerlich soll gegen asketische Forderungen festgehalten werden, daß die

Leiblichkeit Christus gehört (Lähnemann, Kolosserbrief 137).

391   Lohmeyer 123.

392   Schon Chrysostomus VII, 1 (313 = Oecumenius 37C) als Möglichkeit, X, 3 (369, zu 4,4) eindeutig anders; ferner ABP (?) bei C. Tischendorf, Novum Testamentum Graece II, Leipzig 1872 z.St.; Aug Ep 27=CSEL 44:373,12 positiv.

gibt. Wie immer man konstruiert, die Meinung ist klar; nur ist nicht ganz sicher, ob Christus oder eventuell die Kirche als Wirklichkeit dem Schatten entgegengestellt wird.

18   Niemand soll die Kolosser, wie das Verbum es ausdrückt, um den Kampfpreis bringen, sie »disqualifizieren«. »Sich gefallen . . .« ist Wiedergabe einer im Alten Testament gebräuchlichen hebräischen Wendung, die wörtlich »wollend in« heißt[393]; sie wird in V 23 mit der Neubildung »gewollter (= freiwillig übernommener oder selbst gewählter, sich angemaßter) Gottesdienst« wieder aufgenommen. Die »Demut«, von der die Rede ist, ist vermutlich ein kolossisches Schlagwort; denn in 3,12 wird davon wie Phil 2,3 usw. durchaus positiv gesprochen. Suspekt wird sie aber, wenn man sich ihrer rühmt. Wahrscheinlich ist sogar eine »Demut« gemeint, die man durch Fasten an den Tag legt[394]. Damit verbindet sich wie in V 23 die Engelverehrung; beides gehört also wohl bei den Kolossern zusammen. An sich ließe sich auch »Gottesdienst der Engel« übersetzen[395]; die Vorstellung, daß Menschen am himmlischen Gottesdienst der Engel teilnehmen, ist nicht unmöglich. Die Engelliturgie in Qumran[396] denkt vermutlich an einen irdischen Gottesdienst, für den aber der himmlische das Modell bildet und zudem die Gegenwart der Engel erfleht wird[397]; wo aber an Visionen und ekstatische Himmelsreisen der Seele gedacht ist, ist auch die Vorstellung vorhanden, daß der Mensch in den himmlischen Gottesdienst eintritt. Aber der Ausdruck in V 23 muß ja das (vom Briefschreiber abgelehnte) Tun des Menschen bezeichnen, nicht ein Handeln der Engel[398]; er meint also

[393] Ps 112(111),1: »an seinen Geboten Gefallen finden« (wörtlich: »in seinen Geboten wollen«); ähnlich vielleicht Test A 1,6; vgl. G. Schrenk, ThWNT III, 45,4–11 und schon Alting 398a mit Verweis auf das Hebräische. Weniger wahrscheinlich ist die Auffassung des Partizips als Adverb: »Niemand verurteile euch gern (oder frivol) in Sachen . . .« (Dibelius-Greeven 64). Einem Kyniker wird freilich einmal bei einem Schiffbruch zugerufen: »Da scherzest du frivol (θέλων)!« (Epict Diss II, 19,16 bei A. Friedrichsen, θέλων Col 2,18, ZNW 21 [1922] 136). Wörtliche Übersetzung »indem er es versucht (euch zu verurteilen)« (vSoden 53) ergibt auch keinen rechten Sinn.
[394] Lev 16,29 usw. Herm v III, 10,6; s V 3,7 (W. Grundmann, ThWNT VIII, 7,27–34; 26,19–23; Kehl, ZKTh 91,368); schwerlich ist damit gemeint, daß man sich seiner Herkunft aus den »Elementen« bewußt bleibt (Philo Som I, 212).
[395] Seit Luther öfters (Meyer 263); neuerdings Francis, StTh 16,126–130; Carr, JThS 24,499f. Vgl. Offb 4,4–11; 5,8–14; 11,16–19. Synge 60 erwägt die Konjektur ἀγγέλλων (»verkündend«, ohne τῶν).
[396] Übersetzt bei J. Strugnell, The Angelic Liturgy in Qumran, Congress Volume Oxford

1959, 1960 (VT.S 7), 322f.
[397] Ebd. 335,320; immerhin spricht 1QH 3,21f davon, daß der gereinigte Geist des Menschen sich an den Standort mit dem Heer der Heiligen stellt und in die Gemeinschaft mit der Gemeinde der Himmlischen eintritt (vgl. 3,20: »hinaufgehoben zu ewiger Höhe«). Freilich ist damit vielleicht nur Prädestination zu himmlischem Leben gemeint (H. Hübner, Anthropologischer Dualismus in den Hodayoth?, NTS 18 [1971/72] 271–273). Nach 1QSb 4,25f dient der Priester schon »im himmlischen Palast« (weiteres Francis, StTh 16,127–129; Asc Js 7,37; 8,17; 9,28–34; Corp Herm I, 26; Kuhn, Enderwartung [Anm. 56], 183–185, vgl. 47–49). G. Theissen, Urchristliche Wundergeschichten, 1974 (StNT 8), 276f betont, daß Gegenwart und Zukunft in Qumran letztlich unverbunden bleiben, weil niemand die Stelle des Christus einnimmt, der beides in sich selbst verbindet. Da schon der alttestamentliche Kult »vor Jahwe« geleistet wird, können irdische und himmlische Wohnstatt Gottes im Denken der Qumrangemeinde leicht zusammenfallen und der Priester zum Angesichtsengel, die Gemeinde zum Tempel werden (J. Maier, Die Texte vom Toten Meer II, München 1960, 77f).

Engelverehrung. Sie liegt nahe, wie Offb 22,8f zeigt, da Gott, Christus und Engel oft so etwas wie eine himmlische Trias bilden[399], »Engel« und »Geist (Gottes)« oft auswechselbar sind[400] und der Engel gern an die Stelle Gottes selbst tritt[401]. Auch Paulus rechnet mit der Gegenwart von Engeln im Gottesdienst (1Kor 11,10)[402]. Vor allem ist die Verehrung der zum Himmel aufsteigenden Seelen, die im Judentum mit den Engeln, im Hellenismus mit den »Heilanden« der Mysterien gleichgesetzt werden, in der pythagoreisch beeinflußten Philosophie belegt (vgl. Anm. 311).

Rätselhaft ist die Zufügung »beim Eintritt in das, was er . . .« oder »was er beim Eintritt (geschaut hat)«[403]. Im ersten Fall wäre angegeben, bei welcher Gelegenheit Fasten und Engelverehrung stattfanden[404], im zweiten Fall sind diese der Inhalt seiner visionären Schau[405], oder man müßte durch eine freilich schwierige Konstruktion mit dem Folgenden verbinden: »Aufgeblasen wegen dessen, was . . .«[406]. Nun wird der Ausdruck im 2. Jahrhundert n.Chr. vom Eintreten (in ein Heiligtum?) zum Orakelempfang, das mit einer Einweihung verbunden war, verwendet. Daß Lucius bei der Isisweihe auf seinem Gang vom Todesreich oder von dort hinauf zur Welt der Sonne »durch alle Elemente fährt«, könnte sogar darauf hinweisen, daß man die Himmelsreise der Seele durch alle Elemente hinauf in gewissen Riten vorweg vollzogen hat[407]. Aber

[398] Francis, StTh 16, 131 muß daher darin einen vom Briefschreiber geprägten Ausdruck für visionäre Himmelfahrten sehen.

[399] Lk 9,26; 1Thess 3,13(?); 1Tim 5,21; Offb 3,5 (auch die sieben Geister in 1,4 sind wie die sieben Erzengel gedacht).

[400] Belege: E. Schweizer, Die sieben Geister der Apokalypse, in: ders., Neotestamentica, Zürich 1963, 195, Anm. 32; 199, Anm. 51; vgl. 199f.

[401] Jub 18,9–14; 19,3 usw. Offb 18,4 (neben 5) spricht der Engel im Ich Gottes (H. Kraft, Die Offenbarung des Johannes, 1974 [HNT 16a], 228).

[402] Weiteres bei Ellis, Gifts (Anm. 39), 138–144.

[403] Die Zufügung von μή oder οὐχ in CG usw. ist Korrektur, die bestreiten will, daß der Visionär wirklich etwas gesehen hat. Da alte Manuskripte die Worte nicht voneinander absetzen, könnte man an ein versehentlich einfach, statt doppelt geschriebenes κεν denken (oder ἑώρα als nicht recht passendes Imperfekt verstehen) und κενεμβατεύων als »bei seinem Fehltritt« interpretieren. Aber das wäre seltsam formuliert, und daß der Visionär alles mögliche erblickt hat, braucht der Verfasser ja nicht zu leugnen. Lightfoot 195 erwägt ἑώρα, was vielleicht heißen kann »durch Balancieren, herumbalancierend«.

[404] Allerdings: kann man in etwas visionär Geschautes »eintreten«? Vielleicht; doch bezieht sich das Partizip auf den Verurteilenden;

es müßte also eigentlich in der Vergangenheit stehen (»aufgrund seines – vorher erfolgten – Eintretens in . . .«), vgl. Lohse 177, Anm. 4.

[405] Fastengebot als Inhalt einer Engelvision 4Esr 5,13.20; 6,31; oft als Vorbereitung für Offenbarungsempfang (Francis, StTh 16,114–119).

[406] Accusativus graecus; so Friedrichsen, ZNW 21 (Anm. 393) 135f.

[407] Belege bei Dibelius-Greeven 35. Sie erinnern an die Isisweihe (Apul Met XI 23,7 [2. Jh. n.Chr.]; kritisch dazu H. Krämer, Die Isisformel des Apuleius [Met XI 23,7], WuD 12 [1973] 102f, der die Einleitung übersetzt: »Höre, aber glaube [nur], was wahr ist«; aber darf man »nur« ergänzen?). A. D. Nock, The Vocabulary of the New Testament, JBL 52 (1933) 131–139 macht darauf aufmerksam, daß ἐμβατεύειν immer dem μυεῖσθαι erst folgt, nicht ein Teil davon ist (132). Die ausführliche Besprechung der Belege bei F. O. Francis (The Background of EMBATEUEIN [Col 2:18] in Legal Papyri and Oracle Inscriptions, in: Francis-Meeks, Conflict, 197–207) zeigt, daß die Erwähnung einer vorangehenden Weihe wohl nur nebensächlich ist. Das Wort bedeutet nur »(einen Besitz) antreten« oder »(in eine Orakelstätte) eintreten«. So wird man sehr vorsichtig sein müssen bei einer Beziehung auf Mysterien. Carr, JThS 24,498 interpretiert vom klassischen Gebrauch her als (heilige) Gegenwart an einem bestimmten Ort.

die sprachlichen Belege bleiben unsicher. Möglicherweise ist auch nur das mühsam forschende »Eindringen«[408] gemeint: »was er mühsam forschend geschaut hat« oder »(immer wieder) mühsam erforschend, was er geschaut hat«[409]. In beiden Fällen müßte angegeben werden, in was der Mensch eindringt, fehlen kann diese Angabe nur, wenn der Ausdruck bei den Kolossern schon für ein bestimmtes Tun fixiert war; das ist bei der ersten Erklärung leichter vorstellbar. So bleibt am wahrscheinlichsten: »Was er beim Eintritt (in die obere Welt) geschaut hat«. Vielleicht darf man 2Kor 12,2 (»bis zum dritten Himmel . . .emporgerissen«) oder Offb 4,1f (»und siehe, eine geöffnete Tür im Himmel und die Stimme . . .: ›Steige hierher auf und ich werde dir zeigen . . .‹ «, vgl. 17,3; 21,10) vergleichen, wo freilich Erlebnisse ekstatischer Art vorliegen[410]. Es ist also am ehesten an ein visionäres Erlebnis (bei einer Art Einweihung) zu denken, in dem die Kolosser schon den Eingang ins himmlische Heiligtum erlebten.

Der Nachsatz führt die Polemik ein. »Sinn[411] des Fleisches« (so wörtlich) ist alttestamentlich-jüdisch gedacht. Fleisch ist nicht einfach das Materielle, Körperliche; es ist auch nicht schlecht, ist es doch von Gott geschaffen. Freilich ist es begrenzt, sterblich, für Krankheit oder Anfechtung offen. So kann das Fleisch als Schöpfung Gottes vom heiligen Geist völlig durchdrungen, umgekehrt der »Geist«, d.h. das Denken des Menschen, ganz »Fleisch« sein. Das ist der Fall, wo der Mensch sich nicht mehr als Geschöpf Gottes versteht, sondern selber Gott sein will, also »sich aufbläht« (Kol 2,18)[412], »sich rühmt« (1Kor 1,29 und oft; nicht in Kol). Streng genommen ist wie im Alten Testament nicht das Fleisch böse, sondern nur das Sichverlassen auf das Fleisch: »Verflucht ist der Mann, der sich auf den Menschen verläßt und Fleisch zu seinem Arm macht, dessen Herz aber von Jahwe abtrünnig wird« (Jer 17,5). So besteht auch nach Kol 2,18 »fleischliches« Denken darin, daß man sich statt auf Christus auf alles mögliche andere verläßt und dadurch seiner selbst allzu sicher wird. Das kann allerdings dazu führen, daß das »Fleisch«, auf das man sich verläßt, immer mehr zur Macht wird, die uns beherrscht, so wie einer von Drogen, in denen er sein Glück sucht, schließlich beherrscht wird. In diesem Sinn kann dann

---

[408] 2Makk 2,30 »Eindringen und allseitige Betrachtung und sorgfältige Untersuchung«; vgl. ἐμβαθύνειν (Codex H: ἐμβατεύειν) Philo Plant 80: »(weiter) eindringen (in die Erkenntnis)«. So S. Lyonnet, L'épître aux Colossiens (Col 2,18) et les mystères d'Apollon Clarien, Bib. 43 (1962), 423f, aber als Anspielung auf Mysterien (ebd. 433–435).

[409] So H. Preisker, ThWNT II, 532,5–45 mit Belegen für beide Auffassungen. Neuere Literatur bei Lohse 176–178.

[410] Francis, StTh 16, 122–125 denkt an Eintritt in die himmlische Welt, wie sie in Apokalypsen beschrieben wird; doch erscheint ἐμβατεύειν dort nie (Lohse 177, Anm. 2), wohl aber in der LXX für den Eintritt in das gelobte Land

(Jos 19,49, Moule 105). Inhaltlich paßte das; vielleicht hat sich die gebräuchliche Rede vom »Eintreten (ins Heiligtum nach der Weihe)« mit der biblischen Wendung vom Eingang ins gelobte Land verbunden und für die Kolosser den Eintritt in den »Himmel« bedeutet, den sie visionär (bei der Taufe?) schon vorweg erlebten. Doch wissen wir viel zu wenig, um sicher zu sein.

[411] Νοῦς; Röm 8,7 φρόνημα.

[412] Das gleiche Verbum erscheint 1Kor 8,1, wo nicht judaistische Gesetzesgerechtigkeit angegriffen wird, sondern die Überheblichkeit der Erkenntnis, die Gott besser zu durchschauen meint, als es die Frömmigkeit der »Schwachen« vermag.

von Fleisch gesprochen werden, das seinen Tribut verlangt, und das man »sättigen« muß (V 23)[413].

Was immer im einzelnen anvisiert sein mag, falsch ist auf alle Fälle, daß Christus nicht mehr als »Haupt« festgehalten wird. Theoretisch wären die Kolosser alle damit einverstanden; aber ihre Angst, beim Aufstieg der Seele in den Elementen festgehalten zu werden und nicht bis zum erhöhten Christus durchdringen zu können, zeigt, daß sie seiner Macht doch nicht alles zutrauen. Darum folgt der Hinweis darauf, daß »der *ganze* Leib« von ihm versorgt werde. Ist schon V 10 festgestellt worden, daß Christus über alle Macht und Gewalt Herr ist, so wird jetzt die andere Seite entfaltet, die Fürsorge des Hauptes für den »Leib«. Wie überall, wo der Verfasser selbst spricht, kann damit nicht der Kosmos gemeint sein[414], der ja nicht mehr in Gottes Kraft wächst[415], sondern nur die Kirche (1,18.24). Wieder wird deutlich, daß zwar Christus Haupt über die ganze Welt ist, daß aber nur die Kirche sein Leib ist. Natürlich schließt das auch für die Kirche das Herrsein Christi ein. Das Herrschaftsverhältnis darf also nicht in einen Seinszusammenhang umgelogen werden[416], wie das in der Gnosis, aber auch in einem triumphalistischen Kirchenverständnis geschieht (vgl. S. 80). Doch bedeutet gerade das Wissen um das Herrsein Christi für die Kirche auch das Wissen um seine Kraft, Hilfe und Fürsorge. Die Konzentration auf Christus ist im Text so stark, daß das männliche Relativpronomen gesetzt wird, obwohl »Haupt« im Griechischen weiblichen Geschlechtes ist[417]. Auch bei Paulus ist der Leib Christi der Herrschafts- und Segensbereich, in den hinein die Menschen berufen werden, also die Kirche; doch wächst streng genommen nicht er, sondern höchstens die Zahl der in ihn hineingerufenen Men-

margin: 19

---

[413] E. Schweizer, ThWNT VII, 131,20–133,28; 136,15–137,10; doch ist mit E. Brandenburger, Fleisch und Geist, 1968 (WMANT 29), bes. 42–58, 223–228, die schon im Judentum vollzogene Aufteilung in zwei Sphären (ThWNT VII, 108,14–26 mit den Verweisen auf Zeile 26; 120,1–13; vgl. unten S. 144 mit Anm. 501) noch stärker als Hintergrund zu betonen, von dem her die grundsätzlich dem AT entsprechenden Aussagen des Paulus neu geprägt worden sind (vgl. Schweizer, Menschensohn [Anm. 183], 110–112 und zum ganzen oben S. 114).

[414] Gegen Dibelius-Greeven 36; ähnlich noch Lohse, NTS 11,206f.

[415] Wie nach Kol 1 die Glaubenden (V 10) oder das Evangelium (V 6), womit das (innere und äußere) Wachstum der Gemeinde gemeint ist. Fischer, Tendenz (Anm. 182), 73 weist auf einen von Reitzenstein zitierten Papyrus hin (PLeid V); doch handelt es sich dabei um ein Konglomerat von Pap V (P XIII, 762–777 bei K. Preisendanz, Papyri Graecae Magicae II, Stuttgart ²1974, 122) und Pap W (P XII, 238–244 = 4. Jh. n.Chr., ebd. 57). Αὔξων steht nur am

Ende des zweitgenannten und heißt nicht mehr als daß »er alles wachsen läßt«. Etwas näher läge P XXI (ebd. S. 146, 2./3. Jh. n.Chr.): » . . . Herr, . . . dem der Himmel Haupt und die Luft Leib ist, . . . der Gutes erzeugt und den Erdkreis ernährt und wachsen läßt (und die ganze Erde und den ganzen Kosmos).« Quelle dieser späten Aussagen ist aber die ägyptische Lehre, die schon in augusteischer Zeit durch Diodor S (I, 11,5; Diels II, 242,31f) referiert wird, wonach Isis und Osiris den ganzen Kosmos (den »Leib« mit den fünf »Gliedern« [Anm. 470], d.h. den Elementen, ebd. 11,6) durchwalten und alles (aber nicht den Weltleib!) ernähren und wachsen lassen(vgl. unten Anm. 482). Der von Lohse 179, Anm. 7 angeführte Philosatz (Quaest in Ex 2,117) sagt nichts vom Wachstum und ist vermutlich christlich überarbeitet (vgl. oben Anm. 113).

[416] Conzelmann 193.

[417] Die Vorstellung vom »Festhalten des Hauptes« ist ja auch innerhalb des Bildes unmöglich. Zur Funktion des Kopfes im Leib vgl. E. Schweizer, ThWNT VII, 1029, Anm. 53; 1032,17; 1035,23f; 1040,1f.

schen. So geht unsere Stelle noch um eine Nuance weiter, wenn sie die Kirche geradezu mit dem im Wachstum begriffenen (wörtlich: das Wachstum Gottes wachsenden), vom Haupt geförderten Leib gleichsetzt. Das hängt damit zusammen, daß Paulus beim Leib Christi zuerst an die in der Ortsgemeinde konkret zusammenlebende Schar denkt, der Kolosserbrief an die Universalkirche. »Bänder und Gelenke« sind doch wohl reine Bildsprache[418], nicht Hinweis auf Amtsträger[419]. In der Auseinandersetzung mit der in Kolossä drohenden Gefahr wird nirgends an solche appelliert, und 4,17 (s. dort) bleibt unklar. Vielleicht ist an die Vermittlung der Botschaft durch den Apostel und seine Mitarbeiter gedacht, die in unserem Brief betont erscheint (1,7-9; 1,23-2,1). Sie haben eine geschichtlich einmalige Funktion für das Wachsen der Kirche[420], ohne deswegen Amtsträger im Unterschied von Laien zu werden[421].

20 Was in V 12 als Mitbegrabensein in der Taufe genannt war, wird jetzt ähnlich wie in Röm 6,4.8 aufgenommen durch »(mit Christus) sterben«. Auch dort ist dieses Verbum an der Stelle verwendet, an der die Trennung von der Sünde betont ist. Bei Paulus aber ist stets der Dativ verwendet (»der Sünde absterben«, Röm 6,2.10; vgl. Gal 2,19; 6,14), hier die Formel »von den Weltelementen wegsterben«. Schon das zeigt, daß nicht einfach dasselbe gemeint ist; es geht nicht um das Entkommen aus dem Machtbereich der Sünde (im Singular!), das den eindeutigen und das ewige Heil entscheidenden Wechsel von der Sünde zu Gott bedeutet, sondern um die Befreiung von allerlei Tabus, die im folgenden aufgezählt werden[422]. Das grundsätzliche Ablegen des »Fleischesleibes« in der Taufe (V 11) hat zur Folge, daß man die Weltelemente und die dadurch bedingten »Vorschriften«[423] nicht mehr fürchten muß, und zwar deswegen, weil die Getauften eigentlich nicht mehr »in der Welt leben«. Das zeigt, daß »Weltele-

---

[418] W. Goossens, L'église corps du Christ, Paris 1949, 44f, denkt, daß zwei übliche Bilder kombiniert, daher nicht im einzelnen auszudeuten sind.

[419] So Masson 133: »organes de liaison«; noch ausgeprägter ders., L'épître de St. Paul aux Ephésiens, 1953 (CNT[N] IX, 195f zu Eph 4,1–16 [und Kol 2,19, ebd. 198]). Vgl. Anm. 822. In Eph 4,16 (nicht aber Kol 2,19 [mündlich])bezieht R. Schnackenburg, Christus, Geist und Gemeinde (Eph 4: 1–16), in: Christ and Spirit in the New Testament, Fschr. C. F. D. Moule, Cambridge 1973, 290, das gleiche Bild ebenso auf die Amtsträger, während ich, ohne zu leugnen, daß gewisse Dienste in der Gemeinde geordnet werden müssen, auch dort das Gewicht auf »einem jeden . . .« (V 7) legte (s. Anm. 24 ebd.), so daß die V 11 Genannten nur Beispiele für die jedem Gemeindeglied geschenkten, daher, abgesehen von der rein praktisch notwendigen Ordnung, grundsätzlich gleichwertigen Gnadengaben und Dienste darstellen.

[420] Vgl. die Rolle der Völkermission des Pau-

lus (s. zu 1,23). Jedenfalls wird man übersetzen müssen »versorgt durch (διά)«, nicht nur »ausgestattet mit« (mit Moule 107).

[421] Daß keines der Wörter für »Amt« (τέλος, τιμή, ἀρχή, λειτουργία) für das verwendet wird, was wir Amt nennen, obwohl die letzten drei für jüdische und heidnische Amtsträger, für Christus oder die Gesamtgemeinde erscheinen, dafür aber διακονία, das den Dienst aller Gemeindeglieder beschreibt, zeigt, wie wichtig es dem NT ist, daß Dienste zwar zu ordnen, auf keinen Fall aber in solche höherer oder niedrigerer Stufe zu scheiden sind (E. Schweizer, Gemeinde und Gemeindeordnung, ²1962 [AThANT], § 21).

[422] Vgl. Anm. 353 und Röm 6,7 »von der Sünde (Singular!) gerechtfertigt«; 7,6 »vom Gesetz gelöst, gestorben (dem), worin wir gefangen waren«. Das zeigt, daß die Macht der »Elemente« ungefähr dort steht, wo die Macht des Gesetzes bei Paulus.

[423] Derselbe Wortstamm wie in V 14 (s. dort).

mente« und »Welt« dasselbe meinen müssen, daß das Problem darin bestand,
aus der Welt und ihren Elementen hinaus in die obere Sphäre zu gelangen, in
der Christus regiert, und daß all die Vorschriften offenbar dazu dienten, diesen
Aufstieg einmal zu ermöglichen (vgl. S. 103). Es zeigt ferner, daß der Verfasser
von Paulus gelernt hat, »Leben« als bewußte Wahl des Ortes oder Raumes zu
verstehen, der »Sphäre« von der her man Kraft, Weisung und Sinn erwartet,
die einem Heimat ist, also als Wahl der »Welt« mit ihren »Elementen« oder des
»Himmels« mit der Regentschaft Christi. »Unsere Heimat[424] ist im Himmel,
aus dem wir . . .den Herrn Jesus Christus erwarten« (Phil 3,20). Dann ist die
Welt nicht mehr Norm, Macht, Quelle aller Hilfe und Weisung, sondern
nichts mehr als eben Welt[425]. Es ist freilich typisch, daß, anders als Phil 3,20,
die eschatologische Aussage hier erst in 3,4 nachgeholt wird. Da die Kolosser
Angst haben, einmal nach ihrem Tod nicht in jene obere Region aufsteigen zu
können, betont der Verfasser die andere Seite: sie sind faktisch schon in sie versetzt, auch wenn das noch nicht einfach offen zutage liegt. Darum dürfen sie
sich nicht mehr Vorschriften machen lassen[426], als lebten sie noch in der Welt.
Gerade die Befolgung der V 21 genannten asketischen Vorschriften heißt also,
der Welt verfallen sein! Daß es auch eine für die Sache des Evangeliums notwendige, freiwillig übernommene »Askese« gibt, ist damit nicht aufgehoben
(1,9; 2,1; 3,5; 4,13.18).
Drei Beispiele solcher Vorschriften werden gegeben. »Zu nahe kommen«   21
könnte sexuellen Verkehr bedeuten[427] wie in 1Kor 7,1, wo freilich die Frau als
Objekt genannt wird. Das Verbum wird oft so verwendet[428], und die Gegner in
Korinth haben sexuelle Enthaltung proklamiert, die Irrlehrer von 1Tim 4,3 sie
auch mit Speiseverboten kombiniert. Falls es in Kolossä in diesem Sinn als
Schlagwort gebraucht worden wäre, hätten die Leser sofort verstanden; doch
wissen wir das nicht. V 22a spricht eher dagegen (anders 1Tim 4,3); man
müßte ihn dann nur auf die zwei letztgenannten Ausdrücke beziehen. Dafür
spräche, daß in diesem Fall nicht im ersten und dritten Glied genau dasselbe gesagt würde[429], ohne daß doch beides nebeneinander steht, also bloß rhetorische
Abwechslung wäre. Aber genügt das? Der zweite Ausdruck bezieht sich sicher
auf Speisen und Getränke (V 16), und der dritte warnt sogar vor dem bloßen
Berühren solcher verbotener Dinge.
Speisen aber, will der Nachsatz sagen, sind keine angsteinflößenden Mächte,   22
sondern einfach Lebensmittel[430]. Nur wo man Angst hat, daß sie die Seele ver-

---

[424] H. Strathmann, ThWNT VI, 535,13.
[425] Conzelmann 193; vgl. S. 131.
[426] Bl-Debr 314 (Nachtrag).
[427] So A. R. C. Leaney, Colossians II.21–23, ExpT 64 (1952/53) 92.
[428] Z.B. Gen 20,6; Spr 6,29; Jos Ant 1,163; Eur Phoen 945; Plat Leg 8 (840A); Plut Alex 21,30 (I 676E); MAnt I, 17,13(6); vor allem auch in absolutem Gebrauch: Aristot Pol 1335b,40; auf Speisen bezogen hingegen Diels

I, 463,17.19 (29ff) für Pythagoreer.
[429] Ex 19,12 stehen beide Ausdrücke gleich-
wertig nebeneinander (Lohse 181, Anm. 2).
Für Sexualabstinenz votiert schon de Wette 54.
Caird 200 sieht darin Ironie des Apostels:
schließlich darf man überhaupt nichts mehr berühren.
[430] Conzelmann 193. Ἅ(τινά) ἐστιν leitet
auch VV 17.23 eine polemische Anmerkung
des Verfassers ein.

unreinigen und dadurch am Aufstieg durch die Elemente hindern, werden sie zu Mächten. Beides soll in dieser Zwischenbemerkung ausgedrückt werden: die Dinge dieser Welt (wie z. B. Nahrungsmittel) sollen gebraucht werden, und: sie haben keine Macht, da sie vergänglich sind[431]. Schon diese Zurechtweisung zeigt, daß die kolossischen Vorschriften jedenfalls nicht nur gesundheitliche Regeln[432] oder Aufruf zu naturgemäßem Leben[433] oder moralische Warnungen[434] waren. Es scheint aber auch nicht Askese im strengen Sinn des Wortes zu sein, obwohl »Schonungslosigkeit gegenüber dem Leib« (V 23) in diese Richtung weist, sondern ein Bemühen, die Seele vor Belastungen zu bewahren, die sie zu sehr an die verschiedenen Elemente der Welt binden und damit ihren Aufstieg gefährden könnten. All diese Vorschriften sind rein menschlich, wie mit einem, auch Mk 7,7 verwendeten, also wohl in der Auseinandersetzung mit Speisevorschriften auch sonst herbeigezogenen Schriftwort (Jes 29,13 LXX) festgehalten wird[435].

23   Der folgende Vers ist kaum übersetzbar. Die Einleitung weist ihn als polemische Bemerkung des Verfassers aus. Dann muß »den Ruf haben« im Gegensatz zu »wirklich sein« verstanden werden[436]. Solche Scheinweisheit offenbart sich also in freiwillig übernommenem Gottesdienst[437], Demutsübungen wie Fasten (V 18) und den Körper schonungslos angreifendem Verzicht, wie er V 21 umschrieben war. Schwierig ist das folgende. Wörtlich heißt es: »nicht in irgend einer Hochschätzung, zur Befriedigung des Fleisches.« Da nur hier der Artikel bei »Fleisch« steht, ist seine Befriedigung gewiß in negativem Sinn bewertet[438]. Tatsächlich dienen also nach der Meinung des Briefverfassers gerade diese Enthaltsamkeitsvorschriften der Befriedigung, nicht der Abtötung des Fleisches, so wie vorher gesagt war, daß sie ihre Vertreter der Welt verfallen

---

[431] So argumentiert, wohl in traditioneller Weise, auch 1Kor 6,13 im Blick auf Speisen; sie gehören in den Bereich des »Bauches«, während der Geschlechtsverkehr den »Leib« tangiert. Mk 7,19 redet sogar vom »Abort« (was schon Oecumenius 40D in Kol 2,22 einfügt). Paulus würde in diesem Zusammenhang wohl auf den Schöpfungscharakter der Lebensmittel und das dafür ausgesprochene Lob Gottes hinweisen (1Kor 10,26.30f; Röm 14,20; vgl. 1Tim 4,4f).

[432] Wie Diels I, 476,7–13; Pauly-W Suppl VII, 62f.

[433] Wie Philo (H. Lewy, Sobria Ebrietas, Gießen 1929, 71 mit Anm. 3; doch vgl. 6, Anm. 3).

[434] Wie Diels I, 475,26–31; Philostrat Vit Ap I 8; Philo Vit Cont 74.

[435] Grammatisch dürfte die Wendung mindestens dem Sinn nach mit δογματίζεσθε zu verbinden sein; der Inhalt ist dann in lebhafter Rede vorweggenommen.

[436] Λόγος als Gegensatz zu ἀλήθεια Diod S

XIII, 4,1; XIV, 1,2, zu ἔργον Polystrat S. 33 (nach Pr-Bauer s.v.1aα); vgl. Demosth or 20,18 (462): »Es hat einen gewissen Ruf«, der sich aber als »Lüge« entpuppt (bei Moule 108, Stellenangabe unrichtig).

[437] Vielleicht schon kritisch: »selbstgewählter Gottesdienst«. Dafür sprächen Parallelformulierungen, die einen, der Philosoph (oder Ehrengast oder Lehrer [so Herm s IX, 22,2]) sein möchte, es aber nicht ist, so bezeichnen; doch finden sich auch Zusammensetzungen, die die freiwillige Übernahme betonen (Belege für beides bei Pr-Bauer s.v.). Da die andern Ausdrücke positiv verwertet (1,9; 3,16 usw.; 3,12) und erst durch die Charakterisierung als »Schein« disqualifiziert werden, versteht man besser im Sinne einer freiwillig übernommenen zusätzlichen Leistung.

[438] Dafür spräche Philo Vit Cont 35,37: die Therapeuten lieben σοφία (Kol 2,23) und δόγματα (2,14.20), kämpfen mit einfachster Nahrung gegen πλησμονή und heiligen den Sabbat (ebd. 30, Kol 2,16).

lassen. Das ist ein gut paulinischer Gedanke; der vorbildliche Wandel des Apostels, durch den er in der Gesetzesgerechtigkeit untadelig wurde, war faktisch
ein »Trauen auf Fleisch« (Phil 3,3-7). Aber wie soll man das erste Glied deuten?
Müßte man alles von V 22 Ende an als Parenthese verstehen und dann verbinden: »Zum Gebrauch, nicht aber zur Befriedigung des Fleisches, indem man
ihnen Ehre gibt (sie allzu wichtig nimmt)«? Aber da der Vordersatz ein »zwar«
enthält, muß man den Gegensatz (der allerdings im Griechischen öfters nur
mitgedacht wird) doch eher in der zweiten Satzhälfte suchen. Dann wäre die
ganze Wendung vom Beginn von V 23 abhängig[439]. Aber was bedeuten dann
die drei Worte nach »nicht« (»in irgendeiner Hochschätzung«)? Soll man verstehen: »Ohne irgendwelche (christliche) Rücksichtnahme«[440], »keine Ehre
bringend, zur Erfüllung des Fleisches«[441], »(aber) ohne jeden Wert gegen die
Lust des Fleisches«[442] oder »ohne jeden Wert, (nur) zur Befriedigung des Fleisches«[443]? Das Letzte ist das Nächstliegende, ohne daß Sicherheit erreicht werden kann.

Der ganze Abschnitt kämpft gegen Tabus. Nun ist das sehr modern. Tatsächlich ist die Grundhaltung in Kolossä der heute bekämpften recht ähnlich, obwohl die Motivation und die konkrete Auswirkung im einzelnen verschieden
sind. Ob auf dem heute wichtigsten Gebiet, der Sexualität, in Kolossä Tabus
bestanden, ist nicht einmal sicher (s. zu V 21); umgekehrt spielt die Enthaltung
von Speisen aus religiösen Gründen heute kaum eine Rolle, und wenn bestimmte Tage von anderen unterschieden werden, dann um einer Unglücks-
zahl oder um der Konstellation der Sterne willen, nicht als Feiertage. Doch
Weihrauch und Dämonenangst stehen sich nahe; ob man Göttern und Halbgöt-
tern an bestimmten Tagen Opfer darbringt oder Sternkonstellationen fürchtet
und ihnen ein geplantes Unternehmen zum Opfer bringt, liegt nicht weit auseinander. Vor allem aber geht es in Kolossä ja darum, die Seele von der Beflek-
kung durch die Welt reinzuhalten, was für den Briefverfasser dem sehr zu gleichen scheint, was wir Verkrampfung und Verdrängung nennen. Er weiß auch,
daß man das nicht einfach abdrehen kann wie einen Wasserhahn. Darum begründet er seine Sätze mit der Erinnerung an ihr Mitgestorbensein mit Christus. Das bedeutet nicht Zerstörung, nicht so etwas wie eine nach dem Tod des
Mannes gewaltsam durchgeführte Witwenverbrennung; es ähnelt eher dem
öfters zu beobachtenden Vorgang, daß nach einer langen, guten Ehe der Frau
nach dem Tod des Mannes alles andere unwichtig wird, Essen und Zeitung und
Spaziergang, und sie bald ihrem Mann nach-stirbt. Durch das, was in Jesus
Christus geschehen ist, verlieren all die Dinge, die den Kolossern so wichtig

Zusammen-
fassung

---

[439] Wörtlich: »Das alles ist nur einen Ruf
von . . . habend, nicht . . . zur Befriedigung . . .« Hrabanus 526C: »obscure dic-
tum«!
[440] So etwa B. Reicke, Zum sprachlichen
Verständnis von Kol 2,23, StTh 6 (1953) 51. Es
wäre dann arg verkürzte Rede.
[441] »Ehre« und »Erfüllung« (πληροῦσθαι,

nicht πλησμονή) wären dann gegnerische
Schlagworte (Bornkamm, Häresie 151f).
[442] Lightfoot 204: »yet not really of any va-
lue to remedy indulgence of the flesh.« Aber
geht das sprachlich?
[443] G. Delling, ThWNT VI, 134,2–9 (abhängig von ἅτινά ἐστιν), wo weitere Möglichkeiten aufgeführt sind.

scheinen, ihre Mächtigkeit, So werden sie frei und dürfen »von den Elementen
dieser Welt wegsterben«, und zwar gerade so, daß sie diese frei »gebrauchen«
(V 22) können, weil die Elemente zu Elementen dieser Welt geworden sind und
sie nicht mehr gefangen nehmen, sie in Aggressionen oder Depressionen führen. Freilich wird gerade dies befreien für den Willen Christi und für das, was
die anderen von uns an Hilfe und Kraft erwarten. Gerade weil Tabus und Halb-
götter, die krampfhaft festgehaltene Seelenreinheit oder die steile Karriere,
nicht mehr wichtig sind[444], werden wir frei für anderes und andere. Wer mit
Christus grundsätzlich schon »oben« ist, braucht sich nicht mehr um seine
»Himmelfahrt« zu ängstigen, weder um seine Statussymbole, die ihn »oben«
ansiedeln, noch um seine rein moralisch verstandene Vortrefflichkeit vor anderen. Christus bedeutet also für ihn das Gegenteil einer »Depression«, eines
Heruntergedrücktseins, in dem er »niedergeschlagen« ist und »unten durch«
muß. Gerade darum kann er sich »herunterziehen lassen zu den Geringen«
(Röm 12,16). Freiheit ist also nicht Willkür; das wird der große Abschnitt
3,1-4,1 entfalten.

III.   Leben aus Glauben (3,1-4,6)

1. Das neue Leben als Aufgabe (3,1 - 4)

Literatur:
Merk, O., Handeln aus Glauben, 1968 (MThSt 5), 201-204

**1 Wenn ihr also mit Christus auferweckt worden seid, so suchet das,
was droben ist, wo Christus zur Rechten Gottes sitzt. 2 Richtet euch
auf das aus, was droben ist, nicht auf das auf der Erde. 3 Denn ihr seid
gestorben und euer Leben ist mit Christus in Gott verborgen. 4 Wenn
Christus, unser Leben, erscheinen wird, dann werdet auch ihr mit ihm
in Herrlichkeit erscheinen.**

Analyse   Die vier Verse bilden einen typischen Übergangsabschnitt[445], der den lehrhaften ersten Teil (1,12-2,23) mit dem paränetischen zweiten (3,5-4,6) verbindet.
Im ersten Teil findet sich ausschließlich »in Christus«, im zweiten »im Herrn«,

---

[444]   Daß damit der Respekt vor einer Tiefen-
dimension des Lebens, in die z.B. das Geheimnis eines lebendigen Betens gehört, nicht aufgehoben, sondern gerade geboten ist, ist allerdings mitzubedenken (G. Ebeling, Das Gebet,
ZThK 70 [1973] 206f).

[445]   Zeilinger, Der Erstgeborene 62f faßt ihn
noch als Abschluß der Polemik, Lamarche,
Structure 460f beginnt den paränetischen Teil

schon mit 2,16; aber 3,1–4 ist doch deutlich
Grundlegung einer allgemein gültigen, weit
über den konkreten Fall der kolossischen Gefährdung hinausgehenden Mahnung, daß man
den Abschnitt III besser damit beginnen läßt.
Besonders fraglich ist Lamarches Gliederung
2,16–3,2/3,3–17, die die Einheit 3,1–4 zer-
reißt.

was etwa dem entspricht, was auch bei Paulus festzustellen ist[446]: es wird von
der Verwurzelung des Glaubenden »in Christus« gesprochen, aber zum Wandeln »im Herrn« aufgerufen. Mit V 1a (und 3a = 2,20) wird die Aussage 2,12f
aufgenommen, während VV 1b.2 die folgenden Mahnungen zusammenfassen
(wobei anders als in 2,8.16f.18f die positiven Aufrufe voranstehen und durch
ein christologisches Zitat unterstrichen werden), VV 3b.4 dagegen auf die noch
ausstehende Parusie hinweisen und damit die Spannung zwischen Indikativ
(»ihr seid schon auferstanden«) und Imperativ (»suchet, was droben ist«) begründen (vgl. S. 98). Dabei umrahmen die beiden Aussagen in der zweiten Person Plural die beiden in der dritten Singular, während VV 3 und 4 sonst weithin
formal parallel sind[447]. Dieser Hinweis auf die Parusie ist einzigartig in unserem Brief, obwohl verschiedentlich auf die »Hoffnung« verwiesen wird
(1,5.23). Während diese sonst aber unter dem Gesichtspunkt betrachtet wird,
daß sie dem Glaubenden schon geschenkt ist, also die Gewißheit des neuen Lebens begründet, wird hier unterstrichen, daß das neue Leben noch Verborgen-
heitscharakter besitzt, so daß daraus die Notwendigkeit der Mahnung folgt.
Die Herrlichkeit, die jetzt schon Gott und Christus auszeichnet (1,11.27), wird
den Kolossern also erst einst zuteil werden (3,4)[448].

Mit dem Hinweis auf das Auferstandensein mit Christus wird die Aussage von   Erklärung
2,12 als Grundlage des Aufrufs wieder aufgenommen. So kann man formulie-   1
ren, daß im Evangelium zum Gehorsam aufgerufen wird, *weil* der Mensch
schon gerettet und neugeschaffen ist, im Gesetz hingegen, *damit* er es werde[449]. Die Verknüpfung mit »also« (s. S. 98) entspricht Röm 12,1 (vgl. Eph
4,1). Die erstaunliche Feststellung von 2,20, daß sie nicht mehr »in der Welt
leben«, ist demnach so zu verstehen, daß sie die Welt nicht mehr als Ziel und
Sinn ihres Lebens auffassen können. Die Entfaltung 3,5 - 4,1 wird zeigen, daß
damit keinerlei Weltflucht empfohlen wird; im Gegenteil, nirgends anders als
in der Welt und ihrem Leben drin, die seit Christi Erhöhung gewissermaßen
schon »heimgeholt« sind[450], sollen sie dieses Ziel und diesen Sinn festhalten.
»Oben« liegt die Welt Gottes im hellenistischen, vor allem durch Plato bestimmten Weltbild (vgl. S. 103). Aber auch nach Gen 11,5 »steigt Jahwe herab,
um die Stadt und den Turm . . . zu besehen« (vgl. Ex 19,20; Ps 14[13],2), und
nach Ex 24,9f steigen Mose und die mit ihm hinauf, um den Gott Israels zu er-
blicken, zu dessen Füssen der Himmel wie Saphirfliesen ausgebreitet ist. Nach
Ez 1,26 steht der Thron des Herrn über der Himmelsfeste; Dan 7,13 schaut den

[446] Ludwig, Verfasser 56f,105–107; vgl. aber
S. 98: auch außerhalb dieser Formel erscheint
»Herr« im Kol fast nur im paränetischen Kontext.
[447] Zeilinger, Der Erstgeborene 61 (der Ge-
genpol zur kolossischen Philosophie ist der erhöhte Christus) und 62 (3b. 4b »euer Leben«;
3d. 4d »in Gott/in Herrlichkeit«); ebd. 147:
VV 3f = hymnischer Doppelspruch.
[448] Vgl. 1,27 »Hoffnung auf (oder sogar:

Vorgabe der) Herrlichkeit«.
[449] De Boor 243. Daß das Auferstehen vor
dem Sterben (V 3) genannt und das Verborgen-
sein mit Christus perfektisch ausgedrückt, also
nicht auf ein einmaliges Ereignis bezogen wird,
zeigt vielleicht, daß die Taufsymbolik nicht
mehr bewußt festgehalten wird (Schnackenburg, Baptism [Anm. 348] 72). Vgl. auch
S. 137 mit Anm. 465.
[450] Ernst 221.

Menschen schon auf den Wolken des Himmels; Henoch wird nach äth Hen 17,2 auf einen Berg geführt, dessen Spitze in den Himmel reicht, und steigt nach 71,1 in den Himmel auf. Schon in Jub 2,2.11.30 verbindet sich der Gegensatz zwischen Himmel und Erde mit dem zwischen Geist- und Fleischwesen[451], und Sir 51,9f fleht der Beter »von der Erde her« zu »seinem Vater« um »Errettung« und dankt auch schon dafür (VV 11f)[452]. Noch ausgesprochener findet sich dieses Denken in der Gemeinde von Qumran. Sie erfährt im Gottesdienst, daß sie schon in der »ewigen Höhe«, »mit dem Heer der Heiligen« und »mit der Gemeinde der Himmlischen« lebt; doch ist, abgesehen von der gottesdienstlichen Verbindung mit dem »Himmel«, das Leben der Gemeinde nur insofern schon oben angesiedelt, als der einzelne sich zum Heil prädestiniert weiß (vgl. Anm. 397). Paulus spricht vom »oberen Jerusalem« im Unterschied zum »jetzigen (!)« oder von der »oberen Berufung« zur künftigen (!) Totenauferstehung. Er interpretiert also mit seinen räumlichen Begriffen nur die eschatologische Differenz (Gal 4,25f; Phil 3,13f)[453]. Freilich geht der Gedanke einer schon erlebten Auferstehung darüber hinaus. Doch muß auch dabei das im Aorist ausgesagte Widerfahrnis ja gelebt werden; so schließt der Imperativ an den Indikativ (s. S. 98); die im Wort zugesprochene Wahrheit kann nur im »Suchen« zum Leben kommen. Wenn sie bloß in intellektuellem Fürwahrhalten oder auch in der Überzeugung von einer magischen Wirkung des Sakramentes angeeignet würde, oder wenn umgekehrt das »Suchen« nicht mehr im Zuspruch des Evangeliums gründete, wäre das ebenso verkehrt, wie wenn der Mensch ihm widerfahrene Liebe nur zur Kenntnis nehmen wollte, um gleich wieder zur Tagesordnung überzugehen, oder umgekehrt krampfhaft zu lieben versuchte, ohne zuzugeben, daß er selbst auch Liebe braucht. Daß dies keineswegs nur individualistisch gemeint ist, werden die Ausführungen in 3,5 - 4,1 zeigen.

Diese obere Welt ist durch das Sitzen Christi zur Rechten Gottes charakterisiert. Das zeigt, daß wieder auf das Bekenntnis zurückgegriffen wird, und zwar mit einer zitatähnlichen Wendung aus der im Neuen Testament wohl meistzitierten Stelle Ps 110 (109), 1. Röm 8,34 schließt das Sitzen zur Rechten Gottes die Fürbitte für die Menschen ein, während die zweite Hälfte des Psalmverses in 1Kor 15,25 die Herrschaft Christi über die Feinde beschreibt. Mk 12,36 (16,19), das lukanische Schrifttum, der Hebräerbrief und 1Petr 3,22 beschreiben mit Ps 110 (109),1 die Herrenstellung des Erhöhten. Man wird also darin den Hinweis auf die Herrschaft Christi sehen, wobei vermutlich die Gewalt über alle Gegenmächte (Kol 2,10) im Vordergrund steht, während das Herrsein über die ihm Gehorsamen, die das »Oben« suchen, mitklingen wird. Auferstehung ist somit eindeutig als Erhöhung interpretiert; d. h. nicht die Todesüberwindung steht im Vordergrund des Denkens, so sehr sie eingeschlossen ist, sondern der Durchbruch in die Welt Gottes, der auch für die Mitauferstande-

---

[451] E. Schweizer, ThWNT VII, 108,14–26   [453] Stärker dualistisch Joh 8,23; »ihr seid von
mit den Zeile 26 genannten Stellen; 120,1–13.   unten, ich bin von oben«.
[452] Vgl. Sanders, Hymns 135.

nen gilt. Daß hier wie in 1Kor 15,22-28 Erhöhung und Parusie eng verbunden sind, ist bemerkenswert[454].

Das Verbum, das hier gebraucht wird, heißt eigentlich »denken, urteilen«; 2 doch ist damit das »Ausgerichtetsein« der ganzen Lebenshaltung auf etwas Bestimmtes hin gemeint. Deutlich wird, daß »oben« und »auf der Erde« nicht eigentlich topographische Bestimmungen sind, sondern eine Sphäre bezeichnen, durch die man sich bestimmen läßt. Das geht dem parallel, was Paulus als die Sphäre des »Fleisches« und des »Geistes (Gottes)« beschreibt[455]. Diese paulinische Terminologie ist insofern klarer, als sie die Möglichkeit, daß der Gottesgeist im irdischen Leben des »Fleisches« wirkt, ohne weiteres einschließt. Sie ist freilich insofern auch schwieriger, als Paulus ja nicht das Leben »im Fleisch« abwerten will, da alles Fleisch von Gott geschaffen ist, sondern nur das totale Ausgerichtetsein des Lebens auf das Fleisch (s. S. 124). Ähnlich verhält es sich hier, wo die Sprache der kolossischen Philosophie mit ihrer Sehnsucht nach einer Flucht aus der »Welt« nach »oben« einwirkt. Der Streit zwischen ihr und dem Verfasser des Briefes geht darum, was denn die beiden Sphären bestimmt. Die kolossische Philosophie hat wahrscheinlich im Zuge des neuerwachenden Platonismus alles Materielle negativ und als Hindernis für die immaterielle Seele gewertet. Je höher man aufstieg durch die Elemente, von der Erde zum Wasser, zur Luft und zur feuerartigen Region, desto mehr legte man alles Materielle ab, bis man im »Aether« die reine Welt der Ideen erreichte (vgl. S. 103). Sie versteht »oben« also auch topographisch-wörtlich. Der Verfasser hingegen kommt wie Paulus von der alttestamentlichen Sicht her, die in der Weiterentwicklung des Frühjudentums die Gegenüberstellung von Fleisch und Geist schon mit der von Erde und Himmel, Welt und oberer Welt vermischt. Doch bleiben dabei die »Fleischwesen« grundsätzlich gute Schöpfung Gottes; was verkehrt ist, ist gerade ihr Geist, der gegen Gott rebelliert und seine geschöpfliche Begrenztheit nicht akzeptieren will, also ihr »Denken« oder »Ausgerichtetsein«. Darum ruft Kol 3,2 zurück zur Ausrichtung des ganzen Sinnens auf Gott hin, nicht zur Loslösung eines geistigen Lebens vom körperlichen. In ihrem leiblichen Leben soll die Gemeinde auf Gottes Willen und damit, wie V 4 sagen wird, auch auf seine Zukunft ausgerichtet sein.

Daß die Kolosser »gestorben« sind, wie schon 2,20 in Aufnahme von 2,12 for- 3 muliert hat, begründet den V 2; sie gehören daher nicht mehr der Erde an, sondern der oberen Welt. Erstaunlich ist aber die Fortsetzung; das neue Leben ist eine verborgene Realität. Man wird das schwerlich abschwächen und nur »aufbewahrt« übersetzen dürfen[456]; denn auch bei dem parallelen Ausdruck 2,3

---

[454] Auch Phil 2,9–11 gilt das sicher für Paulus, wahrscheinlich schon für den übernommenen Text. Weiteres bei W. Thüsing, Erhöhungsvorstellung und Parusieerwartung in der ältesten nachösterlichen Christologie, 1969 (SBS 42), bes. 88–99; E. Schweizer, ThWNT VIII, 371,6–19; 372,25–32.

[455] Vgl. Röm 8,5 Τὰ τῆς σαρκὸς φρονεῖν,

aber Phil 3,19 τὰ ἐπίγεια φρονεῖν (im Gegensatz zum πολίτευμα im Himmel); allgemeiner Röm 12,3; Phil 2,2.5 usw.

[456] So etwa Moule 112. C. H. Dodd (mündlich, ebd.) überlegt sogar, ob nur das Bild vom Tod und Begräbnis als Bergung in der Erde vorliege, dem entgegen der Glaubende erklärt, er sei in Gott geborgen.

bleibt mindestens der Geheimnischarakter des nicht einfach Zutageliegenden festgehalten. Gegen ein enthusiastisches Überspringen der Realität wird hier, ähnlich wie im Kommentar zum Hymnus in 1,23, der Vorbehalt angemeldet, daß das Gesagte nur gilt, wo es im Glauben gelebt wird. Obwohl der Kolosserbrief formal die 2Tim 2,18 abgewiesene Aussage von der schon geschehenen Auferstehung kennt, hält er fest, daß sie nur im Glauben gilt, d. h. daß das neue Auferstehungsleben streng an Christus gebunden bleibt und daher nicht einfach zur Verfügung steht. Die Unabgeschlossenheit des Geschehens, das mit dem Sterben in der Taufe einsetzt, bleibt also gewahrt. »Die Welt kennt weder Christus noch die Christen, aber auch die Christen kennen sich selbst nicht wirklich«[457]. Auffällig ist die Formulierung »mit Christus in Gott«. »Mit Christus« wird in V 4 wie öfters bei Paulus von der Gemeinschaft zwischen Christus und den Seinen bei der Parusie und in der daran anschließenden Vollendung ausgesagt; vielleicht wirkt dieser Sprachgebrauch schon hier ein, obwohl V 3 ja die Zeit zwischen Taufe und Vollendung beschreibt. Jedenfalls ist hier mit der bei Paulus so fehlenden[458] Wendung »in Gott« dieser als Garant ihres neuen Lebens beschrieben. Seine Treue sichert schon jetzt jenes Leben, das einst in Erscheinung treten wird. Damit ist ausgedrückt, was 1,5 von der im Himmel bereitliegenden Hoffnung sagte.

4   Freilich ist dies die einzige Stelle, an der die Erwartung der Parusie noch deutlich hervortritt. Da der Gegensatz zwischen jetzt verborgenem, einst »erscheinendem« Leben im Kontext entscheidend ist, wird auch für die künftige Erscheinung Christi dasselbe Verbum verwendet. Paulus verweist mit diesem Wort in der Regel auf die Evangeliumsverkündigung; nur im Blick auf das Gericht wird das Moment des erst zukünftigen Sichtbarwerdens eines Verborgenen betont (1Kor 4,5)[459]. Auch Kol 1,26 ist von der schon erfolgten Offenbarung die Rede, dort aber verbunden mit dem Revelationsschema, wonach im Evangelium die seit Generationen verborgene Weisheit Gottes erschienen ist (ähnlich 2Tim 1,9f; Tit 1,2f; 1Petr 1,20). Für die Parusie wird es sonst erst 1Petr 5,4; 1Joh 2,28[460] verwendet. Dieser Vorbehalt der noch ausstehenden Offenbarung ist nach zwei Richtungen hin wesentlich. Einmal begründet er den Aufruf zur lebensmäßigen Verwirklichung des Glaubens; dann aber hält er auch fest, daß Christus nie zu unserem Besitz wird, über den wir einfach verfügen können. Er allein wird einst enthüllen, wer wir wirklich sind.

Das ist mit dem Begriff der »Herrlichkeit« umschrieben. Daß die Gemeinde einst in ihr leben wird, unterscheidet ihre künftige Vollendung von der Ge-

---

457   Bengel, 821, oft zitiert.
458   Moule, RExp 70,485, der auch auf die nichtpaulinische Verwendung der Formel »mit Christus« für einen nicht-eschatologischen Sachverhalt und auf die Vorstellung des Schon-auferstanden-seins verweist. Tatsächlich wäre nur Röm 5,11 eine Parallele, aber dort hängt ἐν vom Verbum ab (ebenso 1Joh 4,15f). 1(und 2)Thess 1,1 fehlt der Artikel und

steht πατρί dabei (ebenso Jud 1); vgl. noch 1Thess 2,2 (ἐν τῷ θεῷ ἡμῶν λαλῆσαι).
459   Vgl. noch Röm 1,19 (Offenbarung in der Schöpfung) und R. Bultmann/D. Lührmann, ThWNT IX, 4,25–29.
460   Auch hier verbunden mit der Offenbarung des eigentlichen Wesens der Glaubenden 3,2. In 1Tim 3,16 ist das irdische Erscheinen gemeint.

genwart, in der ihr dies nur zugesprochen ist. »Herrlichkeit« ist nach 1,11.27 die Welt Christi oder Gottes, die auch nach 1,27 für die Gemeinde noch ausstehend, wenn auch als »Vorgabe« ihr durch Christus schon zugesprochen ist. Die qualitative Andersartigkeit des kommenden Lebens ist also dadurch gegeben, daß das Teilhaben an Christi Leben dann ohne Vorbehalt alles bestimmt, ganze, volle Gemeinschaft mit ihm bedeutet. Diese Anteilgabe bleibt freilich sein freies Herrenrecht, so sehr die Gemeinde seiner Treue vertrauen und ihrer gewiß sein darf. Das ist damit ausgedrückt, daß er allein »unser Leben« ist. Leben ist also im tiefsten Sinn gar nicht das in uns Vorhandene, sondern das, was er, Christus, uns aufprägt. Paulus meint dasselbe Gal 2,20: »Es lebt nicht mehr ich, es lebt in mir Christus«[462]; doch kennt er die substantivische Formulierung von Kol 3,4 nicht. Im Kolosserbrief herrscht die räumliche Terminologie von oben und unten zwar vor; doch interpretiert unser Vers sie in zeitlichen Kategorien. Oben, d. h. in Gottes Welt, ist schon vollendet, was »auf der Erde« erst in Zukunft sichtbar werden wird. Darum lebt die Gemeinde in voller Ausrichtung nach »oben« von ihrer Zukunft her; d. h. sie erwartet alles von ihrem Herrn, der einst aufdecken und vollenden wird, was schon jetzt gilt, und sie lebt in solcher Erwartung, indem sie alles läßt, was in VV 5-11 an negativem, und alles übt, was in VV 12-15 an positivem Verhalten aufgezählt wird[463].

Dieser Übergangsabschnitt verknüpft den Zuspruch des Heils (1,12 - 2,23) mit dem daraus folgenden Aufruf zu neuem Leben (3,5 - 4,6). Er ist bestimmt von der Vorstellung von den zwei Sphären. Im Gegensatz zur kolossischen Philosophie sind diese aber nicht als geistige und materielle Welt verstanden, so daß die Angaben »auf Erden« (oder »in der Welt«, 2,20) und »oben« nicht eigentlich topographisch zu fassen sind, als ob der Aufstieg von der kompakten Erde durch die immer weniger materiell bedingten höheren Sphären das Heil bedeutete. Alles Geschaffene bleibt Gottes gute Schöpfung, wenn es auch im Unterschied zum Schöpfer begrenzt und bedroht ist. Falsch ist nicht das Leibliche – auch der erhöhte Christus und die Engel sind leiblich gedacht – ; falsch ist der Geist des Menschen, der sich völlig auf die Geschöpfe ausrichtet statt auf den Schöpfer, so nämlich, daß er die Erfüllung seines Lebens von ihnen her erwartet. Gerade wer durch alle möglichen Enthaltungsgebote sich vor dieser Welt schützen und von ihr lösen will, nimmt sie zu ernst und erwartet Heil und Unheil von ihr. Wer umgekehrt sein Heil allein von Gott erwartet, wird frei, diese Welt zu gebrauchen (2,22), vor allem aber in ihr zum Dienst bereit zu stehen (3,11-14). Daß er nicht mehr in ihr lebt (2,20), schon auferstanden ist (3,1), ist also nicht ein feststellbarer Zustand, so wie es das Weilen auf einem Berggipfel,

Zusammen-
fassung

---

461 Ob von »eurem« oder »unserem« Leben die Rede ist, macht wenig aus; das erste ist eher besser bezeugt, aber die Angleichung an die seit 2,16 regierende 2. Person Plural und den gleichen Ausdruck in 3,3 ist als Korrektur leichter zu verstehen.
462 Phil 1,21 ist wohl anders zu fassen: Leben

heißt für Paulus, ganz für Christus da zu sein. Verwandt sind 1Joh 5,12 (»Wer den Sohn hat, hat das Leben«); Ign Eph 3,2; (7,2); Sm 4,1; Mg 1,2: Christus unser unerschütterliches (wahrhaftiges, immerwährendes) Leben (ζῆν).
463 Zum Verhältnis von Eschatologie und Paränese vgl. S. 171f.

aber doch auch die Entweltlichung im Erlebnis der Ekstase oder der Meditation wäre. Das Leben »oben« ist als ein »Suchen« oder »Sich ausrichten auf . . .« beschrieben, d. h. als ein Leben in der Welt, das völlig bestimmt ist durch den erhöhten Christus, und das alle Hilfe und alle Weisung von ihm erwartet. Dabei befreit das Denken in Sphären von einer nur individualistischen Auslegung. Durch die Taufe wird der Mensch in die Gemeinde eingegliedert, d. h. in eine Gesellschaft, deren Leben in diesem Sinn geprägt ist. In gleicher Weise ist die »Welt« oder »Erde« immer schon bestimmt durch das in ihr herrschende Denken. Vor aller simplifizierenden Scheidung zwischen Gemeinde und Welt warnt aber die Feststellung, daß das neue Leben »verborgen« ist und erst bei der Parusie »erscheinen« wird. Das heißt: dieses Leben ist nicht einfach meßbar, beweisbar, vorzeigbar, so sehr es in konkreten Akten (3,5 - 4,1) gelebt werden muß. Feststellbar ist höchstens, daß sich die Gemeindeglieder von »oben«, d. h. vom Willen Christi und damit auch von seiner Zukunft her bestimmen lassen. Solange sie sich davon nicht wegbewegen lassen (1,23), ist das »oben« schon erfüllte Zukunft (1,5) in ihrem Leben gegenwärtige Macht.

Doch gehört noch mehr dazu. Ist ihr Leben mit Christus in Gott verborgen, ja ist Christus selbst ihr Leben, dann heißt das sogar, daß Leben im Vollsinn erst das ist, was der Herr einst durch sein Ja zu seinen Jüngern daraus machen wird, nicht schon das irdisch Vorhandene. Wer der Mensch ist, das sagt einmal nicht der noch so schön dekorierte Leichnam, der noch so erhebende Nachruf, die noch so beglückende Erinnerung in den Herzen seiner Freunde und Verwandten, nicht einmal das, was psychologisch denkbar gewesen wäre, falls nicht ein frühkindliches Trauma oder eine falsche Erziehung es gehemmt hätte; das sagt erst recht nicht das, was der Mensch selbst über sich gedacht hat; das sagt nur der Gnade, d. h. wahres Leben und wirkliches Personsein unverdient schenkende Spruch seines Herrn, der dann erscheinen wird. Der Kolosserbrief verzichtet auf eine Beschreibung dieses Erscheinens, wie sie 1Thess 4,16f oder Mk 13,24-27, wenn auch in bestimmten Grenzen, versucht wird. Das menschlichen Vorstellungen Unzugängliche wird nicht ausgemalt. Das ist hilfreich in einer Zeit, in der das ganz andere Weltbild erst recht erkennen läßt, daß die Schilderung einer Parusie vom Himmel reine Bildsprache für ein Unbeschreibbares ist. Andererseits bleibt festgehalten, daß ein Glaube, der nicht ausgerichtet wäre auf eine noch ausstehende Vollendung, in der erst sichtbar wird, was wirkliches Leben ist, schon in seiner irdischen Existenz nicht mehr »oben« verwurzelter, gewisser Glaube wäre[464].

Beide Momente gehören natürlich zusammen. Als ich schwimmen lernte, stand der Bademeister hoch oben und hielt mich an einer Leine fest. Hoch oben

---

[464] Vgl. P. Stuhlmacher, Schriftauslegung auf dem Wege zur biblischen Theologie, Göttingen 1975, 180. Zeilinger, Der Erstgeborene, 149 hält dies zwar auch fest, betont aber, daß die Welt »oben« Himmel und Erde umfaßt und eher das meint, was wir »Entweltlichung« nennen (so F. J. Steinmetz, Protologische Heilszuversicht. Die Strukturen des soteriologischen und christologischen Denkens im Kolosser- und Epheserbrief, 1969 [FThST 2], 31).

war der, der mich sicherte und trug, und zugleich der, von dem her alle Weisungen kamen. Beides bestimmte meine »Zukunft«, nämlich das Schwimmen-
können. Die Gemeinde besitzt also die Zukunft nicht so, daß sie darüber verfügen könnte, sondern nur so, daß sie sich von ihr stets neu bewegen lassen darf.
So bleibt ihr Leben ein verborgenes bis zur letzten Vollendung, weil sie immer
angewiesen bleibt auf das Wort ihres Herrn, das ihr zuspricht, was sie nicht
einfach an sich selbst ablesen kann: daß sie nämlich von ihm angenommen, in
seiner Welt angesiedelt und daher Tag um Tag dadurch bestimmt ist. Daß weder in 2,20 noch in 3,1-4 die Taufe wieder erwähnt wird, daß hier das neue Leben als in Gott verborgenes geschildert wird, zeigt, daß streng genommen ihr
Sterben und Auferstehen in Christus erfolgt ist und daß sie (durch die Taufe)
»mit ihm« zusammengeschlossen, d. h. von Gott in die seit Karfreitag und
Ostern durch ihn bestimmte neue »Welt« hineingestellt worden sind[465]. Dies
glauben heißt konkret, davon leben. Das wird in den folgenden Abschnitten
entfaltet.

2. Alter und neuer Mensch (3,5–11)

Literatur:
Easton, B.S., New Testament Ethical Lists, JBL 51 (1932) 1–12; *Fischer* (Anm. 182)
58–62; *Käsemann* (Anm. 339) 33–49; *Kamlah*, Form 31–34, 122–126; Merk (S. 130),
204–224; *Schweizer*, Lasterkataloge; *ders.*, Die Sünde in den Gliedern, in: Abraham
unser Vater, Festschrift O. Michel, 1963 (AGSU 5), 437–439; *Vögtle*, Lasterkataloge;
Wibbing, S., Die Tugend- und Lasterkataloge im Neuen Testament und ihre Tradi-
tionsgeschichte unter besonderer Berücksichtigung der Qumran-Texte, 1959 (BZNW
25).

**5 Tötet also die Glieder auf der Erde, Unzucht, Unreinheit, Leiden-
schaft, böse Begier und die Habsucht, die Götzendienst ist. 6 Deswegen kommt der Zorn Gottes. 7 Darin seid auch ihr einst gewandelt, als
ihr (noch) darin lebtet; 8 jetzt aber legt doch auch ihr das alles ab, Zorn,
Wut, Bosheit, Lästerung, böse Nachrede aus eurem Munde. 9 Lügt
nicht gegeneinander, zieht den alten Menschen mit seinem Handeln
aus 10 und den neuen an, der (immer wieder) erneuert wird zur Erkenntnis nach dem Bild seines Schöpfers. 11 Da ist (dann) nicht mehr
Grieche und Jude, Beschneidung und Unbeschnittenheit, Barbar, Skythe, Sklave, Freier, sondern (nur) Christus, (der) alles in allem (ist).**

Der Abschnitt wird eingeführt durch einen mit »also« eingeleiteten Imperativ   Analyse
(vgl. S. 98), der die Folgerungen aus dem bisher Gesagten zieht und so vom
»dogmatischen« zum »ethischen« Teil überleitet. Dem »tötet«[466] entspricht im

---

[465] Vgl. Lohmeyer 127: »In dem Tode Christi sind alle Gläubigen . . .gestorben.« Vgl.
Anm. 449.

[466] Ähnlich Röm 8,13 θανατοῦν (νεϰροῦν
nur Röm 4,19; Hebr 11,12 in nicht bildlicher
Bedeutung von Abrahams/Saras Leib).

folgenden Abschnitt ein ebenfalls mit »also« verknüpfter Imperativ »ziehet an«, der die positive Aufforderung mit der hier vorliegenden negativen parallelisiert[467]. Unser Abschnitt ist unterteilt (VV 5–7/8–11) durch zwei Fünferreihen von Lastern. Die erste enthält den Aufruf zum Töten der heidnischen Grundsünden (V 5), was traditionsgemäß mit dem Hinweis auf Gottes Zorn motiviert wird (V 6), vor allem aber dadurch charakterisiert ist, daß diese Laster als grundsätzlich schon hinter ihnen liegende angesehen werden (V 7). Die zweite Reihe hingegen enthält Sünden, wie sie auch in der Gemeinde auftreten und »jetzt« abzulegen sind (V 8). Sie werden zusammengefaßt durch die Warnung vor der Lüge und begründet durch den Hinweis auf den fundamentalen Wechsel vom alten zum neuen Menschen (VV 9f), der durch den Eintritt in die neue Welt Christi gegeben ist (V 11). Beide Abschnitte sind kunstvoll verknüpft durch das Schema des »einst« und »jetzt aber«, wobei der Vers 8a die Struktur Zeitbestimmung – Verbum – Subjekt – Objekt von Vers 7 in genau umgekehrter Reihenfolge chiastisch wieder aufnimmt.

Erklärung Wie aus der Tatsache »ihr seid mitauferstanden« der Imperativ folgt: »Suchet
5 das, was oben ist«, so aus dem Indikativ »ihr seid gestorben« (V 3) die Mahnungen »tötet also . . .« und »legt ab . . .« (VV 5,8), denen dann wiederum mit »ziehet an« (V 10) das positive Gegenstück gesetzt ist. Sehr merkwürdig ist die Vorstellung von den »Gliedern auf Erden«. Man muß wohl davon ausgehen, daß nach jüdischer[468] Sicht »die Lüste in den Gliedern streiten« (Jak 4,1). Auch Paulus spricht von den Leidenschaften und dem Gesetz der Sünde, die in den Gliedern wirken (Röm 7,5.23; vgl. 6,13.19). So sind es auch nach sBar 49,3 »die Glieder, die jetzt in Sünden sind und mit denen die Sünden vollführt werden«. Nach den Rabbinen gibt es so viele Gebote und Verbote im Gesetz, wie der Leib Glieder hat, so daß jedes Glied den Menschen einlädt, einem Gebot Gottes gehorsam zu sein; doch ist der böse Trieb König über 248 Glieder geworden[469].

Aber was soll der Zusatz »auf Erden«? Zweifellos ist hier kosmisch gedacht: Während die Gemeinde tatsächlich schon »oben« lebt, sind gewisse »Glieder« noch auf Erden festgehalten. Jedoch, wie ist diese kosmische Dimension zu verstehen? Im weiteren Sinne so, daß der einzelne Mensch in seinem eigentlichen Selbst schon im Himmel lebt, aber mit einigen seiner Glieder noch auf der Erde festgehalten ist, oder im engeren Sinne so, daß die Glieder selbst den »Leib der Sünde«, also eine kosmische Größe darstellen, von der die Gemeinde gelöst worden ist? Für das letzte könnte zunächst die Parallele aus der Naassenerschrift sprechen, Attis sei »abgehauen«, d.h. von den irdischen Teilen

[467] Ludwig, Verfasser 107f.
[468] Hellenistisch werden höchstens einzelne Körperteile genannt, also z.B. die Lüste des Unterleibs (Cic Or in Pisonem 66: vgl. Philo Sacr AC 33).
[469] Tg J I (Gen 1,27), hrsg. M. Ginsburger, Pseudo-Jonathan, Berlin 1903; Aboth R. Nathan 39 und dazu Jervell, IMAGO DEI (Anm. 120), 80; Bill. I, 901(d); III, 94(b); IV, 472(b)

und dazu R. Meyer, Hellenistisches in der rabbinischen Anthropologie, 1937 (BWANT 4/22), 88–93. Vgl. noch Test Rub 2,4–8; 3,3f und zum Grundsatz der Bestrafung je am sündigen Glied schon Weish. 11,16. Weiteres bei E. Schweizer, Sünde (S. 137). Zu vergleichen ist auch Tg J I zu Gen 22,1 (S. 36): Isaak ist bereit, alle seine Glieder (nicht nur das der Beschneidung anheimfallende) Gott hinzugeben.

(oder Gliedern[470]) der Schöpfung unten getrennt worden und zum ewigen Wesen oben hinübergegangen, wo weder Weibliches noch Männliches ist, sondern neue Schöpfung, neuer Mensch, der mannweiblich ist (Hipp Ref V 7,15). Ähnliches könnte hinter Philippusevangelium 123 stehen, wonach die Beschneidung als Vernichtung des »Fleisches . . . der Welt« betrachtet wird[471]. Freilich sind diese Aussagen ein bis vier Jahrhunderte später anzusiedeln und wohl schon Deutungen der Aussagen des Paulus und des Kolosserbriefes. Doch beweist Philo Fug 110, daß in der Tat kosmische Vorstellungen im engeren Sinn im Hintergrunde stehen. Danach stellt nämlich der Hohepriester, der Gott zum Vater, die Weisheit zur Mutter hat (ebd. 109), wenn er seine Amtstracht anzieht, den Logos dar, der »den Kosmos wie ein Kleid anzieht, nämlich Erde und Wasser und Luft und Feuer, und das daraus (Bestehende)« darüber anzieht[472]. Schöpfung ist also gedacht als das Anziehen der 4+1 Elemente durch den Logos, als ein Hineinschlüpfen des (alles belebenden) Logos in die Elemente, was der stoischen Sicht des alle Elemente durchwaltenden Logos nahekommt. Dieses kosmische Geschehen wiederholt sich anthropologisch bei der Geburt des Menschen, wenn »die Einzelseele den Leib«, vor allem aber soteriologisch bei der Wiedergeburt, wenn »die Vernunft des Weisen die Tugenden« anzieht. Dieses letzte entspricht genau dem, was Kol 3,12 fordert.

Voraussetzung für Philos Formulierung ist die seit Demokrit griechisches Denken beherrschende Vorstellung vom Kosmos als großem Menschenleib und vom Einzelmenschen als kleinem Kosmos[473], wobei dem göttlichen Logos im Kosmos die menschliche Vernunft im Körper entspricht. Dabei ist Philos Weltbild von seinem Schöpfungsglauben her relativ einheitlich. Wie der göttliche Logos als Schöpfungsmittler die fünf Elemente zur Welt gestaltet, so gibt die Seele dem Leib sein Leben und so erwecken Vernunft und Wille des Weisen die Tugenden. Dabei stehen die Tugenden, die er »anzieht«, genau parallel den »Teilen« (oder »Gliedern«) des Weltalls oder des menschlichen Leibes: wie der Logos die Teile des Alls zusammenhält (Kol 1,17!), so die Seele die des Leibes, Vernunft und Wille die Tugenden (Fug 112). Wo man aber, wie zur Zeit des Kolosserbriefs vor allem platonisch-pythagoreisch dachte, wurde die irdische Welt im großen oder der menschliche Körper im kleinen zum Hindernis, das den göttlichen Logos gefangennimmt. Dann mußten an die Stelle der Tugenden, in denen Vernunft und Wille des Weisen leben, die Laster treten, die sie versuchen und bedrängen. Schon Philo kann ja davon sprechen, daß die Seele bei ihrem Aufstieg zum Himmel jedem Element zurückgeben muß, was zu ihm gehört (Rer Div Her 282), wobei er an Körperliches denkt. Er kann aber auch davon sprechen, daß das Fleischliche aus der Vernunft heraus »abgehauen« oder »getötet« werden müsse, und gerade in diesem Zusammenhang ist damit eine Fünferliste von Lastern, die einer Fünferliste von Tugenden entgegensteht, genannt (Ebr 21; 23f; 69[474]). Damit sind wir dem Bild der Naassenerschrift recht nahe gekommen; nur daß Philo eindeutig individualistisch vom Einzelmenschen her denkt, in dessen Seele noch Irdisches lebt.

Liegt also von der kosmischen Konzeption der Kolosser, nach der die Seele die Elemente der Welt verlassen und nach »oben« dringen muß, die Idee einer jetzt individualistisch

---

[470] Μέρη und μέλη wechseln oft: Plat Leg 795E; Philo Spec Leg I 210; Praem Poen 125 (vgl. Rer Div Her 151); Corp Herm 12,21.

[471] NHC II/3 (4./5. Jh. n.Chr. ?) – W. C. Till, Das Evangelium nach Philippus, 1963 (PTS 2), 130, 29f.

[472] Vermutlich ist der Äther gemeint (Aet Mund 102); die Satzauflösung aufgrund von Spec Leg I 86.

[473] Diels II, 153,8; vgl. Philo Migr Abr 220; Quaest in Ex 2,74 (Glieder !); auch Abr 74.

Vgl. oben Anm. 113.

[474] Ἀποκόπτειν τῆς διανοίας (69). Mit ἀναιρεῖν (69) wird ἀποκτείνειν aus Ex 32,27 = Ebr 67 aufgenommen. In § 23 treten die bekannten vier Kardinaltugenden an die Stelle der Fünferliste in § 21. Eine Fünferliste von Lastern und Tugenden steht auch Virt 180, daneben Siebener- und Viererreihen (Kamlah, Form 107–114). Zu Rer Div Her 282 vgl. S. 103.

verstandenen Trennung vom Körper und seinen Gliedern und damit den Lastern, die sie »auf der Erde« festhalten wollen, nahe, so bleibt doch im einzelnen noch manches offen. Zwar wird man für die Vorstellung von den »Gliedern« nicht zurückgreifen müssen auf die aus Platon stammende Anschauung von der Seele, die sich vom Körper trennen und sich (oder in der Terminologie des Porphyrius gegen 300 n. Chr.: ihre zersplitterten Glieder) auf sich selbst hin sammeln muß[475], oder gar die gnostische Übertragung dieser Gedanken auf den kosmischen Menschen[476]. Die Vorstellung, daß die Sünde so etwas wie einen kosmischen Leib bildet, dessen Glieder dann die Einzelsünden wären[477], oder ihr Gegenstück von den sieben Gliedern des Logos, die Gotteskräfte bzw. Tugenden darstellen[478], liegt hier noch nicht vor. Kol 2,11 ist der »Fleischesleib« wahrscheinlich auf den Einzelmenschen bezogen, und 3,10 (s. dort) ist der »neue Mensch« sicher so zu verstehen. Auch das Nebeneinander eines auf Erden zu vernichtenden kosmischen Leibes der Sündenmacht und eines ebenfalls auf Erden lebenden, tatsächlich aber dem Himmel zugehörigen, »wachsenden« Christusleibes (2,9) wäre schwer faßbar. Aber auch der radikale Aufruf Jesu und der neutestamentlichen Gemeinde, dem eigenen Ich abzusagen[479], dürfte nur als Sachparallele im Hintergrund stehen, ohne das besondere Bild von den Gliedern zu erklären[480]. Die oben aufgezeigte jüdische Lokalisierung der Laster in den Körpergliedern hat wahrscheinlich zur Wahl des Ausdrucks geführt, weil die Parallelisierung der Elemente als Glieder des Kosmos mit den Gliedern des menschlichen Körpers und mit den Tugenden (oder Lastern), wie sie Philo bezeugt, schon in der Luft lag. Das erklärt die kosmische Einordnung dieser »Glieder« auf der »Erde« im Gegensatz zur Welt »oben«.

Zu der auffälligen Fünfzahl von Lastern und Tugenden können nur Vermutungen geäußert werden. Inhaltlich sind die Kataloge deutlich von der Tradition geprägt, die so nur bei Paulus nachzuweisen ist. Die Fünfzahl ist also wahrscheinlich zufällig wie wohl auch bei Philo. Denkbar wäre ja nur, daß die Kolosser bewußt Fünferlisten gebildet hätten, die entweder inhaltlich schon durch die paulinische Mission geprägt oder dann nachträglich vom Verfasser des Kolosserbriefs dieser Tradition angepaßt worden wären. Dann wäre nur die Begrenzung auf je fünf auf die in Kolossä herrschenden Ideen zurückzuführen. Was käme dafür in Frage? In Asien herrscht, wie chinesische und iranische Belege schon vor Zoroaster zeigen, die Fünfzahl der Elemente und ihre Parallelisierung mit hohen Geisteswesen, die so etwas wie Tugenden darstellen, vor[481]. Das wird tatsächlich hinter den hellenistischen Vorstellungen stehen, ohne daß man sich dieser Herkunft noch bewußt sein wird. Jedenfalls ist das erste schon in augusteischer Zeit bei Diodor belegt[482], das zweite an der besprochenen Philostelle (Fug 110). Daß neben der

[475] Phaidon 67CD; 83A; Porphyr Marc 10 (S. 281,1f Nauck); H. C. Puech, in Henneke³ I, 196f; E. Schweizer, ThWNT VII, 1089,29–34.
[476] Fischer, Tendenz (Anm. 182) 58–62: in Od Sal geht das Bild vom Menschen mit seinen Sinnesorganen = Gliedern vielleicht schon in das paulinische von den Menschen als Glieder des Leibes Christi über.
[477] So Severian 327; Petrus L. 280B; Gomarus 562b; Bengel 821; Abbott 280; Lohmeyer 136, Anm. 3; vgl. Calvin 155 (unsere Natur »quasi massa«).
[478] So vielleicht Corp Herm 13,8 (2./3. Jh. n.Chr. ?) nach der Interpretation von Kamlah, Form 122–126.
[479] Mk 9,43–48: ἀπόκοψον! Moule 114f erinnert an Mk 8,34; Röm 6,4.11; Gal 2,20; 1Petr 4,1.

[480] Der Topos vom Abhauen der Fingernägel, Haare und Schwielen wie auch kranker Körperteile in Vergleichen asketischer Schriften, der sich von der Frühzeit bis zu Porphyrius (gegen 300 n.Chr., Marc 34, [Anm. 475] S. 296,7) verfolgen läßt (H. Hommel, Herrenworte im Lichte sokratischer Überlieferung, ZNW 57 [1966] 13–16), spielt schwerlich eine Rolle.
[481] H. Lommel, Symbolik der Elemente in der zoroastrischen Religion, in: Zarathustra, hrsg. B. Schlerath, 1970 (WdF 169), 255–257 (eine Fünferliste von Lastern als bösen Geistern ebd. 259); ders., Die Elemente im Verhältnis zu den Amesa Spentas, ebd. 377–384.
[482] Diodor S I, 11,6 (Diels II, 243,1–5): Die fünf Elemente Wind-Feuer-Trockenes-Feuchtes-Luftartiges (ebd. 242,35f: Feuer-Wind-Feuchtes-Trockenes-beiden gemeinsam: Luft)

üblichen Reihe Erde-Wasser-Luft-Feuer-(Äther) auch die Reihe Trockenes-Feuchtes-Kaltes-Warmes tritt, liegt nahe[483], schwieriger ist die außergewöhnliche Stellung des fünften Elementes, des Äthers[484]; doch könnte diese durch die alte kosmische Zahl von fünf gleichen Elementen überlagert sein. Beide Viererreihen erscheinen als kosmische und anthropologische bei Philo (Rer Div Her 282) gerade in dem Satz, der davon berichtet, wie die Seele bei ihrem Aufstieg jedem Element das Seine zurückgibt. Wie die aufsteigende Seele also bei Philo die vier Elemente hinter sich läßt, so vielleicht in der kolossischen Philosophie die fünf, die dann mit Lastern gleichgesetzt werden. Bei beiden ist dies aber schon auf den Einzelmenschen übertragen, wenn vom »Töten« (Kol 3,5; Ebr 67) oder »Abhauen« (Naassener, Ebr 69) des Fleischlichen oder der irdischen Glieder gesprochen wird. Lag schon die Parallelisierung von Tugenden oder Lastern mit den Elementen der Welt nahe, so kommt noch dazu, daß die Zahl fünf, die bei den Pythagorern als Zusammensetzung der ersten geraden und der ersten ungeraden Zahl (2 und 3, noch bei F. Schiller, Piccolomini II 1) sowieso eine große Rolle spielt, auch als Zahl des sinnlich Wahrnehmbaren, Körperlichen galt[485]. Manichäische Spekulationen, die frühestens im 3. Jh. n. Chr. belegbar sind und kaum mehr beweisen, als daß dort der Urmensch mit den fünf Elementen der Welt gleichgesetzt wird, was schon aus der philonischen Stelle gefolgert werden konnte, liegen jedenfalls fern[486].

Was immer die kosmische Sprache und die Fünfzahl der Laster und Tugenden beeinflußt haben mag, jedenfalls bezieht Kol 3,5–14 alles auf den Einzelmenschen (vgl. zu V 10). So wird das Töten der Glieder, d. h. der darin wirkenden Laster, für ihn von der jüdischen Anschauung von den in den Gliedern lokalisierten Sünden her zu verstehen sein. Daß diese Glieder »auf Erden« leben, der Glaubende aber schon »oben«, ist, auch auf den Einzelmenschen bezogen, im Hellenismus die übliche Sicht. Der eigentliche Mensch, griechisch ausgedrückt: sein Geist oder seine Seele, lebt schon »oben«, während ihn eben die Glieder, in denen die Sünde noch wirkt, »unten« festhalten. Wenig später kann Plutarch vom Geist des Menschen sagen, er schwebe schon am Firmament oben, auch wenn er noch wie durch eine Ankerkette mit der übrigen Seele (auf Erden) verbunden bleibe, und die Vernunft befinde sich als »Dämon« außerhalb des Körpers, während die Seele ganz oder teilweise in ihn eingetaucht

---

sind als Teile des Kosmos den Gliedern des Leibes vergleichbar.

[483] Philo Rer Div Her 153; 282; vgl. 208; Sacr AC 108 (als Elemente des menschlichen Körpers neben denen des Kosmos); Pythagorer, Diels I, 449,10 neben den üblichen (ebd. 6). Wie bei Philo (und letztlich auch Diodor [Anm. 482]) entspricht auch hier das Kalte der Luft.

[484] Für Diodor vgl. Anm. 482. Philo und der oft zitierte pythagoreische Text kennen nur Viererreihen; doch wird Philo Fug 110; Aet Mund 102 als fünftes Element der Äther erwähnt, der nicht im strengen Sinn transzendent zu sein scheint wie in anderen Belegen. Ob irgendein Zusammenhang mit der chinesischen Wetter-Reihe Wind-Wärme-Nässe-

Trockenheit-Kälte (Lommel, Elemente [Anm. 481], 386) besteht, könnte nur gefragt werden, wenn das Alter der entsprechenden chinesischen Texte bekannt und Zwischenglieder aufzuzeigen wären.

[485] Plut Is et Os 56; E Delph 8; Def Orac 35 (II, 374A; 388A–E; 429B–430A); Philo Plant 133 (Sinnlichkeit). Was die »fünf Brunnquellen« des Empedokles (Diels I, 369,14) sind, weiß man leider nicht, vielleicht auch die Sinne. Weiteres bei Schweizer, Versöhnung 500, Anm. 30. Für die Verbindung von Zahlen und Tugenden vgl. Diels I, 452,21f.

[486] E. Schweizer, ThWNT VII, 150, Anm. 401. Lohse, 198f denkt an dem Verfasser unbewußten, iranischen Hintergrund; dagegen aber Schweizer, Lasterkataloge, Anm. 40.41.

sei[487]. Nach 4Makk 1,29 putzt der »Verstand« die Triebe, die Leib und Seele durchdringen, weg und beschneidet sie. Philo (Det Pot Ins 85) sieht die Füße des Menschen zwar in der Erde gewurzelt, den Geist aber schon mit den ewigen Kreisläufen der Luft und des Himmels verbunden[488]. Die Sprache des Kolosserbriefes und das, was sie den Lesern vermitteln will, gehen also wahrscheinlich nicht über das hinaus, was von der jüdischen Ethik her denkbar ist[489]. Hellenistisch-kosmisches Denken ist wahrscheinlich nur im erstgenannten, weiteren Sinn wirksam, also die seit Plato vorherrschende Vorstellung von der oben beheimateten Seele. Sie tritt hier ganz natürlich auf, weil das zentrale Problem der Philosophie der Kolosser eben der Aufstieg der Seele von der Erde zum Himmel war. Da der Verfasser aber nicht zwischen Seele und Körper scheidet, wird einerseits die Tatsache, daß sie schon auferstanden sind bzw. sich auf die obere Welt hin ausrichten, auf den Menschen als ganzen übertragen, andererseits das Verfallensein an die Welt auf die »Glieder« bezogen, in denen nach jüdischer Sicht die Sünde sitzt. Sollten die Kolosser schon die verschiedenen Laster mit den Elementen, also den Gliedern »des Kosmos« verknüpft haben, läge die Aufnahme dieses Begriffes noch näher, obwohl der Verfasser selbst es sicher nicht mehr so versteht. Wie wenig freilich daran gedacht ist, daß bestimmte Körperglieder als solche böse seien, zeigt die Fortsetzung. Diese den Menschen festhaltenden »Glieder« sind nicht etwa Arme, Beine, Geschlechtsorgane oder Bauch, sondern die Laster selbst, die aufgezählt werden[490]. Von einer geradezu metaphysischen Bestimmtheit des Menschen[491] ist also kaum mehr die Rede, sondern von seiner Prägung entweder durch die »Glieder auf Erden« oder durch den auferstandenen Christus.

Nach dem in VV 1–4 Gesagten muß man die »obere Welt« also zunächst als die Welt sehen, die Gott einst in der Vollendung am Ende der Zeiten schaffen wird. Der Ausdruck besagt aber, daß sie »oben«, also dort, wo die Gemeinde mit ihrem ganzen Sinnen weilt und woraufhin sie ausgerichtet ist, schon Gegenwart geworden ist. Die Gemeinde lebt tatsächlich insofern schon in ihr, als sie auf die kommende Welt hin lebt und sich in allen konkreten Fragen der Gegenwart davon bestimmen läßt. Daß ihre Existenz »mit Christus in Gott verborgen« ist, heißt ja, daß der Auferstandene mit seinem Anspruch als Herr über ihr und ihrem gesamten Handeln, Reden, Denken und Fühlen steht, zugleich aber mit seiner Hilfe, Weisung, Gnade und Vergebung in ihr immer wieder lebendig wird. In diesem Sinne darf sie etwas von der noch ausstehenden, nicht einfach sichtbar demonstrierbaren »oberen Welt« auch in realen Erfahrungen vorweg-

---

[487] Ser Num Vind 23f; Gen Socr 22 (II, 563EF; 564C; 591DE); E. Schweizer, ThWNT VII, 1039,17–22.
[488] Weiteres bei Meuzelaar, Leib (Anm. 155), 103–105.
[489] J. Horst, ThWNT IV, 570,3–20.
[490] Vgl. zum Folgenden den Exkurs »Lasterkataloge« bei J. Blank, Der Brief an die Galater (EKK) zu Gal 5,19–23 und Schweizer, Laster-

kataloge.
[491] So Lohmeyer 137. Zuzugeben ist, daß der Machtcharakter der Sünde oder des Fleisches (2,11) und die Scheidung in zwei Menschenklassen (s. zu 3,7) beachtet werden muß (vgl. Anm. 413). Daß hier nur ein Bild vorliegt, begründet Gomarus 570a damit, daß sonst das Gebot »Du sollst nicht töten« aufgehoben würde.

erleben. Das zeigt sich daher in einer sicher nicht im vollen Umfang, aber doch da und dort feststellbaren Befreiung von ethisch unverantwortlichem Handeln. Unter den in 3,5 und 8 genannten Lastern bilden zunächst die schon im Judentum miteinander verbundenen der Unzucht und des Götzendienstes zusammen mit dem aus der hellenistischen Paränese stammenden Laster der Habgier eine traditionelle Gruppe[492]. Sie findet sich der Sache nach als Inhalt der Erstbelehrung der Gemeinde schon 1 Thess 4,3–6 und wird 1 Kor 5,10 durch »Räuber« ergänzt. Es sind die Laster, deren Fehlen die Gemeinde von der heidnischen Welt scheidet. In 1 Kor 5,11 wird diese Liste aber schon erweitert durch Laster, die eher in die Gemeinde eindringen können: Beschimpfung und Trunkenheit. Ähnliches gilt von 1 Kor 6,9f, wo auch die Unzucht durch drei weitere Begriffe entfaltet und Diebstahl zugefügt wird. Vor allem bringt 2 Kor 12,20f, wo Paulus nur von den Sünden spricht, die er in der Gemeinde vorzufinden befürchtet, eine ganz andere Liste, angeführt von der Trias »Streit, Eifersucht, Wut«, die sich Gal 5,20 und ähnlich auch Röm 13,13 und Kol 3,8 wiederholen wird[493]. Sie entspricht eher qumranischen Reihen, wo ebenfalls von innergemeindlicher Verhaltensweise · die Rede ist. Wie Kol 3,5 greift auch Gal 5,19b.20a zuerst auf die grundlegende Gemeindeparänese zurück, die die heidnischen Laster Unzucht, Götzendienst (und Habgier) für unmöglich erklärt; doch zeigt sich schon in der Aufforderung »tötet« die Erkenntnis, daß sie wieder in die Gemeinde eindringen können (s. zu V 8). Der Verweis auf frühere Belehrung und die Warnung vor Gottes Zorn sind stilgemäß mit dem Lasterkatalog verbunden (vgl. zu V 6 mit Anm. 500).

Ob und wie man die einzelnen Laster voneinander scheiden soll, ist nicht sicher. »Unzucht« meint wohl den illegitimen Geschlechtsverkehr, besonders mit der Dirne[494], »Unreinheit« alle möglichen sexuellen Ausschweifungen, »Leidenschaft« ist vielleicht im Sinne eines hellenistischen Juden zu verstehen: »Der Eros ist kein Gott, wohl aber vernichtende (oder: heimliche) Leidenschaft«[495], und »Begier« wird noch einmal falsch gerichtete sexuelle Lust bezeichnen[496]. Daß durch den zweiten bis vierten Ausdruck nur das erste Glied entfaltet wird, zeigt sich darin, daß der fünfte (»Habgier«) durch »und« und

[492] Vögtle, Lasterkataloge 38f. Unzucht ist direkte Folge des Götzendienstes (Weish 14,12.22–27; epJer 43f). Greuel der Heiden, Habgier und Unzucht stehen Test D 5,5–7 zusammen, Unzucht und Habgier Test Jud 18,2 (Götzendienst als ihre Folge: 19,1), Unzucht, Reichtum und Befleckung des Heiligtums Damask 4,17f (vgl. 1QS 4,9f). GrBar 8,5; 13,4 sind vermutlich christlich beeinflußt. Lohmeyer 138, Anm. 2 zitiert einen rabbinischen Satz, der Habgier, Hurerei und Götzendienst verbindet, sonst die Kardinallaster dort Götzendienst, Unzucht und Blutvergießen, wozu aber TMᵉn 13,22; SLv 18,3f (Bill. I, 937; IV, 473) die Habgier tritt.

[493] Schon in der Stoa genannt (Vögtle, Lasterkataloge 199f) erscheinen sie in der LXX prägnanter (Sir 40,4b; 28,10f; vgl. Spr 6,34; 27,4; auch Ez 16,38).

[494] Näheres bei B. Manila, Does Porneia mean Fornication?, NT 14 (1972) 10–17.

[495] Pseud-Phokylides (Fragmenta [Anm. 334] 149–156) 194.

[496] Vgl. Gal 5,16. Vielleicht ist »böse« mit p⁴⁶G zu streichen (vgl. zu V 6). So hellenistisch die beiden letzten Begriffe sind, die Zusammenstellung mit den ersten zwei wie die Zufügung »böse« (falls ursprünglich) wären dort nicht denkbar (Vögtle, Lasterkataloge 208f).

den Artikel davon abgehoben wird. Der Zwang des alten Schemas, das den in Kolossä nicht aktuellen Götzendienst mit Unzucht und Habgier verbindet, bewirkt, daß der Verfasser ihn noch mit der für ihn typischen Floskel »die . . . ist« als alttestamentlich bildhaftes Synonym für Habgier zufügt[497]. Was diese ethische Abwertung von Sexualität und Habgier für heutiges Denken bedeutet, wird in der Zusammenfassung überlegt werden müssen.

6   Mit dem »Zorn Gottes«[498] ist der Vollzug des letzten Gerichtes gemeint; darauf verweisen Lasterkataloge gern. Der Affekt ist dabei überhaupt nicht betont. So spricht z.B. der ganze Abschnitt Röm 1,18-32 vom »Zorn« Gottes und dem darin dem Menschen drohenden »Tod«. So weist 1Thess 4,6 auf Gott als Rächer alles Unrechtes hin, 1Kor 5,13 auf sein Richten, 6,9f und Gal 5,21 auf das Erben oder Nichterben des Gottesreiches, Röm 13,11f auf den »Tag« und das »Heil«, die sich genaht haben. Eph 5,5f sind Verheißung des Erbes des Gottes- und Christusreiches und Androhung des Zornes Gottes und des Todes verknüpft[499], ganz ähnlich formuliert Offb 21,7f, während 22,14f vom Eingang in Gottes Stadt oder Ausschluß aus ihr spricht[500].

7   Dem zu V 5 Gesagten entsprechend werden die zuerst genannten Sünden als Vergangenheit qualifiziert. Die Scheidung der Menschheit in zwei Klassen ist in einem 2Kor 6,14–16 interpolierten Text (s. Anm. 93) durch die Stichworte Gerechtigkeit-Gesetzlosigkeit, Licht-Finsternis (Kol 1,12f), Christus-Beliar, Tempel Gottes – Götzen besonders scharf ausgesprochen. Aber auch Röm 13,12–14 spricht von Licht – Finsternis, Christus – Fleisch. Ist schon dort die eschatologische Komponente klar, so verbindet Eph 5,8 den Gegensatz zwischen Licht und Finsternis mit dem Einst und Jetzt, das auch hier dominiert[501]. Kol 1,21f scheidet dieser Gegensatz wie hier den Stand des einzelnen vor dem Glauben von dem darin; in 1,26 aber ist noch zu erkennen, daß es ursprünglich viel umfassender die Heilszeit von der vorangehenden des Unheils schied. Das wirkt hier noch nach: die Welt, in der sie leben, ist eine neue geworden; wie sie einst »in« den Lastern lebten, so jetzt »in Gott« (V 3), bzw. »in Christus« (2,10f)[502]. Es gibt also eine grundlegende Wendung zu Christus hin, die den Menschen in die neue »Welt« hineinstellt. Wie diese Zuwendung zu Christus selbstverständlich die Abhängigkeit von anderen Göttern, also den Götzendienst, aufhebt, so macht sie auch die Bindung an die Mächte der Sexualität

---

[497] Doch bezeichnet auch Philo Spec Leg I, 23–25 die Habgier als Götzendienst; für das Rabbinische: Bill. III, 606f; vgl. noch Anm. 492, sachlich auch Mt 6,24 (Ernst 225).

[498] Bei Paulus fehlt 13mal der Genitiv »Gottes«; nur Röm 1,18 steht er, aber ohne Artikel. Mit Artikel steht er nur Kol 3,6; Eph 5,6; Joh 3,36; Offb 19,15.

[499] Kol 3,6 wird sichtbar, wie stark in der handschriftlichen Überlieferung Texte noch bekannteren Schriften angeglichen worden sind; außer in p46B und bei einigen Kirchenvätern ist überall nach Eph 5,6 ergänzt worden.

[500] Vgl. auch 1Petr 4,15–17; jüdisch Weish 14,30f; 1QS 4,11–14; slav Hen 10,6 (mit dem Stichwort »Erbe«, dazu S. 167f). Auf frühere Verkündigung verweisen auch 1Thess 4,2; 1Kor 5,9; 6,9; Gal 5,21.

[501] Vgl. »drinnen/draußen« 1Kor 5,12f. Zur Überlagerung eines ursprünglich anders konzipierten Gegensatzes der zwei Menschenklassen (vgl. Anm. 413) durch eschatologische Anschauungen im Judentum vgl. Schweizer, Menschensohn (Anm. 183), 110–112.

[502] Vgl. 1Kor 6,11 und zum Schema Kamlah, Form 31f.

und des Geldes unmöglich. Daß das geradezu Befreiung zum rechten Gebrauch bedeutet, nicht etwa verkrampfte Enthaltung, hat schon 2,21f festgehalten. Daß andere Dinge nicht mehr wie Götter und Mächte über den Menschen Gewalt haben, heißt gerade, daß er sie recht verwenden kann. Sie verlieren ihre unheimliche Faszination und werden zu natürlichen Gegenständen, die dem Menschen zum Gebrauch gegeben sind und dann auch wieder einmal vergehen.

Das Erstaunliche ist aber, daß der indikativischen Feststellung, daß sie früher 8 in den genannten Lastern gelebt haben, nicht etwa mit dem »Jetzt aber . . .« der Zustand des Heils im Indikativ des Präsens gegenübergestellt wird, sondern ein neuer Imperativ folgt. Der Übergang dazu ist so auffällig und schockierend wie der Verzicht auf die Feststellung einer schon erfolgten Auferstehung zugunsten eines Hinweises auf den Lebenswandel der Christusgemeinde in Röm 6,4. Die Neuheit ihres Standes kann also nicht einfach konstatierend beschrieben, sie kann nur im Lebensvollzug anerkannt werden[503]. Mit »auch ihr«[504] werden daher die Leser persönlich dazu aufgerufen. An sich ist die Reihe der Grundlaster, die hinter ihnen liegen, unterschieden von der Liste der Sünden, die auch innerhalb der Gemeinde aufkommen können und jetzt aufgezählt werden (vgl. zu V 5), und das mag sich in der mehr oder weniger unbewußten Wahl des minder harten Ausdruckes (»ablegen« statt »töten«) noch ausprägen. Aber »alles« erinnert zunächst ja an die schon aufgezählten Dinge, also an die Reihe von V 5, so daß wohl der Gedanke suggeriert werden soll, daß sich in den V 8 genannten Fehlern doch etwas von dem ein für allemal Abgelegten wieder meldet. Die zu 2,6 besprochene Einheit von Indikativ und Imperativ zeigt sich also auch hier. »Ablegen« markiert schon den Übergang zum Bild von der Kleidung (VV 9–12). Gut griechisch müßte man freilich die Bestimmung »aus eurem Munde« damit verbinden, aber in unserem Brief ist es vermutlich doch nur zum letztgenannten oder den zwei letzten Substantiven zu ziehen[505]. Deutlich werden Laster genannt, die vor allem das zwischenmenschliche Verhalten bestimmen und gemeinschaftsgefährdend sind. Neben den »Zorn« als dauernden, schwelenden Zustand tritt die »Wut« als dessen Ausbruch[506]; »Bosheit« ist das Grundübel, wohl auch auf den zwischenmenschlichen Verkehr zielend, während »Lästerung« sonst auf Gott bezogen ist, in diesem Zusammenhang aber wie das Verbum Tit 3,2 vermutlich die bewußte Schmähung des anderen, vielleicht in direktem Angriff, »Schandrede« eher das heimlich hinten herum verbreitete, böse Geschwätz bezeichnet; doch sind die Abgrenzungen nicht eindeutig.

Zusammenfassend kann das gesamte verkehrte Verhalten gegen die Mitmen- 9

---

[503] Dies ist Korrektiv gegen ein enthusiastisches Mißverständnis (P. Tachau, »Einst« und »Jetzt« im Neuen Testament, Göttingen 1972, 125, der auch die chiastische Ordnung von V 7f bemerkt, ebd. 124).

[504] Innerhalb der Gesamtheit der Heiden-

christen; also so, daß die traditionelle Aufzählung im besonderen auf sie angewendet wird?
[505] So auch Lohse 203; vgl. die häufigen Modalbestimmungen mit ἐν (oben Anm. 14).
[506] Lightfoot 212 mit Verweis auf stoische Aussagen (Diog Laert VII 114 usw.).

schen, das sich besonders verbal äußert, als »Lügen« bezeichnet werden. Das ist wohl auch Offb 21,8; 22,15 der Fall, was auf einen auch sonst üblichen Sprachgebrauch weist[507]. Entscheidend ist aber der Aufruf zum Ausziehen des alten und Anziehen des neuen Menschen[508].

Sprachlich ist der Ausdruck außergewöhnlich. Das Alte Testament und die Rabbinen kennen die Verbindung dieser Verben mit Substantiven wie Kraft (Jes 51,9; 52,1), Gerechtigkeit (Ps 132 [131],9; Ijob 29,14), Heil (2Chr 6,41), Schande (Ps 35 [34],26); auch vom Ablegen der Heuchelei kann gesprochen werden[509]. Das könnte den Ausdruck in Kol 3,8.12 erklären[510], aber noch nicht die Bilder vom alten oder neuen Menschen mit seinen »Gliedern«. Der klassische Gebrauch von der Übernahme einer Schauspielerrolle oder vom Ablegen des Leibes im Tod und dem Anziehen eines neuen bei der Seelenwanderung hilft nicht weiter. Sprachlich führt vielleicht die Wendung »den Menschen ausziehen« = »von sich selbst frei werden« in die Nähe von Kol 3,9[511]. Aber mehr als die sprachliche Möglichkeit kann sie jedenfalls nicht belegen; denn vom Ausziehen des »alten« und Anziehen eines »neuen[512] Menschen« ist ja nicht die Rede.

Nun hängt unsere Stelle eng mit Röm 13,12–14 zusammen, wo ebenfalls als Umrahmung eines Lasterkataloges und mit dem gleichen Verbum wie hier zum »Ablegen« (Kol 3,8) der Finsterniswerke und »Anziehen« (Kol 3,10) der Lichtwaffen aufgerufen wird, was der Wendung vom »Anziehen des Panzers des Glaubens« (1Thess 5,8) und den alttestamentlichen Parallelen noch konform ist. Dies wird aber in V 14 aufgenommen durch die Aufforderung, »den Herrn Jesus anzuziehen«. Das zeigt, daß die ethische

---

[507]   Vgl. Kamlah, Form 33, Anm. 2. Zu vergleichen wäre außer Eph 4,25 (Röm 1,25; 1Petr 2,1) auch ep Jer 44.

[508]   Ἀπεκδύεσθαι nur in Kol; Paulus schreibt ἐκδύεσθαι. Man könnte die Partizipien so verstehen, daß sie das, was in der Taufe geschehen ist, beschreiben (Ch. Maurer, ThWNT VI, 644, Anm. 5 und die dort Genannten). Dafür spräche, daß die dauernde Erneuerung durch das Präsens davon unterschieden ist. Da aber V 12 sicher ein Imperativ steht, bezeichnen sie auch hier wahrscheinlich die Art und Weise, in der der übergeordnete Aufruf »Lüget nicht!« (Imperativ praes.) durchgeführt werden muß; allerdings so, daß dabei der Entscheidungscharakter des Aus- und Anziehens stärker betont ist (aor. inchoativus), weil dieses das in den Einzelproblemen dauernd Durchzuhaltende begründet.

[509]   Bill. II, 301; Jos Ant 13,220. Auch Plat Resp V 6 (457A): »sich Tugend anstelle der Kleidung umlegend (ἀμφιεννύναι)« alle Belege zum Folgenden bei P. W. van der Horst, Observations on a Pauline Expression, NTS 19 (1972/3) 181–186 und Pr-Bauer s.v.

[510]   Ähnlich auch Test Lev 18,14; 1Petr 2,1; Jak 1,21; 1Cl 13,1; 57,2; Herm v III, 12,3; s IX 16,2. Vom Griechischen her (Demosth Or 8,46; Plut Coriolanus 19,4: »den Zorn able-

gen«) dringen ähnliche Wendungen ins Judentum ein (ep Ar 122: »Schroffheit und Sinneshärte ablegen«); vgl. Od Sal 11,10f. Kamlah (Form 188) kennt nur eine nichtchristliche Stelle, die ἀπόθου mit einem Katalog verbindet, und zwar im Zusammenhang mit dem Aufstieg der Seele durch die Sphären: Luc Dialogi mortuorum 10,8 (freilich in den älteren Handschriften fehlend und erst Mitte 2. Jh. n.Chr.).

[511]   Der Ausdruck stammt aus dem 3. Jh.v.Chr., ist aber erst in einer Sammlung des 2. Jh. n.Chr., überliefert bei Euseb Praep Ev XIV, 18,26, belegt. Er scheint bekannt gewesen zu sein, da er auch Diog L 9,66 auftaucht (v. d. Horst, Observations [Anm. 509], 184–186). Vielleicht ist aber dort nur gemeint »dem (feigen) Menschen (in uns drin) entfliehen« (so Moule, RExp 70,489). Für ἀποτίθεσθαι wäre Max Tyr 1,4E (Ende 2. Jh. n.Chr.) zu vergleichen: »den Zuschauer ablegen und selbst Wettkämpfer werden«.

[512]   Streng genommen heißt νέος »neu« im Sinne von »frisch, jung«; aber καινός im Sinne des qualitativ, eschatologisch Neuen, »Andersartigen« kann hier wegen des Verbums ἀνακαινοῦσθαι nicht gut verwendet werden.

Mahnung zum Ablegen eines falschen und zum Anziehen eines richtigen Verhaltens, die vom Alten Testament her relativ nahe liegt, sachlich durch eine ganz andere Vorstellung gefüllt ist, die vom Anziehen Jesu Christi selbst spricht. Das ist nach Gal 3,27f in der Taufe erfolgt[513] und hat zur Folge eine neue »Welt«, in der weder Jude noch Grieche, weder Sklave noch Freier, weder männlich noch weiblich existiert, weil alle in Christus Jesus Einer sind[514]; also die Welt, von der Kol 3,11 ebenfalls spricht. Daraufhin weist auch Röm 13,12 mit seiner Sprache von Licht und Finsternis, also von zwei einander entgegengesetzten Reichen, in denen man sich ansiedeln kann, und Röm 6,6, wonach »der alte Mensch mit (Christus) gekreuzigt wurde«. Mit der Gnosis hat dies den Gedanken gemein, daß der Glaubende am Schicksal seines Erlösers teilbekommt; es kann aber dort keine Rede davon sein, daß er als ganzer mit ihm stirbt, so daß der »alte« Mensch vernichtet und ein »neuer« geschaffen wird. In der Gnosis geht es im Gegenteil gerade darum, daß der Mensch in seinem eigentlichen, innersten Wesen frei wird von dem, was ihn bisher hinderte, sich selbst wirklich zu erkennen. Wir stehen also wieder bei der S. 139 besprochenen Philostelle, nach der der Logos die Welt »anzieht« wie der Weise die Tugenden. Freilich handelt es sich bei Paulus nicht um den (Christus-)Logos, der in eine Welt einzieht und sie als einende Kraft zusammenhält. Das ist weit eher im Kolosserhymnus (1,15–18) der Fall. Bei Paulus wie in Kol 3 liegt hingegen eine Analogie zur zweiten Hälfte des philonischen Bildes vor, die das Eintreten des Glaubenden in eine neue Welt beschreibt[515]. Doch weist die Tatsache, daß Gal 3,28 wie Kol 3,11 tatsächlich von einer »Welt«, nicht nur von einer Reihe von Tugenden reden, auf den noch immer spürbaren kosmologisch-mythischen Hintergrund des Bildes.

Nun ist aber an unserer Stelle dieser Hintergrund völlig ethisiert und auf das   10
Anziehen der »Tugenden« (V 12) gedeutet worden. Das zeigt auch einen gewissen Unterschied zu den paulinischen Vorbildern. Paulus sagt nämlich einerseits von der Taufe, daß der Glaubende darin Christus anzieht und so in eine neue Welt, eben die Christuswelt, eingeht, was zur Folge hat, daß alte Gegensätze unter der alle rechtfertigenden Gnade Gottes aufgehoben werden (Gal 3,27f). Er ruft andererseits den schon Getauften dazu auf, Christus anzuziehen, was zur Folge hat, daß andere Begierden aufhören (Röm 13,14), und identisch ist mit dem Anziehen der Rüstung des Lichtes (13,12). In Kol 3,5–14 ist beides kombiniert. Der Kontext ist eindeutig ethisch wie Röm 13,12–14; doch nimmt V 11 das Bild von der Taufwirklichkeit aus Gal 3,28 auf. Freilich kann dabei ja von einer Wiederholung der Taufe keine Rede sein[516], auch wenn die Erinnerung daran im Hintergrund stehen mag (2,11f). Faktisch geht es darum, das ein für allemal gültige Widerfahrnis der Berufung in die neue Welt hinein

---

[513] R. Scroggs/K. I. Groff, Baptism in Mark: Dying and Rising with Christ, JBL 92 (1973) 537 nehmen Gewandwechsel beim frühchristlichen Taufritus an.

[514] Noch passender wäre der Ausdruck »neuer Aeon«, weil er zeitlich wie räumlich verstanden werden kann; doch ist er so unklar, daß man besser von »Welt« spricht, besonders weil hier die räumliche Dimension im Bild vorherrscht. Die männliche Form »einer« zeigt, wie sehr diese »Welt« mit Christus selbst identisch gedacht ist.

[515] Allerdings gehen die Bilder ineinander über. Während Gal 2,20b das Leben des Paulus in der Welt Christi beschreibt, formuliert 2,20a umgekehrt: »Christus lebt in mir«; vgl. Röm 8,1.9f: »Christus in euch/(ihr) in Christus – der Geist in euch/ihr im Geist«.

[516] J. D. G. Dunn, Baptism in the Holy Spirit, 1970 (SBT II/15), 158.

konkret zu leben und die in V 11 genannten Gegensätze im ethischen Vollzug dieses Lebens zu überwinden; V 8 bilden ja die aufgezählten Laster (»alles«), V 12 eine Fünferreihe von Tugenden das Objekt des Ablegens und Anziehens. Der alte Mensch kann also nur der individuelle (vorchristliche) Mensch[517] mit seinem ganzen Handeln sein. Ebenso muß der neue Mensch den Menschen im Glauben bezeichnen, da weder von Christus selbst noch vom Leibe Christi dauernde Erneuerung zur Erkenntnis ausgesagt werden könnte[518]. Außerdem geht hier das Ablegen dem Anziehen voraus, wie es der ethischen Mahnung Röm 13,12 entspricht, während das Anziehen des Herrn Christus (trotz Röm 13,14) eigentlich beidem noch voranginge. Davon ist allerdings in Kol 3 nicht ausdrücklich die Rede, weil sich der Abschnitt auf die ethische Erneuerung des »neuen Menschen« konzentriert. Man kann also fragen, ob die paulinische Erkenntnis, daß diese in nichts anderem bestehen kann als in einer erneuten Rückkehr in die durch Christus gebrachte und dem Menschen zugesprochene Wirklichkeit, in die Gerechtigkeit, die dem Glaubenden geschenkt wurde und sich in ihm durchsetzen will, noch durchgehalten wird. Doch ist in Kol 3,1–4 in anderer Sprache der gleiche Zusammenhang gewahrt. Von der Sache her gesehen ist ja das hier ethisch verstandene Anziehen des neuen Menschen nichts anderes, als was Paulus das Eingehen in die Christuswelt, das Anziehen Jesu Christi nennt.

Darum wird auch ausdrücklich erwähnt, daß die Erneuerung nach dem Bilde des Schöpfers erfolgt. Damit ist einerseits festgehalten, daß es sich um neue Schöpfung handelt, nicht etwa nur um das Aufgeben einiger Laster und das Übernehmen einiger Tugenden. Andererseits soll das zur Erkenntnis führen; aber diese für den Kolosserbrief typische Wendung meint ja ethisches Verständnis. In keiner Weise handelt es sich um die gnostische Einsicht in die Nichtigkeit der materiellen Welt. Vor allem aber erscheint wieder hinter der ethisch verstandenen Metapher eine ganz andere Aussage. Das »Bild des Schöpfers«[519] ist nach 1,15 Christus[520]. Darauf weist auch die Fortsetzung; je-

---

[517] Das dürfte auch für Röm 6,6 gelten (»unser [!] alter Mensch wurde mitgekreuzigt«).

[518] Part. praes.! Mit U. Luz, Das Gottesbild in Christus und im Menschen im Neuen Testament, Concilium 5 (1969) 765f; Gegen S. Hanson, The Unity of the Church in the New Testament. Colossians and Ephesians, 1946 (ASNU 14), 144f und (vorsichtiger) C. K. Barrett, From first Adam to Last, London 1962, 97–99, die an die neue Menschheit denken. Zur Frage der »Erkenntnis« vgl. S. 40f. Röm 1,21–23.28 schildern den Menschen, der diese »Erkenntnis« Gottes nicht hat; er stellt in frevlerischer Umkehrung sich Gott nach seinem, des Menschen, Bild vor (P. Schwanz, Imago Dei, Halle 1970, 53f).

[519] Zur Verbindung der Vorstellungen vom Gewand mit denen vom Bild (Gottes) vgl. J. S.

Vos, Traditionsgeschichtliche Untersuchungen zur paulinischen Pneumatologie, Assen 1973, 96f.

[520] 1Kor 11,7 kann zwar der Mensch im allgemeinen in traditioneller Weise als Bild Gottes (Gen 1,26) verstanden werden; doch unterscheidet schon 1Kor 15,49, wo ebenfalls Interpretation der Erschaffung Adams (allerdings nach Gen 2) vorliegt, das Bild des irdischen Menschen von dem des himmlischen, der im auferstandenen Christus schon wirklich geworden ist. Auch nach 2Kor 4,4 ist nur Christus »Bild Gottes«. So wird man also Kol 3,10 verstehen müssen, nicht nur als Wiederholung der Schöpfung von Gen 1 (Moule, RExp 70, 490 stellt beide Auffassungen zur Diskussion); Lightfoot 214 denkt an die Neuschöpfung in der Taufe). Für den Bezug auf Christus als das

denfalls ist die in V 11 beschriebene Welt nach Gal 3,27f in Christus Wirklichkeit geworden. Aber der Gedanke ist nicht ganz klar durchgeführt; denn einerseits wird im Neuen Testament Christus nie als Schöpfer dargestellt außer in dem Hebr 1,10 aufgenommenen alttestamentlichen Zitat, andererseits kann »ihn« in der Wendung »der ihn erschaffen hat« nur den (neuen?) Menschen bedeuten, nicht etwa Christus als von Gott Erschaffenen. Vermutlich muß man also so verstehen, daß das Bild dessen, der den Menschen erschaffen hat (also Gottes), in Christus allein rein vorliegt; ihm wird der neue Mensch ständig angeglichen, von ihm her und auf ihn hin immer wieder erneuert. Es ist also nicht der alte Mensch, der erneuert wird; der stirbt! Im Glauben geht der Mensch in eine neue Welt ein, zieht er Christus, oder, auf das bezogen, was beim einzelnen geschieht, den neuen Menschen an. Dieser aber ist nicht einfach ein Fertigprodukt, nicht »Konfektion«, sondern wird im Lebensvollzug immer neu angepaßt; besser: er ist nicht bloß Hülle, sondern lebendige Person, die ständig wächst. Von diesem »inneren Menschen« kann auch Paulus (2Kor 4,16) erklären, daß er »Tag um Tag«, nämlich im Vollzug der apostolischen Aufgabe und im Erleiden der damit verbundenen Nöte, erneuert wird.

Das wird noch einmal deutlich in V 11, der in diesem Zusammenhang gar nicht zu erwarten ist und daran erinnert, daß das Urbild, von dem her solche Erneuerung geschieht, die neue Welt ist, in der alte Gesetze verschwunden sind[521]. Der eine Mensch, zu dem die Gemeinde nach Gal 3,28 geworden ist, ist ursprünglich der Christus, d.h. die durch ihn hergestellte neue Welt, in die hinein der Glaubende bei der Taufe tritt. Sie bestimmt ihn nun so, daß er, als der einzelne, zum neuen Menschen wird, der das in der Schöpfung gewollte Bild Gottes darstellt. Das erste und letzte Paar, »Grieche, Jude«[522], »Sklave, Freier« findet sich auch Gal 3,28; 1Kor 12,13. Der Gegensatz »männlich, weiblich« von Gal 3,28 fehlt sonst überall[523], vielleicht weil er enthusiastischen Praktiken Vorschub geleistet hat. Neu ist einmal die explizite Deutung des ersten Paares durch »Beschneidung und Unbeschnittenheit«[524], die also daran erinnert, daß es hier um mehr als bloß nationale Grenzen geht. Merkwürdig ist die Fortsetzung durch »Barbar« und »Skythe«. Die Zuordnung der vier Völker zum Westen, Osten, Süden und Norden[525] ist trotz gelegentlicher Anwendung des Ausdrucks »Barbar« auf Afrikaner schwierig, bezeichnet doch das Wort (insbesondere neben »Grieche« am Versanfang) jeden Nichtgriechen, und für

11

Bild Gottes spricht auch V 11. Er ist dabei wohl Abbild Gottes *und* Urbild des neuen Menschen (Zeilinger, Der Erstgeborene 155f). Zur patristischen und mittelalterlichen Diskussion vgl. S. 210, zur Vorstellung von der Neuschöpfung H. Schwantes, Schöpfung der Endzeit, 1962 (AzTh I/12), 26–31, der auch rabbinisches Material beibringt.

[521] Falls die Wendung vom »Ablegen« der Laster im Mythos der aufsteigenden Seele, die den Kosmos und seine Elemente hinter sich läßt, beheimatet war (vgl. aber Anm. 510 und

S. 139f), wäre die Verbindung von VV 8–10 mit V 11 verständlich.

[522] Paulus schreibt (doch wohl theologisch betont: Röm 1,16; 2,9; vgl. 3,9): »Jude(n) und Grieche(n)«.

[523] D*G fügen ihn freilich Kol 3,11 wieder ein.

[524] Vielleicht wirkt Gal 6,15 ein, wo die »neue Schöpfung« in der Aufhebung dieses Gegensatzes besteht.

[525] Bengel 822.

den Westen lägen sowieso die Römer näher als die Griechen. Auch der rassische Gegensatz von Schwarz und Weiß liegt also schwerlich im Blickfeld. Kol 3,11 will nur die alte religiöse Gegenüberstellung modernisieren, vielleicht gerade weil Beschneidung und Unbeschnittenheit nicht mehr aktuell, dafür die zwischen kulturell höher oder (nach damaliger Anschauung) niedriger stehenden Völkern wichtiger sind. Barbar ist dafür der gegebene Ausdruck, und da noch ein zweites Glied zugefügt werden muß, wird ein sehr ferner und oft als besonders barbarisch bezeichneter Volksstamm gewählt[526]. Der schon 1,23.27 sichtbare Trend, die Weltmission als den Siegeszug Christi ins Zentrum der Heilsereignisse zu rücken, wirkt sich auch hier aus.

Freilich verbirgt sich hinter dieser Liste ein Problem. Männlich oder weiblich wird man geboren, das kann und soll nicht geändert werden. Weithin gilt das auch für die ersten drei Paare hier, jedenfalls wenn die Beschneidung nicht mehr eindeutig Zeichen der Zugehörigkeit zu Gottes Volk ist und die sogenannte Kulturstufe nicht als entscheidend angesehen wird. Immerhin, der Heide kann die Beschneidung annehmen oder der Jude sie aufheben (1Kor 7,18), der Grieche kann seine Kultur aufgeben und der Barbar sie sich aneignen. Es muß also überlegt werden, ob in der Gemeinde Christi nicht für alle, auch für ursprüngliche Juden, die Beschneidung aufgegeben und entsprechend auch für alle der Zugang zur Kultur (oder auch die Befreiung davon!) grundsätzlich möglich gemacht werden sollte. Erst recht beschreibt das letzte Paar einen durch Menschen und ihre Gesellschaftsordnung geschaffenen Zustand, der auf einer anderen Ebene liegt als die natürliche Einteilung in männlich und weiblich und durchaus geändert werden kann[527]. Eindeutig ist zunächst nur, daß in der neuen, durch Christus bestimmten Welt alle diese Unterschiede unwichtig werden und daher dort, wo der Mensch dadurch belastet würde, so weit wie nur möglich verschwinden müssen. Der Satz beruht also nicht auf der stoischen Sicht eines Weltbürgertums, in dem nur der innere Mensch, sein geistiges Leben zählt, so daß alle Unterschiede der Nation oder des Standes dagegen unwesentlich werden. Die Unterschiede werden bei Paulus und doch auch Kol 3,11 durchaus gesehen; aber sie werden unter die Herrschaft Christi gestellt, dürfen also überall dort nicht mehr dominieren, wo andere darunter leiden. Einzig Christus soll gelten; er ist der Maßstab, von dem her alles zu bestimmen ist. Alles[528] in allem ist er. 1Kor 15,28 ist dieselbe Wendung auf Gott bezogen. Hinter dieser Formel steht die hellenistisch-stoische Sicht der von Gott völlig durchwalteten und ganz umschlossenen Welt (s. S. 60f), die schließlich bis zur Gleichsetzung von Gott und Welt führen konnte (s. Anm. 142). Als eigentliche Formel findet sich das freilich erst in relativ späten Belegen wie dem Ruf »*Eine*

---

[526] H. Windisch, ThWNT I, 550,23–45; Jos Ap II, 269: »sich von wilden Tieren kaum unterscheidend«. Jedenfalls entspricht die neue Welt derjenigen vor dem Turmbau zu Babel (Kamlah, Form 33f).

[527] Dazu vgl. Stuhlmacher, Phlm, bes.

67–69.

[528] B ℵ DG fügen, wohl in Erinnerung an 1,16f, den Artikel zu; hier ist aber nicht vom All die Rede, sondern von den angeführten Gegensätzen.

Göttin du, die du alles bist, Isis« oder des Lobpreises des Herkules als »der in allen (wirkenden) und durch alles hindurch (dringenden) Sonne[529]«; doch sind zweifellos ähnliche Wendungen den neutestamentlichen Verfassern über das hellenistische Judentum vermittelt worden, wie es etwa Philos Bericht in Spec Leg I 208 nahelegt, wonach »das All Eines ist oder von Einem her und auf Eines hin«. Ist aber schon an dieser Stelle neben die Seinsaussage die vom Werden getreten, die Herkunft und Ziel angibt, so wird erst recht in Kol 1,15–18 biblischer Schöpfungs- und Vollendungsglaube wirksam. In Kol 3,11 bezieht sich der Satz, daß Christus »alles« sei, auf die genannten, geschichtlich bedingten Gegensätze, die dadurch überwunden sind, daß er in allen – was wie in der zitierten Formel über Herkules maskulinisch oder neutrisch verstanden, also auf Menschen oder Dinge bezogen werden kann – lebt und wirkt[530]. Man wird dann wohl so verstehen dürfen, daß Christus, der Mensch geworden ist, alles, was das Menschsein ausmacht, auf sich genommen hat, das alles »geworden« ist und in Kreuz und Auferstehung (2,14f) alles, was dem Einssein entgegenstehen könnte, überwunden hat, wenn man nicht sogar interpretieren darf: »in Beziehung auf alles und in allem drin lebt Christus«[531].

Große paulinische Gedanken stehen hinter diesem Abschnitt, Gedanken von einer ganz neuen Welt, die in Jesus Christus schon Wirklichkeit geworden ist, einer Welt, die religiöse, nationale und soziale Unterschiede überwindet und in der schon der Himmel eingebrochen ist. In diese Welt ist der Glaubende versetzt. Aber das alles wird jetzt in ethischen Kategorien ausgesagt. Es ist nicht mehr alles umfassend vom Christus die Rede, den der Täufling »anzieht«, sondern vom »neuen Menschen«, also von der Gestalt, zu der Christus ihn, den einzelnen, wandeln will. Überdies wird festgehalten, daß diese Neuschöpfung nicht etwa ein für allemal mit der Taufe erledigt ist, sondern daß der neue Mensch täglich erneuert werden muß. In der Taufe ersäuft man den alten Adam in der Tat; aber das Aas kann schwimmen!

(margin: Zusammenfassung)

In gewisser Weise kann man also von Trivialisierung reden; aber gerade sie ist entscheidend. Was in kosmischer Weite im Christusereignis geschehen ist, kann man nicht nur zur Kenntnis nehmen. Es lebt nur so, daß es im Alltag der Gemeinde durchgehalten wird; dort wo man dem Nächsten begegnet und zu ihm oder auch in seiner Abwesenheit über ihn redet. Darum muß die Reihe der heidnischen Laster, die die Glaubenden hinter sich gelassen haben, doch wiederum bekämpft werden in der Reihe jener anderen, nicht derart eindeutig definierbaren und dem Abscheu preisgegebenen Verfehlungen, die doch das Zu-

[529] Dessau Inscr Lat Select II, 4362 (Zeit?); Macrob Sat I, 20,11 (um 400 n.Chr.).
[530] R. Schnackenburg, Der neue Mensch – Mitte christlichen Weltverständnisses, Kol 3,9–11, in: ders., Schriften zum Neuen Testament, München 1971, 408 faßt maskulinisch »in allen« (vgl. Severian 327: in allen, die ihm gehorsam sind). Gegenüber aller schwärmerischen Gleichsetzung von Kirche und

Herrlichkeitsgestalt betont er auch, daß Christus »Zielbild« bleibt (ebd. 404f), daß man daher Christus und Kirche auch unterscheiden müsse, so sehr sie aneinander gebunden sind (ders., Gestalt und Kirche nach dem Epheserbrief, ebd. 273f, vgl. unten S. 209).
[531] Acc. graecus, W. Thüsing, Per Christum in Deum 1965 (NTA I), 244.

sammenleben der Gemeinde so erschweren oder gar verunmöglichen. Der na-
gende Zorn, der z.B. nach einer Erbteilung ein ganzes Leben lang das Verhältnis zweier Menschengruppen belasten kann; die ausbrechende Wut, in der
Hemmungen verschwinden und Unbedachtes ausgesprochen wird, das nicht
mehr zurückgenommen werden kann; die Bosheit, in der dem Nachbarn zu-
leide gelebt wird; Böses, das man dem anderen ins Gesicht wirft, ohne zu wissen, wie sehr es ihn verunsichert, und das Geschwätz, das hinten herum und
nirgends faßbar einer Kollegin das Leben schwer macht; das sind Dinge, in denen die durch Christus erledigte »alte« und »irdische« Welt beim einzelnen
oder in einer ganzen Gesellschaftsgruppe wieder durchbricht. Demgegenüber
wird nicht einfach der Drohfinger erhoben. Das alles dürfen sie ablegen wie
Kinder, die an einem heißen Tag ihre Kleider ablegen und auf den Boden fallen
lassen, um dann gerade nicht verkrampft (s. zu V 7), sondern völlig frei das Bad
zu genießen[532].

Unter diesem Vorbehalt steht auch die Reihe der in V 5 traditionell aufgeführ-
ten, vor allem sexuell ausgerichteten Laster. Darin spricht sich die Sicht einer
Zeit aus, die nicht einfach die unsere ist. Die Fortsetzung bis zu V 11 hin zeigt
aber, daß der Text jedenfalls nicht auf eine »reine Seele«, auf die Vollkommenheit des einzelnen zielt, sondern auf die Möglichkeit gemeinsamen Lebens, in
dem der andere möglichst wenig verletzt wird und unter uns zu leiden hat. Daß
eine von wirklicher Ausrichtung auf den anderen Menschen entleerte Sexualität oder auch Stellung zum Besitz seicht und trostlos wird, das gilt heute wie
damals. Daß diese Ausrichtung auf den anderen auch über die Gemeindegren-
zen hinaus wirken muß, ist hier nicht ausdrücklich bedacht, während z.B. Röm
12 vom rein innergemeindlichen (VV 3–8.11–13) oder nicht genauer begrenz-
ten (VV 9f) Verhalten ausdrücklich zu dem gegenüber den Außenstehenden
(VV 14f) vorstößt (vgl. S. 174). Ein derart neues Leben ist nicht anders möglich
als im Wissen darum, daß die Gemeinde »in Christus« weilt; gewissermaßen in
der Luft, von der sie wirklich leben kann und die in sie eindringt. Er ist das Bild,
von dem her ein gesamtes Leben geprägt wird, wie das Bild der Mutter, das der
Säugling täglich sieht, ihn völlig bestimmt, so daß er ohne es nicht leben könnte, selbst wenn ihm alles an Nahrung und Medizin zukäme, was er brauchte.
Dann werden alle Ecken und Kanten an uns, alles, was wir von Geburt, Erziehung oder Stand mit uns schleppen, unwichtig; weder die Minderwertigkeits-
komplexe des Unbeschnittenen noch die Geltungssucht des Beschnittenen haben dann Platz, dann wird Hilfe auch nie von oben herab gespendet, sondern
wird zum selbstverständlichen Handeln in der Begegnung zweier Menschen,
die beide wissen, daß sie nur von dem leben, der »alles in allem ist«.

---

[532] Ich kann mir nicht ganz verkneifen, an
den Schluß des herrlichen Gedichtes Eugen
Roths zu erinnern, das einen Gelehrten im
Strandbad schildert: » . . .zieht wieder, was er
abgetan, die Kleider und den Doktor an und
macht sich, weil er fehl am Ort, zwar nicht sehr
geltend, aber fort« (Ein Mensch, Weimar,
⁹1937, 119).

3. Das Leben in der Christuswelt (3,12–17)

Literatur: S. 137

12 Zieht also als die Erwählten Gottes, als Heilige und Geliebte, inniges Erbarmen an, Güte, Demut, Sanftmut, Langmut; 13 haltet einander aus und vergebt einander, wenn einer Grund zur Klage gegen einen anderen hat. Wie ja der Herr euch vergeben hat, so (tut) auch ihr (dies)! 14 Über alles aber (zieht) die Liebe (an), die das Band ist, das vollkommen zusammenschließt! 15 Und der Friede Christi regiere in euren Herzen; dazu seid ihr auch berufen in (dem) einen Leib (der Gemeinde). Und werdet dankbar! 16 Das Christuswort wohne reichlich unter euch; lehrt und mahnt einander in aller Weisheit! Singt in euren Herzen Gott in geistlichen Psalmen, Hymnen und Liedern (voll) der Gnade! 17 Und alles, was immer ihr tut in Wort oder Werk, alles (tut) im Namen des Herrn Jesus, durch ihn Gott dem Vater dankend.

Der Abschnitt setzt wie der vorige mit einem durch »also« eingeführten Impe- Analyse
rativ ein. Der negativen Folgerung aus der Schilderung des Heils in Christus
und des Glaubens daran, wird jetzt die positive entgegengestellt. Wieder folgt
eine Fünferreihe, diesmal aber von Tugenden. Sie wird V 13 auf die konkreten
Verhältnisse in der Gemeinde angewendet und V 14 durch den Ruf zur Liebe
zusammengefaßt. Das entspricht aber ungefähr der Zusammenfassung durch
die Warnung vor der Lüge in V 9[533]. VV 15–17 enthalten den Friedenswunsch,
der sonst eher am Ende eines Briefes steht, und die Aufforderung zum rechten
gottesdienstlichen Leben[534], die von der Mahnung zum Dank gegen Gott umrahmt wird (VV 15 Ende.17).

In Fortsetzung des Bildes vom Ablegen und Anziehen wird zur Entscheidung Erklärung
für die Liebe aufgerufen. Das Verbum im Aorist betont den momentanen Ein- 12
satz, der freilich zur weiteren Übung des genannten Verhaltens führen soll.
Wird schon wie in V 5 mit dem »also« zurückverwiesen auf den Zuspruch des
Heils im Vorangehenden, so wird der Aufruf mit der Erinnerung an ihren
Stand als »Erwählte Gottes« ausdrücklich in dem verankert, was schon mit ihnen geschehen ist. Bewahrung soll zur Bewährung führen. Das Adjektiv »erwählt« findet sich bei Paulus nur Röm 8,33; 16,13, und zwar auf an Christus
Glaubende bezogen, das Substantiv »Erwählung« bezeichnenderweise bei der
Besprechung des Schicksals Israels (Röm 9,11; 11,5.7.28). Die Erwählung
durch Gott zeichnet Israel vor den Völkern aus. Sicher ist das Adjektiv hier in
dieser traditionellen Weise verwendet, ohne daß aber der Gedanke mitspielt,
daß die Kolosser in ihrer ethischen Haltung wie die Juden oder gar wie die

---

[533] Vgl. auch »Götzendienst« V 5, freilich dort nur dem letzten Glied zugeordnet.

[534] Ludwig, Verfasser 108 faßt dies als drit- ten Abschnitt (nach VV 5–11/12–14).

himmlische Gemeinde der Engel werden sollten[535]. »Heilig« werden sie genannt wie in 1,2 (s. dort). »Geliebte (Brüder)« kommt zwar in dieser Form nur 1Thess 1,4; 2Thess 2,13 vor; doch ist Röm 1,7 die gleiche Dreiheit mit etwas verschiedenen Ausdrücken und in anderer Reihenfolge genannt. Wieder einmal zeigt sich also Angleichung an paulinischen Stil ohne sklavische Nachahmung[536]. Alle drei Bezeichnungen betonen die Absonderung durch die der Gemeinde zugewandte Liebe Gottes. Ihr Verhalten wird durch Erbarmen[537], Güte[538], Demut[539], Sanftmut[540] und Langmut (vgl. S. 43f) charakterisiert. Der zweite und die beiden letzten Begriffe erscheinen auch im Katalog Gal 5,22f. An sich sind alle schon im hellenistischen Judentum geläufig; doch zeigt der nächste Vers die besondere neutestamentliche Note. Beachtenswert ist auch, daß die vier griechischen Kardinaltugenden zwar Weish 8,7, nicht aber im Neuen Testament erscheinen[541]. Eine gewisse Parallele bildet hingegen die Liste 1QS 4,3, die mit »Demut, Langmut, reichem Erbarmen, ewiger Güte« beginnt, »Klugheit, Einsicht, Weisheit« (Kol 3,10; 2,2f usw.) folgen läßt, und auch die »Liebe« (aber nur zu den Söhnen der Wahrheit!) erwähnt (4,5).

Lasterkataloge sind also weit stärker traditionell vorgeformt; die Warnung vor dem Bösen ist leichter konkret zu gestalten als der positive Aufruf zum Guten. Das ist nicht nur allgemein-menschliche Erfahrung, sondern auch theologisch bedingt: den »offenkundigen Werken des Fleisches« steht Gal 5,19–23 die nur im Singular und weder als »offenkundig« noch als »Werk« zu bezeichnende »Frucht des Geistes« gegenüber[542]. Sie wächst allerdings in der konkreten Praxis, aber sie ist nicht einfach aufzeigbar und definierbar. Gegenüber außerchristlichen Listen ist darin eine gewisse Neuheit zu sehen, daß die Dreiheit »Glaube, Liebe, Hoffnung« (1Kor 13,13; 1Thess 1,3; 5,8) als »Glaube, Liebe,

---

[535] Gegen Lohmeyer 145; ὡς heißt hier »als«, nicht »wie«. Vgl. 1Chr 16,13; Ps 105(104),6; 1QpHab 10,13 usw.; 1Petr 2,9 in Erinnerung an Israel; sonst in Synpt und Past; für das Verbum 1Kor 1,27f (sonst nicht bei Paulus).

[536] Ludwig, Verfasser 50f.

[537] Phil 2,1 σπλάγχνα καὶ οἰκτιρμοί, ferner Lk 1,78; Test Seb 7,3; 8,2(6[bg]) σπλάγχνα ἐλέους. Im Griechentum sind die »Eingeweide« als Sitz des Erbarmens (vgl. unser »Herz«) vorneutestamentlich nicht zu belegen (H. Köster, ThWNT VII, 549,5-9; vgl. 557,1–5); zum atl. Hintergrund vgl. auch G. Sellin, Lukas als Gleichniserzähler, ZNW 66 (1975) 49f.

[538] Als griechische Tugend in diesem Sinne (K. Weiss, ThWNT IX, 473,14–21; 478,36–42) steht sie schon bei Philo neben der alttestamentlich bezeugten »Güte Gottes« (ebd. 479,25–38). In paulinischen Listen: Gal 5,22; 2Kor 6,6 (Eph 4,32).

[539] Vgl. S. 122. Im Kontext von 3,12 ist nicht an Fasten, sondern an das mitmenschliche

Verhalten zu denken. Gegenüber einer großtuerischen, sich aufdrängenden »Demut« (2,18) ist an das schöne, bei de Boor 237 (zu 2,18) zitierte Wort Max Schelers zu erinnern, es gebe Tugenden, die nur auf dem Rücken des Handelnden sichtbar würden, wobei das »Handeln« ebenso zu betonen ist wie die Tatsache, daß man erst hinterher entdeckt, was hier wirklich geschah. Im griechischen Sprachraum ist der Begriff vor allem negativ gewertet (W. Grundmann, ThWNT VIII, 1,21-4,28; 12,1–11).

[540] Anders als die Demut auch bei Griechen hochgeschätzt, freilich innerhalb gewisser Grenzen (F. Hauck/S. Schulz, ThWNT VI, 646,28–647,5). Von Christus 2Kor 10,1.

[541] Σωφροσύνη, φρόνησις, δικαιοσύνη, ἀνδρεία (Belege: Kamlah, Form 139–144), auch bei Philo Ebr 23 (oben Anm. 474). Andere Tugendreihen bei H. D. Betz, Lukian von Samosata und das NT, 1961 (TU 76), 206–211.

[542] Typischerweise fehlt Kol 3,12 aber der Hinweis auf den Geist (s. S. 38f).

Geduld (oder Langmut)« in den »Tugendkatalogen« Gal 5,22f; 1Tim 6,11;
2Petr 1,5–7; 1Cl 62,2 wieder erscheint, freilich mit anderem verbunden. Kol
3,12 fehlt wie 2Kor 6,4-7 der Glaube, und die Liebe wird V 14 als zusammenfassender Begriff gesondert aufgeführt (s. dort). Ebenso fehlen »Erkenntnis«
(doch V 10!) und »Enthaltsamkeit«, die sich (2Kor 6,6f) 2Petr 1,5–7; Barn 2,2f
mit den übrigen zwei oder drei Ausdrücken verbinden[543].

Alle fünf Verhaltensweisen werden von Paulus auch Gott oder Christus zuge- 13
schrieben[544]; alle fünf wollen also die Bewegung Gottes auf den Menschen hin
fortführen in die Bewegung des Menschen zu seinen Mitmenschen hin. Das
wird jetzt ausdrücklich thematisiert. Aus der gnädigen Zuwendung im Verzeihen des Herrn soll ihr Verzeihen fließen[545]. Der »Herr« ist der Erhöhte, dessen
Vergebung die Gemeinde selbst erfährt, nicht der irdische Jesus, von dessen
Handeln sie nur durch Erzählungen weiß. Was schon die Gegenwartsform
(»vergebend«) ausdrückt, wird noch unterstrichen durch die Formulierung
»einander aushalten« und durch den Hinweis auf den »Vorwurf«, den sie einem anderen machen könnten: daß es nämlich nicht nur um einen einmaligen
Akt der Vergebung geht, sondern um das Durchhalten solchen Verzeihens im
Alltag, der sich über Jahre hinaus erstreckt.

Hat schon die Begründung der Mahnung im Handeln Christi die eindeutige 14
neutestamentliche Note gebracht, so jetzt die Zusammenfassung der fünf genannten Verhaltensweisen im Begriff der »Liebe«. Auch Röm 13,8–10 steht
das Liebesgebot zusammenfassend über dem Aufruf, die Werke der Finsternis
abzulegen und die Waffen des Lichtes, ja Christus selbst anzuziehen
(13,11–14), und Gal 5,14 dominiert es ebenso die Aufzählung der Werke des
Fleisches und der Frucht des Geistes (5,19–24)[546]. An sich heißt es, die Liebe
solle »zu dem allem hinzu«, was in VV 12f aufgezählt war, angezogen (V 12)
werden; aber schon die Zufügung »Band der Vollkommenheit«[547] zeigt, daß
damit nicht einfach noch eine weitere Größe neben die anderen tritt, sondern
das, woraus alles Vorhergenannte lebt. Ob dabei die kosmische Vorstellung
von dem, was die ganze neue Christuswelt zusammenhält (wie Christus nach
1,17 den Kosmos) noch nachwirkt[548], ist sehr fraglich. Nach V 13 muß man

---

[543] Gal 5,22; 2Kor 6,6; Kol 3,12 (vgl. 1Cl
62,2) μακροθυμία; 1Tim 6,22; Tit 2,2; 2Petr
1,6; 1Cl 62,2 (vgl. 2Kor 6,4) ὑπομονή; 2Tim
3,10; Barn 2,2 beides; γνῶσις, μακροθυμία,
ἀγάπη u.a. 2Kor 6,6. Ἐγκράτεια ist Gal 5,23;
1Cl 62,2 (vgl. sachlich 2Kor 6,4f) mit Glaube,
Hoffnung, Liebe verbunden.
[544] Röm 12,1; 2Kor 1,3/Röm 2,4; 11,22/Phil
2,8/2Kor 10,1/Röm 2,4; 9,22.
[545] Christus als Subjekt ist völlig singulär;
auch Kol 2,13 spricht von Gottes Verzeihen.
»Gott« (א*) oder »Gott in Christus« (33arm) ist
wohl Angleichung an Eph 4,32, »Christus«
(אᶜC K usw.) Interpretation des ursprünglichen »Herr« (p46B usf) und zugleich Annähe-
rung an die paulinische Formel καθὼς καὶ ὁ

Χριστός (Röm 15,7; Eph 5,2.25.29; vgl. Röm
15,3; Mk 10,45; 1Petr 2,21; 3,18; Dahl, Beobachtungen [S. 81] 6f).
[546] Im übrigen vgl. Röm 12,9; 1Kor 13; Mt
22,39f usw. und hier zu V 12 am Ende. Christ-
sein heißt also nicht, fehlerlos sein, sondern
mit Fehlern recht leben können (Caird 207).
[547] Statt ὅ lesen א* D* ὅς, K ἥτις, vgl. Anm.
331.
[548] Moule 124 als Möglichkeit; Calvin 158:
das vollkommene Band, das alle Tugenden einschließt. Corp Herm 13,14 kennt die Vorstellung eines »Leibes, der aus Kräften (Gottes) besteht« und Plat Polit 47 (310A) nennt edlen
Sinn ein göttliches Band, das die verschiedenen, auseinanderstrebenden Teile menschli-

doch daran denken, daß die Liebe die Gemeinde (nicht die verschiedenen Tugenden) zusammenschließt[549]. Richtig ist aber, daß in der Tat nur die in V 11 geschilderte, in Christus selbst wahr gewordene Welt diesen Frieden in der Gemeinde schafft, der die zu wertender Einstufung verleitenden Standesunterschiede wegfallen läßt. Ob man dann den Genitiv qualitativ versteht (»das vollkommene [vollkommen zusammenschließende] Band«)[550] oder appositiv (»das die Vollkommenheit ist«)[551] oder eher objektiv (»das zur Vollkommenheit führt [oder: sie schafft]«)[552], macht keinen allzu großen Unterschied. So oder so wird die Liebe, die die Gemeinde zur Einheit werden läßt, als die Vollendung alles Aufgezählten beschrieben.

15 Mit V 15 wird die Bildwelt des Ablegens und Anziehens von Gewändern mit ihren kosmischen Implikationen verlassen. Der Satz hat nicht nur die Funktion eines Friedenswunsches, wie er am Ende der Paulusbriefe auftaucht[553]. Der Friede ist ja im Kontext von VV 13f der konkrete Friede im Zusammenleben der Gemeinde. Freilich ist er als der im Sinne von V 11 von Christus gebrachte, geschenkte Friede bezeichnet. Man kann daher nur in ihn hinein »berufen« werden. Der »eine Leib«, »in dem« das geschieht, ist darum doch wohl der Christusleib, die Kirche (1,18.24; 2,19), obwohl der Ausdruck ohne Artikel und ohne den Genitiv »Christi« auch rein bildhaft die Einheit einer Gruppe bezeichnen kann[554]. Nur ist jetzt unterstrichen, daß der Friede in die Herzen der Gemeindeglieder, d.h. in ihr Fühlen, Denken und Wollen[555] einziehen und dort zu regieren, Prioritäten zu setzen[556] anfangen muß, damit das, was in Christus wahr ist, auch im konkreten Gemeindeleben wirklich werde[557]. Wie schon in 1,12; 2,7 und nochmals in 3,17 wird zur Dankbarkeit (griechisch: zur Eucharistie) aufgerufen. Der dazwischen eingefügte Vers 16 zeigt, wie sich solches Danken manifestieren soll: im Gemeindegottesdienst.

16 Subjekt solchen Gottesdienstes ist nicht eigentlich die Gemeinde, obwohl die Fortsetzung des Satzes unvermittelt in den Plural übergeht, sondern das Wort

---

cher Tugend zusammenhalte (ξύνδεσμος ἀρετῆς); nach Simplicius (6. Jh. n.Chr.!) in Epict 208A (S. 89,15–17) halten die Pythagoreer die φιλία (Freundesliebe) für ein Band aller Tugenden.

[549] So Lohse 213f.

[550] Masson 146, Anm. 7 als Möglichkeit, bzw. Moule 123 (»das vollendende Band«). Auch beim gen. qual. kann der Artikel stehen (Bl-Debr 165 und Nachträge dazu).

[551] Lohmeyer 147: die Einheit ist Vollkommenheit (zu diesem Begriff vgl. S. 90).

[552] Bl-Debr 163 Nachtrag; Dibelius-Greeven 43f (mit Sprachparallelen); Lohse 214 (final).

[553] Phil 4,7(.9) ebenfalls etwas früher im Briefaufbau.

[554] Aus dem zerrissenen Peloponnes soll »ein Leib« werden usf. (E. Schweizer, ThWNT VII, 1039,22–26; vgl. 1037,37–1038,3).

[555] So alttestamentlich; weil damit der ganze Mensch umschrieben ist, kann ebenso gut »in euch« (V 16) gesagt werden.

[556] Das Wort beschreibt die Zuteilung eines Kampfpreises; d.h. der im Menschen lebendig werdende Friede Gottes unterscheidet Primäres von Sekundärem usw.; so z.B., daß ihm im Blick auf den himmlischen Herrn nicht mehr der Wunsch zu vorderst steht, möglichst viel von seinen Sklaven zu profitieren, sondern das, was »gerecht und billig (sie ihrem Meister angleichend!)« ist (4,1) So tritt der Friede als Schiedsrichter an die Stelle der disqualifizierenden Schiedsrichter von 2,18 (schon Severian 328).

[557] So auch Phil 2,5. Daß es auch über die Grenzen der Gemeinde hinauswachsen muß, ist hier noch nicht bedacht, aber heute zweifellos mitzubedenken.

Christi selbst[558]. Es ist das, was Paulus das »Evangelium« nennt, nur ist das nicht als eine abgeschlossene Summe von festliegenden Sätzen vorzustellen, wie sie sich z.B. in einem Buch befindet, sondern als das lebendige Geschehen der Verkündigung, in dem der erhöhte Herr selbst wirkt, Menschen bewegt und so durch die Welt zieht. Darum kann von »reichlichem« Einwohnen gesprochen werden. Das Wort Christi ist nicht etwas, das man zur Kenntnis nimmt und dann besitzt, sondern etwas, das im Menschen »wohnt« und ärmlich oder reichlich wohnen kann, also seine Gegenwart kaum oder eindringlich spürbar werden läßt. Es lebt also, eben weil in ihm Christus selbst lebt. Ähnlich redet schon Ps 37 [36], 31 vom Weilen des Gesetzes im Herzen des Menschen[559]. Die Wendung »in aller Weisheit« wird man wie 4,5 (vgl. 1,9-11) eher als Näherbestimmung des Handelns der Gemeinde zum folgenden ziehen[560]. Weil das Wort Christi im lebendigen Geschehen der Verkündigung da ist, wird ohne weiteren Übergang vom Lehren und Mahnen gesprochen. Auch hier wird das, was der Apostel grundlegend ausgeübt hat (1,28), in der Gemeinde nicht etwa zu einer Funktion eines Amtsträgers, sondern zu der der gesamten Gemeinde. Vermutlich umschließt der Doppelausdruck Zuspruch des Heilshandelns Gottes und Mahnung zum Leben daraus, ohne daß man beides trennen könnte (vgl. S. 93). Daneben tritt das Singen. Da kein »und« dazwischen steht, könnte man strenggenommen verstehen, daß eben dieses Lehren und Mahnen im Singen geschieht; doch wird ausdrücklich gesagt, daß dieses an Gott gerichtet, jenes auf die Gemeindeglieder bezogen sei. So sind doch wohl alle drei Aussagen (Wohnen des Wortes, Lehren und Mahnen, Singen) unverbunden nebeneinandergesetzt. Psalmen, Hymnen und Oden sind kaum deutlich voneinander zu unterscheiden. Offb 19,1–8 zeigt, daß die Gemeinde dabei, vermutlich spontan, alttestamentliche Wendungen und Gedanken in aktualisierter, an die Gegenwart angepaßter Form gesungen hat[561]; doch wird es auch, vielleicht erst allmählich, fixierte Hymnen in festerer Form wie Kol 1,15-20 gegeben haben. »Geistlich« sind sie wohl nur im Unterschied zu weltlichen Liedern genannt, ohne daß ausdrücklich an die Wirkung des Geistes gedacht ist (vgl. Anm. 64). Wohl aber ist die Verwurzelung im Herzen (schon V 15) und die Ausrichtung auf Gott[562] betont. Die folgende Näherbestimmung ist nicht sicher zu übersetzen. Das Wort bezeichnet meist die Gnade (Gottes), so 1,6. Es

---

558 Paulus spricht vom »Wort Gottes« (wie Kol 1,25) oder, auf den Inhalt bezogen, vom »Wort vom Kreuz« oder »von der Versöhnung«, 1Thess 1,8 aber auch einmal vom »Wort des Herrn« (4,15 vermutlich auf den irdischen Jesus bezogen); der Genitiv kann also Urheber und Inhalt (so eher hier, Houlden 206) bezeichnen.

559 Vgl. 1Joh 2,14 »das Wort Gottes bleibt in euch«. Joh 15,7 sagt von den Worten Christi genau dasselbe, was 15,5 usw. von Christus selbst (vgl. 8,31: in seinem Wort bleiben).

560 Moule (125) überlegt, ob es nicht an λό-

γος angehängt sei wie 1,9 an ἐπίγνωσις. Zur ethischen Ausrichtung der Weisheit vgl. S. 40f. Chrysostomus IX, 1 (361) identifiziert sie mit der Tugend.

561 Kraft, HNT 16a (Anm. 401), 243; vgl. S. 208.

562 Christus ist hier nicht genannt; doch sind 1,15–20 tatsächlich, Offb 5,9f ausdrücklich direkt an den Erhöhten adressiert, so daß die carmina Christi, die Christuslieder (Plin dJ X 96,7; vgl. Ign Eph 4,1) der Sache nach schon im Neuen Testament wurzeln.

kann aber auch »Anmut« bedeuten und könnte in 4,6 so verstanden werden. Wenn der Artikel auch in 3,16 nicht ursprünglich wäre[563], könnte man wie dort interpretieren. Näher läge in unserem Zusammenhang die Bedeutung »Dank«[564]. Da der etwas schwierige Artikel aber wohl doch ursprünglich ist, wird man am besten an »(Gottes) Gnade« denken, mit deren Nennung (ebenfalls ohne den Genitiv »Gottes«) der ganze Brief auch schließt. Man darf aber nicht vergessen, daß alle diese Bedeutungen das »Feld« darstellen, das bei den Lesern durch ein und dasselbe Wort gedeckt wurde, so daß nur gefragt werden kann, welche Nuance im Zentrum lag. Jedenfalls ist eingeschlossen, daß alle Anmut, erst recht alle echte Dankbarkeit aus Gottes Gnade fließt und Gottes Gnade als Ziel alles Lobpreises kennt.

17   Ein zusammenfassender Abschluß stellt alles Handeln unter den Namen Jesu und damit in den Dank an Gott hinein. Der Gottesdienst setzt sich fort im Alltag, in dem auch dem Verstand entsprechenden, jedermann verständlichen Kult (Röm 12,1). Der »Name« Gottes (oder Christi) bringt dessen Machtgegenwart mit sich, wo er zur Taufe (1Kor 6,11; Apg 10,48), zum Gebet (Phil 2,10; Joh 14,13f usw.), zur Heilung (Lk 10,17; Apg 3,6; 4,7 und oft), zur Bekräftigung eines Vorhabens (1Kor 5,4 Verurteilung eines Sünders; 2Thess 3,6 Mahnung) angerufen wird[565]. Damit ist noch einmal ausdrücklich festgehalten, daß alles Leben der Gemeinde nur vom Herrn Jesus selbst her zufließt. Damit ist aber auch schon die Überschrift für die anschließende Haustafel gegeben (vgl. S. 162 mit Anm. 591).

Zusammen-   V 12 hat lauter Verhaltensweisen genannt, die sonst Gott oder Christus zugefassung   schrieben werden, hat aber zugleich die Leser dazu aufgerufen, in dieses Christus-Leben hineinzuschlüpfen. Tatsächlich steht das Bild im Hintergrund, daß der Glaubende im Grunde in Christus und so in die durch ihn neu geprägte »Welt« eingeht. Entscheidend ist, daß alle Begriffe die Art der zwischenmenschlichen Begegnung beschreiben. In ihr wirkt also weiter, was von Gott her über Christus als Strom der Liebe (V 14) dem Menschen zuströmt. Darum kann auch nur der Friede Christi, nicht der subjektive Seelenzustand, sondern das objektiv hergestellte Heil, die Prioritäten recht setzen (V 15), nämlich den verletzlichen, nach Liebe hungernden Menschen vor alles Beharren auf dem, was einem zu Recht zustände, stellen (V 13). Darum ist der Gottesdienst, in dem der Erhöhte in seinem Wort lebendig werden und so den Menschen ins Singen und Danken führen kann (VV 16f), der Ort, an dem sich solche Zuwendung Gottes immer wieder vollzieht und im Menschen zur Quelle seiner Zuwendung zu anderen wird. Eben darum kann alles Leben in der Gemeinde nur Dank an Gott sein. Darin ist alles gesagt, was gesagt werden muß: Wer im Danken lebt, der lebt den Willen Gottes, der hat das erreicht, worauf Gott in

---

[563] Er steht p[46]BD*usw.
[564] Am nächsten verwandt ist 1Kor 10,30; freilich fast immer mit ἔχειν konstruiert und/oder mit θεῷ usw. als Objekt verbunden.
[565] Neben den angeführten ἐν-formeln auch

εἰς, ἐπί und bloßer Dativ. »Den Namen (Christi) anrufen« heißt Christ sein (Apg 2,21 [Joel 3,5!]; 9,14.21; 22,16; 1Kor 1,2; 2Tim 2,22 [?]).

seiner Schöpfung hinzielte (V 10!), der ist zu dem Geschöpf geworden, in dem Gottes Liebesstrom antwortend zurückfließt zu ihm, seiner Quelle.

4. Christus in Ehe, Familie und Arbeitswelt (3,18 – 4,1)

Literatur: Crouch, Origin; *Dibelius-Greeven* 48–50; *Goppelt, L.,* Jesus und die »Haustafel«-Tradition, in: Orientierung an Jesus, Festschr. J. Schmid, Freiburg 1973, 93–106; *Lillie, W.,* The Pauline House-tables, ExpT 86 (1975) 179–183; *Merk* (S. 130) 214–224; *Schrage,* Ethik; *Schröder,* Haustafeln; *Schweizer,* Haustafeln; *Weidinger,* Haustafeln; *Wendland,* Bedeutung.

18 Ihr Frauen, ordnet euch den Männern unter, wie es sich im Herrn gehört. 19 Ihr Männer, liebet die Frauen und werdet nicht bitter gegen sie. 20 Ihr Kinder, gehorcht den Eltern in allem; denn das ist gut so im Herrn. 21 Ihr Eltern, reizt euere Kinder nicht auf, damit sie den (Lebens-)Mut nicht verlieren. 22 Ihr Sklaven, gehorcht in allem euren leiblichen Herren, nicht in äußerem Schein, um Menschen zu gefallen, sondern in Herzensschlichtheit den Herrn fürchtend. 23 Was immer ihr tut, das wirkt von Herzen für den Herrn, nicht für Menschen, 24 im Wissen darum, daß ihr vom Herrn das Entgelt des Erbes empfangen werdet. 25 Dem Herrn Christus dienet; denn wer Unrecht tut, wird erhalten, was er an Unrecht getan hat, und da gibt es kein Ansehen der Person. 1 Ihr Herren, gewährt euren Sklaven, was recht und billig ist, im Wissen darum, daß auch ihr einen Herrn im Himmel habt.

Exkurs: Die Haustafeln

Kol 3,18–4,1 ist die erste christliche Haustafel, eine Zusammenstellung von kurzen Mahnungen an die verschiedenen »Stände«, an Frauen und Männer, Kinder und Eltern, Sklaven und Herren. Zu vergleichen sind Eph 5,22–6,9; 1Petr 2,13–3,7; Tit 2,2–10; 3,1f; 1Cl 21,6–8; Ign Pol 4,1–6,2; Pol 4,2–6,1. Diese Form ist das Produkt einer langen Entwicklung[566]. Schon in der *griechischen Literatur,* vor allem in der Stoa und bei von ihr abhängigen Schriftstellern[567], finden sich solche Mahnungen kombiniert, so die genannten drei Gruppen, allerdings neben noch anderen, bei Aristoteles, Seneca und Plutarch[568]. Dabei wird aber fast immer nur der *männliche, erwachsene und freie Leser* an-

---

[566] Vgl. zuletzt Crouch, Origin 13–31, zum ganzen Schweizer, Haustafeln.

[567] Dazu vor allem Dibelius-Greeven 48f; Weidinger, Haustafeln, 27–40.

[568] Aristoteles Pol I, 2,1 (1253b,7ff): Herr und Sklave, Gatte und Gattin, Vater und Kinder; doch wird der Unterschied dieser Beziehungen hervorgehoben (I, 1,5 [1252b,1ff]; 5,1 [1259a,38ff]). Übergeordnet bleibt die höhere

Einheit von Gemeinde und Staat (I, 1,7f.11 [1252b,15ff; 1253a,19ff]). Sen ep 94,1 benützt die Frage, wie der Gatte sich zur Gattin verhalten, der Vater die Kinder erziehen, der Herr die Sklaven regieren soll, als Beispiele für die stoische Diskussion, ob derart differenzierende Ethik zur Aufgabe der Philosophie gehöre; 94,3 nennt nur noch Gattin und Sohn, 94,5 Vater und Gattin; 94,11 exemplifiziert an den

gesprochen und ihm dargelegt, wie er sich Frauen, Kindern und Sklaven gegenüber benehmen soll[569]. Daß auch Frauen, Kinder und Sklaven das ethisch »sich Gebührende« tun könnten, kommt hier kaum je ins Blickfeld[570], und eine gute Behandlung des Sklaven wird dem Herrn auch in dessen eigenem Interesse empfohlen[571]. Vor allem wird solches Verhalten in der kosmischen Ordnung begründet[572]. Als Weltbürger, als Mensch unter Menschen fügt sich der freie Mann in das geordnete Leben des Universums ein[573].

Diese Zuordnung verschiedener möglicher menschlicher Beziehungen zu einer umfassenden ethischen Mahnung wird im *Judentum* entscheidend umgestaltet. Von Hause aus ist sie hier fremd, weil das Gesetz keine solche Neufassung benötigt. So sind denn auch die hellenistischen Vorbilder noch deutlich nachweisbar. Bei Philo und Josephus wird wie im Hellenismus die Reihe gewöhnlich durch Gott und Vaterland eröffnet und werden Freunde und Verwandte zugefügt[574]. Doch treten jetzt die Beziehungen zwischen Männern und Frauen, Eltern und Kindern, Herren und Sklaven stärker hervor[575]; vielleicht weil das Gebot der Elternehrung im Dekalog auf die beiden anderen Fälle ausgeweitet und gelegentlich noch anderes, was zu den noachitischen, auch die Heiden verpflichtenden Geboten gehörte, daran angehängt wurde[576]. Das erklärte jedenfalls auch das jetzt hervorgehobene Moment der *Unterordnung* und die *paarweise Anordnung* der Aufrufe[577]. Eigentliche Haustafeln, d.h. Zusammenstellungen nur gerade der Empfehlungen, in denen Über- und Unterordnung entscheidend sind, in so knapper Form, finden sich freilich auch im hellenistischen Judentum noch nicht.

Für die neutestamentlichen Beispiele ist gewiß *Jesu Verkündigung* und ganzes Wirken entscheidend gewesen. Daß wer groß sein will, Diener, und wer der erste, aller Sklave sein soll, weil auch der Menschensohn nicht kam, sich dienen zu lassen, sondern zu dienen und sein Leben zum Lösegeld für viele zu geben (Mk 10,43–45), konnte ja nicht vergessen werden[578]. Auch daß die Paränese gerade mit der Ehe einsetzt[579], mag noch damit zusammenhängen, daß Jesus davon sprach (Mk 10,1–9; Mt 5,27f). Bei den anderen

Kategorien Freund, Bürger und Genosse; 94,8 spricht von dem, was dem Mann, der Frau, dem Verheirateten, dem Ledigen gebührt; 94,14ff werden noch weitere Differenzierungen eingeführt. Plut Lib Educ 10 (II, 7E) rangiert Frau, Kinder und Sklaven hinter Göttern, Eltern, Gesetzen, Behörden und Freunden (vgl. Anm. 612 und 616). Immer ist dies als Mahnung an den freien Mann formuliert (außer in der Zwischenbemerkung Sen ep 94,8).
[569]   Weidinger, Haustafeln 27–39; Schroeder, Haustafeln 38; z.B. Epict Diss II, 10,3.7: wie sich der Leser als Mensch, Bürger, Sohn und Bruder verhalten soll.
[570]   Crouch, Origin 116f. Doppelmahnung an Über- wie Untergeordnete findet sich Sen Ben II, 18,1f (ebd. 55, vgl. 72 für Hekaton). Eine Ausnahme bildet vielleicht der Freigelassene Epiktet, der sich selbst aber geistig als Getauften (d.h. als Juden) ansieht (II, 9,20f). Zum Ausdruck τὸ καθῆκον usw. vgl. Anm. 604f.
[571]   Plato, Aristoteles (Weidinger, Haustafeln 53).
[572]   Schon Aristoteles Pol I, 2,7 (1254a,14ff);

daher gehört der Sklave auch dem Herrn wie eine Sache (ebd. 2,6 [9ff]). Vgl. unten Anm. 619.
[573]   Schroeder, Haustafeln 55–67.
[574]   Vit Mos II, 198; Mut Nom 40; Deus Imm 17–19; Plant 146; Ebr 17; Jos Ap II, 199–209. Vgl. Anm. 612.
[575]   Philo Poster C 181; Pseud-Phokylides a.a.O. (Anm. 495), 175–227.
[576]   Crouch, Origin 84–101, 106f; vgl. Schroeder, Haustafeln 30,92f.
[577]   Philo Decal 165–167; vgl. Spec Leg II, 226f.
[578]   Vgl. Pol 5,1.
[579]   Kol 3,18f; in Eph 5,22–33 wird sie allein ausführlich besprochen und christologisch begründet; in 1Petr steht sie am Ende, ist aber wie die Mahnung an die Sklaven stark betont. Eph 5,25.29 klingt in Ign Pol 5,1 nach und Pol 4,2 beginnt mit der Aufforderung an die Frauen, ihre Männer zu lieben; in Past und 1Cl hingegen wird die Ehe kaum mehr hervorgehoben.

beiden Beispielen ist aber eine direkte Ableitung von Jesus-Logien höchst unwahrscheinlich, so sehr auch dort der tragende Gedanke, daß echte Größe gerade im Dienst
erreicht wird, durch Jesus mitbestimmt bleibt[580]. Die Vorstellung von einem verbreiteten urchristlichen Katechismus, der solche Haustafeln enthalten hätte[581], ist aufzuge-
ben; denn weder erscheinen solche in den sicheren Paulusbriefen noch in den von Paulus
unberührten Schriften. Wohl aber könnte das Mißverständnis der paulinischen Verkündigung von der Freiheit für ihr Aufkommen wichtig geworden sein. »Alles ist erlaubt« war ja die Losung der Korinther, die sich dabei vermutlich auf paulinische Aussagen wie Gal 3,28 (»Da ist nicht Jude noch Grieche, nicht Sklave noch Freier, nicht männlich noch weiblich«) beriefen. Daß dieser Satz auch Kol 3,11 erscheint, freilich so modi-
fiziert, daß die theologisch nicht mehr gefährliche Spannung zwischen Beschneidung
und Unbeschnittenheit und die in der Welt des Hellenismus sowieso gepriesene Interna-
tionalität betont, dafür die gefährliche Gleichsetzung von Mann und Frau weggelassen
wird, könnte noch auf diesen Zusammenhang hinweisen. Sicher ist dies aber nicht der
einzige Ursprung, weil Kinderemanzipation gewiß damals nie aktuell war und in der
Haustafel immer beide Partner angesprochen werden[582].

Daß der *Kolosserbrief*, der das Leben »droben« so stark betont (2,21; 3,2), eine solche
Haustafel enthält, zeigt die gute und nüchterne *Weltlichkeit* des Neuen Testamentes, so
fraglich die Einzelheiten sein mögen. Allem asketischen Rückzug aus der Welt entgegen
ist damit das Ja zur Schöpfung, zu Ehe, Familie und Arbeit gesprochen. Eher läßt sich
fragen, ob nicht die Zusammenstellung der von Natur gegebenen Differenzierung in Eltern und Kinder mit der von Menschen geschaffenen in Herren und Sklaven[583] eine un-
heilvolle Entwicklung angebahnt hat. Freilich ist, auch abgesehen von der zeitgeschicht-
lich völlig anderen Situation damals[584], festzuhalten, daß es im Kolosserbrief noch stark
um personale, nicht um rein funktionelle Strukturen geht[585]. Vor allem ist keine Rede
von einer Verankerung der Unterschiede in der Naturordnung wie etwa bei Aristoteles[586]. Nie wird Einheit von Gott, Natur und menschlicher Vernunft auch nur angedeutet. Daher fehlt auch das Argument völlig, daß die richtige Einordnung in das kosmische
System dem eigenen Vorteil diene. Darum sind, jedenfalls in Kol 3,18–4,1, die Mahnungen auch nicht eingeschachtelt in die zur Achtung gegen Staat und Gott[587]. Anders
als in hellenistischen, auch jüdisch-hellenistischen Parallelen wird nur an den Willen
des »Herrn« erinnert; der Diatribestil, der den Leser mit Hinweisen auf die Vernünftig-
keit dieser Ordnung überzeugen will[588], fehlt völlig. Natürlich besagt eine verbale Un-

---

[580] Das ist immerhin gegenüber L. Goppelts
(s. S. 159) Herleitung vom irdischen Jesus festzuhalten. In Frage käme noch Mk 7,10 für den
Topos Eltern/Kinder, doch bleibt ungewiß, ob
dort ein Jesuswort vorliegt.

[581] A. Seeberg, Der Katechismus der Urchri-
stenheit, 1966, (TB 26), Vorwort, 1–9,
246–273 usw.; G. Selwyn, The first Epistle of
St. Peter, London 1958, 18–23; Thompson
156.

[582] Vgl. Crouch, Origin 104,149–151,157f;
Lillie, House-tables (S. 159), 180,183. Daß der
eschatologische Aspekt, angesichts der nahen
Parusie lohne sich eine Neuordnung nicht
mehr, zur Übernahme der Haustafelethik geführt habe (Merk, Handeln [S. 130], 223), ist
gerade im Kolosserbrief unwahrscheinlich.

[583] Dazu vgl. oben S. 150. Aristoteles unterscheidet zwar deutlich die verschiedenen Ebenen; aber so, daß der Sklave als »Eigentum«
des Herrn noch weit unter Frauen und Kindern
steht (vgl. Anm. 568: I, 1,5; 2,6 [1252b,1ff;
1254a,9ff]).

[584] Vgl. Stuhlmacher, Phlm 46–48 u. unten
Anm. 617.

[585] Wendland, Bedeutung 114.

[586] Vgl. Anm. 568 und Schroeder, Haustafeln 55–67.

[587] Vgl. Dibelius-Greeven 49; Merk, Handeln (S. 130), 221; Lillie, House-tables (S.
159), 180.

[588] Schroeder, Haustafeln 39–41; so z.B.
Philo Decal 165–167 (ebd. 74).

terstellung unter den »Herrn« nicht viel, wenn sich dadurch inhaltlich nichts ändert[589]; aber mindestens wird schon dadurch klar, daß weder Liebe noch Elternschaft noch Herrschaft noch die sie begründende Weltordnung vergöttert, sondern die Gegebenheiten menschlichen Lebens als rein vorfindlich hingenommen werden. Es läßt sich aber auch positiv erkennen, wie sehr der Blick für den andern, besonders für den Schwächeren entscheidend wird. Schon die Tatsache, daß er als vollwertiges *Subjekt* ethischen Handelns angesehen ist[590], zeigt das. Die Haustafel ist eingeführt durch einen Ruf an alle Gemeindeglieder zum Gottesdienst im Alltag, durch den sie alle zu Verkündigung, Lehre, Seelsorge, Lobopfer gerufen werden (3,16f)[591]; darum ist die Anrede an beide Partner auch selbstverständlich. Auch in einzelnen Formulierungen verrät sich die schon vom Alten Testament her eingeschärfte Offenheit für den Schwachen[592].

Überblickt man die *späteren christlichen Haustafeln*, zeigt sich, wie *Christianisierung und Paganisierung* Hand in Hand gehen. Der Doppelcharakter der Mahnungen ist nicht mehr überall durchgehalten. Tit 2,4f und Pol 4,2 werden nur die Frauen zur Unterordnung unter die Männer und zur Kindererziehung aufgefordert, ohne ein entsprechendes Wort an die Männer (vgl. 1Cl 21,6). Der Topos Eltern/Kinder fehlt in 1Petr und Ign Pol, eine Mahnung an die Kinder auch Tit 2,4; Did 4,9; 1Cl 21,6.8; Pol 4,2. Bei der Paränese an die Sklaven (die weder Pol 4 noch 1Cl 21 überhaupt erwähnt werden) fehlt in 1Petr 2 und Tit 2 die Weisung an ihre Herren[593]. Die Einfügung in die alles umfassende Ordnung des Staates erscheint schon 1Petr 2,13–17[594] in für die Wirkungsgeschichte fataler Nähe zur Überordnung Gottes[595]. Noch wichtiger ist das Auftauchen der Gemeindehierarchie. 1Petr 5,1–5 ist noch von der Haustafel getrennt. Tit 2,2–8 ist neben 1,5ff und angesichts der Titus selbst zugeschriebenen Position schon an eigentliche Stände in der Gemeinde zu denken[596]. 1Cl 21,6 wie 1,3 ist die Stellung von Vorgesetzten und Presbytern, Ign Pol 6,1 und Pol 4,2–6,1 die von Bischof und Diakonen (ne-

[589] H. Preisker, Christentum und Ehe in den ersten drei Jahrhunderten, Berlin 1927, 139, Anm. 118.

[590] Aristoteles Pol I, 5,8f (1260a,20ff) unterscheidet scharf die verschiedene ethische Qualität (ἠθικὴ ἀρετή) nicht nur des Gebieters gegenüber der Gruppe der Untergebenen, sondern auch jedes Gliedes jener Gruppe gegenüber den anderen in derselben Gruppe.

[591] Merk, Handeln (S. 130), 222. Auch Eph 5,21 (dazu H. Schlier, Der Brief an die Epheser, Düsseldorf ²1958, 250); 1Petr 2,13 wird in ähnlicher Weise überschriftsartig mit einer allgemeinen Mahnung eingeleitet, so daß die Aufrufe der Haustafel nur als besondere Applikationen des Grundprinzips erscheinen, ohne daß man dieses geradezu als Kritik an der Form der Haustafel interpretieren sollte (wie J. P. Sampley, ›And the Two shall become one Flesh‹, 1971 [MSSNTS 16], 117). Der erste Satz der Haustafel Eph 5,22 hängt sogar grammatisch von V 21 ab. Das Stichwort vom allgemeinen Priestertum erscheint wörtlich 1Petr 2,9f als Einleitung von 2,11–3,7; doch ist dort nicht an Priesterdienste innerhalb der

Gemeinde gedacht wie in Kol 3,16f, sondern an die Wirkung auf die nicht glaubende Welt (ebenso Kol 4,5f; Tit 2,5.8.10).

[592] Vgl. zu V 21b; ferner 1Petr 3,7; Tob 10,13; Pseud-Phokylides (Anm. 495) 207; Pred 7,21f (W. Zimmerli, Grundriß der alttestamentlichen Theologie, Stuttgart 1972 [ThW 3], 143) und Crouch, Origin 113–116.

[593] Vgl. 1Tim 6,1f. Betont ist diese hingegen Did 4,10; Ign Pol 4,2.

[594] Freilich noch so, daß die Unterordnung unter König und Statthalter als Spezialfall der allen menschlichen Geschöpfen gebührenden Unterordnung (2,13) gesehen ist und die Zuordnung von Gott und König auf Spr 24,21 zurückgeht.

[595] Vgl. auch Tit 3,1f, von christologischen und theologischen Exkursen umrahmt (2,11–14 und 3,3–7) und von den übrigen Teilen der Haustafel (2,2–10) getrennt.

[596] Vgl. auch den Übergang von 1Tim 5 zu 6,1f und Kol 3,16 vor 17ff (J. Gnilka, Paränetische Traditionen im Epheserbrief, in: Mélanges Bibliques für B. Rigaux, 1969, 408); Eph 5,18–21; 1Petr 2,4–10.

ben Witwen und anderen) mit haustafelartigen Wendungen empfohlen. Vor allem aber konnte gerade die Aufnahme biblischer und christlicher Gedanken als Begründung einer ewig feststehenden *göttlichen Weltordnung* mißverstanden werden. Selbst das tiefgründige Verständnis der Ehe als dienender Liebe in Eph 5,22–33 konnte *auch* zum Gedanken führen, daß ein ausgesprochenes Gefälle von oben nach unten das Verhältnis von Mann und Frau entsprechend dem von Christus und Gemeinde präge (vgl. schon 1Kor 11,3). Auch das ausdrückliche Zitat des Gebots der Elternliebe aus dem Dekalog, des »ersten mit einer Verheißung« (Eph 6,2f), konnte die Unterstellung der Kinder unter die elterliche Gewalt, die in bald biblisch werdenden Wendungen als »Erziehung und Zurechtweisung des Herrn« beschrieben ist, als göttliche Naturordnung zementieren. Immerhin ist festzuhalten, daß in Eph 5f die Herrschaft Christi ganz als Dienst verstanden, in 1Petr 2,18–25 daher gerade umgekehrt der Sklave mit Christus parallelisiert und in 3,1 gerade der Frau die eigentlich aktive Aufgabe zugewiesen wird (s. S. 169f). Verhängnisvoller ist die allmähliche Umbiegung der Vorstellung vom Dienst, der nicht Menschen, sondern dem Herrn geleistet wird (Kol 3,23). Hat diese ursprünglich gerade eine letzte Freiheit von allen menschlichen Herren im Blick, so formuliert doch schon Eph 6,5 weit ungeschützter: »den Herren nach dem Fleisch . . .als (wie) dem Christus gehorchen«; außerdem werden die Sklaven nicht mehr wie in Kol 3,22 allgemein zur Gottesfurcht aufgerufen, sondern dazu, »mit Furcht und Zittern den Herren nach dem Fleisch zu gehorchen«[597]. Daß 1Petr 2,21–25 Christus den Sklaven als Vorbild hinstellt, ohne die Herren überhaupt zu erwähnen (etwa weil es keine Sklavenbesitzer in den angesprochenen Gemeinden gibt?), konnte dazu verführen, Christusdienst und Dienst gegenüber der nächsthöheren Klasse einander gleichzusetzen. Tit 2,9 verschiebt schon den Sinn von Kol 3,20, man müsse das »im Herrn Wohlgefällige« tun, dazu, daß die Sklaven den Herren »wohlgefällig« sein sollten. Schließlich werden in Did 4,11 die Herren den Sklaven zum »Typus« Gottes und in Barn 19,7 ist dies sogar auf alle Arten von »Herren« ausgeweitet. An beiden Orten ist das mit typisch biblischen Wendungen von der Furcht Gottes und der Hoffnung auf ihn verknüpft. Pol 5,3 treten Presbyter und Diakone, denen man sich unterordnen soll, an die Stelle Gottes. In Ign Pol 6,2 wird das Bild von der militärischen Hierarchie gebraucht. In 1Cl 20f ist mit der Unterstellung der Haustafel unter die *kosmische Ordnung*, die jedem Gestirn seine Bahn vorschreibt, die Paganisierung fast vollständig erreicht[598].

Damit hängt zusammen, daß der *Stilunterschied* zu den hellenistischen Vorbildern wieder schwindet. Schon Tit 2,1ff ist im Wesentlichen Mahnung, die das Verhalten des Lesers zu den verschiedenen Gruppen regelt. Noch ausgesprochener ist dies Did 4,9f der Fall. 1Cl 1,3; 21,6–8 sind auch die Mahnungen an Frauen und Kinder in die Anrede an die Männer gekleidet[599]. Ign Pol 4–6 wird nur Polykarp über seine Aufgaben gegenüber Witwen, Sklaven, Frauen und Männern belehrt und Unterordnung unter den Bischof, vor dem jede Ehe geschlossen werden muß, um gültig zu sein, die Presbyter und die Diakone unterstrichen. Paarweise Zuordnung ist nur noch 5,1 rudimentär erhalten. Sachlich zeigt sich also, daß nur noch Sklaven, nicht mehr ihre Herren gemahnt werden; formal hingegen wird immer mehr der männliche, erwachsene Freie wieder zum Adressaten. Beides enthüllt, wie sich reziproke Paränese, die beiden Teilen je an ihrem

---

[597] Doch wird dafür der Hinweis auf den Richter eindeutiger auf die Herren bezogen (6,9). Die Gefahr ist bei Wengst, Versöhnung 25f gut gesehen.

[598] Daß das Gewissen an die Stelle des Got-

tesgebotes tritt (1Petr 2,19; 1Cl 1,3), mag auch hierher gehören.

[599] Vgl. die Verwandtschaft zu Polyb XVIII, 41,8 (Weidinger, Haustafeln 56).

Ort helfen möchte, immer mehr zur Proklamation einer festen Ordnung wandelt, in der
der Mann sich nach allen Seiten bewähren, Frauen, Kinder und vor allem Sklaven sich
unterordnen sollen. Verchristlichung und Paganisierung gehen so in merkwürdiger und
bedenklicher Weise Hand in Hand. Gerade die *gute Weltlichkeit* der mehr oder weniger
unbedenklich aus der Umwelt übernommenen Ordnungen, die auch ihre Relativierung
garantierte, ist im Verlauf der Entwicklung verlorengegangen. Sie ist Kol 3,18–4,1 noch
deutlich vorhanden und dürfte gerade *das eigentlich Christliche* dieser ersten christlichen Haustafel ausmachen.

Analyse In drei Gruppen werden je Frauen und Männer, Kinder und Eltern, Sklaven
und Herren einander gegenübergestellt. Immer beginnt der Satz mit dem Vo-
kativ der angeredeten Personen, gefolgt vom Imperativ. Im ersten Glied wird
er jeweils mit einem Hinweis auf den »Herrn« begründet. Im zweiten Glied
folgt dies nur bei der Mahnung an die Herren, während die an die Eltern anders
begründet und die an die Männer nur durch einen weiteren Imperativ ergänzt
wird. Die Mahnung an die Sklaven ist schon in V 22 stärker ausgebaut, vor allem aber in VV 23–25 durch einen allgemeinen Hinweis auf das Gericht, bei
dem man freilich fragen kann, ob er sich nicht schon an die Herren oder an
beide Gruppen zusammen wendet.

Erklärung Daß im Unterschied zu den hellenistischen Vorbildern im Neuen Testament
18 auch Frauen, Kinder und Sklaven als Angeredete erscheinen, ist umso bemer-
kenswerter, als seit 3,1 vom Leben der schon Auferstandenen die Rede ist, die
»oben« leben, nicht mehr »in der Welt« (2,20; 3,2.5), und außerdem in 3,11
gesagt war, daß alle Unterschiede der Religion, der Nationalität und des Standes aufgehoben seien. Aber gerade einem enthusiastischen Mißverständnis gegenüber sind wahrscheinlich solche Sätze in Entfaltung des allgemeinen
Grundsatzes V 17 geschrieben. Das gottesdienstliche Leben der Gemeinde hat
seine Fortsetzung im Alltag von Ehe, Familie und Arbeitswelt[600]. Von den
Frauen wird Unterordnung gefordert, die freilich vom Gehorsam der Kinder
und Sklaven noch zu unterscheiden ist[601]. Das Verbum bezeichnet das freiwillige Sicheinordnen, wie es Christus selbst gegenüber dem Vater übt (1Kor
15,28)[602]. Außerdem setzt die Aufforderung an die Männer ein entscheidendes
Gegengewicht. Dennoch bleibt festgehalten, daß die Einordnung der Frau in
die Ehe eine andere Form annimmt als die des Mannes[603]. Darüber muß in der
Zusammenfassung nachgedacht werden. Zunächst wird diese Unterordnung
der Frau durch den Hinweis auf die geltende Sitte begründet. Von dem, was
sich gehört, spricht das Griechentum seit langem, vor allem die Stoa. Zeno
schreibt ein ganzes Buch »Über das sich Geziemende«[604]. Das wird dem Neuen

---

[600] Gemeinde und Haus stehen einander
nahe (Gnilka, Traditionen [Anm. 596]
408).
[601] 1Petr 2,18; 3,1 für Haussklaven wie
Frauen verwendet; »gehorchen« nur 3,6 (Sara
gegenüber Abraham). Die Vorsilbe ὑπο- ist
beiden Ausdrücken gemeinsam.

[602] Das Passiv beschreibt im gleichen Vers die
von Gott vollzogene Unterwerfung der Mächte
unter Christus.
[603] Tit 2,4 ist auch den Frauen geboten, ihre
Männer zu lieben (φίλανδροι); daß Männer
sich den Frauen unterordnen sollten, ist aber
nie gesagt.

Testament durch das hellenistische Judentum vermittelt[605], wird aber hier näher bestimmt durch »im Herrn«. Zwar würde in diesem Fall die Mahnung auch außerhalb der Gemeinde durchaus anerkannt; doch betont der Schreiber des Briefes damit, daß der Herr[606] allein die Kriterien dafür schenkt, was aus der allgemeinen Ethik unverändert übernommen, neu geformt oder weggelassen werden muß. Wesentlich ist dabei, daß nicht einfach eine überall und zeitlos gültige Naturordnung vorausgesetzt ist, die die Verhältnisse für alle irdischen Orte und Zeiten fixierte, und daß auch nur zu einem Grundverhalten aufgerufen wird, dessen konkrete Entfaltung noch offen bleibt.

Die Männer werden zur Liebe gemahnt. Das ist in solcher Konzentration und 19
in der Wahl des im Neuen Testament bevorzugten Verbums neu[607]. Wie stark das noch empfunden wird, zeigt die breite christologische Begründung Eph 5,25–33. Konkret und nüchtern wird der Aufruf zur Liebe als Warnung vor allem Bitterwerden[608] (wie sie sich im 3. Jh. n. Ch. auch bei Rabbinen findet[609]) entfaltet.

Daß die Kinder angesprochen, also als volle menschliche Personen angesehen 20
werden[610], ist bemerkenswert. Freilich werden sie, auch über das den Frauen Gesagte hinaus, zum Gehorsam gerufen, der erst noch durch den Zusatz »in allem« unterstrichen wird. Bei Paulus wird das Verbum nur für die Haltung gegen Christus, das Evangelium und den Apostel, d.h. gegen den Herrn selbst

[604] Περὶ τοῦ καθήκοντος, vArnim I, 55 (vgl. III, 30 plur. usw.); dazu Schroeder, Haustafeln 44.

[605] Τὰ ἀνήκοντα scheint nur mit Angabe dessen, dem etwas »gebührt« oder »zugehört«, in einigen Papyri und Inschriften vorzukommen, auch 1Makk 10,42 (Liddell-Scott 137b, s.v.), καθῆκεν (Imperfektum wie hier!) steht ep Ar 54; 149 (mit folgendem Infinitiv ebenso im Präsens: Pseud-Phokylides, a.a.O. [Anm. 495] 80), τὸ καθῆκον ep Ar 227; 245 usw.; Jos Ant 13,66 absolut (vgl. ebd. 7,131; 12,259). Phlm 8 findet sich τὸ ἀνῆκον absolut.

[606] Der »Herr« ist der ethisch Gebietende, »Christus« der das Heil begründende: s. S. 130f mit Anm. 446. Freilich zeigt V 20, wie formelhaft dieser Hinweis schon geworden ist. Die Beziehung von »im Herrn« auf »Ordnet euch unter« wäre wegen der Wortstellung schwierig (richtig Calvin 160).

[607] Mit στέργειν wird Pseud-Phokylides (Anm. 495) 195–197 nach langen Ausführungen über Ehebruch und Perversionen zu gegenseitiger Gattenliebe aufgerufen. Von der ἐπιμέλεια für die Frau spricht Philo Poster C 181 in einer Art Haustafel, und Deus Imm 19 erscheint die Frau neben vielen anderen, für die man da sein sollte. Im Griechentum findet sich vereinzelt schon bei Alexis fr 70 (CAF II, 320) die Forderung einer seelischen Ehegemein-

schaft, die über bloß körperliche Lust hinausgeht (weiteres in neutestamentlicher Zeit bei E. Schweizer, ThWNT VII, 1037,30f; 1039,9–12). Ähnliches erscheint in der Hochzeitsrede Plut Praec Coniug 34 (II, 142F): Gegensatz zum ἐρᾶν bilden eine Ehe um der Mitgift oder der Kinderzeugung willen und eine Ehe um der Lust willen (oder, textlich unsicher, ohne Geschlechtsverkehr); jedenfalls üben Ehefrau und Hetäre ganz verschiedene Funktionen aus (ebd. 29 - II, 142C). Vorausgesetzt bleibt dabei immer, daß die Frau auf ihren Mann »hören« muß, unter seiner Führung steht, weder eigene Freunde noch eigene Götter haben noch öffentlich reden darf (ebd. 6; 11; 19; 31 – II, 139AD; 140D; 142CD).

[608] Da auch Plut, De coibenda ira 8 (II, 457A) vom »erbittert werden gegen (πρός) kleine Frauen« spricht, ist aus dieser Konstruktion nicht zu schließen, daß besonders an Fälle zu denken sei, wo die Frau keinen Anlaß zur Erbitterung gab (bei W. Michaelis, ThWNT VI, 125, Anm. 16 erwogen).

[609] Bill. III, 631; aber dem Manne Vorsicht einschärfend, weil die Tränen der Frau ihn strafen könnten.

[610] Natürlich gibt es auch erwachsene Kinder; aber hier ist an im Haushalt lebende, erst heranwachsende gedacht.

und die Verkündigung von ihm verwendet; erst nach- oder nebenpaulinisch gibt es den Aufruf zum Gehorsam gegenüber menschlichen Autoritäten[611]. Wie in V 18 (s. dort) wird dabei auf einen anerkannten ethischen Grundsatz zurückgegriffen[612], aber zugleich gesagt, daß er auch »im Herrn« gelte. Das ist formelhaft zugefügt (vgl. S. 130f); eigentlich wäre zu erwarten »dem« (statt »im«) Herrn wohlgefällig[613].

21 Wer im folgenden angesprochen ist, ist unklar. Sicher ist nur, daß vor allem an die »Väter« (so wörtlich) gedacht ist, da nicht das normale Wort für »Eltern« gewählt wird wie in V 20; doch kann es im Plural öfters auch beide Elternteile umschließen (Hebr 11,23)[614], und da sie in V 20 als Objekt des Gehorsams erscheinen, ist hier vermutlich doch an beide gedacht, wenn auch wohl primär an den Vater, weil er stärker in der Gefahr steht, die Kinder durch seine selbstherrliche Erziehung zu reizen oder zu verbittern. Parallelen sind bei griechischen wie hellenistisch-jüdischen Schriftstellern zu finden[615]. Erstaunlich ist aber die Begründung. Auch hier ist das Kind in fast modern psychologischer Weise gesehen: es könnte unter einer solchen Erziehung den Mut, sein Selbstwerden verlieren[616].

22 Die Mahnung an die Sklaven läuft zunächst der an die Kinder völlig parallel[617]. Freilich müssen, da hier so betont von *dem* Herrn die Rede ist (VV 18.20.22f),

[611] W. Schenk, Die Gerechtigkeit Gottes und der Glaube Christi, ThLZ 97 (1972) 165.
[612] Elternehrung z.B. Plut Lib Educ 10 (II, 7E) nach Götterverehrung am Anfang eines Kataloges, der Vaterlandsliebe noch untergeordnet bei Stob Ecl III, 39,34 (I, 731,1–3), als Aufforderung zum Gehorsam in allem bei Epict II, 10,7; sehr betont natürlich im Judentum: Philo leitet alles aus dem Gebot, die Eltern zu ehren, ab (Decal 165–167; als erstes Glied Mut Nom 40; nur der Gottesverehrung nachgestellt Vit Mos II, 198; ähnlich Poster C 181, wo diese als Klimax am Ende steht; Plant 146, wo nach hellenistischem Vorbild Vaterlandsliebe voransteht [Ebr 17 umgekehrt]); auch Jos Ap II, 206 folgt dieses Gebot dem der Gottesverehrung und führt zu weiteren Mahnungen. Vgl. oben Anm. 568,574f.
[613] So in 81 al korrigiert.
[614] So Pr-Bauer 327 auch für unsere Stelle; dort klassische Belege.
[615] Plut Lib Educ 12 (II, 8F) erklärt, Schläge und Tortur seien für Sklaven recht, nicht aber für freie Kinder, ebd. 18 (II, 13E), aufbrausender Zorn sollte rasch abklingen. Auch Menander (Stob Ecl IV, 26,3–5 (II, 651,11–19) rät zu Vernunft statt Zorn gegen ein Kind. Pseud-Phokylides (Anm. 495) 207–217 warnt vor Härte und mahnt zu Zurechtweisung durch die Mutter, freilich auch zum Bewahren der Jungfrauen in festverschlossenen Gemächern!

[616] Plutarch hat eine ganze Abhandlung über Kindererziehung geschrieben und darin in einer Art Haustafel (s. Exkurs) auch aufgerufen, vernünftig zu sein gegen die Frauen, Kinder zu lieben, Sklaven nicht maßlos zu beleidigen (Lib Educ 10 [II, 7E]; vgl. oben Anm. 612). Er mahnt zu vernünftigen Worten und Ermahnungen, Lob und Tadel, besonders zu vorbildlichem Handeln (ebd. 7.12.16.20 [II, 4C.8F.9A.12C.14A]). So einzigartig ist also diese christliche Weisung nicht (richtig Moule 129). Im hellenistischen Judentum findet sich weniger. Pseud-Phokylides (Anm. 495) 184–187 kämpft gegen Kindstötung oder -aussetzung und Kastrierung, ebd. 177 erinnert er an das Leid der Kinder bei Scheidung. Jos Ap II, 204 mahnt zur Zurückhaltung von Geburtstagsfeiern und zum Unterricht im Lesen. Philo nennt Erziehung und Sorge für Kinder nur nebenbei neben anderem (Post C 181; Deus Imm 19; Plant 146).
[617] Zum Problem der Sklaverei vgl. Stuhlmacher, Phlm, bes. 40–48, 65–69. Daß 1Kor 7,21 Aufforderung ist, eine eventuelle Freilassung anzunehmen (vor allem wegen des Aorists), zeigt zusätzlich jetzt J. B. Bauer in der Besprechung von S. S. Bartchy, ΜΑΛΛΟΝ ΧΡΗΣΑΙ. First-Century Slavery and the Interpretation of 1 Corinthians 7:21 (SBL Dissertation Series 11) in ThLZ 71 (1975) 462f.

die Herren als »leibliche«, d.h. »irdische«, wörtlich als solche »dem Fleische nach«[618] bezeichnet werden. Damit sind sie nicht negativ gewertet, wohl aber in ihrer Bedeutung eingeschränkt. Sie sind nur innerhalb des irdischen Bereiches Herren. Doch wird die Paränese stark ausgebaut. Das könnte damit zusammenhängen, daß Onesimus Mitüberbringer des Briefes ist (s. S. 27), ist aber vor allem dadurch bedingt, daß es für Mahnungen an Sklaven kaum Parallelen gibt[619]. Dabei wurden gerade hier die Probleme am brennendsten. Was bedeutete es, daß der Sklave jetzt »Bruder« war, und zwar »im Fleisch« wie »im Herrn« (Phlm 16)? Für den Sklaven heißt es nach unserer Stelle, daß sein Gehorsam nicht nur das umfaßt, was vor Augen liegt, d.h. das Minimum, das genügt, um vor Strafe zu schützen oder auch Lohn zu erhalten, also nicht nur »Augendienerei« (so wörtlich) bleibt. Sein Dienen soll nicht auf die Menschen, auf den Beifall seines Meisters, schielen, sondern in Einfalt des Herzens geschehen. Damit ist eine Gesinnung und ein Handeln (vgl. Anm. 555) beschrieben, die eindeutig ausgerichtet sind, nicht zugleich auf verschiedene Ziele, die im Konfliktfall das sehen, was von der Sache her getan werden muß, nicht das, was spektaktulär ist und eher Beifall oder Lohn einbrächte. Darin erweist sich die Furcht des Herrn. Furcht ist so wenig Gegensatz zu Vertrauen, daß es z.B. Ps 33(32),18 mit dem Harren auf Gottes Gnade gleichgesetzt wird. Gemeint ist eine Lebenshaltung, die vor nichts anderem Angst hat als davor, diesen einen Herrn zu verlieren, ähnlich wie ein Liebender nichts so fürchtet, als die Liebe seiner Geliebten zu verlieren.

Von hier aus ist die Mahnung unmißverständlich, alles von Herzen (wörtlich: 23 von [ganzer] Seele) zu tun, nämlich dem Herrn und nicht den Menschen zuliebe. Damit ist entfaltet, was V 17 allen Gemeindegliedern sagt. Aber wie wird der Sinn dieses Satzes verkehrt, wenn die Wendung »als[620] dem Herrn« so verstanden wird, daß der irdische Meister an die Stelle tritt, an der der himmlische steht, und daß jeder dem irdischen Herrn geleistete Dienst Christusdienst ist (vgl. S. 163)! Davon kann hier noch keine Rede sein. Ja, letztlich steckt auch etwas Befreiendes in diesem Aufruf. Die Macht der Herren wird ausdrücklich auf den irdischen Bereich eingeschränkt, und alles Dienen sollte so weit wie nur möglich an der Sache orientiert sein, nicht am Eindruck, den es diesen Herren macht. Das Gesagte wird durch den Hinweis auf das Gericht (vgl. S. 144) un- 24 terstrichen. Dabei betont die Aufnahme des Begriffs »Erbe« (vgl. S. 47), wie sehr das Kommende für sie gesichert ist. Die alttestamentliche Vorstellung vom Erben des Israel verheißenen Landes ist schon im Judentum eschatologi-

---

[618] Ob Paulus selbst so formuliert hätte, kann gefragt werden. Phlm 16 steht »im Fleisch« neben »im Herrn«; Röm 9,5 heißt es Χριστὸς τὸ κατὰ σάρκα.

[619] In hellenistischen, vor allem stoischen Parallelen ist auch die Mahnung an die Herren zur richtigen Haltung gegen die Sklaven (so Pseud-Phokylides, a.a.O. [Anm. 495]

224–227) selten, weil Sklaverei der Idee nach überwunden ist (Schroeder, Haustafeln 50f). Das zeigt, daß oft, je idealer über etwas nachgedacht wird, desto weniger praktische Probleme empfunden werden. Vgl. auch Anm. 572.

[620] Bl-Debr 425,4.

siert und auf das ewige Leben bezogen worden. So ist beides betont: der schon erfolgte, daher gewisse Zuspruch durch Gott, und die noch ausstehende Erfüllung, die erst in der Vollendung sichtbar werden wird[621]. Schon der folgende Satz, wohl als Imperativ, nicht als Indikativ zu lesen, ist so allgemein, daß man fragen kann, ob er (wie wahrscheinlich) nur an die Sklaven gerichtet ist, also einfach das schon Gesagte zusammenfassend wiederholt, oder ob er nicht wie Röm 12,11, wo fast die selbe Formulierung vorliegt, in allgemeinerer Weise eingeschoben ist und auch die Herren anreden will.

25 Erst recht gilt dies für die Begründung mit dem Hinweis auf den Richter. Selbst wenn man auch ihn so versteht, daß er nur an die Sklaven adressiert ist, weil die neue Anrede erst in 4,1 folgt, fragt sich doch, ob er sie nicht vor allem damit trösten soll, daß Gott das ihnen eventuell zugefügte Unrecht durchaus sehe[622]. Dafür spricht vielleicht, daß die weder vom irdischen Richter zu duldende noch vom himmlischen zu erwartende Rücksichtnahme auf die Person, so weit wir sehen, immer zugunsten der Schwachen erwähnt wird[623]. Vielleicht ist die Adresse bewußt offen gelassen, weil der Satz für alle gilt. Er mag die Herren warnen, die Unrecht Leidenden trösten, zugleich aber auch die Sklaven daran erinnern, daß auch sie einst vor dem Richter stehen werden und daß auch sie nicht einfach auf die Parteilichkeit Gottes hoffen sollten.

1 Sicher ist, daß die Mahnung an die Sklaven ihr Gegengewicht in der an die Herren bekommt, von denen es in der Gemeinde damals vermutlich nur wenige gab. Wichtig ist dabei, daß diese nicht zur Barmherzigkeit eingeladen werden, als wäre das eine besondere Leistung, sondern zur Gewährung dessen, was recht und billig ist. Das Recht des Sklaven wird also geschützt, nicht nur das Mitleid mit ihm geweckt. Die »Billigkeit«, die ihm gewährt werden soll, ist, wörtlich übersetzt und 2Kor 8,13f sicher so zu verstehen (!), sogar »Gleichheit«. Das Wort ist im griechischen Recht und in der griechischen Staatslehre sehr häufig. Auch dort will der Begriff das jedem Zukommende vor dem Übergriff des Stärkeren schützen. Dabei dringt immer stärker der Gedanke durch, daß das Gleiche nicht für jeden wirklich das Gleiche ist, sondern abgewogen werden muß, so daß die Summe dessen, was jedem einzelnen zukommen soll, allen die gleiche Wohltat bringt. So wird der Begriff mit dem der Gerechtigkeit

---

[621] Vgl. oben S. 134f. J. Herrmann, ThWNT III, 768–775 zeigt, daß das Motiv der Verheißung und der gnädigen Zuteilung stärker ist als das des Erbens (774,11–40); W. Foerster ebd. 779,29–780,33: eschatologisch schon Ps 36,9 LXX; ewiges Leben: Ps Sal 14,10; aeth Hen 40,9 usw. Calvin (160) betont den Charakter des Gnadenlohns; das Erbe gründet in der geschenkten Kindschaft. Zum auffälligen Fehlen des Artikels in ἀπὸ κυρίου (neben sonst determiniertem Gebrauch) vgl. Bl-Debr 254,1.
[622] Eph 6,9 fügt die Warnung vor Gott, der keine Rücksicht auf den Status einer Person nimmt, in die Mahnung an die Herren ein.

Chrysostomus X, 2 (368) läßt das Wort formal an die Sklaven gerichtet, tatsächlich aber auf die Herren gemünzt sein.
[623] So wird der Fremde (Dtn 10,17f; vgl. 1,17), der Arme, die Witwe und Waise (Dtn 10,17f; Sir 32,15–18 [35,13–15 LXX]; Jak 2,1–9), der, der keine Bestechungsgeschenke gibt oder geben kann (Dtn 10,17; 16,19; 2Chr 19,7), der Heide (Röm 2,11; Apg 10,34) in Schutz genommen (vgl. auch Gal 2,6). Nur Lev 19,15 (Dtn 1,17) warnt vor Abfall nach beiden Seiten hin, und 1Petr 1,17 steht das Wort in keinem direkten Kontextbezug.

fast synonym, und Philo beschreibt die »Gleichheit« oft als Mutter oder Quelle der Gerechtigkeit[624]. So sehr im Neuen Testament die grundsätzliche Gleichheit aller Glaubenden vor Gott betont ist, so wenig ist in unserem Vers an eine äußerliche Gleichmachung der sozialen Verhältnisse gedacht (3,22). Wohl aber ist damit gesagt, daß die grundsätzliche Gleichheit vor Gott, die 3,11 als Grundlage aller Mahnungen zur Sprache kam, zu einem Handeln führen muß, in dem der Stärkere sich nicht sein Recht mit Gewalt nimmt, sondern im Gegenteil das Recht des Schwachen schützt. So sollen alle, die sozial Stärkeren und die sozial Schwächeren, in gleicher, aber jedem in seiner Stellung angepaßter Weise an dem Teil bekommen, was zum Leben hilft, und in gleicher Weise an den Lasten tragen, die getragen werden müssen. Gerade weil dafür nur ein allgemeines, aber alles umfassendes Wort gewählt wird, ist jeder Zeit vorbehalten, darüber nachzudenken, was »Gerechtigkeit und Billigkeit« konkret bedeuten. Die Mahnung bekommt ihren Ernst von der Tatsache her, daß auch die Sklavenbesitzer einen Herrn haben, vor dem sie ihr ganzes Handeln verantworten müssen.

An drei Beispielen wird ausgeführt, was der Grundsatz von V 17 im sozialen Leben der Gemeinde bedeutet. Nun wird man gewiß die konkreten Anweisungen nicht einfach in eine anders gewordene Zeit und Gesellschaft hinein übernehmen können. Wenn vor einer gefährlichen Kurve eine Tafel aus der Zeit der Pferdefuhrwerke mit der Mahnung »im Schritt fahren« stehengeblieben ist, wird man die nicht mehr wörtlich befolgen können; noch weniger wird man sie aber achtlos beseitigen. Man wird sie den neuen Gegebenheiten anpassen und etwa durch eine Geschwindigkeitsbegrenzung auf 30 km ersetzen. Wie dort die zugrundeliegende Warnung vor einer unübersichtlichen Wegbiegung das Entscheidende bleibt, so hier die grundlegenden Weisungen, nicht die konkreten, heute zum Teil obsolet gewordenen Einzelanordnungen. Selbst wenn solche Mahnung schon zur Zeit des Neuen Testamentes noch konsequenter eine neue Sozialordnung und ein neues Sozialrecht hervorgebracht hätte, wären diese längst wieder veraltet. Außerdem wäre bei der Interdependenz von äußerer, durch staatliches Recht gewährleisteten und erzwungenen Ordnung und innerer Bereitschaft zu menschengerechtem Handeln eine Neugestaltung der Verhältnisse ohne die innere Wandlung des Menschen nicht endgültig durchzuführen. Sklaverei gibt es in kapitalistischen wie sozialistischen Systemen auch dort, wo sie vom Gesetz nicht mehr geduldet wird und daher andere Namen trägt. Doch ist zu diesen Fragen die Auslegung des Philemonbriefes zu vergleichen.

Werden Frauen, Kinder, Sklaven zur Unterordnung oder zum Gehorsam gemahnt, so ist damit »Gleichberechtigung« an sich noch nicht ausgeschlossen. Es ist möglich, daß sie gerade in dieser Funktion die entscheidende Rolle spielen; jedenfalls stellen nach 1Petr 3,1 die Frauen, die ihre Männer ohne Wort

(Marginalie:) Zusammenfassung

---

[624]   G. Stählin, ThWNT III, 346,21–348,32; 355,10–30.

gewinnen sollen, den aktiven Teil der Ehegemeinschaft dar. Und daß ein Kind nur glücklich leben kann, wenn auch Weisung und Vorbild vorhanden sind, schränkt ja seine Gleichberechtigung noch nicht ein. Es kann dabei sogar im Extremfall das meistberechtigte Glied einer Familie werden. Ähnlich wird der Sklave gerade vom dauernden Starren auf seinen Meister und Chef befreit. Wer um den höchsten Herrn weiß, kann mit einigem Humor und einiger Ironie dem Gehabe anderer Herren zuschauen. Allerdings kann das alles nur gesagt werden, wenn das Gegengewicht der Mahnung an die sozial Übergeordneten bestehen bleibt. Sonst stürzt alles ein, wie eine moderne Brücke, die an einem nur auf einer Seite aufgerichteten Hochpfeiler durch ein entsprechendes Gegengewicht in ihrer Position gehalten wird, einstürzt, sobald dieses wegbricht. Wo zum »Lieben« aufgerufen wird, da wird der Mann nie sein Recht gegen das seiner Frau ausspielen können. Da kann er nie »bitter werden« gegen sie wie ein Wein, in dem sich bitterer Bodensatz allmählich derart anhäuft, daß er völlig verdorben wird. Wo Eltern als ihre Hauptaufgabe sehen, den »Mut« des Kindes zu schützen, da erdrücken sie es weder mit ihrem Zorngebrüll oder ihren Strafen noch mit ihrer erstickenden Fürsorge, die das Kind nie selbständig werden läßt. Wo Herren und Chefs unter ihren Herrn gestellt werden, dem sie Verantwortung schulden, also auf seine Fragen antworten müssen, und ihnen das Recht der Untergebenen, ja deren trotz verschiedener sozialer Stellung grundsätzlich geltende Gleichberechtigung ans Herz gelegt wird, da werden sie auch ihre äußere Überordnung nicht ausnützen.

Daß aber diese Haustafel doch versucht, für ihre Zeit konkrete Aussagen zu machen, fordert dazu heraus, auch die in unserer Zeit notwendigen praktischen Konsequenzen zu ziehen. Es soll gerade in der neutestamentlichen Gemeinde nicht vor lauter ideal-allgemein gefaßten Sätzen der Mut zu nicht idealen, sondern je auf eine bestimmte Situation und Zeit bezogenen pragmatischen Lösungen erdrückt werden; er soll im Gegenteil gefördert werden. Gewiß bleibt *die* Aufgabe der Gemeinde die Verkündigung des Herrn, die Menschen bewegen will, aus innerster Überzeugung heraus so zu handeln, daß dem anderen sein Recht wird. Aber das heißt doch nicht, daß sie sich in ihrem aus dem Glauben folgenden Handeln nur in den Kreis der Gleichgesinnten zurückziehen dürfte, wo die Erinnerung an den gemeinsamen Herrn genügt. Sie muß ihre Verantwortung ohne alle Illusionen und Utopien auch dort wahrnehmen, wo durch Gesetz, z.B. aufgrund eines auch die Minderheit zwingenden Mehrheitsbeschlusses, das für das Recht der Schwachen Notwendige durchgesetzt wird. Wiederum mag gerade eine solche Haustafel daran erinnern, daß nicht vor lauter großartigen und weltweiten Programmen die Aufgaben übersehen werden, die in der Familie und am Arbeitsplatz, in den Spitälern und den Heimen für Behinderte oder Unheilbare auf uns warten. Zugleich wird die darüber stehende Erinnerung an die neue Welt Christi (3,11) davor bewahren, kleinlich Grenzen zu ziehen. So oder so bleibt der über der ganzen Tafel stehende Grund-Satz 3,17 bestehen: ein Leben, das sich selbst als Dank versteht, der durch Christus zu Gott zurückfließt, wird in Wort und Tat Ausdruck jenes Liebesstromes sein, der von Gott her durch Jesus Christus in Schöpfung und Erhaltung der Welt eingeströmt ist und in den Geschöpfen Gottes als Liebe füreinander weiterströmen will.

5. Der Ruf zur Fürbitte und missionarischen Verantwortung (4,2–6)

**2 Bleibet fest am Gebet, wachet darin voller Dank 3 und bittet zugleich auch für uns, daß Gott uns die Tür für das Wort öffne, das Geheimnis Christi zu verkünden, um dessentwillen ich (hier) gefesselt
liege, 4 daß ich es so kundtue, wie ich es verkünden muß! 5 Wandelt
(voll) Weisheit gegenüber den Außenstehenden und kauft die Zeit
aus! 6 Euer Wort (sei) stets voll Anreiz, (wie) mit Salz gewürzt, so daß
ihr wisset, wie ihr jedem einzelnen erwidern sollt.**

Reihen von Einzelmahnungen finden sich ähnlich 1Thess 5,12–22; Gal   Analyse
5,26–6,6; Phil 4,8f gegen den Briefschluß hin. Mit ihnen kehrt auch hier der
Verfasser nach der Haustafel zur allgemeinen Paränese zurück. Damit erscheinen auch seine typischen Stilmerkmale, Partizipien, angehängte Relativsätze,
Infinitive und Umstandsbestimmungen (»in Dankbarkeit«, V 2, vgl. Anm. 14)
wieder stärker. Inhaltlich erinnert das meiste an Paulusbriefe: die Mahnung
zum Gebet und zur Wachsamkeit, zur Fürbitte für den Apostel, dessen Dienst
in für unseren Brief typischer Sprache beschrieben wird, und der Hinweis auf
seine Gefangenschaft. Die letzten zwei Verse sind stärker neu geprägt. V 2 und
V 5 bilden mit je einem Imperativ und einem nachfolgenden Partizip den Rahmen um die persönlicheren Hinweise auf das Werk und Schicksal des Apostels
in VV 3f[625].

Alle Mahnungen zusammenfassend weist der Brief nun die Gemeinde ins Be   Erklärung
ten ein, und zwar in ein Beten, bei dem sie ausharrt, das sie also nicht auf be   2
sondere Notsituationen einschränkt. Röm 12,12 steht dieselbe Wendung. Das
Partizip kann fast wie ein Imperativ verwendet werden (s. Anm. 85); doch tritt
auch in V 5 ein solches neben den Imperativ, um die Art und Weise zu beschreiben, in der dieser ausgeführt werden soll. Das Beten soll also als »Wachen« erfolgen. Damit ist ursprünglich die angespannte Ausrichtung auf den
kommenden Tag des Herrn beschrieben (1Thess 5,4–6). Das lebt noch im
Gleichnis vom Türhüter, der nachts wachbleiben muß, weil sein Herr jederzeit
vom Gastmahl zurückkehren könnte (Lk 12,36–38). Schon Lk 21,34–36 ist
aber zum Wachen »zu jeder Zeit« aufgerufen, nämlich dazu, sich nicht durch
alle möglichen Dinge gefangen nehmen zu lassen, so daß der Herrentag einen
unvorbereitet trifft. Mk 13,34f ist der Herr im Gleichnis auf Reisen abwesend,
und das Schwergewicht liegt jetzt auf dem vorbildlichen Handeln der Knechte

---

[625] Ludwig, Verfasser 123–126; Zeilinger, Der
Erstgeborene 70.

in der Zwischenzeit, das als »Wachen« in übertragener Weise bezeichnet wird, obwohl das traditionelle Bild vom Türhüter V 34 noch als Anhang erscheint und die Rückkehr des Herrn V 35f seltsamerweise nur zu den verschiedenen Stunden der Nacht erwartet wird. Während im Parallelgleichnis Mt 24,48 der böse Knecht mit einem längeren Ausbleiben seines Herrn rechnet, sind es Mt 25,1-12 umgekehrt die klugen Jungfrauen, die darauf vorbereitet sind. So verschiebt sich der Sinn des Wachens immer stärker von einem dauernden Ausgerichtetsein auf das jederzeit mögliche Kommen des Herrentages zu einer verantwortlichen Bewältigung der Zwischenzeit im Blick auf die am Herrentag, wann immer dieser kommen mag, abzulegende Verantwortung und schließlich zum Durchhalten in diesem Handeln über eine längere Periode hinweg. So fehlt Kol 4,2 jeder Hinweis auf den kommenden Tag, wie ja schon 1Thess 5,5–8 trotz hochgespannter Parusie-Erwartung das Wachen als Leben im Licht und in der Nüchternheit, in Glaube, Liebe und Hoffnung beschrieben wird. Das Gewicht verlegt sich also einigermaßen aufgrund der Erfahrung einer sich dehnenden Zeit, ohne daß sich aber die Haltung grundsätzlich ändert (vgl. S. 134f).

3 Gebet kann sich nie ausschließlich im Umkreis der eigenen Person bewegen; es muß immer auch andere umgreifen. Fürbitte für den Apostel und seine Mitarbeiter[626] ist zugleich Bitte um die Sache, nämlich um das Laufen des Evangeliums. Das Bild von der offenen Tür ist verbreitet. Im Hellenismus bezeichnet es die Freiheit, sich überall hinzuwenden, z.B. auch mit seiner literarischen Produktion; im Judentum hingegen ist der Akt der Öffnung der Tür betont, entweder so, daß der Mensch sich in der Buße Gott öffnet, oder so, daß Gott dem Menschen Gelegenheit zum Gebet oder zur Buße oder auch seine Gnade schenkt. Im Neuen Testament ist im wesentlichen nur von Gottes gnädigem Öffnen der Tür die Rede[627]; Apg 14,27 so, daß er den Menschen für die Botschaft öffnet, 1Kor 16,9; 2Kor 2,12; Offb 3,8 so, daß er dem Apostel oder der Gemeinde die Möglichkeit der Verkündigung gibt. Bei Paulus ist vermutlich vor allem daran gedacht, daß seinem Wort Wirkungskraft geschenkt, hier daran, daß die äußere Möglichkeit zum apostolischen Dienst durch Befreiung aus dem Gefängnis wieder hergestellt werde. Jedenfalls erbittet der Apostel die Türöffnung nicht für sich persönlich, sondern für das von ihm vertretene Wort[628]. Inhaltlich ist es als »das Geheimnis Christi« (vgl. zu 1,27; 2,2) beschrieben. Wie sehr das apostolische Leiden in der Gefangenschaft sachlich dazu gehört, hat 1,24 schon festgehalten.

4 Typisch für unseren Brief ist, daß vom »Offenbaren« oder »Enthüllen« des Wortes gesprochen ist, nicht vom Verkünden; damit tritt der Apostel geradezu an die Stelle Gottes oder Christi (1,26)[629]. Der Gedanke an die dem Menschen

---

[626] So ist der Plural (neben dem Singular V 3 Ende/V 4 Anfang) wohl zu verstehen.

[627] Nur Offb 3,20 ist vom Glaubenden erwartet, daß er dem Herrn die Tür öffne; doch ist dort wohl an das eschatologische Kommen

des Herrn gedacht wie beim Gleichnis vom Türhüter (s. zu V 2).

[628] Calvin z.St.

[629] Lohmeyer 162; Ernst 239. Καταγγέλλειν 1Kor 2,1; vgl. Röm 1,2; λαλεῖν 1Kor 2,7;

gewöhnlich verborgene, durch die Evangeliumsverkündigung aber aufge-
deckte Weisheit Gottes (2,2f) steht im Vordergrund. Gerade sie behält ihren
Geheimnischarakter. Sie ist nicht einfach lehrbar wie ein mathematischer Satz;
ob sie erkannt wird oder nicht, hängt immer neu wieder an Gottes Gabe. Legt
man in der Schlußwendung den Ton auf die Konjunktion (»wie«), dann ist hervorgehoben, daß nur die von Gott selbst dem Apostel verliehene rechte Art und
Weise der Verkündigung bei den Hörern wirklich ankommt. Legt man ihn auf
»muß«, könnte man darin auch einen Hinweis darauf sehen, daß der Apostel
von seinem Auftrag her nicht schweigen kann, sondern reden muß. In ihrer
Fürbitte ist die Gemeinde an diesem Ereignis mitbeteiligt und dafür mitver-
antwortlich.

In die Sprachwelt des durch Gott allein offenbarten Geheimnisses gehört auch   5
die Rede von »denen draußen«. Anders als in Mk 4,11f ist aber nicht von ihrer
Verstockung die Rede, sondern von ihrer Gewinnung für dieses Geheimnis.
Vor allem erscheint der Ausdruck schon 1Thess 4,12 in gleichem Zusammenhang wie hier; dort im Kontext der durch die Lasterreihen (s. zu 3,5) geprägten
ethischen Unterscheidung zwischen den Heiden und dem Gottesvolk. Im gleichen Zusammenhang steht 1Kor 5,12f, wo mindestens die Abgrenzung nicht
betont ist[630]. Sprachlich bilden also die paulinischen Stellen das Vorbild; das
Verständnis wird jedoch durch Vorstellungen, wie sie Mk 4,11f; Kol 1,26 erscheinen, mitgeprägt. Die »Weisheit«, zu der aufgerufen wird, ist die Weisheit
des Wandels, also die ethisch richtige Einsicht in Gottes Willen (s. S. 41).
»Auskaufen der Zeit« bedeutet wohl Ausnützen aller Möglichkeiten[631]. Der
griechische Ausdruck beschreibt nämlich nicht die endlos weiterlaufende Zeit,
sondern eine bestimmte Zeitperiode, also die von Gott gegebene, von ihm für
sein Wirken offengehaltene Zeitspanne.

Bei der Beschreibung des »Wortes« ist vermutlich eine gebräuchliche Rede-   6
wendung aufgenommen. »Das ›Salz‹, das Würze und Aroma der Speisen sein
kann, wird von einigen als deren ›Reiz‹ bezeichnet.«[632]. Man wird also , auch
weil der Artikel fehlt, schwerlich an die Gottesgnade denken dürfen, was das
Wort an sich auch heißen kann (s. S. 157f). Der Gesichtspunkt ist jedoch nicht
ein rein rhetorischer, für den Anmut der Rede an und für sich schon erstre-

---

εὐαγγελίζεσθαι Röm 15,20; Gal 1,8; ἱερουρ-
γεῖν Röm 15,16; πληροῦν Röm 15,19 usf. Bei
Paulus ist φανεροῦν im Aktiv nur auf Gott bezogen (2Kor 2,14: durch den Apostel).
[630] Diese erfolgt bei Paulus 1Kor 2,14f; 3,13f
durch die Unterscheidung des »geistlichen«
Menschen vom »psychischen«, »fleischlichen«
(so oft) oder vom »Menschen« überhaupt.
Rabbinisches bei Bill. III, 362.
[631] Dan 2,8 LXX heißt der Ausdruck »Zeit zu
gewinnen suchen«. Hier ist mit »Auskaufen«
wohl das Erschöpfen aller gebotenen Gelegenheiten gemeint (F. Büchsel, ThWNT I,
128,15–20; Zwingli 227).
[632] Plut Quaest Conv V, 10,2 (II, 685A):

ἅλες, χάριτες, ähnlich de garrulitate 23 (II,
514F): »durch Worte wie mit Salz (ἁλσί) einen
gewissen Anreiz (χάριν) vermitteln«. Vgl. Mk
9,49f. W. Nauck, Salt as a Metaphor in In-
structions for Discipleship, StTh 6 (1952)
165–178, versteht Salz als Bild für Weisheit in
eschatologischer Erfüllungszeit. Zwingli 227:
»Gsaltzne red, dapffer, wyss, kreftig, wolge-
schmack, nit guckgack, klappertäding«. Λόγος
τῆς (!) χάριτος heißt Apg 14,3; 20,(24.)30
»Wort (von) der Gnade«; Lk 4,22 (Plural) ist
eher an »anmutige« oder »reizende Worte« gedacht. Doch mag dort wie in Kol 4,6 die Erinnerung an Gottes Gnade mitschwingen.

benswert ist. Wie in VV 4f ist das Anliegen die missionarische Verantwortung ʒegenüber den Fragen der außerhalb der Gemeinde Lebenden. Dieses Ziel wird in einer Zeit, in der die Gemeinde Jesu zwar nicht verfolgt wird, aber mitten in einer anders denkenden Bevölkerung lebt und von ihr in Frage gestellt wird, immer wichtiger (vgl. 1Petr 3,15). Überzeugen kann nur Gott selbst, weder die Gemeinde noch auch der Apostel (V 3); aber bezeugen soll sie ihren Herrn vor allen. Daß vom »Antworten« oder »Erwidern« gesprochen wird, ist nicht ganz nebensächlich; es handelt sich also nicht um Eröffnung eines Propagandafeldzuges für Christus, wohl aber um die Bereitschaft all denen gegenüber, die nach ihm fragen.

Zusammenfassung Der Abschnitt ruft zunächst zum Gebet auf, dann zur Verantwortung gegenüber den Menschen außerhalb der Gemeinde, richtet also die Gemeinde zuerst auf Gott aus und von daher auf die Mitmenschen, insbesondere die außerhalb stehenden. Wie ein Kind, das in einem Einkaufszentrum hinter seiner Mutter her trottet, diese nie aus den Augen verlieren darf, auch wenn sie sich lange Zeit nicht nach ihm umdreht, so soll die Gemeinde in ihrem Beten völlig auf Gott ausgerichtet bleiben. Darin soll das durch Christus eröffnete Gespräch zwischen Gott und Mensch eingeübt werden. Darum dringt der Ton des Dankes wie im ganzen Brief (1,3.12; 2,7; 3,15.17) auch in diesem Schlußabschnitt durch. Darum wird auch hier wieder daran erinnert, daß Gott allein verschlossene Türen öffnen kann. Solches Gebet soll betont auch Fürbitte sein. Das befreit von der Gefahr des Steckenbleibens in den eigenen, kleinen Verhältnissen, ihren Sorgen und Freuden, und bindet an die Sache, nämlich an das Anliegen des Laufens der Christusbotschaft durch die Welt. So geht die Paränese natürlicherweise über zum Thema der Verantwortung für andere. Wiederum ist das nicht einfach etwas, das man »machen« kann; auf alle Fälle geht das Reden mit Gott in der Fürbitte allem Reden mit Menschen voraus. So soll auch in erster Linie das ganze Wesen der Gemeindeglieder wirken, nicht nur ihre Worte. Denn ihr Lebenswandel ist der wichtigste Missionsfaktor, weil der Satz immer noch gilt, der einst einem Europäer von einem Inder gesagt worden sein soll: »Was du bist, schreit so laut, daß ich nicht mehr hören kann, was du sagst.« Daß dabei »die Zeit« ausgekauft werden soll, wird beides in sich schließen: daß man auf die rechte Zeit warten kann, und daß man die gegebene Zeit dann wirklich zu einem entscheidenden Gespräch nützt. Ihr Wort soll keineswegs vage, sondern im Gegenteil mit Salz gewürzt sein, aufreizend, beißend, aber auch heilend und gutmachend, voller Wagemut, in notwendige Fragen einzugreifen. Dabei verliert es aber seinen Geheimnischarakter nicht. Weil nur Gott auch dem anderen das Verständnis eröffnen kann, wird es immer wieder darum gehen, seine Mitmenschen in die eigene Erfahrung des Geschenkes Gottes hineinzunehmen. Das gibt ebenso sehr Mut zum verantwortlichen Reden wie es vor falscher, aufdringlicher Propaganda bewahrt.

IV. Briefschluß: Grüße (4,7-18)

7 **(Alles,) was mich betrifft, wird euch Tychikus, unser geliebter Bruder und treuer Diener und Mitknecht im Herrn, mitteilen.** 8 **Ihn schicke ich eben deswegen zu euch, daß ihr (alles) über mich erfahret und er euren Herzen Zuspruch bringe,** 9 **mit Onesimus, dem treuen und geliebten Bruder, der von euch (herkommt). Alles Hiesige werden sie euch mitteilen.** 10 **Es grüßt euch Aristarchus, mein Mitgefangener, und Markus, der Neffe des Barnabas – über ihn habt ihr Briefe empfangen; wenn er zu euch kommt, nehmt ihn auf! –,** 11 **und Jesus mit dem Zunamen Justus. Sie sind die einzigen jüdischen Mitarbeiter am Gottesreich, die mir beistanden.** 12 **Es grüßt euch Epaphras, der eurige, Knecht Christi Jesu, immer im Einsatz für euch mit seinen Gebeten, daß ihr feststehet, vollkommen und erfüllt vom ganzen Willen Gottes;** 13 **denn ich bezeuge ihm, daß er sich um euch und die in Laodizea und die in Hierapolis viel Mühe macht.** 14 **Es grüßt euch Lukas, der geliebte Arzt, und Demas.** 15 **Grüßt die Brüder in Laodizea und Nympha und die Gemeinde in ihrem Haus.** 16 **Und wenn dieser Brief bei euch gelesen ist, so schaut zu, daß er auch in der Gemeinde in Laodizea gelesen wird und daß ihr (umgekehrt) den von Laodizea lest!** 17 **Und sagt Archippus:** »**Achte auf den Dienst, den du im Herrn übernommen hast, daß du ihn erfüllest!**« 18 **Der Gruß mit meiner, des Paulus, Hand. Denkt an meine Fesseln. Die Gnade mit euch!**

Der Abschnitt gliedert sich in kurze Mitteilungen (VV 7–9), eine ziemlich lange Grußliste (VV 10-17) und den Schlußgruß (V 18). Im Verhältnis zum ganzen Brief ist dieser Teil länger als in den Paulusbriefen. Die typischen Eigenheiten des Verfassers treten hier stärker zurück, verschwinden aber nicht gänzlich[633]. In VV 7-9 werden die Überbringer des Briefes empfohlen, in VV 10–17 zunächst die Grüßenden genannt und charakterisiert; nur bei den beiden zuletzt genannten (V 14) fällt dies fast oder ganz weg. Daran schließt ein Gruß an die Brüder in Laodizea und die Empfehlung des Briefaustausches an; den Schluß bildet eine Mahnung an Archippus[634]. Daß außer Nympha(s) niemand

Analyse

[633] Die Formulierung »treuer Diener« (4,7) erscheint auch in 1,7, ebenfalls verbunden mit »geliebter« und »Mitknecht« (nur Bruder fehlt dort); »treuer Bruder« (4,9; vgl. 4,7) in 1,2 (Plural), wozu freilich – als einzige Stelle – 1Kor 4,17 (Timotheus, des Paulus »geliebtes und treues Kind im Herrn«) zu vergleichen ist (Bujard, Untersuchungen 99,175). Die Zufügung von πᾶν zu θέλημα τοῦ θεοῦ in 4,12 (ähnlich 1,9) ist plerophorisch (ebd. 159f). Auch angehängte, nicht präzisierende, sondern weiterführende Relativsätze (4,8.9.11; ebd. 68f, Ludwig, Verfasser 127), vielleicht

noch die Verdoppelung der bei Paulus ungewohnten Bezeichnungen der Gemeinde als »vollkommene und zur Fülle gebrachte« (4,12; vgl. 1,28; 2,10; 3,14) und eine freilich nicht auffällige Partizipialkonstruktion in 4,12 (Ludwig ebd.) könnten erwähnt werden.

[634] Zur Übereinstimmung der Namen mit denen im Philemonbrief vgl. S. 24. Bei Paulus können Grüßende und Gegrüßte auch in umgekehrter Reihenfolge stehen und kann der Schlußsegen kürzer oder länger sein (Ernst 240).

namentlich gegrüßt wird, umgekehrt aber die beim Apostel weilenden Mitarbeiter ausführlich vorgestellt werden, hängt damit zusammen, daß sich der Brief an eine dem Paulus unbekannte Gemeinde richtet. In V 18 schließt der eigenhändige Gruß des Apostels den Brief wie in 1Kor 16,21; 2Thess 3,17 (vgl. Gal 6,11; Phlm 19), gefolgt von einer Erinnerung an seine Gefangenschaft und dem Zuspruch der Gnade in unpaulinisch verkürzter Form[635], die sich auch 1Tim 6,21; 2Tim 4,22 (Tit 3,15) findet, und zwar ebenfalls als Allerletztes.

Erklärung
7 Mit der Formulierung »was mich betrifft« (wie Phil 1,12) und einem bei Paulus beliebten Verbum wird darauf verwiesen, daß Tychikus alles Nötige berichten werde (vgl. ähnlich Epaphras in 1,7, s. S. 38). Als »Mitknecht« wird er dem Apostel zur Seite gestellt; beide leisten ihren Dienst zusammen »im Herrn«, wie mit der im Kolosserbrief beliebten Wendung zugefügt wird. Tychikus erscheint sonst erst in den nachpaulinischen Briefen, ist aber Apg 20,4 als aus der Asia (Kleinasien) stammender Begleiter des Paulus bei der Kollektenreise erwähnt.

8 Auskunft über die persönlichen Verhältnisse des Apostels ist als wichtige Aufgabe gesehen[636]. Auch und gerade darin soll ihren Herzen Zuspruch (s. S. 93) geleistet werden. Die Gestalt des Apostels soll nicht ins Mythisch-Ideale verblassen. Gerade im Wissen um all die manchmal gewichtigen, manchmal kleinen und nebensächlichen Umstände seines menschlichen Daseins soll sich ihre Verbundenheit im Herrn auswirken. Die in VV 3f erbetene Fürbitte ist ja auch nicht wirklich realisierbar ohne solche lebendige Verbindung, die alles menschlich Kleine und Große einschließt. Der antike Briefschreiber versetzt sich in die Lage des Lesers und schreibt daher wie hier »ich habe geschickt«, auch wenn er an die jetzt eben, zur Zeit seines Schreibens, erfolgende Sendung denkt, was wir mit dem Präsens wiedergeben müssen.

9 Mit Onesimus kann kaum ein anderer gemeint sein als der im Philemonbrief erwähnte, schon weil er als aus Kolossä stammender Bruder, nicht aber als Mitarbeiter aufgeführt wird, und weil die Namen der Grußliste fast durchwegs mit denen jenes Briefes übereinstimmen. Daß von seiner Flucht nicht gesprochen wird, ist verständlich, ob nun der Brief, wie wahrscheinlich, kurz nach (oder gar gleichzeitig mit) dem Philemonbrief abgefaßt wurde, wobei alles dazu zu Sagende in dem privateren Schreiben behandelt war, oder zu späterer Zeit, wo dieser Einzelfall nicht mehr interessierte.

10 Die Grußliste ist außergewöhnlich lang, und darin nur mit Röm 16 vergleichbar. Doch handelt es sich fast ausschließlich um Grüße von Mitarbeitern und Freunden des Paulus an die Gemeinde als ganze. Zwar weilen die Kolosser Epaphras und Onesimus beim Apostel; aber der Apostel und wohl auch der sich

---

[635] Alle Paulusbriefe schließen: ἡ χάρις τοῦ κυρίου (ἡμῶν) Ἰησοῦ (Χριστοῦ) μεθ᾽ (oder μετὰ τοῦ πνεύματος) ὑμῶν, evtl. noch ergänzt durch anderes (2Kor 13,13).
[636] p[46]C א usw., auch Chrysostomus XI, 1 (375) formulieren umgekehrt, er solle Nachricht über Kolossä einholen; aber die Textbezeugung und Eph 6,22 sprechen für obige Wiedergabe; denn der Epheserbrief wiederholt oft Sätze unseres Briefes, so daß in diesem Fall die Gleichheit nicht auf Angleichung durch Abschreiber beruht.

eventuell bei ihm befindliche Briefschreiber (Timotheus?) kennen die Gemeinde nicht persönlich, so daß die Nennung von einzelnen in Kolossä weithin unterbleibt, dafür aber die Mitarbeiter des Apostels eingeführt werden. Das geschieht recht differenziert. Aristarch wird als »Mitgefangener« aufgeführt, was Phlm 23 von Epaphras (Kol 4,12) ausgesagt war. Er teilt also das Schicksal des Gefangenen[637], während andere vermutlich frei sind und nur besuchsweise kommen können. Bei dem Thessalonicher gleichen Namens (Apg 19,29; 20,4; 27,2) wird es sich um denselben Mann handeln, da er auch vor und nach der Kollektenreise (s. zu V 7) in Ephesus, wo unser Brief vermutlich geschrieben wurde, und als Begleiter des Paulus auf der Romreise erscheint. Markus wird als Vetter des der Gemeinde anscheinend bekannten Barnabas vorgestellt. Trotz der mit der Person des Markus zusammenhängenden Schwierigkeiten von Gal 2,13; Apg 13,13.15.37–39 ist Barnabas jedenfalls auch den Korinthern bekannt (1Kor 9,6); seine Bindung an Markus wird Apg 15,37.39 erwähnt, ohne daß auf verwandtschaftliche Beziehung hingewiesen wird. Da Markus auch Phlm 24 genannt ist[638], ist nicht daran zu zweifeln, daß jene Uneinigkeit keine dauernde Trennung zwischen Paulus und Markus, bzw. Barnabas bewirkt hat. Die Empfehlungsbriefe, damals notwendig und weit herum gebräuchlich, da man ja bei Freunden wohnen und essen mußte, diese aber auch vor Betrügern geschützt werden sollten, sind der Gemeinde vielleicht von anderer Seite her zugekommen, oder Paulus hat früher solche geschrieben, ohne daß die beabsichtigte Reise des Markus bisher zustande kam[639].

Jesus Justus ist der einzige, der im Philemonbrief nicht erscheint, außer er wäre **11** dort in V 23 zu lesen (vgl. S. 24). Ein griechisch-lateinisch verständlicher zweiter Name ist neben dem semitischen häufig verwendet worden. Justus, »Gerechter«, ist dabei bei den Juden beliebt[640]. Die erwähnten drei werden als die einzigen Judenchristen (wörtlich: »die aus der Beschneidung«) genannt, die Paulus im Dienst am Gottesreich[641] treu geblieben und ihm so in seiner Lage zum »Trost«[642] geworden sind. »Sie allein«[643] hinkt hintennach und wirkt wie eine sehr betonte Anmerkung; die Kämpfe um das Gesetz, die im Galater- und

---

[637] Rein bildliche Auffassung (2Kor 10,5) ist hier, wo kein Hinweis auf Christus steht, sicher nicht möglich, obwohl das Wort sonst eher den Kriegsgefangenen bezeichnet (Caird 211).

[638] Wäre das nicht der Fall, gälte der Name als Zeichen der Unechtheit des Briefes, da Markus nach der Trennung von Apg 15,39 nie mit Paulus zusammen erscheint (außer 2Tim 4,11). Vgl. noch Anm. 25.

[639] Die Vermutung, diese Briefe hätten vor Markus gewarnt, unterdessen sei aber die Versöhnung erfolgt (Thomas v. Aquin 554b), ist sehr unwahrscheinlich, weil dann etwas davon gesagt sein müßte.

[640] Belege bei Pr-Bauer, s.v.; Lightfoot 236. Chrysostomus XI, 2 (375) erwägt, ob es der

Apg 18,7 Genannte sei.

[641] Der Ausdruck wird von Paulus spärlich und meist in traditionell eschatologischer Weise verwendet; doch zeigen Röm 14,17; 1Kor 4,20, daß die Wendung bei ihm nicht unmöglich wäre.

[642] Παρηγορία erscheint im Neuen Testament nur hier und bezeichnet wie παράκλησις (18mal bei Paulus inklusive Phlm 7) den Zuspruch, der Mahnung wie Trost sein kann. Das Verbum παρακαλεῖν steht Kol 2,2; 4,8.

[643] Sollte man Tychikus auch als Judenchrist ansehen oder umgekehrt Aristarch (wegen Apg 19,29; 27,2) ausklammern (vgl. Houlden 220)? Für Calvin (164) und Beza (421a,27–30) beweist das, daß Petrus nicht in Rom war.

Römerbrief durchgefochten werden, auch im Epheser- und Jakobusbrief noch nachwirken, später aber völlig verschwinden, wirken sich hier in einer gewissen Isolierung des Apostels aus. Diese drei sind »Mitarbeiter«, doch wohl (wie Phlm 24) des Paulus, nicht Gottes (wie 1Kor 3,9).

12 Epaphras ist offenbar ein Kolosser, der in seiner Heimat Menschen für Christus gewonnen hat (1,7) und jetzt (freiwillig?) die Gefangenschaft des Paulus teilt (Phlm 23). Ihm wird die Bezeichnung zugelegt, die gewöhnlich Paulus zukommt (vgl. aber Jak 1,1; 2Petr 1,1; Jud 1): »Sklave Christi«; doch wird Phil 1,1 auch Timotheus mit Paulus zusammen so genannt, und 1Kor 7,22 zeigt, freilich im Kontext des Problems von Freien und Sklaven, eine allgemeinere Anwendung. Aber auch der Partizipialsatz entspricht weithin dem, was 2,1 und 1,3 vom Apostel selbst aussagen. Noch einmal wird damit der Gemeinde eingeschärft, vollkommen und »erfüllt«[644] zu bleiben, und zwar, wie es für unseren Brief typisch ist, in der Ausrichtung auf den ganzen Willen Gottes (s. S. 41).

13 Die »Mühe«[645], die Epaphras für sie und die Nachbargemeinden hat, kann sich durchaus auf seinen Einsatz in der Fürbitte und seine Sorge um das Wohl der Gemeinde beziehen. Es ist also nicht notwendig anzunehmen, daß der Ort dieser Gefangenschaft diesen Gemeinden geographisch so nahe liegt, daß immer wieder Besuche dort möglich sind, obwohl manches auf solche Nähe hindeutet. Denkbar ist auch, daß Epaphras Schwierigkeiten begegnet ist und sich daher zu Paulus zurückziehen mußte[646].

14 Einzig hier wird Lukas, der wie Markus bei Paulus nur Phlm 24 erwähnt wird (vgl. Anm. 25), als Arzt bezeichnet. Er ist Heidenchrist, wie V 11 beweist. Dem Demas wird später in 2Tim 4,10 Abfall von Paulus vorgeworfen.

15 Es folgen die Grüße des Apostels selbst, zunächst an die Gemeinde in Laodizea. Sie ist nur 16 km von Kolossä entfernt, und der Auftrag soll die gegenseitigen Beziehungen stärken. Zwar bekommt sie einen besonderen Brief (den an Philemon?) oder hat ihn schon bekommen; doch mag schon einige Zeit vergangen sein seither (vgl. S. 27). So oder so ist der Grußauftrag gut verständlich, weil Paulus ja anregt, daß Boten mit diesem Brief in die Nachbargemeinde gehen sollten. Die gegrüßte Hausgemeinde ist wohl in Laodizea angesiedelt. Ob ein Mann Nymphas oder eine Frau Nympha gemeint ist, hängt an der Lesart des Pronomens. Vielleicht ist »ihre« nachträglich in »seine« geändert worden, weil man sich später eine Frau nicht mehr als für eine ganze Hausgemeinde verantwortlich denken konnte[647]. Man sollte nie vergessen, daß das gleiche Wort im Neuen Testament die im Glauben versammelte (Groß-)Familie wie die welt-

---

[644] Vgl. S. 90 u. 108f. Eventuell kann auch übersetzt werden »und ganz überzeugt von«.

[645] Die Textvarianten setzen statt dessen Begriffe ein, die die leise negativ wirkende Nuance meiden, ohne den Sinn wirklich zu ändern.

[646] Vgl. Lohse 244.

[647] »Ihre« (sing.) Bsy^h usw., »seine« ℵ DG usw.; die Hesychianer lesen »ihre« (plur.), vermutlich weil beide Lesarten schon existierten. Zur Hausgemeinde vgl. Stuhlmacher, Phlm 70–75. Die weibliche Akkusativform ist freilich nicht die gewöhnliche (Caird 212, der daher männliche Fassung vorzieht).

weite Kirche bezeichnet[648]. Wo immer Menschen im Namen Jesu zusammen
sind, sind sie »Gemeinde«, ohne daß es quantitative Grenzen gäbe, auch nicht
die Minimalzahl von zehn wie für den jüdischen Gottesdienst[649]. Vielleicht ist
hier sogar an die ganze laodizenische Gemeinde gedacht, die sich in diesem
Hause trifft, da Privathäuser ja am Anfang die einzige Möglichkeit der Zu-
sammenkunft darstellten.

Der Vorschlag zum Briefaustausch ist wahrscheinlich so etwas wie die erste 16
Anregung zu einer Paulusbriefsammlung, falls sich nämlich die Gemeinden
von anderen Briefen Abschriften zu machen begannen. Möglich ist, daß dabei
nur die wichtigsten Stücke abgeschrieben und mit dem eigenen Brief zusammen aufbewahrt, später vielleicht auch zusammen geschrieben wurden (vgl. S.
25). Die in Kolossä eingedrungenen philosophischen Ideen sind vermutlich
auch in der Nachbarschaft lebendig geworden, so daß der Austausch beider
Briefe umso wichtiger wurde. Der Brief aus Laodizea ist natürlich ebenfalls ein
Paulusbrief, der ihnen »aus« dieser Gemeinde zukommen soll, nicht etwa ein
Brief, den die Laodizener schrieben[650]. Er ist uns nicht erhalten, falls es sich
nicht um den Philemonbrief handelt; viel später hat man aus allerlei Paulus-
Sätzen einen solchen Brief zusammengestückelt[651].

Archippus wird auch Phlm 2 als in der Adressatengemeinde (Laodizea?) wohn- 17
hafter Mitstreiter des Apostels genannt. Wozu er gemahnt wird, ist nicht mehr
zu sagen; das Wort bezeichnet ganz allgemein jeden »Dienst«, nicht etwa ein
Diakonenamt. Daß er ihn »im Herrn« übernommen hat, zeigt aber, daß es sich
um einen einigermaßen gewichtigen Dienst handeln muß. Außer Philemon
und Apphia, an die der Philemonbrief gerichtet ist, erscheinen sämtliche dort
genannten Namen auch hier, und abgesehen von dem fraglichen Jesus Justus
(s. zu V 11), Tychikus (V 7) und Nympha(s) (nach V 15 wohl in Laodizea) keiner, der nicht auch dort stünde.

Es war üblich, ein Schreiben mit dem eigenhändigen Gruß anzuerkennen (vgl. 18
1Kor 16,21; Gal 6,11). Die Aufforderung, sich an den Apostel zu erinnern und
so innerlich zu ihm zu stehen, ist auch 1Thess 2,9 zu finden; sie bekommt
durch die Gefangenschaft hier noch ein stärkeres Gewicht. 4,3f zeigen, daß
nicht nur an sein persönliches Leiden erinnert werden soll, sondern an die Mit-
beteiligung an seiner Aufgabe der Verkündigung. Das letzte Wort aber gilt der
Gnade, die die einzige Quelle aller wirklichen Kraft und Hilfe für beide, Empfänger und Absender, darstellt.

Wie üblich ist in diesem letzten Abschnitt viel von rein menschlichen Dingen   Zusammen-
die Rede. Er zeigt ein ziemlich reiches Hin und Her, ein Sichbesuchen und   fassung

---

[648] Lohse, NTS 11, 214.
[649] F. Hahn, Der urchristliche Gottesdienst,
1967 (JLH 12), 19 (vgl. Mt 18,20).
[650] So z.B. Chrysostomus XII 1 (382, als
Meinung einiger); Theodoret 625CD (vielleicht mit Klagen über den kolossischen Irrtum); Photius 632 = Oecumenius 53D; Hra-

banus 540B; Zwingli 228 (weil sonst Kol 4,15
unmöglich wäre!); Bullinger 269; Beza
421b,13-18: nicht 1Tim [Johannes Dam.
904C]); ebenso Gomarus 575a; Calov 848a
(nicht Eph).
[651] Henneke³ II, 80-84.

Sichberichten. Tychikus kommt nach Kolossä, ebenso Onesimus, der vielleicht seit der durch den Philemonbrief angezeigten Reise nochmals zum Apostel zurückgekehrt war. Epaphras ist irgendwann einmal von Kolossä her gekommen und grüßt nun. Über Markus haben sie durch irgend jemanden Nachrichten erhalten, vielleicht vom Apostel selbst; er wird später zu ihnen reisen. Von ihnen aus sollen Boten nach Laodizea gehen und einen Apostelbrief von dort zurückbringen. Vom Apostel zur Gemeinde und von ihr zu ihm, von Gemeinde zu Gemeinde, und von Mensch zu Mensch auch in der kleinen in einem Haus versammelten Gruppe geschieht ein reges Schreiben, Lesen, Sprechen, Beten, Aneinander-denken. Solch gegenseitiger Austausch und gegenseitige Anteilnahme ist entscheidend wichtig. Menschen brauchen einander in der Gemeinde; auch der Apostel braucht Brüder und Freunde. So ist denn von ihren »Herzen«, von einem »geliebten Bruder«, von »Mitgefangenen, Mitknechten und Mitarbeitern« die Rede. Das Evangelium »zu-sprechen« kann man sich auch nur, wo man den anderen und seine ganze Lage kennt und ernst nimmt. Der banale Alltag, der zutiefst gar nicht so banal ist, wird daher wichtig, und die Gemeinde muß es lernen, sich dem anderen zu öffnen, ohne Fassaden wahren zu wollen. Ja, die Sendung des Tychikus erfolgt »gerade dazu«, den Kolossern ein Bild der Alltagswirklichkeit des Apostels zu vermitteln. Es lohnt sich, Briefpapier hervorzuholen, den Weg zu einem Besuch unter die Füße zu nehmen, sich Zeit zu erlauben für die Gedanken an andere. Es lohnt sich, wo es vor ihm, dem gemeinsam angebeteten Herrn geschieht und so aller menschliche Kontakt zugleich die Dimension des Gebets erhält. Erst recht wird solcher Kontakt dort, wo wirkliche Not auftritt, etwa während der Haft des Paulus, notwendig. Glühende Kohle erlöscht, sobald sie die Fühlung mit den andern Kohlenstücken verliert. Darum kann gerade das Gebet sogar zum Kampf und Sich-Abmühen werden, in dem man auch eine schwierige Periode mit dem anderen durchsteht, sich allerlei Bedrängungen aussetzt und sich nicht mehr von allem abschirmen kann. Freilich wird es in all dem um Gottes Reich und Gottes Willen (VV 11f) gehen, und eben darum wird auch eine große Getrostheit über dem Zusammensein liegen, weil sie alle einander immer wieder nur den Segensspruch zusprechen können: »Die Gnade ist mit euch«.

C. Wirkungsgeschichte

I. Einführung

Die Wirkung eines Textes zeigt sich weniger in den Kommentaren als in systematischen Darstellungen, aktuellen Auseinandersetzungen und vor allem im Leben der Kirche. Man müßte also eigentlich alles darüber zu Erreichende durchforschen. Das kann hier natürlich nur ganz fragmentarisch geleistet werden[652]. Außerdem ist in der Frühzeit schwer zu entscheiden, wieweit vor- und nebenneutestamentliche Gedanken, die sich auch im Kolosserbrief niederschlagen, direkt nachwirken, wieweit durch Vermittlung unseres Briefes. Ebenso wenig ist in späterer Zeit immer mit Sicherheit zu sagen, ob der neutestamentliche Text neue Entwicklungen hervorgerufen hat oder nur nachträglich als Begründung herbeigeholt worden ist. Die wichtigste Wirkung des Kolosserbriefs ist die Entstehung des Epheserbriefes (vgl.Anm.6); im Grunde müßte er in die Wirkungsgeschichte mithineingenommen werden; doch soll darüber der betreffende Kommentar Auskunft geben. Naturgemäß bleibt aber manchmal unsicher, ob eine Stelle aus dem Brief an die Kolosser oder die entsprechende aus dem Epheserbrief von Einfluß ist.

Es gibt im Neuen Testament abgesehen vom Johannesprolog und Hebr 1,3 keinen Text, der so stark seine Verwurzelung in der jüdischen Weisheitsliteratur spüren läßt wie der Hymnus Kol 1,15-20. Das hat wesentliche theologische Folgen gehabt, ist lange Zeit hindurch vergessen, später jedoch wieder entdeckt worden. Weit auffälliger als an den beiden andern Stellen sind diese Aussagen im Kolosserhymnus kombiniert mit der unmittelbar daneben stehenden Auslegung des Briefverfassers, so daß Sätze über den Präexistenten direkt neben solchen über den Menschen Jesus und seinen Kreuzestod stehen. Das ist außerordentlich virulent geworden in der weiteren Entwicklung der Christusaussagen. Der Satz von der in Christus wohnenden Fülle des Gottseins, die ihn zum Haupt über alle Mächte machte und den Sieg über sie brachte, (2,9f.14f), mußte dabei wirksam werden. Zum ersten Mal taucht in unserem Brief auch der Begriff der »Oekonomie« Gottes auf (1,25), die bald als heilsgeschichtliche Veranstaltung verstanden wurde, ebenso die Haustafel (3,18-4,1), die vor allem in neuerer Zeit starken Einfluß ausübte. Völlig singulär ist schließlich die Ankündigung der Versöhnung des Alls (1,20). Sie hat außerordentliche Wirkungen gezeigt, die freilich oft stärker im Untergrund und außerhalb der offiziellen Kirchenlehre verliefen. Auch hier ist das unvermittelte Nebeneinander der hymnischen Sätze über die Versöhnung im Himmel und auf Erden und der redaktionellen Einschränkung auf die Schar der Glaubenden zu einem schwer zu bewältigenden Problem geworden. Daran sind die Fragen über das Verhält-

---

[652] Hilfreich waren besonders: Biblia Patristica (Des origines à Clément d'Alexandrie et Tertullien, Paris 1975); Staehelin, Verkündigung; die Verweise bei Lightfoot und Abbott und die Indices in modernen Ausgaben. R. R.

Brinkmann, The Prototokos Title (Kol 1,15) and the Beginnings of Its Exegesis, Rom 1954 (Diss. Gregoriana), ist in der Schweiz leider nicht vorhanden, daher nicht benutzt.

nis von Welt und Kirche, Natur und Kirche, Schöpfung und Erlösung aufge-
brochen.

II. Christologie: der Vater und der Sohn

1. *Christus als die Weisheit Gottes*

Das erste Mal, wo der Einfluß unseres Briefes deutlich sichtbar wird, sind es die
beiden einander parallel laufenden Strophenanfänge Kol 1,15.18b und ihre
Herkunft aus der Weisheitstradition, die zur Näherbestimmung der Bedeutung Christi dienen. *Justin*, in Ephesus an der kleinasiatischen Westküste philosophisch ausgebildet, deutet den »Erstgeborenen aller Schöpfung« (Dial 85,2
ohne Artikel wie Kol 1,15) oder »aller Geschöpfe« (Dial 125,3; vgl. 84,2) richtig im Sinn der jüdischen Logostheologie auf den »vor allen Geschöpfen« Exi-
stierenden (Dial 100,2). Vor allem weiß er noch um den Sinn solcher Aussagen, die Gottes Bewegung auf den Menschen hin zu seinem Heil beschreiben
wollen. Darum spricht er sofort vom Wunder der Menschwerdung, und das
Nebeneinander von »Erstgeborener aller Schöpfung« und »Anfang« in den
beiden Strophenanfängen des Kolosserhymnus erinnert ihn an die bei Philo
nachweisbare Parallelisierung einer ersten und einer zweiten Schöpfung. Wie
bei Philo Noah gegenüber Adam der »Stammvater eines neuen Menschengeschlechts«, der »Anfang einer zweiten Schöpfung von Menschen«, der »Führer
der Wiedergeburt« ist[653], so wird bei Justin Noah zum Typos für Christus, den
»Anfang eines anderen, von ihm wiedergeborenen Menschengeschlechts«
(Dial 138,2). Das ist die Theologie, die auch im *Diognetbrief* vorliegt (7): Gott
sandte nicht nur einen Menschen, sondern den heiligen Logos, den Erschaffer
und Schöpfer des Alls, durch den alles geschaffen ist und seine Ordnung behält,
einen Gott als Menschen.

Das lebt weiter bei *Irenaeus*, der ebenfalls an der kleinasiatischen Westküste, in
Smyrna, geschult wurde. Das Stichwort von Kol 1,25, jetzt im Sinn des göttli-
chen Heilsplans verstanden, dient ihm dazu, das Wirken des Logos schon vor
und dessen Erfüllung in der Menschwerdung als Gottes heilvolle Bewegung auf
den Menschen hin zu beschreiben. Darin kommt der Hirt zu seinem verlorenen
Schaf[654] und stellt die Heilsordnung wieder her, indem er den nach Bild und
Gleichgestalt Gottes geschaffenen Adam rettet[655]. So widerfährt nach Gottes
»Heilsordnung« dem Fleische Heil, weil es dadurch, daß der Logos die mensch-

---

[653] Abr. 46; Vit Mos II, 60; 65; dazu E.
Schweizer, Menschensohn (Anm. 183, bes.
104. Wie Kol 1,18 verbindet auch Justin Dial
138,1 mit der Auferstehung Jesu (und der Rettung im Gericht: ebd. 3)
[654] Das Bild hat seine Nachwirkung gehabt;
die übrigen 99 Schafe sind mit der Welt und der

Natur außerhalb der Kirche gleichgesetzt worden, die ebenfalls ins Heil Gottes hineingenommen werden (Eudokimov, KuD 11, 9);
ähnlich bei Johannes Scotus (s. S. 197).
[655] III, 32,2(23,1) – II, 124; vgl. III,
19,1(18,1) und die ethische Folgerung daraus
anhand von Kol 3,5.9f in V, 12,3f – II, 352f.

liche Substanz angenommen und den Menschen nach Kol 1,14.21f; 2,13-15.19 wiederhergestellt hat, der Unverweslichkeit teilhaft wurde[656]. In ihm ist Gott geworden, was wir sind, damit er uns zu dem schaffe, was er ist (V praef. – II 314). Im »Fleischesleib« hat er nach Kol 1,22 gelitten, weil so das von Gott angenommene Fleisch unser Fleisch erlöst hat (V 14,3[2]– II 362). Nach Kol 1,18 ist er durch den Tod hindurch gegangen, damit er, wie Adam Anfang aller Sterbenden, so Anfang der Lebenden, »Erstgeborener aus den Toten« und damit auch bei den Unterirdischen Herr werde[657]. Damit sind Anfang und Ende zusammengekommen, Vermischung und Vereinigung des Menschen mit Gott Wirklichkeit geworden (IV 34,4[20,4] – II 215). Auch hier liegt also das Interessen noch ganz bei der Heilszuwendung Gottes zur Welt, die unter III 2a zu besprechen ist. Aber die eigentlich christologischen Grundfragen melden sich schon an.

Ähnliches gilt für Alexandrien. Hier ist die hellenistisch-jüdische Gedankenwelt noch selbstverständliche Denkvoraussetzung. Das gilt für *Clemens*[658] und besonders für *Origenes*. Auch ihm ist Christus als Ausdruck der Substanz oder Subsistenz Gottes seine Offenbarung, »Wort« und »Weisheit«, »reine und vollkommene Kraft«[659], »Ausfluß« Gottes und »Beginn seiner Wege«[660]. Auch »Bild« ist, gerade weil es selbstverständlich auf das »unsichtbare Bild«, das der Präexistente darstellt, bezogen wird[661], in erster Linie als Offenbarungsereignis, also dynamisch verstanden[662]. Die letztlich in platonischen Gedanken wurzelnde Vorstellung vom Logos als dem Ort, in dem sich alle »Ideen« oder »Kräfte« Gottes finden[663], die bei Philo die Rolle der Weisheit bei der Schöpfung verständlich macht (Anm. 129), wird etwa gleichzeitig bei einem *Irenaeusschüler* ausgesprochen: der Logos ist die Summe der göttlichen Ideen,

[656] V, 2,1(2,2); 14,2–4(14,2–5) – II, 318f; 362f: dispositio (= οἰκονομία, I, 1,11[6,1] - I, 52). In V, 12,4 – II, 353f dient Kol 3,10 zum Erweis, daß der im Fleisch lebende Mensch auch der durch die »Wiederherstellung« Wiedergeborene ist.

[657] III, 32,1(22,4); II, 33,2(22,4) – II, 124; I 330; IV, 34,2(20,2) – II, 214.

[658] Strom V, 38,7 (353,1): als »Bild des unsichtbaren Gottes« (Kol 1,15) ist er Prinzip aller Dinge und wird alles nach ihm geschaffen; ferner VII, 12,2.5; 34,4; vgl. 6,1 (9,26–28; 10,2–5; 27,5–8; 6,8–10).

[659] Virtus: Hom in Gen 6,2f (69,10–13); Comm in Joh I,22 (27,32f); in Princ I 2,1; 7,25f (28,8–12) sind schon Kol 1,15 und 1Kor 1,24 kombiniert: Christus ist Weisheit und Kraft; vgl. 4,3 (65,9–12) die Trinität als »Kraft«. Die gleiche Kombination von Kol 1,15f mit 1Kor 1,24 bei Athanasius, c. Arian. II, 62f (280AB); Kyrill, c. Nest. 2 (68B: »Weltschöpfer, Weisheit und Kraft [1Kor 1,24], Bild

[Kol 1,15] und Abglanz [Weish 7,26] der Hypostase des Vaters«); Johannes Dam. 888C; vgl. Basilius, c. Eunom. 4 (PG 29, 701B–704A: Spr 8,22; 705A).

[660] I, 2,9 (39,12–40,7): ἀπόρροια (Weish 7,25f); IV, 4,1(349,11–15): Spr 8,22.

[661] Z.B. Orig, Princ I, 1,8; II, 4,3; IV, 4,1 (25,3–7; 130,3–131,23; 349,5f); nach Comm in Joh XXVIII, 18,159 (412) selbstverständlich = der Gott Logos.

[662] Als Manifestation Gottes: Orig, Comm in Joh VI, 19 (110,18–24) mit Hinweis auf Joh 14,9, der überall wiederholt wird; Tertullian Marc V, 19,13 (721,13–18). Nach Bas Ep 38,3 (340A–C) ist es »Bild seiner Güte«, »Gestalt und πρόσωπον (Gesicht) der Erkenntnis Gottes«.

[663] Die Belege für Cl Al sind bei E. F. Osborn, The Philosophy of Clement of Alexandria, 1957 (TaS), 41-44 gesammelt. Vgl. die Wiederaufnahme dieser Gedanken in Anm. 849.

in denen der ganze Kosmos schon vor Erschaffung der Welt weilt[664]; ein Ge-
danke, der später von *Thomas von Aquin* (535ab) aufgenommen wird und im
Universalienstreit seine Rolle spielt, von *Erasmus* (885C) ironisch zurückgewiesen, aber bis in neuere Zeit hinein wiederholt wird. Die bewegte Klage über
die, vielleicht durch Apollos vermittelte, nur gerade im Kolosserhymnus ins
Neue Testament eingedrungene Logoslehre[665], »eine der verhängnisvollsten
Entwicklungen«, in der »die Philosophie die Religion überwuchert« und »der
Heiland selbst hinter dem Gedankengebilde des Logos zurücktritt«[666], gilt je-
denfalls nicht für diesen frühen Ansatz; im Gegenteil dient die Wiederentdek-
kung dieser Wurzeln auch in neuerer Zeit eher dazu, von einer abstrakten
Christologie zu einer auf den Menschen bezogenen Sicht zu finden[667].

2. Erstgeborener aller Schöpfung, Bild des unsichtbaren Gottes (Kol 1,15)
Die Wendung bringt der arianische Streit. Die Formulierung »Erstgeborener
aller Schöpfung« mußte dazu verleiten, Christus als erstes Geschöpf anzuse-
hen[668]. Dagegen haben *Athanasius* und in seinem Gefolge vor allem *Theodor*
mit dem Argument, daß schon 1,18a vom »Haupt der Kirche«, also vom
Menschgewordenen spreche, die Stelle kurzerhand auf den vom Logos ange-
nommenen Menschen Jesus bezogen[669], und *Marcellus* hat das ausdrücklich
auch für die Aussage vom »Bild Gottes« behauptet[670]. Der Hintergrund der
hellenistisch-jüdischen Gedankenwelt ist verblaßt und eine Rückführung von
1,18a auf die redaktionelle Uminterpretation des Verfassers des Kolosserbriefes war selbstverständlich noch nicht denkbar. So ist die Frage, ob Kol 1,15 auf
den Präexistenten oder nicht doch besser auf den Inkarnierten[671] zu beziehen

[664] Hipp, Ref X, 33,2 (289,8–11); Tertullian,
c. Hermogenem 18,5(411,20–412,9); c. Pra-
xeam 6,3; 7,1(1165,5–20) mit Hinweis auf Spr
8,22. Vgl. Anm. 143, 740, 760.
[665] Scott 12; vgl. 20 (im Johannesprolog später ähnlich) und 22 (zu 1,17: das religiöse Interesse wird vergessen).
[666] Lueken 344.
[667] Außer den S. 191f, 212f Genannten vgl.
unter den Modernen auch Mussner 39f; aber
auch die Verbindung mit dem Johannesprolog
und die Sicht Christi als der Weisheit in Person
bei Petrus L. 264A (vgl. 267B; 269B; 273B)
oder den Verweis auf Hebr 1,3 und Weish
7,25f bei Melanchthon (Enarratio, [Einfüh-
rung zu Kol 1,] 326).
[668] Athanasius, c. Arian. II, 62f (277C–
281C); Hilarius, Ex opere historico fragmen-
tum 3,30 (655C–656A). Die patristische Diskussion ist ausführlich referiert bei Gomarus
550a.
[669] 262,4–9; 263,4–264,13 mit Hinweis auf
das »Bild Gottes« in Gen 1,27; 1Kor 11,7;
Nachwirkung bei Augustin, Expos. ad Rom. 56
(2077); ausdrücklich bestritten in der Katene
(Cramer 302 zu 1,13).

[670] Noch in der Jerusalemer Bibel 1696; bestritten von Euseb, De ecclesiastica theologia I,
20,14 (PG 24, 885C–888A).
[671] So z.B. Hrabanus 511A–512C; Calvin
129 (mit dem Vermerk, daß nur die antiariani-
sche Front für die Auslegung auf den Präexistenten verantwortlich war); Beza 403a,30ff;
Grotius 672a–673a (dagegen Calov 803b); Flatt
168 (»Eigenschaften Gottes in einem milden,
uns angemessenen Bild«); de Wette 24 (mit
Verweis auf den Zusammenhang mit 1,14[!]:
im Menschgewordenen sind beide Naturen
vereint); Schleiermacher, Predigt IV, 236f (gegen Luther); 240 (was hätten die Kolosser für
einen Gewinn gehabt von Aussagen über die
Präexistenz?); ThStKr V/1, 505–512 (mit
Verweis auf Kol 1,18a!). Nach Bengel (zu »Bild
Gottes«) 811 ist Christus unsichtbar nach seiner göttlichen Natur, sichtbar nach seiner
menschlichen. Gomarus 549b unterscheidet:
dem Vater schon immer wesensgleich, uns als
Inkarnierter (mit Abwehr der Arianer); Zanchi
261 spricht vom unsichtbaren, in der Inkarnation aber sichtbar gewordenen Bild. Das bleibt
die Normalerklärung.

sei, durch die Jahrhunderte hindurch nicht mehr zur Ruhe gekommen. Die Schwierigkeiten waren natürlich von Anfang an nicht zu übersehen. Schon *Theodor* mußte die Konsequenz ziehen und Kol 1,15-17 auf die Neuschöpfung beziehen, mußte dabei aber für VV 16d.17a eine Ausnahme zugestehen[672]. Wollte man das nicht, mußte man mindestens die »Mächte und Gewalten« auf irdische Herren ausdeuten, was in der Zeit nach der Reformation seine politischen Folgen hatte[673].

So ist diese Auslegung weithin aufgegeben worden. Um aber die arianischen Argumente zu entkräften, ist sogar vorgeschlagen worden, mit anderer Akzentuierung statt »Erstgeborener« besser »Ersterzeuger« zu lesen[674], was sich freilich sprachlich und angesichts von 1,18b nicht halten ließ. Daß aber vom Erstgeborenen, nicht vom Ersterschaffenen gesprochen ist, ist seit *Athanasius* unzählige Male wiederholt worden[675], ebenso, daß 1,17 »ist« formuliert, nicht »wurde«[676]. Das ist besonders im Kampf gegen *Paulus von Samosata* betont und die Forderung von »nachgeborenen«, ihm gleichenden »Brüdern« abgelehnt worden[677]. Auch für die Vorstellung vom »Bild Gottes« wurde der Gedanke an eine substanzhaft verschiedene Nachbildung, wie sie Holz- und Wachsbilder, Statuen und Münzen darstellen, abgewehrt[678]. Kol 1,15 meint das unsichtbare Bild des Präexistenten, der auch als Menschgewordener nicht physisch, sondern nur intellektmäßig als Bild Gottes wahrgenommen werden kann[679]. Dieses Bild ist »wesensgleich« mit Gott[680], obwohl es materiell werden kann wie das unkörperliche Licht in der Sonne, die alles bescheint[681]. Daß freilich auch die Aussage von der Wesensgleichheit nicht genügt, hat *Augustin* mit seinem nachher dauernd wiederholten Hinweis auf die einander gleichen Eier gezeigt; man muß also auch die Herkunft vom Archetypus einschlie-

---

[672] 267,13-17 (griech.); 277,1f; zur Ausnahme 272,3-273,11 (vgl. 274,19-27, griech.); vgl, Anm. 736.

[673] Theodoret 600B bezieht auf die Völkerengel, Johannes Dam. (896B zu 2,15) auf die irdischen Machthaber, die Jesus kreuzigten, ebenso Flatt 219; auf »Throne und Herrschaften« eingeschränkt: Crell 529a; zurückgewiesen von Gomarus 550b–551a (der 551–553 viel Material über die Engelhierarchien bringt); konsequent durchgeführt bei Schleiermacher, ThStKr V/1, 514, vgl. 532. Gegen Spekulationen über Engelhierarchien aufgrund von Kol 1,16 polemisiert schon Augustin, ad Oros. 14 (678). Vgl. noch Anm. 770, 835.

[674] Isidor, ep III, 31 (749CD); vgl. Basilius, c. Eunom. IV (PG 29, 701C).

[675] Athanasius, Expositio 3 (204C–205A); Chrysostomus III, 2 (318); Theodor 263,8f als Aussage der Gegner; Theodoret 597CD; Ambrosiaster 172,1; Petrus L. 263B; Calov 803a usw. Vgl. auch Anm. 134.

[676] Basilius, c. Eunom. IV (701BC); Theodo-

ret 600C; Photius 631; Theophylakt 1224A; Bengel 812 usw.

[677] Chrysostomus III, 2 (320, vgl. 319); vgl. Theophylakt 1224A. Basilius scheint das Letzte mit Verweis auf Röm 8,29 (so schon Theodor 263,14–264,5) und Mk 3,35 getan, Kyrill Ähnliches in der Menschwerdung des Logos begründet zu haben (Katene bei Cramer 305f).

[678] Theodoret 597B; Oecumenius 453f; Petrus L. 263B; Dionysius 99F. Die Abwehr der Arianer wird dauernd wiederholt, z.B. bei Theophylakt 1220B; Thomas Aqu. 535a; Erasmus 885C; Beza 403b,15–18; Calov 802b.

[679] Chrysostomus III, 1 (318); Ambrosiaster 170,23f; 171,18–25; Theophylakt 1220AB (da unsichtbar, nicht nur Mensch; da Bild Gottes, nicht nur Engel); Bullinger 235 (»ipsissimus deus«).

[680] Ὁμοούσιος Theodoret 597B; Ambrosiaster 171,14f; Oecumenius 455 (zu 3,17); Johannes Dam. 893B (zu 2,9: mit Vater und Geist).

[681] Oecumenius 454 (zu 2,9).

ßen[682], ist doch das »Bild Gottes« (Kol 1,15) identisch mit dem »Sohn seiner Liebe« (Kol 1,13), womit wiederum Hymnusaussage und Redaktionsformulierung verknüpft waren. Diente die letztgenannte Formel Theodor noch zu einer adoptianischen Christologie, nach der Christus genau so wie die Glaubenden der Liebe Gottes gewürdigt würden (s. III 1), so wurde sie doch bald als Hebraismus durchschaut, der nicht mehr bedeutet als »geliebter Sohn«; eine Auskunft, die seither ständig repetiert wird[683]. Wiederum ist es Augustin, der unter Zustimmung dazu die »Liebe« doch als »Natur und Substanz« Gottes versteht, aus der der Sohn erwachsen ist[684].

3. Die zwei Naturen

Damit sind wir bei der Lehre von den beiden Naturen Christi angelangt. Sie wäre gewiß auch ohne den Kolosserbrief ausgebildet worden; aber Kol 1,15-20 war immerhin eine der wenigen neutestamentlichen Stellen, an denen beide Aussagen so dicht beieinander und miteinander verknüpft zu finden waren. Sie wird darum bis heute als einer der stärksten Beweise für die Zweinaturenlehre gewertet[685]. War gegen Theodor festzuhalten, daß Kol 1,15 den Präexistenten beschreibt, so war doch sein Anliegen zu bewahren. Das Nebeneinander der beiden Strophenanfänge, insbesondere die redaktionelle Uminterpretation schon in 1,18a, mußte zur Doppelaussage führen. Die Erlösung hängt ja nicht nur an Christi Wesensgleichheit mit Gott, sondern ebenso an der mit den zu erlösenden Menschen. Gerade der Präexistente von 1,15 ist zugleich als der Inkarnierte, der doch das ganze Gottsein in sich trägt[686] und zugleich Haupt der Engel ist, auch das »Haupt der Kirche« (1,18a) und uns »wesensgleich«[687]. So wird neben Kol 1,19 auch die andere Stelle wichtig, die von der Einwohnung der Fülle des Gottseins[688] in Christus spricht, 2,9. Verstand man die Weisheitschristologie noch dynamisch, konnte man von der Einwohnung der »Kräfte« Gottes (Anm. 659,663) sprechen und faßte diese dann als Machtgegenwart Gottes im Sohn, eine Konzeption, die lange nachwirkt und vor allem in neuerer Zeit wieder lebendig wird (vgl. Anm. 849)[689]. Doch genügt das bald

---

[682]   Augustin, divers. quaest. 74 (213f); Gregor Naz., Or. 30,20 (129); Johannes Dam., de imagine 1,9 (PG 94,240); noch Crell 527ab (stark dynamisch gesehen wie der Strahl, der einen Lichtkörper offenbart, vgl. Anm. 681).

[683]   Z.B. Theodoret 597A; Severian 318 (nicht nur physischer Sohn); Oecumenius 17C und 453; Lanfranc 321 (I 9); Theophylakt 1217C; Dionysius 99E; Erasmus 884D; Grotius 672a; vgl. S. 49 u. 192.

[684]   Trin. 15,19 (am Ende, 514,155–169); Hrabanus 510B; Petrus L. 262D; Thomas Aqu. 534b; noch bei Zanchi 260 wörtlich zitiert mit der Zufügung, daß damit die unverminderte Liebe Gottes uns zukomme.

[685]   Huby 43.

[686]   Das ist noch bei Bullinger 236 (zu 1,18a)

betont.

[687]   Theodoret 600D; 601A (vgl. zu 2,9: 608C; 609 A); Cassian, c. Nestorium de incarnatione Christi 5,7 (CSEL 17, 312,9–30 zu 1,15/18b.20); für die Gnosis vgl. III, 2b mit Anm. 730.

[688]   Der Zusatz »des Gottseins« ist von 2,9 her in lateinischen Versionen auch in 1,19 eingedrungen.

[689]   Vgl. Ambrosiaster 174,13f (deus perfectus); 179,1 (zu 1,19; 2,2). Er will in der Inkarnation weder eine Verminderung beim Vater noch einen Zuwachs beim Sohn sehen (172,19f zu 1,16). Ferner Petrus L. 264CD (1,18a nach seiner Gottheit und Menschheit; Einwohnung der Trinität in Christus als »Fülle aller Weisheit und Kraft«, Kol 1,19); zu Thomas vgl. S.

nicht mehr, und die Erklärungen von Kol 1,19; 2,9 greifen immer stärker zu den Stichworten einer »nicht akzidentiellen«, sondern »wesenhaften«, »unvermischten und ungeschiedenen« Einheit der beiden Naturen[690]. Die Verbindung der Gottheit mit dem Menschenleib ist nach Kol 1,17 so eng, daß sie sogar für die drei Tage der Grabesruhe gilt, in denen sich die Seele schon davon gelöst hat[691]. Das Anliegen all dieser Versuche ist klar: die göttliche Würde Christi (Kol 1,15-17) soll ebenso wie seine Menschenliebe (1,18-20) festgehalten werden, womit wir genau bei der modernen Problematik angelangt sind[692].

Besonders umstritten ist dabei naturgemäß die Bedeutung des Adverbs »leiblich« oder »leibhaftig« (2,9). *Athanasius* hat es, wie zu erwarten (s. S. 186), auf die Inkarnation bezogen[693]. Andere sehen darin den Hinweis auf den »Leib Christi«, die Kirche[694]. *Augustin* hat der Deutung auf eine »wirkliche« Einwohnung (im Gegensatz zu einer bloß schattenhaften im Alten Testament, Kol 2,17) mit dem (fraglichen) Argument, daß das Gottsein doch nicht körperlich sein könne, zum Durchbruch verholfen[695]. Dogmatisch schärfer ist dann auch von »wesenhafter« Einwohnung gesprochen worden[696], und im Lauf der Kirchengeschichte ist das immer genauer differenziert worden[697].

186. Beza (405a,2–13) spricht von göttlicher Gnade, Melanchthon (Enarratio 346 [vgl. 337f] zu 2,9) und de Wette 29,44 (dagegen Meyer 238) reden von den göttlichen Gaben und Eigenschaften, Grotius (673b zu 1,19) von der Fülle der göttlichen Kräfte. Zu Schleiermacher vgl. S. 213.

[690] Origenes Princ II, 6,2 (144,4–7): substantialis; Isidor, ep IV, 166 (1256AB): οὐσιωδῶς; Oecumenius 21AB; 32D/33A; vgl. 454f (zu 1,19 und 2,9), mit Berufung auf Kyrill, Nestorius II (65A–69A); ebenso Theophylakt 1224D (nicht nur die »Kräfte«); ferner Johannes Dam. 893B; Dionysius 101C; Grotius 673a (zu 1,19); Melanchthon, Enarratio 346; Beza 409b, 8–28; Calov 802a; 805a/806a (calvinisch-lutherische Diskussion).

[691] Gregor von Nyssa, Trid. Spat. 9 (293,3–294,13); Theophylakt 1240C (mit Kyrill) ; dagegen Erasmus 889B.

[692] Theophylakt 1224A (genauso ordnet Prat, théologie I 343, Anm. 1; 588 1,15–17 dem göttlichen, 1,18–20 dem menschlichen Leben Christi zu); vgl. auch Calov 804b. Im Mittelalter werden effektive Ursachen in der göttlichen Natur, instrumentale in der menschlichen unterschieden (Dionysius 99B zu 1,2).

[693] Expositio 4 (205B); ebenso Hrabanus 522C; Petrus L. 273A; Calov 818b (Bild vom Tempel, freilich mit Verweis auf Augustin: Anm. 695). Bei Neueren wird betont, daß auch der Erhöhte leiblich gedacht ist: de Wette 44; Abbott 249; v. Soden 45 (im Gegensatz zur bloßen θειότης Röm 1,20).

[694] Dagegen Chrysostomus VI, 2 (339), vgl. Anm. 740f. Tertullian Marc V, 19,6 (722,22–25) polemisiert sogar gegen eine Auslegung des »Fleischesleibes« (Kol 1,22) auf die Kirche.

[695] Ep 149,25 (371,9–12); Gen. ad litt. 12,7 (388,14–23); Hrabanus 522B (Leib wie ein Tempel); Lanfranc 324 (II, 7); Petrus L. 272C; Zwingli 223; Bullinger 249 (vgl. 253f zu 2,17); Grotius 678ab; Ewald 371 (eher gegen rein dynamische Einwohnung).

[696] Vgl. Anm. 690; ähnlich Hilarius, Trin. 8,54 (277A): in der Fülle des Gottseins. Cassian, c. Nest. (Anm. 687) 5,7 führt Kol 1,12–20 gegen Nestorius für die absolute Einheit des Gottessohnes an, den man nicht in zwei Personen aufteilen kann (313,4–9); ferner Johannes Dam. 893B; Beza 410a,1–34.

[697] Als Beispiel: Musculus 134 zu 1,15: zu unterscheiden sind 1. was nur der göttlichen Natur zukommt, 2. was der Person des Sohnes oder Logos, 3. was beiden gemeinsam ist, 4. was dem Inkarnierten zukommt. »Leiblich« (2,9) versteht er als Gegensatz zur Einwohnung der »Kraft« Gottes = »wirklich«, im Sinn von ipsissimus deus; nicht etwa so, daß darunter ein nichtmenschlicher, göttlicher Leib zu verstehen wäre. Gomarus 560b unterscheidet: 1. essentiell, in allen Dingen regierend, 2. als besondere Gnadengegenwart im Tempel usw., 3. als einzigartige Gnade in Christus weilend. 560b/561a folgen die verschiedenen Interpretationsmöglichkeiten für »leiblich«, wobei Augustin gegen die Ubiquitarier angerufen wird.

4. Christus im Alten Testament

Schon die früheste klare Einwirkung unseres Briefes bei *Justin* sprach von
Noah als zweitem Adam, dem Typos für Jesus, und bei *Irenaeus* sind diese Ge-
danken gefördert worden. Insbesondere hat die Gleichsetzung Christi mit dem
Logos dazu verholfen, Gottes Wirken im Alten Testament im Bilde Jesu zu sehen und damit Gott als den einen, im alten wie im neuen Bunde grundsätzlich
»in Christus« Handelnden zu verstehen (s. II 1). Im Gegensatz dazu sahen die
Gnostiker in dem Satz vom »jetzt« geoffenbarten Geheimnis (Kol 1,26) den
Beweis dafür, daß die Propheten noch nichts davon gewußt hätten und daß im
Alten Testament nur der Demiurg am Werk gewesen wäre[698]. Gegenüber dieser Gefahr verteidigt Irenaeus mit Kol 1,15.18b die Einheit der ganzen »Heilsordnung«, und dieser Begriff dient weiterhin in der Auslegung des Kolosserbriefes zur Bewältigung des Problems der Einheit des Wirkens Gottes[699]. Irenaeus sieht in Kol 2,11 den Hinweis auf die Vorläufigkeit der alttestamentlichen Gebote, die aber als Schatten (Kol 2,17) auf die Erlösung in Christus weisen, und *Tertullian* benützt dieselbe Stelle (2,17), um gegen Markion zu erklären, der »Schatten« lasse sich nie vom »Leibe« trennen[700]. *Ambrosiaster* wertet bei der Auslegung von 2,17 den jüdischen Monotheismus betont positiv als
Vorstufe des christlichen Glaubens (185b,1-9 zu 2,13), freilich so, daß das Mosegesetz unnötig wird wie das Bild, wenn der Kaiser selbst kommt (188,18-24
zu 2,17). Dennoch bleibt für ihn bestehen, daß die Heiden, die dieses nicht angenommen haben (184b,19-26; 175,7-19 zu 2,13; 1,21f), Gott umso mehr lieben sollten, da ihnen mehr vergeben werden mußte (185b,9-26 zu 2,13). Ihm
ist klar, daß schon Mose Christus verkündet hat, der ihm im brennenden Busch
erschienen ist (171,6-11; 176,19-24 zu 1,15.23). Auch für *Hippolyt* haben
schon die Propheten die Leiden Christi ergänzt (wie Paulus nach Kol 1,24)[701].
Chrysostomus zählt zu Kol 2,1-4 eine Fülle alttestamentlicher Vorzeichen auf
und entfaltet Gottes Heilsgeschichte als Schritt für Schritt vorgehende Pädago-
gik, die nur bei den Heiden durch Gottes Wunder entbehrlich wurde[702]. Aus
der unübersehbaren Fülle der Ausdeutungen alttestamentlicher Geschehnisse
auf Christus können nur wenige Beispiele angeführt werden. Schon nach *Ju-*

---

[698] Valentinianer bei Hipp Ref VI, 35,1
(164,7–11); ähnlich Ev Veritatis 18(7),15f.
Ebd. 20(11),25-27 scheint sogar in Erinnerung
an Kol 2,14 die »Anordnung« (διάταγμα) des
Vaters als das bisher unbekannte Buch der Offenbarung verstanden zu sein, das mit ihm ans
Kreuz genagelt wurde. Vgl. schon Clemens Al
Strom   60–62   (366,18–368,2)   zu   Kol
1,9–11.25–28; 2,2f; 4,2: es gibt auch Weisheit
für Vollkommene. Markion streicht 1,15–17
die Schöpfungsaussagen (Tertullian Marc V,
19,4 [721,24]).
[699] Irenaeus III, 17,2(16,3) – II, 84; Theodoret 604CD; vgl. 605C; 628A (zu 1,26f; 2,2;
4,18).
[700] Irenaeus IV, 27,1(16,1); 21,4(11,4) – II,

189,176; Tertullian Marc V, 19,9 (723,1–9);
vgl. I, 16,4 (458,19–28) mit Berufung auf Kol
1,16 und c. Valent. 16,1 (766,15–20). Ähnlich
versteht Pseud-Hippolyt, Osterhomilie 2,1
(SC 27, 119,13–15) das AT nach Kol 2,17 als
vorausweisenden Schatten: das Passa weist auf
das Kreuz).
[701] Hippolyt, David und Goliath 3,1 (G. N.
Bonwetsch, Drei georgisch erhaltene Schriften
von Hippolyt, 1904 [TU 26] 80,1–4 – CSCO
264, 2,1–4).
[702] V, 4 (336–338); IV, 3f; V, 1 zu 1,25f
(328–332). Die Frage, warum Christus nicht
früher gekommen sei, wird ausführlich behandelt (IV, 3; V, 1; X, 3 zu 1,25; 2,2; 4,4
[328–330, 332, 369]).

stin (Dial 138,1) weisen die acht Personen in der Arche auf den achten Tag, an dem Christus auferstand. Nach *Irenaeus* rettet aufgrund von Kol 2,14 das Holz (des Kreuzes) den Menschen, der durch das Holz (des Baumes der Erkenntnis, Gen 3,6) schuldig wurde (V 17,3 – II 371), und wird in Jakob schon der »Erstgeborene aller« (Kol 1,15) abgebildet (IV 35,2[21,2]– II 226). Ähnlich erblickt die Passahomilie *Melitos* von Sardes im Alten Testament Christus, der »alles in sich schließt« (5f[SC 123,62-64]). *Origenes* entdeckt Christus als »Kraft« Gottes hinter Gen 20,14 (Anm.659), wonach Sara bei Abraham bleibt. Besonders beliebt wurde das Verständnis des Tempels als Vor-Bild der Einwohnung Gottes in Christus (Kol 2,9)[703]. Natürlich lassen sich solche und ähnliche Ausdeutungen durch das Mittelalter hindurch bis in die Neuzeit hinein verfolgen[704].

5. Die Funktion der Christusaussagen

Im Kolosserbrief ist die Allein- und Vollgenügsamkeit Christi in eine bestimmte Gemeindesituation hinein als Antwort auf ihre Probleme ausgesagt. Selbstverständlich hat bei der Auslegung die zeitgeschichtliche Lage immer ihren Einfluß ausgeübt. Doch ist davon unter IV besonders zu sprechen. Hier ist die grundsätzliche Wende zu sehen, die mit dem Aufkommen der eigentlich christologischen Diskussion, z.B. über das Verständnis der zwei Naturen, eingetreten ist. Je stärker man differenzieren mußte, desto weniger wurde die Bedeutung dieser Formulierungen für den Menschen, sein zeitliches und ewiges Leben, sichtbar. Die bei Justin, Irenaeus und Clemens dominierende Betonung des Wirkens Gottes, der durch die alt- und neutestamentliche Geschichte hindurch dem Menschen begegnet, tritt immer mehr zurück vor einer Beschreibung des zeitlos gültigen Wesens Christi. *Theodoret* spürt das Problem noch, wenn er erklärt, daß Kol 1,18 von der »Theologie« (1,15-17) zur »Oekonomie«, zum Heilshandeln Gottes überleite (600C). *Calvins* Bemerkungen zu Kol 1,15 markieren den Beginn der Gegenbewegung sehr spürbar. Er erklärt nämlich, die alte Kirche sei durch den antiarianischen Kampf einseitig beherrscht worden. Faktisch wolle der Text gar nicht über ein naturhaft verstandenes Sein Christi Auskunft geben, sondern über seine Beziehung zu uns als Offenbarer, in dem Gott sichtbar werde. Nicht was Christus in sich selbst sei, sondern was er in anderen bewirke, sei das Entscheidende (129). Er hat damit besonders herausfordernd und wirkungsträchtig formuliert, was schon *M.Luther* gesagt hatte: im ganzen Kolosserbrief gehe es um die verborgene, jetzt aber hervorgebrachte Weisheit, nämlich um den für uns Gekreuzigten (Kap.1), der gegen alle Menschenlehren steht (Kap.2) und in lauterem Glauben

---

[703] Pseud-Hippolyt (Anm. 700) 9,6 (137,8f); Pseud-Justin, Expositio rectae fidei 13,9 (386B); vgl. 17,11f (389B) = Opera, hrsg. J. C. Th. de Otto III/1, Jena ³1880, S. 52,64; Hrabanus 522BC; Petrus L. 272C; 273A usw. (noch bei Calov, Anm. 693).

[704] Hrabanus 518D zu 1,24; Petrus L. 264BC zu 1,15f (Ijob als Symbol Christi; mit Abel beginnt die Kirche) = ebd. 275C; Dionysius 101D; Beza 411b,30f (Schuldschein = Gen 2,17) usw. = Lanfranc 324, 326 (II 9.19): Beschneidung am 8. Tag weist auf den Tag der Auferstehung hin, der Neumond auf das neue Leben, der Sabbat auf die ewige Ruhe, das Passa auf Christus; viele weitere Belege z.B. bei Rupert im Register (Band 24).

zu allerlei guten Werken (Kap.3) und zum Gebet (Kap.4) führt[705]. Auf der gleichen Linie liegt *Melanchthons* berühmt gewordene Unterscheidung von »Person« und »Wohltaten« Christi, die in der Neuzeit bei R. *Bultmann* betont wieder aufgenommen worden ist[706]. Calvins Exegese hat eingeschlagen; sie ist oft wiederholt und ebenso heftig bekämpft[707] wie verteidigt worden[708]. Damit war der Weg wieder geöffnet, die Einwohnung Gottes in Christus im Sinn der Frühzeit und der Alexandriner als Einwohnung der Heilsmacht Gottes, seiner Kraft und Gnade zu fassen (s. Anm.659,689)[709]. Ganz konsequent wird sich das bei *Schleiermacher* zeigen[710]. Damit sind wir aber schon zur Frage nach dem durch Christus bewirkten Heil gelangt.

III. Soteriologie: der Sohn und die Welt

1. Menschwerdung des Logos als Heil für die Welt

Schon für *Justin* wurde Kol 1,15.18b zum Zeugnis für das Wunder der Menschwerdung des Logos und bei *Irenaeus* rückte diese ins Zentrum seines Denkens. Erst recht gilt dies für *Theodor* (s. II 3). Für ihn redete Kol 1,15-17 von der durch die Inkarnation erfolgten Neuschöpfung. Dazu drängte der Kontext, den er natürlich nicht als Redaktion vom Hymnus unterscheiden konnte, sprach doch 1,13 zweifellos vom irdischen Jesus als dem »Sohn seiner Liebe«. Die Solidarität des die Menschheit annehmenden Logos mit der zu erlösenden Menschheit war ihm derart wichtig, daß er diese Wendung dahin interpretierte, daß der Logos wie die erwählten Menschen der Sohnschaft gewürdigt wurde[711]. Heil ist also verstanden als Erlösung von der Sterblichkeit. Sie wird in der Beschneidung von Kol 2,11, der Taufe, vernichtet; ein Satz, der über *Augustin* weit ins Mittelalter hinein weiterlebt[712]. Das ist dadurch gefördert worden, daß lateinische Texte in Kol 2,15 lesen, Christus habe »das Fleisch« ausge-

[705] Vorreden 98f.

[706] Beneficia, Enarratio 326 (auch 340); vgl. die starke Betonung der Rechtfertigung allein aus Gnaden (Scholien 211f); auch Bullinger 230 (argumentum) usw.; R. Bultmann, Glauben und Verstehen I, Tübingen 1933, 262 und dazu G. Ebeling, Wort II, 343–371 (bes. 348 Anm. 12) und zu Melanchthon ebd. 279–281.

[707] Z.B. Calov 802b zu 1,15.

[708] Crell (527b) weist auf Joh 1,18 (in seiner Verkündigung, nicht in seinem Wesen oder seiner Person offenbart Christus Gott). Musculus (153 zu 1,28) gibt den »Papisten« zu, daß sie den Eingeborenen Gottes, den wahren Gott, den dem Vater wesensgleichen und doch wahren Menschen verkünden, aber nicht als unsere einzige Gerechtigkeit und einzigen Mittler; das heißt also, daß sich mit einer völlig korrekten Christologie doch eine falsche Soteriologie

verbinden kann. De Wette (24, Anm.) verteidigt Calvin, weil dieser die göttliche Natur Christi selbstverständlich voraussetze.

[709] Gomarus 554a unterscheidet: 1,19 spricht von der Einwohnung des Gottseins, nicht nur von Gnade und Treue, erst 1,20 von der dadurch hervorgerufenen Wirkung.

[710] Predigt IV (240) zu 1,15; vgl. unten S. 113.

[711] 259,15–260,11 (griech.) zu 1,13 (zur Korrektur dieser Anschauung vgl. Anm. 683f); Nachwirkung bei Theophylakt 1248B (zu 2,17). Noch de Wette 23 formuliert: »der Sohn, der seine (Gottes) Liebe besitzt«.

[712] 287,12f; 289,21f (griech.) zu 2,11.13; vgl. schon Tertullian, resurrectio 7,7 (930,26) zu 2,11: Vernichtung des Fleisches; dann Augustin Faust 16,29 (474,20–27); Hrabanus 523AB (vgl. 518A zu 1,21f); Lanfranc 324 (II, 8); Petrus L. 276A zu 2,15.

zogen[713]. Nachdem dabei schon die aus der Bekehrungsterminologie stammende mythische Rede von der »Nacht der Finsternis« (Kol 1,13) die Vorstellung von einem Kampf gegen die »Tyrannei des Teufels« nahe legte[714], versteht *Severian* (324), wohl von gnostischen Gedanken mitbestimmt (Anm.732), die Menschwerdung des Logos aufgrund von Kol 2,15 ausdrücklich als Täuschung des Satans. Auch das ist auf fruchtbaren Boden gefallen[715] und hat sich später mit dem Glaubenssatz von der Hadesfahrt verbunden, bei der dem Teufel auch die alttestamentlichen Frommen geraubt wurden[716].

2. Allversöhnung?

a) Justin, Irenaeus, Hippolyt, Origenes

Daß die für den Kolosserbrief typischste, im Neuen Testament einzigartige Aussage von der schon erfolgten Versöhnung des Alls starken Einfluß ausüben mußte, ist klar. Hier liegt wohl die gewichtigste Folge unseres Briefes. Solange man Hymnus und Brief nicht unterscheiden konnte, mußte man dabei entweder den Universalismus dieser Aussage hervorheben, konnte dann aber das gleich nachher über Glauben und Gehorsam Gesagte nicht recht einordnen, oder man mußte eben dies betonen, konnte dann aber mit der Versöhnung des Alls nichts anfangen, so daß man entweder den Begriff »All« sehr einschränkte oder den vom »Versöhnen« nur in stark abgeschwächtem Sinn verstand.

Die Konzeption Christi nach dem Vorbild der Aussagen über die Weisheit oder den Logos, die unter II 1 besprochen wurden, haben die Sicht einer »in Christus« erfolgten Schöpfung eingeschlossen. Die Frage blieb aber, ob damit auch die Wiederherstellung der Schöpfung in der Erlösung ausgesagt sei, und wer zu dieser Neuschöpfung gehöre. Schon bei *Justin* findet sich die Spekulation über das der ganzen Natur eingeprägte Kreuzeszeichen, das Christi alles durchdringende Macht darstelle (Apol 55,2-4; vgl. 35,2); doch scheint das noch ohne direkten Bezug auf den Kolosserbrief (den er freilich kennt, s. S. 184) gesagt zu sein. *Irenaeus* hingegen, im gleichen geographischen Raum ausgebildet, nimmt den Gedanken in Verbindung mit Kol 1,17 auf, wonach das Universum in Christus seinen Bestand hat: das der Natur eingeprägte Kreuz beweist ihre Durchdringung durch den unsichtbaren Logos[717], und bei *Gregor von Nyssa* findet sich die Vorstellung von der gänzlichen Durchdringung des Kosmos in seinen himmlischen, irdischen, unterirdischen und jenseits der Grenzen der

---

[713] So Augustin (Anm. 712 und ep 149,26 [372,20; 373,1]); weiteres bei Lightfoot 188. Schon Hippolyt Ref VIII, 10,17 (230,19–23) kämpft gegen doketische Vorstellungen, die sich mit Kol 2,11.15 verknüpfen.

[714] Chrysostomus II, 3; vgl. V, 1 (312,332).

[715] Theophylakt 1245AB: als er meinte, den Gekreuzigten zu haben, verlor er auch die, die er rechtmäßig schon besaß; darum schickte er die Doketen, die Jesu Tod leugnen! Vgl. Rupert, Div. offic. 9,6 (251AB); aber auch schon

Augustin, Enchiridion 14(49): der Teufel besiegt, weil er den Unschuldigen tötet, verliert die, auf die er ein Recht hätte (76,21–25); weiterhin Petrus L. 275B; 276A und zu 1,13: 262B; 263A; Sasbout 170 (Kol 2,10); Musculus 131f; 172 zu 1,13; 2,15; Calov 801a–802a zu 1,13 und noch Brunner II, 335f zu Kol 1,13; 2,15.

[716] Lanfranc 325 (II, 13f); dagegen Calov 827a.

[717] Demonstratio 34 (19f).

Erde liegenden Räumen durch das Kreuz, jetzt mit Eph 3,18f verbunden[718]. Durch *Irenaeus* ist das Stichwort von der »Wiederherstellung« oder endgültigen »Zusammenfassung« der Schöpfung im Christusgeschehen eingeführt worden[719], das bei ihm eindeutig auf die erlösende Neuschöpfung hinweist und für die Zukunft außerordentlich wichtig wurde. Wenn nach *Hippolyt* der Logos, der vierte Mann im Feuerofen (Dan 3,25), die ganze Schöpfung und als »Erstgeborener« (Kol 1,15) zugleich den ersterschaffenen Adam in sich trägt, dann ist auch damit die Wiederherstellung des Menschen ausgesagt[720]. Hat die Menschwerdung das Fleisch als solches wieder zu Gott zurückgeholt (vgl. oben II 1), dann sind auch alle Väter wieder in den göttlichen Schoß zurückgeholt und wiedergeboren; dann ist mit der Menschwerdung der Weisheit Gottes Herrschaft in allen Räumen wiederhergestellt (Kol 1,15-20); wenn das Haupt aufersteht, dann auch der Leib jedes Menschen, sobald seine Zeit der Verdammung vorbei ist[721]. Doch ist hier noch nur vom Menschen gesprochen. Pseudo-Hippolyt hingegen sieht in Kol 2,15 die Himmelfahrt als das Aufsteigen des »Bildes« (= des ganzen Bildes Gottes in Christus, Kol 1,15; 2,9) und die Verhaftung der Mächte, die dem ganzen Universum wieder Leben und Festigkeit verleiht[722]. Sind dabei die Mächte ausgeschlossen von der Versöhnung, so erklärt doch schon *Origenes* ausdrücklich, daß die Wiedervereinigung göttlicher und menschlicher Natur[723] auch die Teufel retten werde[724], und seine Schule hält fest, daß wegen Kol 2,9 in Christus alles zur Einheit gebracht und nichts mehr »draußen« sei[725], und daß Gott, der in allem lebe, gleichen Namens mit uns geworden sei[726].

b) Die gnostische Lehre von der »Fülle« im Erlöser
Am stärksten sind All-Aussagen in der Gnosis übernommen worden. Formeln, nach denen das All aus Gott oder dem Erlöser kommt und in ihm weilt, stammen dabei wohl aus den gleichen Wurzeln wie die entsprechenden Stellen des Kolosserbriefs (vgl. Anm. 140-146)[727]. Doch wird in der Gnosis wie auch in der Origenesschule die »Fülle« (das Pleroma) faktisch auf die heile Welt beschränkt und die Materie davon ausgeschlossen. So sieht *Methodius* Olympios das Her-

[718] Trid. Spat. (299,13–302,6).
[719] Recapitulatio z.B. V, 12,4 (II, 353) zu 3,10 (gegen Verachtung des Fleisches); vgl. Anm. 655. Vgl. ferner die ἀποκατάστασις, in der Engel den Stand der »Throne« (Kol 1,16) erreichen: Clemens Al, Eclogae 57,1 (153,25f); κατορθοῦν Chrysostomus IV, 3 (328) und für Ambrosiaster Anm. 750.
[720] In Dan. II, 30,3–6; IV, 11,5 (100,3–102,4; 215,1–7 [176,9–30; 284,1–9]).
[721] Vgl. Anm. 657 und III, 20,3(19,3) – II, 124,214,105.
[722] 61; 55 (SC 27, 187,17–189,1; 181,20–183,21).
[723] Cels 3,28 (226,13f).
[724] Princ I, 6,1–3 (79,3–84,21), Comm in Joh

1,16 (20,11–18); andere Belege bei G. Müller, Origenes und die Apokatastasis, ThZ 14 (1958) 180–189. Augustin, Enchiridion erklärt dagegen, daß die bösen Engel zwar durch Gottes Güte noch leben dürfen, daß es aber für sie keine Besserung gebe. Sie werden durch bekehrte Menschen ersetzt (8f [27–29]), vgl. Anm. 746.
[725] Didymus der Blinde, In Zachariam 268,21–25 (SC 84, 778), eschatologisch (vgl. Anm. 743) verstanden?
[726] Julius Africanus, Chronica, hrsg. M. J. Routh, ²Oxford 1846 (Reliquiae Sacrae 2), 239.
[727] Ev Thomae 77a; Ev Veritatis 17(5),4–7; 18(7),33–35; 19(9),7–10.

absteigen des Erlösers aus der »Fülle des Gottseins« (Kol 1,19; 2,9) als Entäußerung an[728]. Nach den *Valentinianern* senden der Vater und die »Fülle« den »Engel des Ratschlußes«, in dem Kol 1,16 wahr wird[729]; im herabsteigenden Erlöser, dem »Wohlgefallen« (Kol 1,19) wohnt die ganze »Fülle« leibhaftig (Kol 2,9), nämlich die »Samen«, die mit ihm leiden (= die Gnostiker), und die er in seinem, der Kirche »wesensgleichen« Leib (s. Anm. 687) als »Haupt« (Kol 1,18; 2,10) auf seinen Schultern wieder in die »Fülle« hebt; so ist er »Erstgeborener« (Kol 1,15.18b) in der Welt der »Fülle« und der dazu Erwählten[730]. In diesem Sinne kann Valentin den Erlöser unter Berufung auf Kol 2,9; 3,11 mit dem All gleichsetzen, wobei der »Einziggeborene« im Pleroma in der Schöpfung der »Erstgeborene« wird[731]. Nach *Basilides* hat die ganze Schöpfung die Menschwerdung im »vollkommenen Menschen« (Kol 1,28) nicht entdeckt (vgl. III 1 am Ende), und doch sind in ihm alle Schemata eingeschlossen, aus denen die vier »Elemente« bestehen[732]. Bei den *Peraten* sind die drei Teile der Welt, das volle Gottsein der Trias (Kol 2,9) in ihn eingefügt[733]. Das begründet die Erlösung, die zur Einheit mit den »Kräften« führt[734], zur Wiederherstellung in den engelgleichen Zustand[735].

c) Die Neuschöpfung bei Theodor und ihre Folgen

Entscheidend ist *Theodors* Ausdeutung von Kol 1,15-17 auf die Neuschöpfung statt auf die Erstschöpfung[736] bis in mittelalterliche und moderne Kommentare hinein geworden. Ist Heil für ihn Erlösung von der Sterblichkeit durch das vom Gott Logos angenommene Fleisch, so umfaßt die in Christus wohnende »Fülle« (Kol 2,9) Kirche wie All und ist die ganze, in Christus wiederhergestellte, mit Gott vereinte Natur, die zu Auferstehung und Unsterblichkeit befähigte Neuschöpfung[737]. Ausdrücklich hebt er die Verwandtschaft des aus den vier »Elementen« bestehenden und in seiner Seele mit den unsichtbaren Kräften verbundenen Menschen mit dem All hervor[738]. Seine Schau erhält sich vor allem

---

[728] Convivium 202 (SC 95, 230).

[729] Vgl. Irenaeus I, 1,8(4,5) – I, 38 (der Paraklet, den der ins Pleroma zurückgekehrte Christus schickt) und Apocryphon Johannis 51 (143),8f (Sendung des αὐτογενής aufgrund des Heilsratschlusses [Kol 1,19]).

[730] Clemens Al, Exc Theod 43,2f; 31,1; 42,2f (120,10–14; 117,4–6; 120,3–7). Vgl. oben Anm. 169–172, 332 und bes. 559, ThWNT VII, 1088, 24ff.

[731] Irenaeus I, 1,5(3,4) – I, 28f (griech.); Cl Al Exc Theod 7,3; vgl. 8,2f; 10,5; 19,4 (108,12f.26f; 110,1; 113,6–10).

[732] Hippolyt Ref VIII, 13,3; 14,2 (233,7–11.24–28); vgl. noch V, 19,21; VII, 25,3 (120,22-24; 203,4–9).

[733] Ebd. V, 12,4f; X, 10,3f (105,4–8; 269,12–17); vgl. VIII, 13,1f (232,27-233,7, alle Zahlzeichen in ihm enthalten).

[734] So die Taufformel der Markosier bei Irenaeus I, 14,2(21,3) – I, 183.

[735] So die Valentinianer Cl Al Exc Theod 22,3 (114,4): »die auch die Engel haben«; vgl. 36,1 (118,20f): »unsere Engel, aus einem hervorgegangen, sind einer«.

[736] S. S. 187 mit Anm. 672; noch vertreten bei Crell 527b–528a und bei modernen Auslegern (Anm. 112 oben).

[737] Zu Kol 1,19: 275,11–276,4; vgl. 276,8–12; zu Kol 2,9: 286,3–8; zu Kol 2,15: 292,1 (»alles« wurde mit der Auferstehung verknüpft; faktisch spricht er aber von den Glaubenden). Nachwirkung: Theophylakt 1224B (zu 1,18) betont die Auferstehung, 1245A (zu 2,15) den Tod, 1248B (zu 2,17) die Menschwerdung; Hrabanus 516CD; Petrus L. 264C (zu 1,18b: Auferstehung als Wiederherstellung der Schöpfung).

[738] 268,6–8; Nachwirkung: Hrabanus 512D; 514C; Rupert, Div. offic. 9,6 (252D/253A): der Mensch als Mikrokosmos (!) bestimmt den Kosmos, selbst die Engel.

bei den *Nestorianern* und ist dort, unter ausgesprochener Berufung auf ihn, noch im 13.Jh. nachweisbar[739]. Auch in der byzantinischen Kirche sind viele seiner Gedanken erhalten geblieben. *Johannes Dam.* weiß noch um die Wurzeln in der Weisheitstheologie: In Christus ist alles erschaffen (Kol 1,16), weil es Ps 104(103),24 heißt, Gott habe alles »in der Weisheit« (also nach 1Kor 1,24 in Christus, vgl.Anm.659) erschaffen (vgl.Anm.664); daher werden auch in ihm alle Dinge dem Verderben entrissen, weil der Bruch zwischen Schöpfer und Schöpfung (Eph 2,13f) durch die vom Logos angenommene Natur geheilt ist[740].

Im Westen ist diese Linie abgebrochen worden. Die »Fülle« von Kol 1,19 wird bei *Theodoret*[741] und *Severian*[742] im Lichte von Eph 1,23 nur auf die Kirche gedeutet. Immerhin bleibt die Möglichkeit, daß die Kirche in der eschatologischen Erfüllung einmal die ganze Menschheit umfassen wird; eine Auslegung, die vor allem durch Röm 8,19-23 nahegelegt und bis in neueste Zeit hinein vertreten wird[743]. *Augustin* hat freilich unter ausdrücklicher Ablehnung einer Lehre von der auch Gestirne oder Engel einschließenden Wiederherstellung aller Dinge, Röm 8,19-23 so verstanden, daß die ganze Kreatur im Menschen drin lebe und so auch mit ihm erlöst werde (ad Oros. 10-12[674-677]).

Schwierigkeiten bereitete dann aber die Ausdehnung der Versöhnung auf »das im Himmel und das auf der Erde« (Kol 1,20). Die für die Exegese bis heute möglichen Lösungen zeichnen sich früh schon ab[744]. Man kann das auf Engel und Menschen beziehen; zunächst so, daß man gegen den Text die Versöhnung der den Menschen wegen deren Versündigung feindgewordenen Engel mit den Menschen darin entdeckte[745] oder gar die Ersetzung der gefallenen En-

---

[739] Salomon von Basra, The Book of the Bee 60f, hrsg. E. A. W. Budge, Anecdota Oxoniensia, Oxford 1886 (Semitic Series I/2), 139–142. Kol 1,16 mag ebd. 5 (S. 9) nachklingen. Die Entwicklung auf dieser Linie und vor allem ihre Bedeutung für die moderne Konzeption der Solidarität Gottes mit der Welt ist bei Kasper, Jesus 260–269, 274–277 nachgezeichnet.

[740] 888CD. Als modernen Vertreter der orthodoxen Sicht eines durch die Inkarnation in Bewegung gesetzten, Menschheit und Kosmos umfassenden Vergottungsprozeßes, in dem sich die Materie auf das Pleroma hin bewegt, vgl. Eudokimov, bes. 9–13, 17–20 (Kol 3,9f und 2Kor 4,16 klingen S. 7 an). Ganz anders betont Küng (436), daß in den »hohen Worten« von Phil 2,6–11 und Kol 1,15–20 beidemal das Kreuz als die entscheidende Aussage erscheint.

[741] 601A zu 1,19 (608C; 609A für 2,9 abgelehnt); dagegen Chrysostomus VI, 2 (339: Gott, nicht die Kirche wohnt in Christus, auch ist nicht vom Vater die Rede, wie einige meinen); Hrabanus 516C (Kirche und All). Vgl. Anm. 694.

[742] 320; 322. 319 (zu 1,18) wird ausdrücklich gesagt, daß nicht alle als Brüder Christi auferstehen werden. Vgl. Lanfranc 322 (I, 15).

[743] Vgl. Anm. 725 und S. 199. Theophylakt 1224B (zu 1,18); Dionysius 100B (zu 1,20 und 2Kor 5,19, neben anderen). Auf die eschatologische, allen verheißene Auferstehung beziehen Hrabanus 516C; Dionysius 100B die Stelle. Im Sinne von Röm 8,19–23 erklärt Huby 37,47 (vgl. Anm. 745). Synge 71f faßt es rein potentiell, weil in Kol 1,21–23 eindeutig von der Kirche die Rede ist. J. Munck erklärt, Paulus habe sich nach Kol 1,22–29 als Werkzeug eines eschatologischen Planes verstanden, nach dem »die Fülle der Heiden« zum Heil eingehen müsse (Paulus und die Heilsgeschichte, Aarhus 1954 [Acta Jutlandica 26], 33, 40f, 148).

[744] Zusammengestellt bei Gomarus 554f.

[745] Chrysostomus III, 3 (321); Theodoret 601B; Johannes Dam. 889A (mit Verweis auf Lk 2,14); Maximus Confessor, PG 90, 877B; Theophylakt 1225BC (mit Verweis auf die Himmelsreise des Paulus 2Kor 12,2); Dionysius 100B; Crell 530a (denn die guten Engel brauchen keine Versöhnung, die bösen erhal-

gel durch bekehrte Menschen[746]. Bis in neueste Zeit hinein wird das in dem Sinn aufgenommen, daß man in Kol 1,20 um der Harmonie mit 2,14f und 1Kor 15,24 willen nur eine »Pazifizierung« sieht, die auch die Unwilligen zur Unterwerfung zwingt[747]. Oder dann erblickte man in Kol 1,20 von Eph 2,11-22 her die Versöhnung von Juden (denen der Himmel schon zugesagt war) und Heiden[748]. Hielt man aber an der Bedeutung »Versöhnung« fest und verstand man sie textgemäß als die zwischen Gott und »allem in Himmel und auf Erden«, dann mußte man, wollte man nicht nur auf (schon im Himmel weilende) Verstorbene und (noch auf Erden) Lebende deuten[749], zugeben, daß es auch im Himmel Irrtum gebe. Das konnte man so tun, daß man an die Gestirne, also an den »fleischlichen« Himmel, die rein topographisch über der Erde befindlichen Teile des Kosmos, dachte[750] oder dann an die Engel, die auch nicht vollkommen rein seien; eine Auslegung, die schon vor *Calvin* bestand, aber durch ihn besonders wirksam wurde[751].

d) Die Lehre von der eigentlichen Allversöhnung im Westen

Kol 1,20 und Eph 1,10 wirken vor allem in Unter- und Nebenströmungen durch das ganze Mittelalter und die nachreformatorische Zeit hindurch weiter. *Johannes Scotus* spricht von der Wiederkehr aller Dinge, von der freilich noch eine spezielle zu unterscheiden ist, die in übernatürliche Herrlichkeit führt (1001AB). Jedenfalls wird nicht nur ein Teil, sondern die ganze Menschheit in Christus wiederhergestellt und die menschliche Natur der der neun Engelklassen gleich werden und diese erfüllen (1005C-1006A, vgl. 1002CD), was mit den Gleichnissen von Lk 15 (vgl.Anm.654) bewiesen wird. Das ganze Menschengeschlecht wird daher erlöst ins himmlische Jerusalem eingehen (1007C).

---

ten keine); Grotius 672b (zu 1,16; vgl. 673b/674a); Calov 807b (mit Verweis auf Gen 3,24 und Lk 2,14; 808a werden unvernünftige Geschöpfe und Teufel ausdrücklich ausgeschlossen); Bengel 813; Flatt 177f; Huby 47f (vgl. Anm. 743).

[746] Augustin, Enchiridion 16 (61f, 82,16–46); Gregor, In primum Regum expositiones III, 5 zu 7,13 (PL 79, 214 A), öfters wiederholt.

[747] Z.B. O'Brien, RTR 33,45–53; ähnlich G. S. O'Collins und T. M. McNulty, St. Paul and the Language of Reconciliation, Colloquium 6 (1973) 6 (»[dem göttlichen Plan] konform machen«). Mit ausdrücklichem Verweis auf Kol 2,10.15 und die Unmöglichkeit eines Widerspruchs des Apostels gegenüber seiner eigenen Aussage interpretiert auch schon Ewald 332f Kol 1,20 als »in geordnete . . .Verhältnisse bringen« und erwägt sogar die Konjektur ἀποκατατάξαι.

[748] Petrus L. 264D; Thomas Aqu. 537b.

[749] Z.B. Petrus L. 265A; Alting 395a; Bengel

813 (doch vgl. Anm. 745).

[750] Hieronymus (PL 26, 493BC zu Eph 1,22 [mit Anspielung auf Kol 1,20]): die Gestirne, die vor Gott auch nicht rein sind. Ebd. 507A–508A; 515A scheint er himmlische Kräfte und Engel einzuschließen (vorsichtiger 535CD). Ambrosiaster (173,14–25; 174,17–23): Als der Erste in Schöpfung und Neuschöpfung stellt Christus alles wieder her, auch die himmlische Ordnung. Dagegen (unter gleichzeitiger Auseinandersetzung mit Chrysostomus) protestiert Musculus (141f zu Kol 1,15–20); er verteidigt zwar die Wiederherstellung aller, erklärt aber zugleich, daß die Ungläubigen nicht daran teilhaben; beides steht nebeneinander, weil sich der Mensch keine Vorstellung vom Endgeschehen machen kann.

[751] Augustin, ad Oros. 13 (677); Calvin 132 (gegen ihn Calov 808a); de Wette 30; Lueken 345; Meyer 202. Ob es nicht zwischen ganz guten und ganz bösen Engeln eine Mittelstufe gebe, wird im Handbuch (410) gefragt.

Des Teufels Herrschaft wird freilich zerstört werden, obwohl er zurückkehren könnte, wenn er wollte (1002BC); im Gericht wird alle Kreatur Gott erkennen (1003A). In der Reformationszeit haben besonders Randfiguren die universale Hoffnung aufrecht erhalten, oft mit Berufung auf Kol 1,20, so *Hans Denck*[752] und, im Gefolge von *M.Bucer*[753], *J.Bradford*[754]. Das Tagebuch von *G.Fox* über das Jahr 1648[755] läßt in merkwürdiger Weise wieder die Wurzeln dieser Hoffnung sichtbar werden; das »Anziehen des neuen Menschen« (Kol 3,10) erlebt er nämlich als Rückkehr in den Stand Adams vor dem Fall, in dem sich ihm die ganze Schöpfung öffnet. Das lebt weiter bei den *Plymouth Brethren*[756], und 1784 erscheint Kol 1,26 als Titel einer Schrift *Ch.Chauncys* über die Allversöhnung.

In der Schweiz findet *Marie Huber* in Kol 1,19f die Verheißung der Rettung aller Menschen[757]. Für *Lavater* ist die Doppelaussage des Kolosserbriefs von Christus und vom Menschen als dem Bild Gottes der Beweis für eine kommende Allversöhnung; denn wie sollte Gott durchführen können, was kein gesundes Menschenherz ertragen könnte, und für immer verdammen[758]? Ein besonders fruchtbarer Boden für solche Ansichten ist der württembergische Pietismus. Kol 1,20, verbunden mit den Aussagen von Christus als dem »Haupt der Menschen und der Engel«, läßt *Oetinger* das »Geheimnis Gottes« (Kol 1,26f), »das große Geschäft der Erlösung an aller Kreatur« darin sehen, daß Christus »alles wieder zu ihm selbst versöhnen« wird (Kol 1,18a.20; 2,10), und Kol 2,3 läßt ihn vorausschauen auf jene »güldene Zeit«, da alle Wissenschaften in Christus zusammengeschlossen sein werden; eine Erkenntnis, die freilich nur dem Gläubigen in seinem geistlichen Alter zuteil wird[759]. Die *Berlenbur-*

---

[752] Briefe und Akten zum Leben Oekolampads, hrsg. E. Staehelin, II Leipzig 1934, 52f (Nikolaus Thoma an Oekolampad am 1. 4. 1527): mit Berufung auf Kol 1,20; das ewige Feuer ist nur für die Gottlosen notwendige Drohung. Vgl. Anm. 760 Ende.

[753] I 343, bei Bradford (Anm. 754) 355 erwähnt: freilich nur im Sinn von Röm 8,19–23 (vgl. Anm. 743).

[754] Um 1550. Er beruft sich auf Kol 1,20 (ebd. 352f, 357) und auf Augustin wie Thomas von Aquin, die wenigstens eine teilweise Wiederherstellung der Natur lehrten.

[755] Aufzeichnungen und Briefe des ersten Quäkers, übersetzt von M. Stähelin, Tübingen 1908, 20f (engl. Originaltext 69).

[756] J. N. Darby, L'attente actuelle de l'église, Genf 1840 (2. Abend), 25f: Kol 1,20 lehre die schon erfolgte Versöhnung der Kirche und die noch ausstehende aller Dinge (wie sie 1,16 aufgezählt sind) bis hin zum kleinsten Grashalm; sonst hätte ja der Teufel doch einen Erfolg zu buchen.

[757] Le système des Théologiens sur l'état des âmes séparées des corps, London 1739 (2. Brief): Kol 1,19f (S. 52f) und Eph 1,9f (S. 54) zeigen, daß Gottes Gnade so groß ist, daß am Ende alle Sünde vernichtet sein wird (S. 58); so sei der Weg zum Himmel breit und der zur Hölle schmal geworden (6. Brief, 105).

[758] Aussichten in die Ewigkeit III, Zürich 1773, 23. Brief, 274f; vgl. 266 und 262-264 (22. Brief, gegen Ende).

[759] Grundbegriffe des NT, Reutlingen 1852, Predigt an Judica über Hebr 9,11–15, S. 145 (Kol 2,2) und 149. Vgl. Biblisches und emblematisches Wörterbuch, ohne Ort 1776, s.v. »Versöhnen« (nach Kol 1,20 wird »alles . . .in den ersten Stand gesetzt«, auch das »physicum«, 664f) und »Wiederbringung« (683). Auch der berühmte Satz von der »Leiblichkeit« als dem »Ende der Werke (nicht: Wege!) Gottes« und die Erwartung der Vernichtung des »in der Kreatur eingeführten Schlangenwesens« findet sich dort s.v. »Leib« (407). In der Vorrede versteht er Kol 2,9 als die wesentliche, körperliche Offenbarung.

ger Bibel interpretiert Kol 1,20 so, daß die Welt »aus ihrer Unordnung wieder in die rechte Ordnung (obgleich nicht alle auf einmal, sondern ein jegliches zu seiner Zeit) gebracht werden« könne, so daß »endlich in der ganzen Schöpfung eine allgemeine Freude und ein unendliches, ewiges Lob Gottes erweckt werden möge«, woran auch die gefallenen Engel teilhaben werden (1016f). *Hahn* sieht in dem Geheimnis von Kol 1,26f die Allversöhnung, die nach 1,20 »alle Geschöpfe reinigt und erneuert und zu höheren Lebensstufen führt«, so daß »dieses himmlische Wasser der verklärten Menschheit Jesu das entbrannte Feuer des Zornes Gottes« dämpft[760]. Das erste gilt auch für *Theremin*, nur daß er auf Kol 2,2f verweist; doch bahnt sich bei ihm schon eine Entwicklung an, die unter IV 5 zu behandeln ist. Die »Zusammenfassung aller Wesen im Himmel und auf Erden« ist nämlich »eine große durch die sichtbare und unsichtbare Welt sich erstreckende gesellige Verbindung« (Kol 1,13f), die nach Kol 1,16 auch »den Staat und die bürgerliche Gesellschaft« in Christi Heilswillen einschließt, bis »alles in das eine, unendliche Reich Gottes sich auflöst« (8f, 13f). *Chr.Blumhardt* schließt eine Morgenandacht über Kol 1,12-20 an Ostern 1899 damit, daß es schon Höllen gebe, er selbst wisse wohl darum, daß sie aber aufhörten, weil nach Kol 1,13 alle Menschen schon Gottes seien (III 271f). Ausführlich behandelt auch *E.F.Ströter* die Allversöhnung[761].

e) moderne Versuche

Auf katholischer Seite wird der freie Wille sehr viel stärker betont, auch wenn im Sinn von Röm 8,19-23 (vgl.Anm.743) festgehalten wird, daß, was beim Menschen geschieht, auch die Natur durchdringen soll[762]. Interessanterweise taucht aber gerade hier eine Lösung auf, die in den letzten Jahrzehnten im evangelischen, besonders im angelsächsisch-reformierten Bereich wesentlich geworden ist. Von Kol 1,20 her ist, gerade wenn man den freien Willen des Menschen so hoch einschätzt, zu sagen, daß auch die, die unverschuldet außerhalb der Kirche stehen, ihre Söhne sind, wenn für sie der Goethe-Vers gilt: »Wer immer strebend sich bemüht,..«[763]. In neuerer Zeit hat dann *M.A.Wagenführer* durch Ausscheidung von V 18a aus dem ursprünglichen Hymnus

---

[760] 60 (26. Rede); 47–49 (20. Rede). 43 (19. Rede) erscheint der alte Topos von der Weisheit als dem Architekturplan Gottes wieder (vgl. Anm. 664). Hahn spricht zwar vom ewigen Gericht (61), hält aber fest, daß die Erfüllung erst da sein wird, wenn »der erhöhte und gesalbte Menschengeist sich in alle Welten ausbreiten und das Haus des dreieinigen Gottes werden soll«, wenn »alle Geschöpfe mit seiner Herrlichkeit erfüllt sind und alles, was lebt, ihn als Herrn erkennen wird« (45, 19. Rede). Vgl. noch die Nachdichtung von Kol 1,15–20 (»Fürstentümer und Gewalten, Mächte, die die Thronwacht halten« = Kol 1,16) in Ph. F. Hillers (1699-1769, Württemberg) »Jesus Christus herscht als König« (Gesangbuch [Anm.

251] Nr. 336) und für die weitere Entwicklung G. Müller, Apokalypsis panton, A Bibliography, Selbstverlag (Basler Missionsbuchhandlung), Basel 1969, IX (ab 1800, zu H. Denck Anhang II 1); auch in ders., Identität und Immanenz, Zürich 1968.

[761] Das Evangelium Gottes von der Allversöhnung in Christus, Chemnitz o.J. (1915), bes. 326–384: Kol 1,15.18 beweisen den Sieg des unvergänglichen Lebens in Christus, Kol 2,15 den Triumph am Kreuz (370, 364).

[762] So J. N. Schneider, Die Versöhnung des Weltalls durch das Blut Christi nach Kol 1,20, Schaffhausen 1856, 121–124, 227–231, aber mit Wirkung zu Erlösung oder Verdammung.

[763] Ebd. 178f.

Christus als Haupt des Universums gesehen und damit 1,20 auch als die Versöhnung Gottes mit dem Universum verstanden, in das Menschheit und Geisterwelt eingeschlossen sind, so daß die Mächte zu »göttlichen Organen« werden[764]. *P.Prat* spricht von der »weltweiten Rückwirkung« der kosmischen Rolle Christi, der ja schon als Logos »Ort« des künftigen Kosmos ist (Anm.143). In der Regel umfasse zwar der Heilswille Gottes nur die Menschheit, doch gehe Kol 1,19f weiter, meine freilich nicht die Versöhnung zu Gott, sondern die unter sich, die aber »auf ihn hin« ausgerichtet sei, so daß die ursprüngliche Einheit einst unter der Führerschaft Christi wieder erreicht werden wird (II 107-109). Sehr viel vorsichtiger spricht *F.Mussner* von den Tiefen der Räume und der Seele wie von den Mächten der Geschichte, die durch Christus umschlossen sind, und erinnert an den Einbezug der Naturdinge wie Licht, Wachs, Feuer und Weihrauch in den Kult der Kirche, in deren Liturgie die Schöpfung heimgeholt ist (41f zu 1,16). Auch die *Jerusalemer Bibel* versteht die »Fülle« von Kol 1,19 als das All, das vom Heil mitbetroffen ist (1697, vgl. 1698 zu 2,9). Sie löst das Problem von 1,20 so, daß kollektiv Himmel und Erde zu Gott zurückkehren, die, die nicht wollen, aber in diese Neuordnung hineingezwungen werden[765].

Auf reformierter Seite sieht *E.Brunner* die endgültige Zusammenfassung des Alls in Christus zwar als Ziel Gottes, betont aber, daß nicht alle Kreatur es erreichen wird; Allversöhnung ist daher widerbiblische Lehre und mit voller Schärfe abzulehnen[766]. *O.Cullmann* bezieht Kol 1,20 selbstverständlich auf die Vereinigung von Juden und Heiden in der Kirche als Ziel der Heilsgeschichte; er weiß freilich ebenso um die Solidarität der Schöpfung (Röm 8,19-23,Anm.743) mit dem ganzen Heilsgeschehen und um die von Ewigkeit her bestehende Einordnung der Mächte in das Christusgeschehen[767]. *K.Barth* hingegen kreist, im Rückgriff auf die reformatorische Einsicht in die Allgenügsamkeit Jesu Christi, immer wieder um den Gedanken einer wirklich alles umfassenden Bedeutung des Christusgeschehens. Das Ja der Gemeinde kann doch nur ein vorläufiges, an Stelle der ganzen Kreatur gesprochenes Bekenntnis sein. Wenn Gott in Christus wohnt, dann doch auch in der Schöpfung, denn in ihm wird der Schöpfer zum Geschöpf, ohne daß der Unterschied zwischen ihnen aufgehoben würde. So kann man geradezu vom kosmischen Frieden sprechen, der sich auf alle irdischen und himmlischen Wesen erstreckt[768]. Von da aus ist dann festzustellen, daß Glaube nicht nur ein inneres Geschehen ist, sondern eine Befreiung gerade auf den gesamten Kosmos hin, hat doch Christus unsere Menschennatur mit seiner göttlichen Person vereinigt, damit sie so in

[764] Die Bedeutung Christi für Welt und Kirche, Leipzig 1941, 61, 63, 68f (bei Gabathuler, Jesus Christus 150f, 168–170).
[765] Kol 2,14 wird auch auf das Gesetz und die es vermittelnden Engelmächte bezogen (ebd. 1699).
[766] Dogmatik I, 248, 363; II, 181; vgl. auch II, 68: Kol 3,10 zeigt, daß die Wiedergewin-

nung des Ebenbildes Gottes dem Glauben verheißen ist, sie ist auch nicht das Ganze der Erlösung, wie es die Gnosis verstand (ebd. 118).
[767] Heil 100, 127; vgl. Christus 189, auch 92.
[768] Dogmatik IV/1, 559 (zu Kol 1,13); II/1, 546f (zu 1,19; 2,9); IV/2, 285 (zu 1,20 und 2,14f mit Betonung des versöhnenden Todes Jesu).

ihm ihre Eigentlichkeit finde[769]. Dann ist aber darauf zu achten, daß die Kol 1,16 erwähnten Mächte zwar gewiß nicht irdische Machthaber sind (vgl. Anm. 673), aber doch deren »Originale«, so daß die geschehene Erlösung auch ihre politische Note und Tragweite bekommt[770]. Die nach Kol 2,14f erfolgte Entgötterung des Kosmos führt daher auch zu einer weit gelasseneren und offeneren Haltung des Gottesvolkes der Welt gegenüber als noch im Alten Testament mit seinen Glaubenskriegen[771]. Das führt ihn schließlich dazu, bei Kol 1,15-20 an Calvins Lehre vom Heiligen Geist als dem Lebensprinzip, das auch im ganzen Kosmos waltet, zu erinnern und mindestens zu fragen, ob nicht das Adventslied vom Heiland, der »aus der Erde springen« soll, seinen Sinn habe[772].

Gerade dieser Gedanke ist, freilich in sehr verschiedener Weise, weitergesponnen worden. *W.H.G.Thomas* sieht in Kol 1,15 die Verbindung von Natur und Gnade, die Gottes Güte »physisch und ewig mit dem ganzen Universum verbunden« sein läßt, also einen Vorsehungsglauben ermöglicht, der die von der Wissenschaft aufgezeigte physische Einheit des Universums auch als moralische und geistliche verstehen läßt. Er folgert aber aus dieser Einheit von Natur und Gnade, daß »Ordnung des Himmels erstes Gesetz« sei, was selbstverständlich angemessene Autorität und Disziplin einschließt[773]. Auch für *Synge* besteht das kosmische Werk Christi, die Inkarnation, von der das ganze Universum mitbetroffen ist, praktisch in der Ordnung von Regierten und Regenten, die im Dienste Christi ihr Amt ausüben sollten (70f zu 1,15f). *Barclay* (Christ 61-65) erinnert sogar an Heraklits Logos als Ordnungsprinzip der Welt; die vom Geist Christi im Universum hergestellte Ordnung müßte sich auch in der Gesellschaft, in der Kirche und unter den Nationen, z.B. im Zusammenleben der Klassen und Rassen auswirken. Man kann daher von einer Evolution reden, in der alle Menschen die »Fülle Christi« erreichen, einem Ziel, von dem Gott als Lenker der Geschichte träumt (ebd. 66f). Selbst das physische Gesetz der Gravitation erklärt *Lightfoot* als Ausdruck des Geistes Jesu, weil es die Erde vor dem Chaos bewahrt (154 zu 1,17). *Scott* versteht Kol 1,20 als Versöhnung des mit sich selbst im Kampfe liegenden Universums und seiner geheimnisvollen Mächte; die Kol 1,21 genannte Entfremdung des Menschen ist erst Folge dieses Zustandes. So eröffnet sich dem Glaubenden eine »gewaltige Geschichte in die Zukunft hinein« (26f)[774]. Wenn das stimmt, dann

[769] Dogmatik III/4, 562f; I/2, 430f (zu 1,21f).
[770] Dogmatik III/3, 534–536 (vgl. Anm. 673 und 835).
[771] Dogmatik I/2, 117f.
[772] Dogmatik IV/3, 865.
[773] 53–55 zu 1,15; 122f zu 3,18.21; zu dieser Folgerung vgl. S. 210f.
[774] De Boor 189–191 (zu 1,20) meint, nach ähnlichen Gedanken, wie sie sich bei Scott finden, man dürfe das Gesagte nicht als Mythologie abtun, zeigten doch Industrialisierung und Weltkriege, wie sehr der Mensch von der Schöpfung und ihrem Zustand abhängig sei. Genau umgekehrt als Scott betont dagegen v. Allmen den eindeutigen Primat der anthropologischen Aussagen; was Mission und Sozialarbeit der Kirche tun kann, ist ein Aufrichten der Zeichen für die erst mit der Parusie kommende Vollendung, und zwar auch im sozialen Leben, in Wissenschaft, Technik und Kunst, so daß die modernen »Mächte« entlarvt würden (RHPhR 48, 44f). Zu Kol 1,15–20 als Beispiel der Übersetzung in eine neue Kultur (z.B.

ist allerdings der Mensch dem ohne sein Zutun ablaufenden Naturprozeß der Evolution ausgeliefert; nur daß dieser jetzt rein positiv verstanden wird. Kommen wir damit nicht in die Nähe jener frühen Apokalypsen, die das Heil nicht von der Umkehr des Menschen, sondern von der Verwandlung der Erde zum Paradies erwarten, in der seltsamen Vorstellung, daß in einer guten Umgebung auch beim Menschen alles zum Besten stünde? Doch davon ist unter f) noch zu reden.

Unter den eigentlichen Neutestamentlern findet *Bultmann* in Kol 1,15-20; 2,15; 3,1-4 den Beweis für die gnostische Vorstellung vom Urmenschen, der das Schicksal des ganzen Kosmos schon bestimmt, allerdings in der Meinung, daß dies existential uminterpretiert werden müsse[775]. *Stauffer* hingegen spricht eindeutig von der »Heimkehr des Alls«, neben der freilich im Neuen Testament auch die Erwartung einer ewigen Verdammnis steht; doch reichen Vollmacht und Fürbitte der Kirche nach Jesu Worten über dieses Leben und diese Erde hinaus (§57, 201f). Die Schöpfungstheologie ist Kol 1,15-20 am klarsten ausgeprägt. Als Daseinsgrund des Alls, »auch aller Throne, Herrschaften, Mächte und Gewalten«, ist er auch der Versöhner des Alls, der die Höllenmächte zwar entwaffnet, aber nicht vernichtet (Kol 2,15,ebd.203f). *W.Michaelis* versucht in einer Monographie zu diesem Thema die Allversöhnung neutestamentlich zu begründen, wobei Kol 1,20 mit Eph 1,10 zusammen die Fundamentalstelle bleibt[776]. Seine Lösung liegt darin, daß im Neuen Testament nirgends von »ewiger« Verdammnis gesprochen werde, weil der griechische und der dahinter stehende hebräische Ausdruck das nicht aussagen[777]. Schließlich hat *E.Staehelin* in einer Rektoratsrede den Gedanken der Allversöhnung mit Sympathie durch die gesamte Kirchengeschichte hindurch verfolgt[778].

f) Kosmische Christologie?

Das alles hat neue Relevanz bekommen durch die Forschungen *Teilhard de Chardins*[779]. Welche Folgen ein Nichtunterscheiden hymnischer und kom-

»Afrikanisierung«) vgl. ders., Pour une théologie grècque?, Flambeau 25 (1970) 20–23, 26–33 (deutsch in EMZ 27 [1970] 57–71, 160–176).

[775] Theologie 134f, 180, 182 (auch für Redaktion), vgl. 303; Exegetica 250, vgl. 406 (dieser Hintergrund läßt – gegen Cullmann – gerade das skandalon des Kreuzes verschwinden, ebd. 366).

[776] Versöhnung 24–27; gegen Benoit (Jerusalemer Bibel) ist nicht nur von teilweise erzwungener Pazifizierung die Rede (28–30).

[777] Αἰών und αἰώνιος bezeichnen eine unbestimmte Länge, aber nicht Ewigkeit im modernen Sinn (ebd. 41–48), was freilich exegetisch schon wegen Stellen wie Mk 9,48 schwerlich zu halten ist.

[778] Die Wiederbringung aller Dinge, 1960 (Basler Universitätsreden 45), ohne Belege; doch finden sich die meisten, wenn auch mit unpräzisen Stellenangaben, in ders., Verkündigung.

[779] Ausdrückliche Hinweise auf ihn sind relativ selten, vgl. die bei Ahrens, Diskussion 176–178 zusammengestellten Belege: P. Teilhard de Chardin, Der Mensch im Kosmos, München ⁷1967, 247ff; S. M. Daecke, Teilhard de Chardin und die evangelische Theologie, Die Weltlichkeit Gottes und die Weltlichkeit der Welt, Göttingen 1967; W. Dantine, Schöpfung und Erlösung: Versuch einer theologischen Interpretation im Blick auf das gegenwärtige Weltverständnis, KuD 11 (1965) 41; H. Riedlinger, Die kosmische Königsherr-

mentierender Sprache nach sich zieht, zeigt sich zunächst bei *O.A.Dilschneider*, der schon 1956 gegen alle Säkularisierung die in der Ostkirche bewahrte, im Westen vergessene Theologie der Natur und Geschichte mit ihrem Christus Pantokrator (vgl. III 2c und Anm.654) vertritt, was dann auch eine bewußt christliche Universität zur Folge hätte[780]. Er hat dies im Jahr nach der ökumenischen Konferenz von New Delhi ausgebaut zu einer pleromatischen Christologie, die eine Christushierarchie in äonologischen Bereichen verkündet[781]. Am stärksten nachgewirkt hat aber die genannte Konferenz selbst und dort besonders der Vortrag *J.Sittlers*, der sich auf Kol 1,15-20 stützt[782]. Er wendet sich gegen die dualistische Trennung von Kirche und Welt bei Augustin und beruft sich auf Irenaeus (vgl. oben II 1): Natur und Gnade sind eins; Erlösung umfaßt wie die Geschichte auch die Natur, die heute bedroht ist, aber ebenso die Welt von Politik, Wirtschaft und Kunst. In faszinierender Weise scheint der Vortrag zu zeigen, wie »auch die fernsten Bereiche der Welt mit Christusenergie und Christussubstanz erfüllt« sind[783]. *H.J.Gabathuler* hat sich vom exegetischen Befund her mit ihm auseinandergesetzt[784], und *Th.Ahrens* hat die lange und oft auch verworrene Diskussion seiner Thesen bis 1969 zusammengefaßt[785]. Im wesentlichen sind die missions-, geschichts- und naturtheologischen Folgerungen gezogen worden: Christus ist, zwar unerkannt, aber nicht minder wirklich, immer schon bei den angesprochenen Nichtchristen[786]; der Heilige Geist lehrt, die Geschichte als Entwicklung zur Universalgeschichte erkennen, in die sich die zur Einheit zusammenwachsende Kirche eingliedern müßte; auch die Natur kann als Evolution auf das Reich Gottes hin verstanden werden[787]. Freilich wurde auch energisch gewarnt vor einem Gefälle zum Synkretismus hin, der Christus als Heiligen Geist im Herzen jedes Menschen entdecken will, vor einem Erkennen des providentiellen Handelns Gottes in der Geschichte ohne jeden Blick auf Sünde und Vergebung und vor einem völligen Zusammenfallen des Glaubens an Gott mit dem Glauben an die Welt. Insbesondere ist immer wieder die Theologie des Kreuzes gegen eine drohende Theologie der Herrlichkeit angerufen worden[788].

schaft Christi, ConcD 2 (1966) 53–62; O. Rousseau, Die Idee des Königtums Christi, ebd. 63–69; neuerdings J. Willebrands, in: Christus, Zeichen und Ursprung der Einheit in einer geteilten Welt, Zürich 1970, 20–24.
[780] Gefesselte Kirche. Not und Verheißung, Stuttgart 1953, 139f, 146f (bei Gabathuler, Jesus Christus 152–154).
[781] Christus Pantokrator. Vom Kolosserbrief zur Oekumene, Berlin 1962, 31f, 41, 49 (bei Gabathuler, Jesus Christus 154-156, bei Ahrens, Diskussion 104–107).
[782] Zur Einheit berufen, in: Neu Delhi 1961, hrsg. W. A. Visser't Hooft, Stuttgart 1962, 512–523 (bei Gabathuler, Jesus Christus 159–163).
[783] R. Scheffbuch, Die Herausforderung von New Delhi, LM 1 (1962) Heft 1, 7.
[784] Gabathuler, Jesus Christus 163–167, 180f.
[785] Diskussion, bes. 90–199.
[786] So z.B. auch bei de Boor 182 zu 1,16 (der aber vor christlicher Naturphilosophie warnt, weil Jesus der persönliche Heiland ist, ebd. 184).
[787] Auch de Boor 183 (mit Anm. 13) will den Evolutionsgedanken nicht grundsätzlich ablehnen: das All findet in Jesus seine Erfüllung, um dann aber, wenn es sein Ziel erreicht hat, auch »abgetan zu werden wie ein Gewand« (zu 1,17). Damit ist das Problem allerdings überspielt.
[788] Selbstverständlich wird häufig festgehalten, daß das Heil zwar allen offen stünde, aber

Hochinteressant ist der Bericht, den *J.Reumann* über die nordamerikanische Diskussion vorlegt[789]. »Die ganze Frage des Verhältnisses von Schöpfung und Erlösung« ist durch die Rückbesinnung auf Kol 1,15-20 in New Delhi aufgeworfen worden und steht zur Diskussion, ist schon im Bericht über die Versammlung von »Faith and Order« in Montreal (1963) zu lesen (ebd. 126). Man ist sich zwar weithin einig darin, daß die Herrschaft Christi über die wahre Kirche gegenwärtige Wirklichkeit ist, während diejenige über die Welt erst in Zukunft offenbar werden würde. Aber die Frage bleibt, ob zwischen den ursprünglich hymnischen Aussagen von Kol 1,15-20 und ihrer Aufnahme durch den Briefverfasser, der diesen Vorbehalt deutlich macht, Kontinuität herrscht oder nicht, ob also eine kosmische Christologie gelehrt werden darf oder muß, nach der Christus auch außerhalb der Kirche verborgen, aber nicht minder real wirkt und die Welt schon in seine Versöhnung einschließt oder sie ihr wenigstens entgegen führt. Die Identifizierung der säkularen Ordnung mit einer der Welt immanenten göttlichen (Christus-) Ordnung (*W.Hamilton, Th.Altizer, D.Miller*) oder gerade deren scharfe Entgegensetzung, die jene zu einer schon verfallenden Ordnung macht (*G.Vahanian*), steht zur Debatte (ebd.146). Das gilt auch für die Wertung der Religionen und der sogenannten »anonymen Christen« (ebd. 147-151) oder die Bedeutung Christi für die Welt der Natur bis zu den »harmlosen Neutronen«. Nach *J.W.Heikinnen* nimmt das Reich Christi schon die Mächte in Anspruch, um alles auf das Telos hinzuführen (ebd.156f), und *J.C.Cooper* verknüpft die »Gott ist tot«–Theologie, ihren Mystizismus und ihre soziale Sensibilität mit Teilhard de Chardin und seinem Punkt Omega (ebd.160f). Die globale Vision de Chardins mit ihrem evolutionären Optimismus wie auch das Loblied auf die säkulare Großstadt sind in der ganzen Diskussion spürbar (ebd. 181). All dem gegenüber ist der Referent freilich der Ansicht, daß nur die nüchterne Erkenntnis der Zweischichtigkeit der Aussagen in Kol 1,12-23 vor schwärmerischen Konstruktionen bewahrt[790]. Damit ist schon die neueste Entwicklung signalisiert, die oben S. 50f, 101–104 besprochen wurde. Seit dem Aufkommen der religionsgeschichtlichen Methode wurde immer deutlicher, daß die Front, gegen die unser Brief kämpft, nicht einfach der »Judaismus« ist, daß also die Botschaft des Kolosserbriefs nicht nur die Rechtfertigungslehre als Gegensatz zur Werkgerechtigkeit ist, sondern sich eher gegen so etwas wie eine enthusiastische Strömung wendet, die freilich, wie eigentlich zu erwarten, umgetrieben ist von Ängsten vor allerlei Mächten. Wie immer man den religionsgeschichtlichen Hintergrund im einzelnen bestimmt (s. S. 100f), jedenfalls wird immer wieder der Bezug zu den Ängsten und den fragwürdigen Sicherungsversuchen des modernen Menschen

nicht von allen angenommen wird: z.B. Melanchthon, Enarratio 327; Beza 404a,45–b,45 (1,18a als Korrektur der All-Aussagen); v. Soden 30, 51 (zu 1,20 mit Hinweis auf 1Kor 15,24 und zu 2,15); de Boor 189 (zu 1,20); W. H. G. Thomas 55 (zu 1,15–20); J. Schneider, ThLZ 77 (1952) 160f (Besprechung von W. Michaelis).
[789] Humanität 120–189.
[790] Ebd. 162–179 mit Verweis auf Schnakkenburg, EKK 1, und Schweizer, EKK 1.

gezogen[791]. Wichtiger ist, daß jetzt die Aussagen des Hymnus mit ihrer »hochfliegenden Anschauung«[792] als vorgegebene Tradition verstanden werden, die
der Schreiber des Briefes kritisch aufnimmt, zunächst sogar als vorchristlich-
gnostisch[793], dann als christlich-enthusiastisch etikettiert[794]. Die Erkenntnis,
daß Sprache auf verschiedenen Ebenen lebt und z.B. im Lobgesang anders formulieren muß als in der Lehre, hat hoffentlich nochmals einen Schritt näher an
das Verständnis beider Aussagen, der hymnischen wie der lehrhaften herange-
führt (s. S. 72f und 79f). Damit ist freilich der Punkt erreicht, an dem deutlich
wird, daß eine *Lehre* der Allversöhnung sich nicht auf unseren Brief gründen
kann, daß aber die Gemeinde in ihrem Lobgesang gar nicht anders kann als
Gott immer wieder an seine unbegrenzte Gnade zu erinnern und damit alle und
alles in ihr Loben und Bitten einzuschließen[795]. Davon ist im Ausblick zu reden.

IV. Ethik

1. Allgemeines

Zu den ethischen Abschnitten des Kolosserbriefs sind zunächst wenig neue Gedanken zu finden. *Clemens Al.* kämpft mit Kol 2,11; 3,1-10.16f gegen Luxus,
Weltlichkeit und Leidenschaften[796]; *Tertullian* unterstreicht gerade die rigoro-
sen Gebote[797]. Die breiten moralischen Mahnungen, in die die Predigten von
Chrysostomus münden, wären in der Regel auch ohne die Textgrundlage an-
zufügen. Die »geistliche Liebe« (Kol 1,8) lädt Arme ein und macht glücklicher
als die weltliche, besonders in einer Überflußgesellschaft, in der zwei Tage Völlerei schlimmer auszuhalten sind als zwanzig Tage Hunger und der Anblick
hübscher Tänzerinnen nur die Qual steigert, sie nicht besitzen zu können (I
3-6, bes.5[306]). Der »neue Mensch« von Kol 3,10 ist der die Natur besiegende
freie Wille (VIII 1[352f]); das »Töten der Glieder auf Erden« (Kol 3,5) wendet
sich gegen allen Luxus (VII 3-5; VIII 1[346-353]): wo Flötenspieler sind, hat

---

[791] Genannt werden etwa: die Hilflosigkeit
gegenüber einer Welt, die durch mechanische
Gesetze, Vererbung, Milieu, soziale und wirt-
schaftliche Faktoren bestimmt ist (Scott 19, 50
zu 1,15–17; 2,15; Thompson 170); die Sinnlo-
sigkeit des Lebens (ebd. 171); die Horoskope
(ebd. 143 zu 2,8; 170 und de Boor 171, 225, 232
zu 1,13; 2,16–23); Spiritualismus und Moralische Aufrüstung (Barclay 134f); überhaupt der
ganze moderne Synkretismus (ebd. 132;
Thompson 121 [zu 2,9]; 168).

[792] Lueken 340: viele scheiden sie daher als
unecht aus.

[793] Käsemann, Taufliturgie 135–139
(37–43); nachklingend, aber nicht mehr mit Sicherheit behauptet bei Sanders, Hymns 97f
(vgl. 126, Anm. 3); nur für das Vorstellungs-

material Schenke, Christologie 221f.

[794] Z.B. Schweizer, Neotestamentica 297,
303–305, 310–313 (ohne direkte Identifizierung mit dem Enthusiasmus); ebenso Gabathuler, Jesus Christus 139–142.

[795] Vgl. Schneider (Anm. 788), 161 (mit
Verweis auf Kol 1,20 [2,15] 160): »Ob die Allversöhnung eine in der Gnade verborgene
letzte Möglichkeit Gottes darstellt, das freilich
entzieht sich unserer Erkenntnis«. Unterscheidung von Lobpreis und Lehre hat auch zum
Problem der »indigenization« Wesentliches zu
sagen (Anm. 774 Ende).

[796] Paed III, 71,1–3; II, 43,1–4 (275,7–17;
183,16–184,26); Strom III, 43,3–5 (216,4–17).

[797] Pudicitia 17,8 (1317,73–78).

Christus keinen Platz mehr (XII 6[389]). Zu 4,3 werden die Frauen gemahnt, lieber an die Ketten des Paulus zu denken als an goldene Halsketten (X 4f; XII 3[371-374; 383]).

Für die mittelalterliche Diskussion ist zunächst die sakramentale Begründung der Ethik typisch, die freilich damit zusammenhängt, daß das »Geheimnis« von Kol 1,26f; 2,2 im Lateinischen mit »sacramentum« übersetzt wurde[798]. Wie könnte der Mund, der das Sakrament empfangen hat, die Lästerungen aussprechen, die nach Kol 3,8 eben »aus dem Mund« kommen (*Theophylakt* 1256C)! Vor allem sind aber die extremen sittlichen Forderungen problematisch geworden. Die Kol 1,22.28; 3,17 geforderte »Vollkommenheit« ist entweder ein erst für die Zukunft zu erwartender Stand[799] oder muß auf eine Minderheit solcher beschränkt werden, die eine über die für alle geltenden Forderungen hinausgehende Lebensführung, die dann aber anderen zugutekommt, auf sich nehmen[800]. Daß in diesem Zusammenhang Kol 1,24 besonders virulent geworden ist, ist schon S. 83f besprochen worden. *Thomas von Aquin* unterscheidet dabei fleischliche und geistliche Sünden und überlegt, wann diese als Todsünden gelten[801]. Es ist klar, daß die Reformatoren besonders an diesem Punkte Protest einlegen[802]. Dabei bringt schon *Zwingli* die entscheidende Einsicht, indem er die Vollkommenheitsforderung philologisch richtig vom hebräischen Sprachgebrauch und vom Alten Testament her erklärt[803]. Doch werden gerade in diesem Zusammenhang die eigentlich polemischen Stellen des Kolosserbriefes wichtig.

2. Die polemischen Stellen

a) 2,8 gegen die Philosophie

Clemens Al. versteht die Philosophie noch als »Vorschule« oder mit Bezug auf die »Elemente« von Kol 2,8 als »Elementarschule« für den Glauben, zu der man freilich nicht mehr zurückkehren sollte, wenn man die vollkommene Erkenntnis gefunden hat[804]. *Tertullian* hingegen kämpft gegen sie[805] , und *Am-*

---

[798] Das führt Dionysius 100E zur Definition Christi als der Materie des Sakramentes (übrigens auch zur Deutung der dreimaligen Besprengung bei der Taufe auf die drei Tage der Grabesruhe Christi, 101D zu Kol 2,12) und Erasmus zum Spott, daß damit ein achtes Sakrament eingeführt werde, wenn man eben den griechischen Urtext nicht kenne (887D, wiederholt bei Beza 407b,29–32).

[799] Lanfranc 323 (I 22).

[800] Thomas Aqu. 540b (perfectio supererogationis, zu Kol 1,28); Dionysius 100D (so wird der »Schatz der Kirche« täglich vergrößert; zu Kol 1,24). Vgl. Anm. 810.

[801] Nur bei bewußter Begehung und auch dann nicht, wenn die Grundhaltung der Einzeltat entgegensteht (549a zu Kol 3,8; 552ab zu 3,17).

[802] Zwingli 221f (zu 1,24); Calvin 129, 134, 144 zu 1,14 (gegen Satisfaktionslehren); 1,22 (gegen Pelagianismus); 2,10 (gegen infundierte Vollkommenheit); Melanchthon, Enarratio 340 (zu 2,8 gegen Pelagianismus); 354f (zu 2,21f gegen Osianders Realgerechtigkeit); Beza 417a,51–53 (gegen opera supererogationis); Gomarus 556a (zu 1,22b gegen Rechtfertigung aus Werken); 557a (zu 1,24 gegen Satisfaktionslehren); 558a (zu 1,28 gegen Katharer und andere Perfektionisten); Meyer 296 (zu 3,14) usw.

[803] 222 zu Kol 1,28; vgl. auch Gomarus 558ab. Zanchi 254 erklärt Kol 1,10 so, daß man Gott nur in Christus gefallen könne, nämlich gerade in unserer Unvollkommenheit, die durch seinen Gehorsam gedeckt werde.

[804] Strom VI, 62,1–3 (463,1–14); 117,1

brosiaster polemisiert überhaupt gegen alle weltlichen Wissenschaften[806].
Beide Positionen finden sich bei den Reformatoren und bis in die neueste Zeit
hinein[807], wo z.B. *G.Ebeling* durch Kol 2,8 geradezu herausgefordert wird, das
relative Recht der »Tradition« zu betonen[808].

b) 2,16-23 gegen asketische Praktiken

Irenaeus sieht in Kol 2,16 den Aufruf zur Einheit der Kirche gegen alle durch
asketische Forderungen in ihr aufgerichteten Schranken (griech.Fragment – II
505f). Mit 2,18.23 bestreitet *Clemens Al.* die Forderung der Ehelosigkeit, obwohl er Enthaltsamkeit empfiehlt (Strom III 51,3[219,31f]). Auch Chrysostomus XIII 6 (388f) gehört hierher. Mit zunehmender asketischer Haltung werden die in Kol 2,21 abgelehnten Forderungen der Gegner offenbar weiterum
als paulinische Gebote ausgegeben, was *Augustin* energisch betreitet[809]. *Gregor der Grosse* warnt mit Kol 2,23 vor dem Hochmut der Asketen, versteht
freilich schon Kol 3,3 als Beschreibung des sich der Vollkommenheit Nähern-
den, für den die Welt völlig verschwindet[810]. Für die *Reformatoren* ist natürlich der ganze Abschnitt Kol 2,16-23 willkommenes Kampfmittel gegen alle asketischen Gebote[811], und noch *K.Barth* stellt in ihrem Gefolge fest, daß man
Nichtraucher, Alkoholabstinent und Vegetarier sein und doch Adolf Hitler
heißen könne[812]. *M.Luther* hingegen kann Kol 2,18 auch als Abweisung aller
»Rotten«, die weder die Schrift noch die Erfahrung auf ihrer Seite haben, verstehen[813], und *Flatt* ist der Meinung, daß man bei der Zuchtlosigkeit seiner
Zeit gerade umgekehrt mahnen müßte (Observationes I 11f).

c) 2,18 gegen Engelkult

Die Stelle ist selbstverständlich aktuell geworden, als sich in der Kirche ein
neuer Engelkult bildete, der dann prompt mit dem vom Apostel zurückgewie-

---

(490,27–30); I, 50,4–52,2 (33,3-34,9); V,
60–62; 80,5 (366,18–368,10; 379,15–17 zu Kol
1,26f; 2,2f); I, 15,3–5 (11,21–28 zu Kol 1,28,
parallel dem AT für die Juden).
[805]   Praescript. 7,7 (192,21–193,40), An. 3–6
(785,1–790,79); Marc V, 19,7f (722,3–24);
Apol 46–48 (160–168).
[806]   179,21–27; 189,7–12 zu 2,2.18; zum Teil
wörtlich wiederholt bei Petrus L. 269C–270B
(zu 2,2f; dagegen aber Erasmus 892B zu 2,19).
Auch nach Johannes Dam. 893A (zu 2,8) bleibt
menschlicher Verstand immer an den Elementen hängen.
[807]   Positiv: Calvin 143; Bullinger 243–248
(zu 2,3f.8); Gomarus 560b usw. Warnend:
Melanchthon, Scholien 230–244 (vorsichtiger
Enarratio 343). Als moderne Stellungnahme
ist de Boor interessant: obwohl menschliches
Denken anzuerkennen ist – im Unterschied
zum Menschen »fragt kein Hund, wie er wohl
ein ›richtiger Hund‹ werden könne« (216) –,

führt es doch nicht zum Ziel (217–219).
[808]   Wort Gottes und Tradition, KiKonf 7
(1964) 141.
[809]   Augustin Ep 149,23 (369,7–17). Eigentliche Askese wird auch mit Conf 10,31 (46) mit Kol
2,16 abgelehnt (274).
[810]   Regula pastoralis III, 19(62) – PL 77,
81D/82A; Moralia VIII, 26 (45) [264] – PL 75,
829B und V, 6(9) [142f] – 684BC.
[811]   Erasmus 892E (zu Kol 2,22); vgl. 893E
(zu 2,23); Melanchthon, Enarratio 340, 342,
353f; Bullinger 260 zu 2,21 (nicht gegen mäßi-
ges Fasten, von dem man sein Heil nicht erwartet); Beza 416a,7; 416b,48–55; 417a,24–36;
417b,21f; Gomarus 567b/568a; Lueken 353
(gegen den Hochmutsteufel der Asketen). Calvin 163 hingegen kämpft mit Kol 4,6 (vgl. zu
3,16) gegen weltliche Witze .
[812]   Dogmatik III/4, 395.
[813]   WA 36, 504,10ff (er liest »nicht gesehen
hat«!).

senen gleichgesetzt wurde[814]. Diese Polemik beherrscht die Auslegung des ganzen Briefes bei *Chrysostomus* und wird oft wiederholt[815]. Neu aufgegriffen wird sie im *reformatorischen* Protest gegen Heiligenkult[816], Verehrung kirchlicher Autoritäten und Reverenz gegenüber dem »engelgleichen« Leben im Coelibat[817]. Allerdings wendet *K.Barth* die Aussagen von Kol 2,8.20 auch gegen den konfessionellen Luther- oder Calvinkult[818].

3. Der Aufruf zum Gottesdienst aller Gemeindeglieder

Die Mahnung zum gottesdienstlichen Singen läßt schon *Chrysostomus* darüber klagen, daß die Kinder nur noch weltliche Lieder, aber keinen einzigen Psalm mehr auswendig könnten (IX 2[362]). Euseb (Hist Eccl V 28,5) bezeugt Dichtung christologischer Psalmen durch die »Brüder«. *Clemens Al.* empfiehlt Psalmensingen auch für nicht-gottesdienstliche, soziale Zusammenkünfte (Paed 2,4[183,20-184,26]), und *Tertullian* tut dasselbe für die Hausgemeinschaft von Mann und Frau (ux II 8,8[394,53f]).

Auch das bekommt in der *Reformationszeit* ein neues Gesicht. Kol 2,16-23 wird allgemein als Ablehnung gegen alle »Zeremonien« verstanden[819], wobei allerdings die Verteidigung der Sonntagsheiligung und der (zwei) Sakramente einige Schwierigkeit bereitet[820]. Weit wichtiger ist die Aufhebung des Unterschiedes zwischen Klerus und Laienschaft[821], die freilich nicht hindert, daß die kirchliche Hierarchie, jetzt besonders in der theologischen Bildung begründet,

---

[814]   Dazu A. v. Harnack, Dogmengeschichte, ⁷1931 (GThW IV/3), 199, 272–275 mit Anm. 1; F. Scheidweiler, RGG ³II, 465f.

[815]   I, 2 (302) = Oecumenius 13C und sehr oft; Severian 316 zu 1,5 und oft; Theodoret 613AB zu 2,18 mit Hinweis auf die Synode von Laodizea (ebenso noch Calov 831a); 620D zu 3,17; Theophylakt 1205B; 1208A (wer nicht an Parusie glaubt, muß sich wie im AT mit der Heimführung durch Engel begnügen); vgl. Ambrosiaster 176,15–17; 189,16–20.

[816]   Calvin 149f; vgl. Institutio III, 20,20 (Kol 4,3 zeigt, daß der Apostel um Fürbitte der Gemeinde nachsucht, nicht umgekehrt) und I, 14,10 (Kol 1,16.20 gegen Engelverehrung); Beza 414b,12–27 mit Verweis auf den (neu)platonischen Hintergrund (wie schon Calvin). Musculus 135f (zu Kol 1,15) bekämpft Heiligenbilder mit dem Argument, Christus sei das einzige Bild Gottes und das Bild des Apostels sei seine Lehre; vgl. weiter Gomarus in Auseinandersetzung mit Bellarmin (565b–566a, 568a); Bengel 819 (Verweis auf die Synode von Laodizea); Lueken 352. Da 2,18 im Licht von Gal 4,3.8–10 auf die Engel des Gesetzes bezogen wurde, erscheinen meist andere Stellen unseres Briefes (z.B. auch noch 1,24; 3,5 bei Zwingli 221,226; 2,20–23 im Handbuch 413).

[817]   Calvin 149; Melanchthon, Scholien 255,

vgl. 243.

[818]   Dogmatik I/2, 689.

[819]   Zwingli 227 (zu 4,2, gegen das Gemurmel beim Beten); Calvin 143,146f,157 (zu 2,8–14; 3,11; aber ohne zeitgemäße Polemik).

[820]   Calvin (148f zu 2,16f) begründet die Sonntagsheiligung mit der guten Ordnung (vgl. Bengel 818: für den streng Arbeitenden nötig, sonst relativ freistehend), die neutestamentlichen Sakramente mit ihrer Funktion als »Gemälde«, die nicht nur schattenhafte Skizzen bleiben wie die alttestamentlichen Zeremonien (Beza 413a,13–18: »Schatten des schon gekommenen Christus«, nicht erst künftiger Dinge).

[821]   Vgl. schon Anm. 817; Zwingli 220f, 227 (zu 1,1.18; 3,14 gegen Bischöfe, Papst und reich gewordene Mönche); Calvin 158 (zu 3,16 für das Recht der Bibellektüre; ebenso Musculus 201 mit Berufung auf Hieronymus und Chrysostomus; Gomarus 568ab; 574a in Auseinandersetzung mit katholischen Angriffen; Calov 842b); Schleiermacher, Predigt XVI (398f zu 4,17: Diener der Gemeinde stehen nicht über, sondern unter ihr); Thompson 155 (3,16 parallel 1Kor 14,26); de Boor 262 (die Tätigkeit des Apostels 1,28 in 3,16 der Gemeinde zugeschrieben).

wieder eindringt und in den »Gelenken und Bändern« von Kol 2,19 neuent-
deckt wird[822]. Beide Tendenzen lassen sich bei der weiteren Auslegung unseres
Briefes verfolgen; wird die Kirche einerseits als »larger incarnation« Christi
verstanden[823], so wird andererseits der Gottesdienst der Quäker als besonders
bibelnah gepriesen und davor gewarnt, die Musik im Kult zum Kult der Musik
werden zu lassen[824]. Bei der berühmten Formulierung von der »Beschneidung
Christi« (Kol 2,11)[825] wird seit der Reformation die Wichtigkeit des inneren
Geschehens »im Herzen« (*Calvin* 144), also des Glaubens betont und damit die
Vorstellung eines ex opere operato wirkenden Sakramentes abgelehnt (*Beza*
411a,3f). Sie führt schließlich *K.Barth* dazu, überhaupt zu leugnen, daß damit
die Taufe gemeint sei[826].

4. Die Haustafel

Die im Exkurs zu 3,18-4,1 aufgezeigte Tendenz, die Haustafeln immer stärker
zur Zementierung einer gottgegebenen Ordnung zu verwenden, scheint sich
zunächst nicht fortzusetzen. *Clemens Al.* erkennt darin die antiasketische Position und erklärt vor allem, daß die irdische Kirche schon ein Bild der himmlischen werden müsse, in der Geschlechts-, Volks- und Standesunterschiede
aufgehört hätten (Kol 3,11); darum bitte man doch täglich darum, daß Gottes
Wille auf Erden wie im Himmel geschehe[827]. *Chrysostomus* empfiehlt immerhin ein offenes Reden über Eheprobleme ohne falsche Scham gegenüber Tabus
und hebt die Gleichberechtigung der Frau, besonders im geistlichen Dienst,
hervor[828]. Sonst wird die Haustafel zwar selbstverständlich akzeptiert, aber
nicht sehr beachtet. Bei *Johannes Dam.* ist sie der einzige Abschnitt, der ohne
jeden Kommentar bleibt[829]. Die stoische Losung, die Seele des Sklaven bleibe ja
immer frei, wird bei *Chrysostomus*[830], *Theodoret* (621B) und *Oecumenius*
(48D) zu Kol 3,23 wiederholt. Daß 4,1 nicht Aufhebung aller Standesunterschiede bedeute, ist schon bei *Theodor* (306,21) zu finden und immer wieder bis
ins zwanzigste Jahrhundert hinein[831]. Freilich wird die Gehorsamsforderung

---

[822]   Grotius 682a. Schon Theodoret 613C/D
sieht darin Apostel, Propheten und Lehrer der
Kirche, Gregor der Große (Homiliae in Ezechi-
elem I, 6,8 – PL 76, 832B[1216]) Apostel, Mär-
tyrer, Pastoren und Doktoren, Johannes Dam.
Lehrer des Wortes (896D); für Neuere vgl.
Anm. 419. Das relative Recht ziviler und kirchlicher Autoritäten verteidigt Melanchthon in
den Scholien ausführlich (260–277).
[823]   Scott 24 (zu 1,18a); Zeilinger, Der Erstgeborene 159 (»die Kirche als ›der fortlebende
Christus‹«).
[824]   Thomas 86 zu 2,8.
[825]   Schon Justin Dial 43,2 bezeichnet die
Taufe als die »geistliche« Beschneidung; daß er
dabei an die Kolosserstelle denkt, zeigt 28,4,
wo der »Skythe« (Kol 3,11) als Beispiel für die
»gute und nützliche Beschneidung« erscheint.

[826]   Barth, Dogmatik IV/4, 129–131; vgl. 16,
175f.
[827]   Strom IV, 64–66 (277,17–278,21), bes.
66,1 (278,10–12).
[828]   XII, 6 (388f); vgl. PG 62,659 zu 2Tim
4,21; auch Hrabanus 536C.
[829]   Theophylakt 1264D meint, die Haustafel
fehle in früheren Briefen, weil dort die wichti-
geren dogmatischen Ausführungen akut gewesen seien.
[830]   X, 2 (367); hier immerhin mit dem Beispiel des gefesselten Paulus illustriert (ebd. 3
[370]) und damit begründet, daß sie ihre Arbeit
so willig tun, daß Überwachung überflüssig
wird.
[831]   Abbott 296 mit Berufung auf Theodoret;
vgl. Anm. 837 und 839.

eingeschränkt für den Fall, daß damit Gottes Gebote verletzt würden[832]. Obwohl *Augustin* rigorose Askese ablehnt, ist er doch der Meinung, das in den Haustafeln beschriebene Familienleben gefährde den Menschen stärker als das Leben des Unverheirateten (CivD I 9[9,42-53]). *Ambrosiaster* betont den jenseitigen Lohn des Sklaven (201,14f) und die schon Gen 3,16 gelehrte Unterordnung der Frau (199,24-26 zu Kol 3,18). Zukunftsträchtig ist aber seine Bemerkung, das »Bild des Schöpfers« in Kol 3,10 schließe, anders als das von Gen 1,27 und 1Kor 11,7 auch die Frau ein (196,18-25). Sie wird im *Mittelalter* oft wiedergegeben und auf den Vernunftbesitz des Menschen bezogen[833], allerdings mit dem Zusatz, daß daher dem an Vernunft überlegenen Mann die Herrschaft über die Frau gebühre[834]. In der Reformations- und Nachreformationszeit dient die Haustafel nicht nur zur Illustration des Gottesdienstes im Alltag, sondern auch zur Abwehr der Schwärmer. Gewiß wird auch gegen Übergriffe der Obrigkeit betont, daß keine Regierung verbieten dürfe, was Christus erlaubt (*Zwingli* 223 zu 2,10), und *Schleiermacher* weiß, daß auch Behörden sich wie Sklavenhalter benehmen können (Predigt XIII [357f]). Doch deutet er die in Christus erschaffenen und bewahrten »Mächte« von Kol 1,16 auf irdische Ämter und die Versöhnung von »Himmel« und »Erde« (Kol 1,20) auf »gottesdienstliche« und »irdische Verhältnisse«[835]. So wird im großen und ganzen die Haustafel dazu benutzt, »dem Mißbrauch der christlichen Freiheit und Gleichheit entgegenzuwirken«[836]. Christi Gerechtigkeit und politische Ordnung dürfen nicht miteinander verwechselt werden, die »Gleichheit« von Kol 4,1 darf nicht im arithmetischen, sondern nur im geometrischen Sinn einer rechten Zuordnung zu einander verstanden werden[837]. *Calov* (844a) erklärt, es gebe zwar Grenzen des Züchtigungsrechtes, aber man dürfe nicht lax werden[838]. *V. Soden* denkt sogar, die Mahnung an die Männer (3,19) »reflektiere auf die natürlichen Schwächen des weiblichen Charakters« (64), und die von Natur gegebene Hierarchie der Autorität, die dem Mann die Herrenstellung einräumt, wird bis ins 20. Jahrhundert hinein verteidigt (Huby 100). Was die Haustafel lehre, sei das Gegenteil des revolutionären Stürmens und Emanzi-

---

[832] Z.B. Theophylakt 1265B, auch 1272B zu 4,6, wo Ehrfurcht vor den Königen sonst durchaus empfohlen wird; Musculus 206 usw.

[833] Hrabanus 536B; Lanfranc 328 (III, 8); Petrus L. 282A–C.

[834] Petrus L. 285A; Thomas Aqu. 552ab zu 3,17 (»das Liebesgesetz hebt das Naturgesetz nicht auf, sondern vollendet es«; er legt dabei auch große psychologische Einsicht in das Nachwirken kindlicher Erlebnisse [Kol 3,21] an den Tag; nach Weish 13,1 hätten schon die »Weltelemente« zur Erkenntnis Gottes führen sollen, ebd. 542b zu 2,8).

[835] ThStKr V/1, 514–516, 532f; in Predigt VIII (293f) erklärt er dagegen, daß die von Christus erledigten Mächte (Kol 2,15) nicht

etwa die bürgerlichen Fürsten und Obrigkeiten seien, sondern die Gesetzesengel.

[836] De Wette 68.

[837] Melanchthon, Enarratio 361, 351 und 364 (vgl. Anm. 822, 831); überhaupt unterstreicht er fast nur Kol 3,16 als Warnung vor Schwärmern (357, vgl. 362), ausdrücklich wider Anabaptisten (329,343, vgl. 352); Bullinger 256f (zu 2,18 gegen Anabaptisten) 260 (zu 2,21). Zum Problem der Zwei-Reiche-Lehre vgl. Ebeling, Wort III, 574–592 (ZThK 69 [1972] 331–349).

[838] Ähnlich Musculus 207. Bengel 823 hingegen weiß, daß »ein gebrochener Geist die Pest der Jugend« ist; ähnlich Flatt 258; de Wette 70; Huby 101, der vor »Dressur« warnt.

pierens[839], gerade um der Religion willen müßte eine soziale Revolution vermieden werden[840]. Die »innere Bereicherung der eigenen Seele« sei wichtiger als äußere Bezahlung, obwohl freilich der Apostel das Unrecht der unbezahlten Sklavenarbeit anerkenne (Scott 81 zu 3,23f). So sei die Haustafel als sittliche Ordnung des Hauses und eines wohlgeordneten Staates die eigentliche Wirkung der Versöhnung, die christliche Familie und in ihrem Gefolge der Neubau der gesamten menschlichen Gesellschaft die tiefste Veränderung durch das Christentum[841].

Das alles bekommt seine scharfen Konturen erst, wenn man erkennt, wie eng diese Folgerungen mit einer sich auf den Hymnus stützenden Christologie und Soteriologie zusammenhängen. Sobald man nämlich die Kol 1,20 ausgesagte Allversöhnung nur noch politisch-ethisch interpretiert, muß man eine kontinuierliche Evolution des status quo (der natürlich auch ein durch Revolution erreichter sein kann) zu einer immer vollkommeneren Ordnung lehren und gelangt so zu dem Standpunkt, der sich schon am Ende von III 2e (S. 201f) abzeichnete. Umso auffälliger wird der Umschwung der Ansichten in der neuesten Zeit, der auch damit zusammenhängt, daß man die hymnische Sprache von der nüchternen Aussage des Briefverfassers zu unterscheiden, zugleich aber die eigentliche Dimension des im Hymnus verkündeten Heils ernst zu nehmen lernte. So wird es für *H.Küng* (534) gerade wesentlich, daß das Neue Testament in der Haustafel einfach weltliche Ethik, wenn auch nicht unverändert, übernommen hat[842], und *E.Schillebeeckx*, der sehr wohl um das Problem der verschiedenen »Sprachen« weiß (Jesus 563f), warnt vor einer »Christologisierung« Jesu von Nazaret, die ihn zu einer »großen Ikone« macht und »die kritische Seite seiner Prophetie, die durchaus sozial-politische Konsequenzen hat, zerstören« könnte, ist er doch tatsächlich (wie in Anlehnung an Formulierungen wie Kol 1,18b gesagt wird) »der Erstling und ›der Führer‹ einer neuen Menschheit« (ebd.594-596). Schließlich kann 1976 sogar behauptet werden, die ganze Polemik des Kolosserbriefs wende sich geradezu gegen die Einordnung in die bestehenden Strukturen eines status quo[843]. Davon ist jetzt noch grundsätzlich zu reden.

[839] Handbuch 414. Schon Beza 420b,40–45 kämpft gegen die Anabaptisten, die die gute Ordnung stören; Musculus leitet die Unterordnung der Knechte unter die Herren, bzw. der Bürger unter die Behörden aus derjenigen der Frauen unter die Männer, der Kinder unter die Eltern ab (205); Schleiermacher (Predigt XIII [360]) erklärt, Liebe sei gefordert, nicht Störungen der Ordnung.

[840] Lueken 356; ähnlich Synge 92; Thompson 158; de Boor 271 (der aber die »Gleichheit« von Kol 4,1 ernst nimmt und mit Recht erklärt, große Parolen seien billig, solange andere sie ausführen sollten).

[841] Schneider, Versöhnung (Anm. 762) 182–185; Scott 77.

[842] Zum Problem vgl. Ebeling, Die Evidenz des Ethischen und die Theologie, II, 1–41, wo S. 15 (= ZThK 57 [1960] 332) mit dem Gebot der Ehrung der Eltern exemplifiziert wird; H. Schürmann, Haben die paulinischen Wertungen und Weisungen Modellcharakter? Beobachtungen und Anmerkungen zur Frage nach ihrer formalen Eigenart und inhaltlichen Verbindlichkeit, Gr. 56 (1975) 237–271.

[843] Wengst, Versöhnung; ein Versuch, der sich auf die traditionelle Gleichsetzung der »Elemente« mit den in Kolossä verehrten »Engeln« stützt, sich aber exegetisch kaum halten läßt, da die Kolosser ja gerade den weltlichen »Strukturen« entfliehen wollen und sich daher asketisch von ihnen trennen (vgl. S. 103f).

5. Grundsätzliche Ethisierung

In diesen konkreten Stellungnahmen verbirgt sich weithin schon eine Entwicklung, die in der Frühzeit bei den Alexandrinern ihre Ansätze findet und bei den Reformatoren neu einsetzt. Die bei ihnen zu beobachtende Verlagerung des Schwergewichts von einer abstrakten Lehre über Christus auf die Aussagen über seine Beziehung zu uns und Bedeutung für uns (II 5) führt dazu, die Sätze über die beiden Naturen Christi und sein Verhältnis zum Vater in den Hintergrund, seinen Einfluß auf das Leben des Glaubenden in den Vordergrund zu rücken. Freilich denken die Reformatoren dabei an die zentralen Heilszusagen im engeren Sinn, die Rechtfertigung und das Bestehen im letzten Gericht. Aber die eben angeführten modernen Positionen gegenüber den ethischen Problemen zeigen schon, wie stark die Heiligung, das neue ethische Leben des Glaubenden, bald auch des Menschen überhaupt in den Mittelpunkt rückt. Das kann im einzelnen nicht mehr ausgeführt werden; doch treten einige Haupttendenzen hervor.

Die zum ersten Mal in Kol 2,12; 3,1-4 erscheinende Rede von der schon erfolgten Auferstehung ist natürlich bereits in der alten Kirche durch die Unterscheidung einer schon erfolgten, aber noch nicht sichtbaren geistlichen von einer zweiten, allen zuteil werdenden leiblichen oder fleischlichen Auferstehung interpretiert und in ihren möglichen Folgen entschärft worden[844]. Klassisch wurde sie durch *Augustins* Gleichsetzung des Reiches Christi und des Himmelreichs mit der Kirche, wobei freilich die Andersartigkeit des Regierens im zukünftigen Gottesreich festgehalten blieb[845]. Die erste Auferstehung ist dabei schon früh im besonderen als Erweckung zu einem ethisch neuen Leben verstanden worden[846]. Das ist in der Folgezeit, vor allem im *16. und 17. Jahrhundert* noch stark differenziert worden[847]. Im *19. Jahrhundert* wird schließlich die sittliche Erneuerung als »das erhabene Ziel« und »der letzte Zweck des Todes Jesu« angesehen, so daß Kol 2,12 nichts anderes besagt, als daß »ihr die Strafwürdigkeit und Verabscheuungswürdigkeit eurer Sünden so lebhaft gefühlt habt, als wenn (!) ihr den Tod selbst erduldet hättet, welchen Christus erduldet hat« und darum den »aufrichtigen festen Entschluß faßt, der Sünde ganz abzusagen«, »als ob (!) ihr mit Christus auferstanden wäret«[848]. Dem entspricht die Christologie. Von einer ontologisch zu verstehenden Einwoh-

---

[844] Theodoret 609C; 616C (zu 2,12; 3,3f); Severian 322f; Johannes Dam. 893D; Ambrosiaster 192,13–16; Hrabanus 531A.

[845] CivD 20,9 (716,39–51 = Beda, Explanatio Apocalypsis 20, PG 93, 192B); ad Orosium 8 (673f).

[846] Oecumenius 36A (zu 2,13); Theophylakt 1241C (zu 2,12); dagegen Meyer 245,247 (zu 2,12.13), vgl. 280 (zu 3,3).

[847] E. Sarcerius, Expositiones in epistolas dominicales et festivales, Frankfurt 1538, 55f verteidigt von Kol 3,1–4 her die Wichtigkeit guter Werke, die aber nur auf der Grundlage

der Rechtfertigung möglich sind. Sehr genau differenziert Gomarus 549a (zu 1,13) Rechtfertigung und Heiligung, Reich der Gnade und Reich der Herrlichkeit; auch in das letztgenannte sind wir schon versetzt, teils de facto (nämlich in Christus), teils de iure und in Hoffnung (ähnlich 569a zu 3,1–4).

[848] Flatt 182 (zu 1,22); 211f; ähnlich Observationes II, 18f; vgl. de Wette 45–48, 56, 62, 68 (zu 2,12–15; 3,1.9.17), auch 47 (zu 2,14: nicht die Schuld, sondern das Schuldbewußtsein ist aufgehoben).

nung Gottes in Christus kann keine Rede sein. Die origenistische Deutung auf die Fülle der göttlichen Eigenschaften und Kräfte kommt wieder zum Durchbruch, meint jetzt aber nur noch die innige Verbindung des irdischen Jesus mit Gott[849]. Durch ihn wird »ein früher nicht gekanntes Gefühl von Gottes Nähe geweckt«[850]. Am klarsten tritt das bei *Schleiermacher* hervor, der Theodors Exegese konsequent zu Ende führt und die ganze erste Hymnusstrophe (Kol 1,15-18a) auf die, jetzt sittlich verstandene, Neuschöpfung des Menschen durch den irdischen Jesus, auf »das geistige Reich des Sohnes« bezieht, wie es sich ihm vom Kontext (1,13f) her nahelegt[851]. Das erfordert nach ihm ein wahrhaft ökumenisches Verhalten innerhalb der Kirche[852] und führt auch zu einer Fortentwicklung des gesamten Menschengeschlechts zu höherem Wesen[853]; schon ist »das Reich Gottes befestigt, der Name des Erlösers ein Gegenstand der Verehrung geworden an allen Enden der Erde«[854]. Man kann das auch mit *modernen englischsprachigen Auslegern* sagen: Auferweckung Jesu bedeutet Gottes Bestätigung, daß Jesu Sicht der Dinge, die den Menschen auf eine höhere Ebene des Lebens führt, richtig war[855]. Christentum ist Heiligkeit, heilige Lebensführung, zu der allerdings die Erlösung durch die »göttliche Person« Jesu nötig bleibt[856].

Spielte schon bei *Schleiermacher* die eigentlich eschatologische Erwartung keine wesentliche Rolle mehr neben der Hoffnung auf die mehr oder weniger kontinuierliche Weiterentwicklung der Menschheit, so wird das in den schon angeführten Zeugnissen, besonders aus dem angelsächsischen Raum, immer deutlicher[857]. In einer systematischen Zusammenfassung hat *C.H.Dodd* schon 1936 Kol 2,12.20; 3,1-4 und besonders den Satz vom verborgenen Leben in Gott (3,3) herbeigezogen, um alle antike oder moderne Apokalyptik, auch die Utopien einer sozialen Entwicklung zum Paradies auf Erden als Illusion zu bezeichnen und mit Toynbee nur von der in der Geschichte erfolgenden Begegnung zweier (bei ihm freilich übermenschlicher und daher endgültig entscheidender) »Persönlichkeiten« zu reden, nämlich von Jahwe mit der »Schlange«; einer Begegnung, die in Jesus ein für allemal die Wende gebracht hat[858].

---

[849] De Wette 29f, 44 (zu 1,19; 2,9, jetzt auch in den Herzen der Gläubigen); vgl. Anm. 659, 663, 689.

[850] Lueken 347 (zu 1,22); vgl. 350.

[851] ThStKr V/1, 518, 521; Predigten IV (238 zu 1,15: die geistige Welt, in der alles zu seinem rechten Wesen gekommen ist); V (252 zu 1,22a: Leben Jesu, nicht nur sein Tod; ähnlich in diesem Punkt auch Ewald 386 zu 2,14); VIII (295 zu 2,15: »ganz vom Buchstaben gelöst und nur auf das Geistige zurückgeführt«, vgl. 287f: die göttliche Gnade als »größtes geistiges Gut«).

[852] Predigt XV (376–387 zu 4,5f).

[853] ThStKr V/1, 522f; Predigt IV (241–243 zu 1,15: alles Menschliche wird immer mehr in die Gemeinde aufgenommen).

[854] Predigten VI (262 zu 1,24: Leiden um seinetwillen komme höchstens noch als seltene Ausnahme in fernen Landen vor); IX (305 zu 2,21: der geistige Leib ist bestimmt, das ganze menschliche Geschlecht zu umfassen).

[855] Thompson 150 zu 3,1f.

[856] Thomas 143f.

[857] Z.B. Lightfoot 140 (zu 1,13; moralisch und geistig, wenn auch vielleicht in einer kommenden Welt besonders ausgeprägt in Erscheinung tretend); ganz anders (wenn auch nicht ungefährlich) Mussner 44 (zu 1,18): »im Leibe Christi ragt der ›Lebensraum‹ Gottes schon in diese Welt herein, ist der ›Himmel‹ schon anwesend«.

[858] The Apostolic Preaching and its Developments, London ⁷1951 = 1936, 79–96 (88 die Kol-Stellen).

Doch soll die Betrachtung über die Wirkungsgeschichte nicht abgeschlossen werden ohne das Eingeständnis, daß eine vielleicht noch wichtigere Sparte dabei überhaupt nicht behandelt wurde, nämlich die Nachwirkung innerhalb der Welt der Kunst. Zeichenhaft mag daher am Schluß ein Satz von *Thomas Wolfe* stehen. Er spricht von der »ungeheuren, dunkeln Mauer der Einsamkeit«, wie sie sich bei Ijob und in letzter Erfüllung im Leben Christi auftürmt. Er entdeckt dabei aber, wie wahr die Seligpreisungen in Mt 5,3-10 sind und wie gerade die Einsamkeit auch zu »wildem Jubelgesang« wie zu »bitterem Kummer« führt, wie die »Herrlichkeit der Freude dem Schmerz entstammt, dem bitteren Schmerz und der Einsamkeit des Menschen«, so daß Ijobs »Gesang an den Schmerz zugleich ein Lied an die Freude ist«, und er schließt mit der Formulierung, die zum ersten Mal im Kolosserbrief niedergeschrieben worden ist: »Wir, die wir schon gestorben waren, sind auferstanden« und interpretiert es: »Wir, die wir schon verloren waren, sind wiedergefunden; wir hatten Begabung, Leidenschaft und Jugend an den fleischlosen Tod verkauft, bis unsere Herzen verderbt, unsere Talente vergeudet und unsere Hoffnung dahin waren – aber im blutigen Ringen in Einsamkeit und Dunkel haben wir unser Leben wiedergewonnen«[859].

---

[859] Hinter jenen Bergen, ro-ro-ro, Taschenbuch, Hamburg 1956, 142. Ob und wie weit dies mit dem im Kolosserbrief Gemeinten übereinstimmt, soll jetzt nicht mehr diskutiert werden.

D. Ausblick

An drei Punkten sind in den letzten Jahren neue Einsichten in das, was der Kolosserbrief zu verkünden hat, möglich geworden. Einmal hat die religionsgeschichtliche Forschung die Besonderheit der in Kolossä aufgetauchten Probleme erkennen lassen; dann ist die Herkunft der ethischen Weisungen, insbesondere der Haustafel (3,18-4,1) aus dem Hellenismus und hellenistischen Judentum erkannt worden, und schließlich sind, vor allem beim Hymnus (1,15-20), Tradition und Redaktion unterschieden worden.

I. Der Kolosserbrief in der Geschichte

Solange das besondere religionsgeschichtliche Problem in Kolossä nicht gesehen wurde, blieb der Brief oft im Schatten des Galater- oder des Epheserbriefes. Entweder ist er also unter dem Gesichtspunkt der Rechtfertigungslehre verstanden und sind damit die Aussagen über Christus und das durch ihn vermittelte Heil als lehrhafte Formulierungen im Kampf gegen Gesetzlichkeit (bzw. im Gegenschlag dazu die ethischen Aussagen) überbetont worden; oder alles über die aussergemeindliche Welt, ja das Universum Gesagte ist kirchlich interpretiert und damit die Welt kirchlich vereinnahmt, der Nichtglaubende zum »anonymen Christen« gestempelt worden. Beide Interessen konnten zum Hochspielen gerade der ethischen Aussagen führen, die dann als das eigentlich Christliche ausgegeben und zu einem mehr oder weniger zeitlos festlegbaren System ausgebaut wurden, das zum irdischen Paradies führen sollte. Ganz besonders hat aber das Nichtunterscheiden der Sprachebenen des traditionellen Hymnus einer-, der kommentierenden Auslegung andererseits in Schwierigkeiten hineingeführt.

1. In der *Lehre von Christus* sind die »hochfliegenden Anschauungen« (Anm.792) des Christushymnus durchdacht und ausgebaut worden. Das Interesse, möglichst »objektiv« von Christi Wesen und Heilsbedeutung zu reden, führte in immer abstrakter werdende Unterscheidungen hinein. Immer differenzierter mußte über Vater und Sohn (und Heiligen Geist) nachgedacht und dabei die Zeit vor der Erschaffung der Welt, seit der Schöpfung und im besonderen in der alttestamentlichen Heilsgeschichte, in der Inkarnation und in der

Endvollendung unterschieden werden. Die Verbindung von göttlicher und menschlicher Natur in Christus wurde zum Problem bis hin zur Frage, ob die Gottheit auch mit der Leiche Jesu verbunden blieb, obwohl die Seele ja den Körper verlassen hatte(Anm.691). Diese Linie ist vor allem in der katholischen Auslegungstradition zu finden, wo der Kolosserhymnus als »einer der stärksten Beweise für die Zweinaturenlehre« bewertet wurde (Anm.685), während er nach Meinung eines evangelischen Auslegers »eine der verhängnisvollsten Entwicklungen« hervorgerufen hat, in der »die Philosophie die Religion überwuchert« (Anm.666).

2. Bei der Frage nach der *Heilsbedeutung* ist die Lehre von der Allversöhnung die logische Folgerung, sobald man die hymnischen Aussagen als Lehrsystem interpretiert. Sie ist vor allem bei den sogenannten Schwärmern, im Pietismus und in angelsächsischen Freikirchen entwickelt worden. Man kam dabei freilich in große Schwierigkeiten und mußte die seltsamsten Theorien über die Versöhnung guter oder böser oder vielleicht auch mittlerer Engel bilden (Anm.724,745f,751) oder dann mit allen möglichen Umdeutungen diese Lehre mit den Aussagen über Gericht und Verdammung harmonisieren (Anm.744,747-750). Je stärker man Heil und hier erfahrbares neues Leben identifizierte, desto deutlicher wurde aus der Allversöhnungslehre die Überzeugung von einer objektiv fortschreitenden sittlichen Evolution, in der sich weit über die Kirche hinaus und doch von ihr umschlossen die Ordnung des Gottesreiches in bürgerlicher Wohlanständigkeit durchsetzt, gesichert durch gutverankerte Autorität der Regenten, bis das Paradies auf Erden für alle erreicht, die »Ordnung als des Himmels erstes Gesetz« (Anm.773) endgültig aufgerichtet sein wird. Daß man in neuerer Zeit der Mode entsprechend statt einer bürgerlichen eher eine revolutionäre Ordnung erwartet, ändert daran wenig (vgl. S. 211). Das führte notwendig zum Gedanken des auch außerhalb der Kirche wirkenden Gottesgeistes (Anm.772) und zur Konzeption der »anonymen Christen« (Anm.763). Gerade hier verwischen sich die konfessionellen Grenzen. Die Hoffnung auf eine objektiv in der Menschwerdung Christi gründende Verwandlung der Natur wurzelt ja in den Konzeptionen der Alexandriner und Theodors von Mopsuestia samt ihren Nachwirkungen bei den Nestorianern und in der Ostkirche (s. S. 185, 192, 194–196). Sie ist auf katholischer Seite durch Teilhard de Chardin zu großer Wirkung gelangt, dann besonders von evangelischen und orthodoxen Theologen aufgenommen und schließlich durch die Tagung des ökumenischen Rates gewissermaßen sanktioniert worden (s. S. 203). Die Erinnerung an Heraklits Logos als Ordnungsprinzip des Kosmos und das Verständnis selbst der Naturgesetze als Wirkungen des Christusgeschehens (s. S. 201) haben dabei in bedrohliche Nähe zu einer Ordnungstheologie geführt, die das Bestehende rechtfertigt, weil sie an eine mit Notwendigkeit erfolgende Entwicklung zum Guten glaubt. Die entscheidende Frage, ob das Heil des Menschen von der objektiv außerhalb seiner vor sich gehenden Veränderung der Welt oder gar des Universums abhänge oder gerade

umgekehrt, wird freilich, auch innerhalb der gleichen Konfession, gerade entgegengesetzt beantwortet (S. 201 mit Anm.774), genauso wie auch die Allversöhnungslehre als ganze ebenso energisch verteidigt wie bestritten wird (Anm.766,768,775f).

3. Bei den *ethischen Aussagen* haben die Warnungen vor einer an sich schon positiv gewerteten asketischen Weltflucht und die Einweisung in Ehe, Familie und Arbeitswelt (besonders durch die Haustafel) eine wichtige Rolle gespielt. Verhängnisvoll wurden sie freilich dort, wo man das Gegengewicht einer Einsatzbereitschaft für das Evangelium, die auch Verzicht einschließen kann, und eines Dienstes an anderen, der eigene Rechte zurücktreten läßt, nicht ausdrücklich ernst nahm, wo man also in der konkreten Situation ausgesprochene Aufrufe zu einem davon gelösten System umwandelte. Das fand seine Klimax in der unter 2. geschilderten Entwicklung zu einem Moralismus, der Heil und neue Sittlichkeit einander gleichsetzte und dabei doch sehr stark von den gerade gängigen, der jeweiligen Mode entsprechenden Idealen bestimmt blieb.

II. Der Kolosserbrief in seiner Situation

Die religionsgeschichtliche Forschung hat etwas deutlicher erkennen lassen, worum sich die Fragen in Kolossä drehten, auch wenn darin keine absolute Sicherheit zu erreichen sein wird. Jedenfalls war die Zeit, in der der Kolosserbrief geschrieben wurde, umgetrieben von Weltangst. Die Erde war nicht mehr der sichere Boden, auf dem man festen Stand gewinnen konnte. Sie war brüchig geworden. Alle Elemente waren im Aufruhr, und nur das prekäre Gleichgewicht im Kampf aller gegen alle hielt die Welt einigermaßen zusammen. Aber Naturkatastrophen ließen ahnen, was geschehen könnte, wenn eines der Elemente das Übergewicht bekäme, die Erde zur Dürre, das Wasser zur Flut, das Feuer zum Vulkanausbruch, die Luft zum Zyklon würde. Wer garantierte, daß sich die Elemente nicht völlig aus ihrer Ordnung lösten, so daß der gesamte Kosmos in einem fürchterlichen Weltenbrand oder einer alles vernichtenden Sturmflut auseinanderbrach? So erwartete es die stoische Philosophie, deren Theorien, sehr popularisiert, weithin das Denken beherrschten. Freilich bot sie mit ihrem Glauben an die Freiheit der Seele gegenüber aller äußeren Bedrohung auch Trost an. In anderer Weise tat dies der gerade damals unaufhaltsam an Boden gewinnende mittlere Platonismus. Er wußte um eine »obere« heile Welt, aus der die menschliche Seele stammte und zu der sie wieder zurückkehren sollte. Heil war demnach in der Transzendenz zu finden; eigentliche Heimat war das Jenseits, freilich schon erlebbar im Innersten der Seele. Pythagoras und Empedokles, jene Propheten einer heileren Urzeit, hatten den Weg gewiesen. Strenger Askese gelang es, die Seele von der irdischen Welt und ihren Elementen zu befreien; Reinigungsbäder ließen sie immer reiner werden; Verehrung der Götter und engelgleicher Heroen ketteten sie schon an jene himmlische Welt. Einst würde die Seele nach dem Tod des Leibes jener oberen, heilen Welt für immer teilhaftig werden (vgl. Exkurs zu 2,8, S. 100–104)

1. In dieser Situation hatten die Kolosser die *Botschaft von Jesus Christus*, dem Auferstandenen und Erhöhten gehört; von dem also, der schon diese böse und brüchige Welt hinter sich gelassen und den Weg in die Herrlichkeit vorausgegangen war. Damit war Sicherheit geboten. Jesus garantierte dafür, daß jene Welt existierte und daß seine Anhänger einst daran teilbekommen sollten. Das Problem einer aufs äußerste gefährdeten, zusammenbrechenden Welt war also so zu lösen, daß man dieser Problematik rechtzeitig entfloh. Man brauchte sich nur in die Welt des Religiösen abzusetzen. Allerlei festgelegte Praktiken verhalfen schon zu psychischen Erlebnissen, in denen man sich von dieser Welt löste und sich ins Reich der Seele zurückzog, ja vielleicht sogar schon eine eigentliche Himmelfahrt vorwegerlebte. Die einzige Frage, die blieb, war die, ob die Seele rein genug, innerlich gelöst genug war, um einst für immer in höhere und bessere Regionen aufzusteigen.

Dem entgegen hat der Verfasser unseres Briefes zunächst jenen Hymnus gestellt, den die Kolosser vermutlich sogar in ihren Gottesdiensten zu singen pflegten (1,15-20). Er hat damit bewußt übernommen und an den Anfang gerückt, was sie im Danklied über die Hoheit Jesu Christi aussagten. Darin ist er mit der Gemeinde völlig einig, daß man nicht anders als so beginnen kann, daß man von Jesus Christus spricht, von dem, der Herr der Schöpfung und der Neuschöpfung ist.

2. In diesem Hymnus war aber in einer stark vom Alten Testament geprägten Weise auch *diese Welt* als Schöpfung Gottes festgehalten, ja ausdrücklich als Werk eines sie liebenden Schöpfers verstanden. So durfte also das Problem nicht gelöst werden, daß man einfach die irdische Welt aufgab und sich in seine Seelenerfahrungen und eine »obere« Welt zurückzog. Markions Lösung, die Jahrzehnte später auftauchte und, jedenfalls nach Hippolyts Referat, auf genau den gleichen philosophischen Voraussetzungen beruhte, bot keinen wirklichen Ausweg. In einer großartigen, alles umschließenden Sicht pries der Hymnus Gottes Ja zu eben dieser irdischen Welt und sagte ihr seine Treue zu. Das ging selbst über das hinaus, was Paulus schon formuliert hatte, und zog doch nur die Linien aus, die schon bei ihm zu finden waren. Nicht nur davon sang dieses Lied, daß Gott sich in Jesus Christus ganz dem Sünder zugeneigt und ihn versöhnt hatte. Es sang von der wirklich alles, das All umfassenden Liebe und Versöhnung. Jener in Kolossä so versucherisch auftretenden Weltflucht entgegen genügte die Erinnerung daran nicht, daß Gott einzelne versöhnte Sünder, also doch wieder so etwas wie reine Seelen, in dieser Welt suchte; es mußte deutlich artikuliert werden, daß er eine neue Welt schaffen oder genauer: die alte Welt unter seiner Liebe neu werden lassen wollte. Sie war doch schon »in Jesus Christus«, d.h. von dem Gott, der in Jesus als Zuwendung der Liebe sichtbar wurde, geschaffen und in ihm »versöhnt«, d.h. aus ihrer Ferne wieder mit Gott zu-

sammengeschlossen. So konnte, wie es der Hymnus mit Paulus und weit über das hinaus, was in der Stoa höchstens in schwachen Ansätzen zu finden war, formulierte, auch ihr Ziel nur Jesus Christus, Gottes Ja sein und keinesfalls die bloße Katastrophe, das Nichts. Das erfuhren die Singenden schon zum voraus im jauchzenden Lobpreis des Gottesdienstes, weil dabei die Gegenwart des Erhöhten so wirklich wurde, daß sie Gemeinde und Welt, Menschen und Dinge untereinander und mit Gott zusammenschloß. Wie hätte man da etwas ausschließen können, wofür die Christusbezogenheit der Schöpfung Gottes und seiner endgültigen Versöhnung nicht gegolten hätte?

Doch mußte das im Lied Gesungene interpretiert werden. Es konnte sich ja nicht darum handeln, den Kolossern eine andere Weltanschauung zu suggerieren, anstelle der platonisch-pythagoreischen, nach der die Erde vergänglich und schlecht, nur die obere Welt ewig und heil war, eine stoische, nach der Gottes schöpferischer Geist den ganzen Kosmos durchströmte, so daß auch alles anscheinend Leidvolle und Unvollkommene doch eingeschlossen war in die eine gute Welt Gottes. Es konnte auch nicht nur darum gehen, dies mit dem biblischen Schöpfungsglauben zu verbinden und mit der Verkündigung Jesu Christi dieser optimistischer auf die Erde ausgerichteten Sicht noch eine zusätzliche Garantie zu verleihen, genau so, wie der zur oberen Welt Erhöhte den Kolossern (oder einigen unter ihnen) die Richtigkeit ihrer, eben auf diese höhere Welt konzentrierten Schau garantiert hatte. Freilich war es eine wesentliche Erkenntnis, daß der Gott des Alten Testamentes der Gott der gesamten Schöpfung war; auf keinen Fall konnte man sich also an dieser Erde mit ihren Geschöpfen desinteressieren, auf keinen Fall Gottes Gebote als Fluchtmittel für einen asketischen Rückzug aus ihr und ihren Aufgaben und Verantwortlichkeiten in ein Jenseits oder in »jenseitige« Erfahrungen der eigenen Seele mißbrauchen.

3. Aber für den Hymnus blieb entscheidend, daß er von einer glaubenden Gemeinde gesungen wurde, die eben im Akt dieses Singens das, was sie sang, schon *lebensmäßig vollzog*. Darum mußte den Kolossern geholfen werden, ihre Christusschau nachzuvollziehen, nicht nur in der Stunde des Gottesdienstes, obwohl dort wahrhaftig auch, sondern ebenso in ihrem Alltag. Ob man nämlich platonisch-pythagoreisch dachte oder stoisch, in beiden Fällen blieb das Glauben letztlich ungeschichtlich. So oder so war es eine zeitlos gültige, vom Verhalten des Glaubenden unabhängige Theorie, die einfach die Welt erklären wollte. Darum mußte jetzt betont auf das Ereignis verwiesen werden, das die geschichtliche Bindung des Glaubens am schockierendsten beschrieb: die Hinrichtung Jesu am Kreuz. Darum mußte so betont auch vom Glauben der Kolosser im geschichtlichen Kontext des Wandels vom früheren heidnischen Stand »in den bösen Werken« zum jetzigen Versöhntsein und zugleich von seiner notwendigen Bewährung in der Zukunft gesprochen werden (1,21-23). Darum mußte schließlich auch so betont die Auseinandersetzung mit der aktuellen platonisch-pythagoreischen Philosophie in Kolossä und ihren asketi-

schen, auf Trennung von allem Irdischen bedachten Regeln geführt werden (2,8-23).

Noch einmal geschah diese Auseinandersetzung im Kolosserbrief freilich nicht so, daß einfach die alttestamentlichem Schöpfungsglauben näherstehende stoische Weltschau nun alles beherrschen konnte. Was zu Beginn der Paränese steht, tönt im Gegenteil fast, als ob der, der hier mahnt, Verfechter der von ihm bekämpften »Philosophie« wäre, ruft er die Adressaten doch dazu auf, das zu suchen, was »droben« ist, und das zu »töten«, was noch »auf der Erde« ist, weil sie doch schon mit Christus auferstanden und also »oben« angesiedelt sind (3,1-5). Und doch ist dies gerade nicht Aufruf zur Weltflucht; eben dieses Verhalten soll ja in der Welt gelebt werden. Fast schockierend banal wird es darum durch die Aufnahme traditioneller Lasterkataloge und vor allem der, zum ersten Mal im Neuen Testament auftauchenden, Haustafel illustriert (3,5.8.18-4,1). Daß in der Tat alle Welt Christus gehört, kann also nur recht gedacht, gesagt und bekannt werden, indem man ihn Herr werden läßt in dieser Welt. Nur so kann beides festgehalten werden: daß die Welt nicht ihr eigener Herr ist, sondern daß der ihr Herr bleibt, der »oben« schon in Vollkommenheit herrscht und dem die Glaubenden schon als sein Leib zugehören (2,18f), und: daß dieser Herr die gesamte Welt mit allem, was zu ihr gehört, für sich reklamiert, sie nicht abgeschrieben hat und sich eben darum eine Schar von Glaubenden sammelt, die sich alle Freiheit von Bindungen *an* diese Welt nur als Dienst *für* sie schenken lassen.

III. Der Kolosserbrief heute

Mit dieser religionsgeschichtlich einigermaßen zu beschreibenden Situation des Kolosserbriefs ist zunächst ernst zu machen. Nun ist der Mensch des 20. Jahrhunderts aufs ganze gesehen gewiß weder Platoniker noch Stoiker; erst recht liegt ihm pythagoreische Askese fern. Insofern ist er weltweit von den Kolossern geschieden. Aber die Erfahrung der Brüchigkeit der Welt und die Angst vor dem Zusammenbruch ist ihm nicht nur auf den Leib gerückt, sondern unter die Haut gedrungen. Es ist darum zu fragen, ob die Faszination, die die »kosmische Christologie« ausübt, so weit entfernt ist von der Faszination, die die stoische, mit alttestamentlichem Schöpfungsglauben aufpolierte Sicht von der Durchdringung des ganzen Kosmos durch den göttlichen Logos damals hervorrief, und ob die gleichermaßen feststellbare Faszination, die allen möglichen modernen Meditationsmethoden eigen ist, so weit entfernt ist von der Faszination, die der mittlere Platonismus, durch pythagoreisch-asketische Übungen aufgewertet, damals mit seiner Überzeugung von einer heilen, transzendenten, aber psychisch erleb- und erreichbaren Welt hervorrief.

1. Die neue Erkenntnis, daß Hymnus und Kommentar verschiedenen Sprach-

räumen angehören, daß der eine in der Situation des Gottesdienstes, also der Zuwendung zu Gott, der andere in der des Gespräches mit der angeredeten Gemeinde, also der Zuwendung zum anderen Menschen lebt, öffnet den Text unseres Briefes neuem Verständnis. Der Hymnus in 1,15-20 spricht von *Jesus Christus*, der Herr ist über Gemeinde und Welt. Soll das nicht zu Illusionen führen, zur Theorie, daß automatisch alle Welt schon in ihn aufgenommen ist, oder zur anderen, daß die Kirche in ihm schon endgültig von der unreinen Welt geschieden ist, dann muß damit ernst gemacht werden, daß er zum Lobpreis einlädt. Den darf sich die Gemeinde allerdings auf keinen Fall rauben lassen. Im Lobpreis ihres Gottesdienstes darf sie und muß sie die Aussagen über Unaussagbares wagen. Sie wird dabei immer wissen, daß sie in unzulänglichen Bildern spricht. Aber in der lebendigen Begegnung mit dem, der alle menschlichen Worte übersteigt, darf sie von dem reden, was er für sie, für alle Welt und alle Zeit bedeutet. Das ist so notwendig wie die stammelnden Worte des Geliebten, die doch nie alles umgreifen können, was er sagen möchte. So muß Gottes Gnadenhandeln in Jesus Christus auch von der Gemeinde bewußt aufgenommen, gedacht und ausgesprochen werden. Sie kann also nie auf ihren Gottesdienst als Quelle ihrer Kraft und ihres Aufbruchs in die Welt hinein verzichten, und das Schwergewicht, das traditionellerweise besonders von katholischer Seite darauf gelegt wurde, ist auf alle Fälle zu bewahren.

In diesem Sinn muß die Gemeinde also christologisch reden, freilich im Wissen darum, daß ihre Worte nicht einfach »lehrbar«, d.h. ihr zur Verfügung stehend und anderen direkt mitteilbar sind. Wahr sind die großen Worte des Hymnus nur, wenn ein von Gott getroffener, bewegter und getrösteter Mensch in ihnen das zurückfließen läßt, was ihm widerfahren ist. Die Gemeinde weiß darum auch, daß sie nie nur die »Resultate« (also etwa eine unfehlbare Heilsmethode mit wirksamen Riten oder auch ein daraus abgeleitetes ethisches System ohne Anspruch auf einen Christusglauben) besitzen und weitergeben kann, ohne daß sich Gottes Liebe in Christus wirklich ereignet. Theologisch ausgedrückt: sie weiß, daß die Christologie immer Fundament der Soteriologie und der Ethik bleibt.

Dieser Unterschied zwischen gottesdienstlicher und lehrhafter Sprache ist wesentlich. In der Erfahrung der alles vergebenden Liebe des Vaters kann der zurückgekehrte Sohn in den Lobpreis ausbrechen: »Vater, deine Liebe ist grenzenlos; es gibt wirklich nichts, das du nicht vergäbest!« (s. S. 73). Als »Lehre« für den Bruder, der das Leben ebenfalls mit dem Geld des Vaters genießen möchte (»Mach's wie ich; presse so viel Geld aus dem Vater wie möglich; seine Liebe ist grenzenlos; es gibt wirklich nichts, was sie nicht vergäbe«), wäre der Satz falsch; denn sobald man diese grenzenlose Liebe einkalkuliert, als wäre sie selbstverständlich, ist sie nicht mehr die freie »Liebe« des Vaters. Aber auch als moralischer Satz an den Bruder (»So einfach ist es dann nicht; dann mußt du schon so zerknirscht kommen wie ich«) wäre er falsch; dann wäre ja das Handeln des Vaters abhängig von der Reueleistung des Sohnes und wäre darum noch einmal nicht mehr »Liebe«. Es gibt also Sätze, die nur als erlebte im Lobpreis des Beschenkten leben, aber nicht in eine immer gültige objektive Lehre eingegipst werden können.

2. Aber auch wo es um das *Heilsgeschehen* am Menschen geht, muß noch einmal festgehalten bleiben, daß alle Aussagen darüber im Gottesdienst wurzeln. Weder darf die Gemeinde ihren Lobpreis dessen, der alles versöhnt hat, so mißbrauchen, daß sie die Versöhnung in eigene Verwaltung übernimmt und denen garantiert, die sich ihren Riten unterwerfen, auch nicht so, daß sie nur um das eigene Seelenheil besorgt bleibt, noch so, daß sie sich beruhigt auf eine Allversöhnungstheorie zurückzieht. Wenn sie die großen Aussagen des Hymnus in ihren Gottesdienst hereinnimmt, dann wird sie alle eigenen Nöte und alles Leid ihrer Mitmenschen, ja der gesamten Kreatur dabei immer wieder vor Gott bringen. Sie darf und muß so Gott bei seiner Zusage festhalten und muß diese auch grenzenlos verstehen. Sie wird darum alle, Glaubende und Nichtglaubende, menschliche und außermenschliche Schöpfung immer wieder vor Gott bringen und seiner Liebe anbefehlen. Sie wird dabei nie Gottes Freiheit in ihre Systeme einfangen und eine Allversöhnungslehre konstruieren, die Gottes Handeln schon bis in die letzte Vollendung hinein fixiert. Sie wird es im Gegenteil als befreiend erfahren, daß sie nicht alles wissen muß, sondern Gott überlassen darf, was ihm allein zusteht. Sie traut Gottes Liebe, sie schreibt sie ihm nicht vor. Darum wird sie auch nicht »anonyme Christen« vergewaltigen und sie gegen ihren Willen für sich reklamieren. So wenig es freilich einem älteren Sohn, der den früh verstorbenen, vorbildlichen Vater noch gekannt hat, einfiele zu meinen, der jüngere Bruder, bei dem das nicht mehr der Fall ist, sei deswegen selbstverständlich ein schlechterer Sohn des Vaters, so wenig wird die Gemeinde das von jenen behaupten, die ihren Vater nicht kennen. Aber auch umgekehrt: so dankbar der ältere Sohn sein Leben lang dafür bleiben wird, daß ihm der Umgang mit dem Vater geschenkt war und daß er aus diesen Erinnerungen heraus leben darf, so fröhlich wird die Gemeinde darüber sein, daß sie in Jesus ihren Vater sehen und erkennen darf, und wird darum nie diesen Unterschied zu anderen verwischen und aufhören, auch von dem zu berichten, der ihr in Jesus Christus begegnet ist.

3. Sie kann das nur im Sinn eines Zeugen tun, d.h. so, daß sie sich als von Gottes Kommen bewegte im ganzen Umfang ihres *ethischen Handelns* für ihn einsetzt. Den Nachdruck, den traditionellerweise die evangelische Kirche darauf gelegt hat, wird man nie vergessen dürfen. Schon die nüchterne Erkenntnis, daß viele ethischen Weisungen des Kolosserbriefs aus der Umwelt aufgenommen worden sind, wird davor bewahren, ein für alle und immer gültiges System zu entwerfen. Sie wird dazu führen, gerade die jeweilige Situation und ihre Erfordernisse ernst zu nehmen und dann aus dem Glauben heraus das gerade Nötige zu tun. Die Offenheit für die sogenannte moderne Welt wird also ein Charakteristikum ihrer Ethik sein. Die vielerlei Mißverständnisse der ethischen Mahnungen unseres Briefes – über denen man nicht vergessen darf, wie-

viel konkrete Hilfe auch davon ausgegangen ist – sind ja nur dort wirklich fatal geworden, wo sie sich mit einer in letzter Autorität vorgetragenen Lehre über die durch Christus in Gang gebrachte Evolution zu einer paradieshaften Allordnung verknüpft haben (s. S. 211). Recht verstanden werden gerade auch die den Kolossern gesagten ethischen Sätze erst als Zeugnis von Gottes Liebeswillen. Natürlich ist dieses in der Sprache seiner Zeit ausgedrückt und darum nur in ernsthafter, den Zeugen fordernder Bemühung um eine Neuformulierung in die je heutige Welt hinein weiterzusagen. Das befreit zu unverkrampftem Sagen und Tun dessen, was gerade notwendig und hilfreich ist. Selbst ein an sich eher problematischer Text wie die Haustafel befreit dann auch zu gesunder Weltlichkeit und zur Einsicht, daß nicht jeder alles tun muß, sondern das, was gerade ihm aufgetragen und gegeben ist. Das wird er dann aber auch wirklich tun ohne falsche Minderwertigkeits- oder Überlegenheitsgefühle, ob es sich dabei um einen im engeren Sinn kirchlichen oder einen sogenannten weltlichen Dienst handelt, ob es Predigt oder Einsatz im Umweltschutz oder Sozialhilfe ist.

4. Vom Kolosserbrief darf sich die heutige Gemeinde also sagen lassen, daß Gott sein Gesicht in Jesus gezeigt hat (1,15), und daß eben dies sein »Geheimnis« ist, Generationen lang verborgen, jetzt enthüllt, aber nicht verfügbar, sondern nur als Geheimnis bezeugbar (1,26f). Dieses sein gutes, Leben und nicht Vernichtung schenkendes Gesicht steht über aller Schöpfung, über ihrem Ursprung, ihrem Bestand und ihrem Ziel (1,16f.20). Wer davon bewegt ist, kann das nicht mehr als blosse Weltanschauung denken und lehren. Er kann, gerade nach dem Kolosserbrief das nicht anders glauben als so, daß er mitten in dieser Welt ausgerichtet ist auf Gottes Welt und das mit Händen und Füßen, Armen und Beinen, Herz und Hirn (3,1-17). Der Glaube an eine sinnvolle, weil von Gott geliebte Welt kann nur *gelebt* werden, im kleinen Kreis von Mann und Frau, Eltern und Kindern, Arbeitgebern und Arbeitnehmern (3,18-4,1), wie im großen Bereich, in dem etwas von der neuen Welt ohne religiös Begabte und Unbegabte, Kulturnationen und Primitive, Geknechtete und Knechtende Wirklichkeit werden will (3,11). Das kann nicht ohne die Kraft des Wortes geschehen, das der Welt immer wieder Gottes Zusage zuspricht, selbst wenn viele nicht darum wissen. Diese seine Zusage ist die »verborgene« Lebenskraft (3,3) der Welt, um die die Gemeinde weiß und von der sie beide getragen sind, bis Gott einst die Vollendung schenken wird (3,4). Darum bleibt der Gottesdienst, in dem der Lobpreis und die Anbetung immer neu erwacht, Ursprung wirklicher und welterneuernder Kraft. Er kann nur ökumenischer Gottesdienst sein, der katholische wie evangelische Tradition und Hoffnung, ohne sie in ihrer Eigenart zu verwischen, doch im »vollkommenen Band« der »Liebe« vereint (3,14-16). So hat der Kolosserbrief eine Bewegung ausgelöst, die noch nicht zu Ende ist.

Sachregister

Stellenregister

Aufgenommen sind die in C (Wirkungsgeschichte) besprochenen Stellen des Kolosserbriefes, ferner einige Gruppen von Stellen ausserhalb des Kolosserbriefes, die exkursartig behandelt sind.

10	198, 205, 210; Anm. 656, 719, 766
11	195, 209; Anm. 819, 825
14	Anm. 802, 821
16	Anm. 811, 821, 837
16f	205
17	206; Anm. 801, 815, 834, 848
18	210; Anm. 773
18–4,1	183, **209–211**
19	210
21	Anm. 773, 834
23	209
23f	211
4,1	209, 210; Anm. 840
2	Anm. 698, 819
3	206; Anm. 816
4	Anm. 702
5f	Anm. 852
6	Anm. 811, 832
17	Anm. 821
18	Anm. 699

1Thess 4,3–6	→ Lasterkataloge
1Tim 6,11	→ Tugendkatalog
Tit 2,2–10	→ Haustafel
3,1f	→ Haustafel
1Petr 2,13–	
3,7	→ Haustafel
2Petr 1,5–7	→ Tugendkatalog
Offb 21,7f	→ Lasterkataloge
22,14f	→ Lasterkataloge

C. Apostolische Väter

Barn 2,2f	→ Tugendkatalog
1Cl 21,6–8	→ Haustafel
62	→ Tugendkatalog
Ign Pol 4,1–	
6,2	→ Haustafel
Pol 4,2–6,1	→ Haustafel

Corrigendum
S. 19, 5. Zeile von unten: »(Strabo XII 8,16)« ist zu streichen.